Obsidian im nordwestmediterranen Raum

Seine Verbreitung und Nutzung im Neolithikum und Äneolithikum

Hans-Otto Pollmann

Göttinger philosophische Dissertation-D7

BAR International Series 585
1993

Published in 2019 by
BAR Publishing, Oxford

BAR International Series 585

Obsidian in nordwestmediterranen Raum

ISBN 9780860547440 paperback
ISBN 9781407348858 e-book

DOI https://doi.org/10.30861/9780860547440

A catalogue record for this book is available from the British Library

This book is available at www.barpublishing.com

BAR Publishing is the trading name of British Archaeological Reports (Oxford) Ltd. British Archaeological Reports was first incorporated in 1974 to publish the BAR Series, International and British. In 1992 Hadrian Books Ltd became part of the BAR group. This volume was originally published by Tempvs Reparatvm in conjunction with British Archaeological Reports (Oxford) Ltd / Hadrian Books Ltd, the Series principal publisher, in 1993. This present volume is published by BAR Publishing, 2019.

BAR titles are available from:

BAR Publishing
122 Banbury Rd, Oxford, OX2 7BP, UK
EMAIL info@barpublishing.com
PHONE +44 (0)1865 310431
FAX +44 (0)1865 316916
www.barpublishing.com

Meinen Eltern

Inhaltsverzeichnis

1. Vorwort

Anstoß zu diesem Thema gab ein Seminarvortrag über den vorderasiatischen Obsidian. Das eigene Interesse konzentrierte sich im Verlaufe der Zeit als Folge der Beschäftigung mit dem italienischen Neolithikum auf den nordwestmediterranen Raum. Zudem bot diese Region verschiedene Vorteile, wie das Fehlen einer umfassenden Aufarbeitung, zahlreiche publizierte Fundplätze mit entsprechenden Angaben sowie eine große Zahl naturwissenschaftlicher Obsidiananalysen von Objekten der Vorkommen und archäologischen Fundplätze.

In dankenswerter Weise wurde dieses Vorhaben von Frau Prof. Renate Rolle, Seminar für Ur- und Frühgeschichte der Universität Göttingen, unterstützt, der weiterhin großer Dank für die Befürwortung eines Stipendiums gebührt. Dieses Promotionsstipendium wurde über mehr als zwei Jahre von der Universität Göttingen gewährt, ohne das diese Arbeit kaum hätte durchgeführt werden können. Die vorliegende Arbeit stellt die gekürzte Fassung der im Oktober 1989 vom Fachbereich Historisch-Philologische Wissenschaften der Georg-August-Universität Göttingen angenommenen Dissertation dar.

Mein herzlicher Dank geht auch an Herrn Prof. Wilhelm Schüle, Institut für Ur- und Frühgeschichte der Universität Freiburg, der diese Arbeit in Zusammenarbeit mit Frau Prof. Renate Rolle betreute und viel zu ihrem Gelingen beitrug. Ich danke auch Herrn Prof. Karl Hans Wedepohl, Geochemisches Institut der Universität Göttingen, für seine fachliche Beratung hinsichtlich der naturwissenschaftlichen Aspekte des Themas und Herrn Prof. Klaus Raddatz, Seminar für Ur- und Frühgeschichte der Universität Göttingen, für die Begutachtung der Dissertation.

Die Arbeit wurde ursprünglich auf der Rechenanlage der Gesellschaft für die Wissenschaftliche Datenverarbeitung (GWDG), Göttingen-Nikolausberg, geschrieben. Herrn Dr. Thorolf Linke von der GWDG gilt an dieser Stelle mein besonderer Dank. Ohne seine maßgebliche Unterstützung beim Aufbau der Datenbank und der Auswertungs- und Graphikprogramme wäre die Arbeit in dieser Form nicht zu bewältigen gewesen. Die Kartengrundlagen und die Diagramme im Text wurden von Frau Heidi Hogel angefertigt.

Mein Dank geht auch an die vielen Mitstudenten, von denen ich meine Freunde Michael Geschwinde und Dirk Raetzel-Fabian nennen möchte, die in zahllosen Diskussionen zum Gelingen der Arbeit beitrugen und meine langen Ausführungen zu diesem Thema geduldig ertrugen.

2. Einleitung

Obsidian fand schon mit Beginn der systematischen, archäologischen Forschung Beachtung. Wenn auch typologische Aspekte im Vordergrund standen, wurden mit diesem Rohstoff wegen seiner geologisch eng einzugrenzenden Herkunft frühzeitig Überlegungen zur Verbreitung verknüpft.

Aber erst die modernen naturwissenschaftlichen Verfahren, die seit den 60er Jahren unter Federführung britischer und amerikanischer Archäologen am Obsidian Anwendung fanden, schufen die Grundlagen zu teilweise bahnbrechenden, neuen Erkenntnissen zu den charakteristischen Verbreitungsmustern sowie zur Weitergabe bzw. zum Handel.

Von der mediterranen-vorderasiatischen Obsidianforschung gingen in den 60er und 70er Jahren durch die Gruppe um C. Renfrew die wesentlichen Impulse aus. Bis heute wurden verschiedene Modelle zur Weitergabe und zum Handel mit Obsidian entwickelt, teilweise unter Einbeziehung ethnologischer Parallelen.

Eine archäologische Bestandsaufnahme des Fundmaterials mit Obsidian wurde bislang nur für Südfrankreich und Norditalien durchgeführt. Eine umfassende Aufarbeitung und Auswertung geschah nicht. Selbst die grundlegende Arbeit von B.R. Hallam u.a. (1976) erstreckte sich nur auf den analysierten Obsidian.

Mit der vorliegenden Arbeit wurden die in der Literatur publizierten Fundplätze mit Obsidian erfaßt und ausgewertet, ohne daß mit dem Katalog der Fundorte der Anspruch auf Vollständigkeit erhoben werden soll, da Obsidian oftmals nicht spezifiziert aufgeführt wird. Desweiteren dürften zahlreiche, unpublizierte Fundkomplexe bisher nicht erkannten Obsidian enthalten.

Ziel dieser Arbeit ist es, Art und Umfang der Obsidianverbreitung und -nutzung in den einzelnen neolithischen und äneolithischen Perioden und Kulturgruppen, bezogen auf einzelne, kulturgeographische Regionen wie auch für den gesamten nordwestmediterranen Raum, zu ermitteln.

Nach der Charakterisierung des Obsidians und seiner nordwestmediterranen Vorkommen folgt ein forschungsgeschichtlicher Abriß, der die Entwicklung und den Stand der Obsidianforschung verdeutlichen soll.

Eine Zusammenstellung der Fundplätze mit Obsidian und der entsprechender Angaben bildet die Grundlage der Überlegungen. In den Katalog aufgenommen wurden die Fundplätze mit Obsidian im westmediterranen Raum mit Ausnahme von Sardinien. Dort ist trotz der zahlreichen Fundstellen Obsidian zumeist nur als Lesefunde bekannt, so daß wichtige Angaben zu Funden und Befunden fehlen. Eine sinnvolle Auswertung kann daher nicht durchgeführt werden. Einzig die Ergebnisse von Herkunftsanalysen für Sardinien wurden hinzugenommen. Abgeschlossen wurde die Literaturaufnahme 1987.

Um die Bedeutung des Obsidians in den Kulturen und Gruppen herauszuarbeiten, muß der entsprechende kulturelle Hintergrund skizziert werden. Die kulturgeschichtliche Darstellung des Neolithikums und Äneolithikums, in der Obsidian am intensivsten genutzt wurde, verfolgt dieses Ziel, wobei mehr Gewicht auf chronologische und kulturelle Bezüge denn auf typologische Aspekte gelegt wurde. Die kulturelle Entwicklung wird aufgezeigt ebenso wie wichtige Phänomene und Veränderungen hervorgehoben werden. Die Bearbeitung erfolgt regional, entsprechend den kulturgeographischen Gegebenheiten.

Die Auswertung erfolgt in mehreren Schritten, zu der die Mengenangaben der besseren Handhabung wegen in Mengenbereiche eingeteilt wurden:

- Mengenbereich 1 Obsidian vorhanden,
- Mengenbereich 2 1-4 Artefakte,
- Mengenbereich 3 5-9 Artefakte,
- Mengenbereich 4 10-19 Artefakte,
- Mengenbereich 5 20-49 Artefakte,
- Mengenbereich 6 50-99 Artefakte,
- Mengenbereich 7 100-199 Artefakte,
- Mengenbereich 8 200-499 Artefakte,
- Mengenbereich 9 500-999 Artefakte,
- Mengenbereich 10 > 1000 Artefakte.

Zuerst findet auf regionaler Ebene eine Bestandsaufnahme der Fundstellen mit Obsidian unter verschiedenen Aspekten statt:

- allgemeine Verbreitung des Obsidians,
- zeitliche und kulturelle Einordnung der Fundstellen,
- mengen- und befundmäßige Verteilung,
- Verteilung und Verbreitung nach Perioden und Kulturgruppen,
- Fundstellen mit analysiertem Obsidian.

Bei der Auswertung ist immer der archäologische Forschungsstand in den betreffenden Gebieten zu berücksichtigen und in die Formulierung der Aussagen miteinzubeziehen, um die Ergebnisse entsprechend darstellen zu können.

In einem zweiten Schritt wird eine prozentuale Bewertungsgrundlage geschaffen, um eine vergleichende Beurteilung der regionalen Obsidianverbreitung und -nutzung sicherzustellen. Die zeitliche und kulturelle Verteilung der Befunde mit Obsidian wird ebenso behandelt wie der prozentuale Anteil von Obsidian an der gesamten Geräteindustrie der Fundstellen. Hinzu treten Überlegungen zu statistischen Mengenberechnungen auf Fundstellen und in den Zeitabschnitten sowie Kulturen. Eine sehr wichtige Rolle spielt die geologische Herkunft des Obsidians, an der sich spezifische Phänomene der Verbreitung bzw. Weitergabe herausarbeiten lassen.

An die regionale Bewertung schließt sich die Interpretation der überregionalen, den gesamten nordwestmediterranen Raum betreffenden Obsidianverbreitung und -nutzung in den einzelnen Zeitstufen und Kulturgruppen an. Dieses geschieht unter Einbeziehung der Ergebnisse der regionalen Untersuchung, so daß der Ablauf und die Intensität der prähistorischen Obsidiannutzung dargestellt werden können.

Große Bedeutung ist der Obsidianverteilung auf mehrschichtigen Siedlungsplätzen beizumessen. Sie erlauben die ortsgebundene Beurteilung der Nutzungsintensität und ihre zeitliche Änderung sowie des Anteils an Obsidian gegenüber anderen Materialien der Geräteindustrie. Eine Studie am Beispiel zweier geographisch und kulturell verschiedener Räume soll das Bild abrunden.

Einen weiteren Schwerpunkt dieser Arbeit bildet die typologische Differenzierung der Obsidianartefakte, um so Besonderheiten in der Formen- und Geräteverteilung abzulesen. Besonderes Gewicht fällt der Frage zu, in welcher Form und wo Obsidian verarbeitet wurde. Dabei werden aber auch sehr rasch die Grenzen einer Literaturarbeit deutlich, in der nicht mit den Originalmaterial selbst gearbeitet werden kann.

Ihren Abschluß findet die Arbeit mit der Darstellung der technischen Möglichkeiten des prähistorischen Transportes und den Verbreitungswegen der verschiedenen Obsidianvarietäten. Auf die Aufarbeitung der gängigen Modelle über die Weitergabe bzw. den Handel für das europäische Neolithikum muß verzichtet werden, da sie den Rahmen dieser Arbeit bei weitem sprengen würde und eine Reihe anderer Aspekte im Vordergrund steht.

Die Verbreitungskarten wurden auf der Rechenanlage der GWDG erstellt und für diese Arbeit in der vorliegenden Form übernommen. Aus technischen Gründen war es in entsprechenden Fällen nicht möglich, das Übereinanderdrucken von mehreren Symbolen einen Fundplatz betreffend zu vermeiden. Daher mag der Eindruck entstehen, daß auf manchen Karten Fundsymbole fehlen könnten.

Es sei noch darauf hingewiesen, daß die Arbeit im besonderen Maße vom Forschungs-, d.h. Publikationsstand abhängig ist. Zukünftige Materialvorlagen werden sicherlich Auswirkungen auf Teile der Ergebnisse haben. Doch bin ich der Auffassung, daß sich in der Darstellung der Verbreitungs- und Nutzungsergebnisse, auch auf regionaler Basis, nur wenig ändern wird.

In der Regel wird hinter dem Fundort die Nummer angegeben, unter der im Katalog die entsprechenden Informationen und Literaturverweise zu diesem Fundplatz vorzufinden sind. Ein Exemplar des Kataloges liegt im Seminar für Ur- und Frühgeschichte der Universität Göttingen und in der Universitätsbibliothek zur Einsichtnahme aus. Der Katalog kann auch auf Diskette beim Autor unter folgender Adresse angefordert werden:

Hans-Otto Pollmann
Rolfzenerstr. 10
D-4939 Steinheim

3. Geologie des Obsidians

3.1 Petrographie des Obsidians

Obsidian, oft auch als vulkanisches Glas bezeichnet, zählt in der Gruppe der magmatischen Gesteine zu den sauren Ergußgesteinen mit einem besonders hohen Silizium- und Aluminiumgehalt. Sie erreichen beim Obsidian Anteile von bis zu 75% und 22%. Sein Schmelzbereich, der stark vom Wassergehalt abhängt, erstreckt sich zwischen 1000-1300 Grad Celsius.

Die vulkanischen Gläser werden nach ihrem Siliziumdioxid-Anteil unterteilt in[1]:

- rhyolithischen Obsidian mit mehr als 66 Gewichts% SiO_2,
- dazitischen Obsidian mit 52 - 66 Gewichts% SiO_2,
- tachylithischen Obsidian mit weniger als 52 Gewichts% SiO_2.

In dieser Arbeit beschäftige ich mich ausschließlich mit rhyolithischem Obsidian, für den J.W. Michels und C.A. Bebrich folgende Bestandteile mit mindestens 0,01 Gewichts% angeben:

SiO_2	72 - 76 Gew. %
Al_2O_3	10 - 15 Gew. %
Na_2O	3 - 5 Gew. %
K_2O	- 7 Gew. %
Fe_2O_3	- 2 Gew. %
FeO	1 - 1,8 Gew. %
CaO	- 1,2 Gew. %
TiO_2	- 0,5 Gew. %
MgO	- 0,4 Gew. %
MnO	- 0,1 Gew. %
P_2O_5	- 0,1 Gew. %
H_2O	0,2 - 0,9 Gew. %, im Mittel 0,2 - 0,3 Gew. %.

Liegt im Obsidian ein Wassergehalt von 3,0 - 3,5 Gew. % vor, so spricht man auch von perlithischem Obsidian[2], während bei noch höherem Wassergehalt auch von Pechstein (engl. pitchstone) gesprochen wird.

Der Obsidian erhält seine Glaseigenschaft durch rasche Abkühllung, welche die Bildung von Kristallisationskeimen unterdrückt und die Ausbildung einer Kristallstruktur verhindert. Die homogene Struktur wird noch durch die hohe Viskosität der Schmelze gefördert. Bei langsamer Erstarrung bilden sich aus diesem Magma kristalline Gesteine der Familie der Granite, Quarzdiorite bzw. Syenite mit den Mineralien Quarz, Kalifeldspat und Plagioklas. Trotzdem ist der Obsidian nicht immer frei von Einschlüssen.

Durch den muscheligen bis splittrigen Bruch mittels Schlag, Druck oder Retusche entstehen äußerst dünne und scharfe Kanten, deren Schneidewirkung die des Feuersteins übertrifft. Die hohe Sprödigkeit mindert dafür seine Qualität. Auf der Mohs'schen Härteskala erreicht er den Wert 7, vergleichbar mit Quarz und Chromnickelstahl. Weitere chemisch-physikalische Eigenschaften stellten J.E. Ericson u.a.[3] an nordwestamerikanischem Obsidian heraus. Haben sein Bruchverhalten und seine Härte den Obsidian in prähistorischer Zeit für die Herstellung von Werkzeugen prädestiniert, so boten Glanz und Farbenreichtum, der von tiefschwarz und grau über braun, rot bis grün reicht, ihn als Werkstoff für Kunst- und Schmuckgegenstände an. Dazu zählte im besonderen Maße der Schneeflockenobsidian der ägäischen Insel Giali, dessen Name und Aussehen sich von den weißen, eingeschlossenen Mineralien in der dunklen Glasmatrix ableiten, die sich infolge beginnender Kristallisation in den Gasblasen gebildet haben.

Obsidian ist ein junges Gestein, da es als Glas über längere geologische Zeiträume nicht stabil ist. Die Ursache liegt in der Hydratation (Aufnahme von Wasser) begründet, die von der Oberfläche und von Rissen her in einer Diffusionsfront erfolgt und weitgehend unabhängig vom Feuchtigkeitsgehalt der Umgebung ist. Wenn die hydratatisierte Schicht im Verlauf von einigen 10^4 und mehr Jahren eine Stärke von 40-60µ erreicht hat, platzt sie ab und der Hydratationsvorgang kann von neuem einsetzen. Die mehr als 100 heute bekannten Obsidianvorkommen bleiben daher auf Gebiete mit junger tertiärer und quartärer Vulkantätigkeit beschränkt[4] (Abb. 1).

Abb. 1 Obsidian-Provinzen (C.W. Cann u.a. 1969, fig. 105)

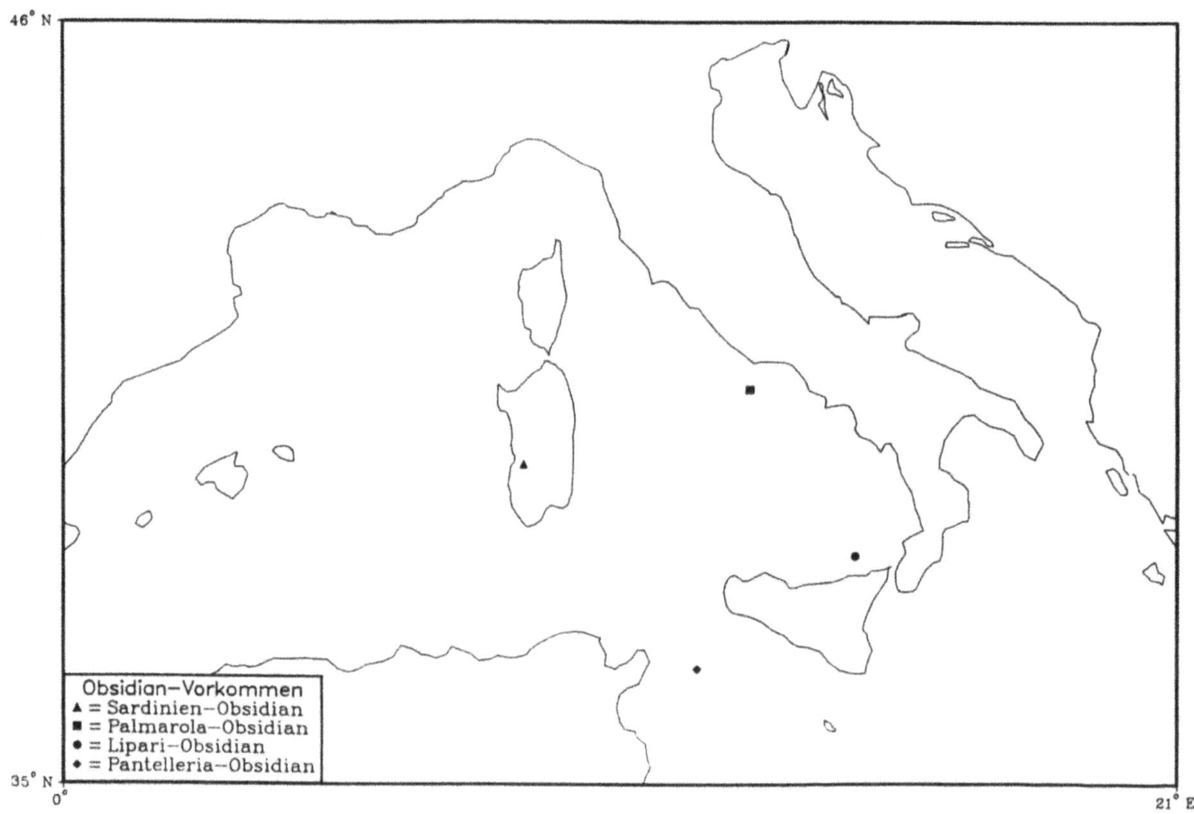

Abb. 2 Nordwestmediterrane Obsidianvorkommen

3.2 Obsidianvorkommen im nordwestmediterranen Raum

Die Bindung der Lagerstätten vulkanischen Glases an geologisch junge vulkanische Tätigkeit schränkt die Anzahl der in Betracht kommenden Regionen im nordwestmediterranen Raum stark ein (Abb. 2). Neben den großen Obsidianprovinzen auf den Inseln Sardinien, Palmarola, Lipari und Pantelleria sind noch mehrere kleinere Vorkommen bekannt, deren Obsidian entweder zu klein oder zu minderwertig für die Verarbeitung zu prähistorischen Werkzeugen war und allenfalls von rein lokaler Bedeutung blieb. Nach B.R. Hallam u.a.[5] zählen hierzu die italienischen Lagerstätten von Marostico, auf den Inseln Ischia und Procida, den Phlegräischen Feldern bei Neapel, auf der äolischen Insel Vulcano sowie auf den Sardinien südwestlich vorgelagerten Inseln S. Pietro und S. Antioco. Dazu kommen vier Lagerstätten im südfranzösischen Zentralmassif, in der Provinz Auvergne sowie an der südspanischen Mittelmeerküste am Kap Gata. Ein weiteres Vorkommen auf Sardinien am Monte Traessu ist aber als Rohmaterial für Werkzeuge nicht brauchbar[6].

Für die archäologische Erforschung der Obsidianverbreitung kommt der Tatsache große Bedeutung zu, daß alle vier in prähistorischer Zeit genutzten Vorkommen auf Inseln liegen. Für die Zuweisung von Artefakten zu den entsprechenden geologischen Vorkommen, die zu den Fragen des vorgeschichtlichen Warenaustausches bzw. Handels führen, mußten eine naturwissenschaftliche Fragestellung erarbeitet und technische Meßverfahren hoher Zuverlässigkeit entwikkelt werden. Grundlage dafür bilden die Spurenelemente im Obsidian. Ihr Anteil kann charakteristische Werte für die einzelnen Vorkommen annehmen und liefert einen sogenannten chemischen Fingerabdruck. Voraussetzung ist aber eine homogene Verteilung der Spurenelemente im Glas.

In den Jahren 1964, 1965 und 1966 wurden von J.R. Cann u.a. die Grundlagen hierzu in der europäisch-vorderasiatischen Obsidianforschung geschaffen. Von den 16 analysierten Spurenelementen zogen sie Niobium, Yttrium, Barium und Zirkonium zur Differenzierung heran. Ergebnis war eine erste grobe Trennung u.a. der nordwestmediterranen Vorkommen[7]. Es deutete sich aber schon damals die Existenz zweier sardischer Lagerstätten an, die sich voneinander und von den Lipari- und Palmarola-Lagern gut absetzten. Eine Trennung der Lipari- und Palmarola-Gläser konnte mit diesen Elementen aber nicht erreicht werden. Neben der geringen Probenzahl trug der hohe Analysenfehler von bis zu 25% dazu bei[8].

G. Belluomini und G. Taddeucci untersuchten 1971 eine Serie von je 20 Proben pro Vorkommen mittels der optischen Emissionsspektrometrie und der Röntgen-Fluoreszenz-Spektrometrie auf die Elemente Fluor, Bor, Zirkonium und Rubidium. Im Bor-Fluor-Diagramm zeichneten sich im wesentlichen zwei Bereiche ab: Pantelleria- und Sardinien-Obsidian mit hohen Fluor- und niedrigen Borwerten sowie Palmarola- und Lipari-/Vulcano-Glas mit niedrigen Fluor- und hohen Borwerten[9].

Werden Rubidium und Zirkonium gegeneinander aufgetragen, so isoliert sich Pantelleria-Glas durch seinen höheren Zirkoniumgehalt, während sich bei den übrigen drei Vorkommen Dichtezentren mit einer Reihe von Ausreißern ausbilden[10]. Nur etwas klarer stellt sich die Situation im Bor-Zirkonium-Rubidium-Dreiecksdiagramm dar.

Eine Untermauerung der Resultate durch Thorium- und Urananalysen schlugen trotz der Reproduzierbarkeit der Messungen von ± 2% fehl, wenn man die von G. Belluomini u.a. 1971 ermittelten Werte mit denen von B.R. Hallam u.a. 1976 und N.H. Gale 1981 vergleicht[11]. In ihrer Arbeit über die nordwestmediterranen Vorkommen bedienten sich B.R. Hallam u.a. der Elemente Lanthanum, Scandium und Caesium[12], deren Reproduzierbarkeit bei der Neutronenaktivierungsanalyse S.E. Warren u.a. für ihre Untersuchungen mit ± 5%, ± 6% bis ± 8% und ± 10% bis ± 15% angeben[13].

Sardinien, Palmarola und Lipari setzen sich deutlich voneinander ab, das gilt auch für Vulcano, falls man den Angaben soweit Glauben schenken darf. Nicht weiter einzuordnen ist die norditalienische Probe. Sie könnte darauf hinweisen, daß eventuell unbedeutende Vorkommen in geringem Umfange genutzt wurden, die aber nicht in Norditalien zu suchen sind. Ähnliches gilt für eine Reihe nicht zuordenbarer Artefakte in Apulien, deren Vorkommen außerhalb dieser Region liegen dürfte. Die auseinandergezogenen Pantelleria-Werte könnten auf Inhomogenitäten des Vorkommens hinweisen, wenn derartig große Meßfehler ausgeschlossen werden. Die analysierten archäologischen Objekte überlagern weitgehend deckungsgleich die geologischen Werte und bestätigen die Trennung der Vorkommen.

Beim sardischen Obsidian zeichnen sich drei Einzellagerstätten ab. J.W. Michels merkt an, daß es ihm gelungen sei, die Obsidianströme am Monte Arci auf Sardinien allein auf der Basis der Kalzium- und Magnesiumoxid-Werte zu trennen[14]. Der Interpretationswert der beiden Artefakte aus der Schweiz und aus Süddeutschland ist schwieriger zu beurteilen, da der süddeutsche Fund dem kulturellen Einzugsbereich nach eher aus dem balkanischen Raum zu kommen scheint, was möglicherweise auch für das schweizerische Objekt nicht auszuschließen ist.

Ein ebenfalls differenziertes Bild erstellte N.H. Gale 1981, als er geologische und archäologische Funde auf Rubidium und Strontium-86 und -87 hin analysierte, wobei er für seine Messungen eine Reproduzierbarkeit von ± 2% angab[15].

Die von B.R. Hallam u.a. ermittelte Differenzierung wurde durch die Untersuchungen von S.E. Warren u.a. bestätigt, wobei die Analysen in der von B.R. Hallam angewandten Technik durchgeführt wurden[16]. Für den ägäischen und nordwestmediterranen Obsidian stellte G. Herbold seine Analysen mit denen von B.R. Hallam u.a. und E. Mosheim zusammen, die in ihrem Ergebnis eine zufriedenstellende Trennung der Vorkommen bzw. Artefaktzuordnung belegen[17].

Einen anderen Weg bietet die Hydratationsdatierung, die aber an archäologischen Objekten wegen der oftmals fehlenden alten, primären Oberfläche auf bearbeiteten Werkzeugen nicht angewendet werden kann.

3.3 Innere Homogenität der Vorkommen

Aufgrund der immer höheren Ansprüche an die Meßgenauigkeit und damit verbunden an die Zuverlässigkeit der Daten stellt sich die Frage nach der inneren Homogenität, d.h. der gleichmäßigen Verteilung der Spurenelemente in der Glasmatrix der Obsidianvorkommen, insbesondere bei schwierig zu trennenden Lagerstätten.

R.A. Laidley und D.S. McKay überprüften fünf Obsidianströme der Newberry Caldera in Oregon (USA) mit dem Ergebnis, daß der Hauptstrom eine hohe Einheitlichkeit der Elementverteilung und die Nebenströme nur geringe derartige Schwankungen aufweisen[18]. Dies gilt für eine Reihe weiterer nordamerikanischer Vorkommen, von denen das von Napa County (Kalifornien) mit seiner außerordentlich hohen Homogenität herausragt.

Bei anderen Lagerstätten treten Schwankungen auf. Sie erreichen z.B. beim Mt. Konocti (USA) einen Wert für Eisen von bis zu 5% und für Mangan von bis zu 6%, während die Anteile anderer Verbindungen gleichbleiben[19].

Für die Vorkommen Neuseelands ermittelten G.C. Armitage u.a. allgemein Schwankungen von weniger als 4%[20]. A.A. Gordus u.a. resümierten, daß auch bei einer Streuung von weniger als 40% die Unterschiede zwischen den Obsidianvarietäten bei einer Reihe von Elementen um mehr als das 25fache höher liegen und eine Unterscheidung immer noch möglich sei[21]. Dabei wird auch auf die hohe Reproduzierbarkeit der Messungen verwiesen, die nach H.R. Bowman bei ± 1% und weniger liege[22].

Bei den europäischen Obsidianvarietäten wurden die ägäischen Vorkommen von Melos A und D auf diese Problematik hin untersucht. Der Streubereich liegt hier in engen Grenzen[23]. Der Lipari-Obsidian von Rocche Rosse weist eine chemische Homogenität auf, nach der jede Probe als repräsentativ für das Vorkommen gelten kann[24]. Dies trifft ebenfalls für das sehr homogene Vorkommen von Palmarola zu, während der sardische Obsidian am Monte Arci als ein großes, aber inhomogenes Vorkommen bezeichnet werden muß[25] und der Gabelletto-Obsidian von allen liparischen Vorkommen die geringste Homogenität aufweist[26]. Trotz dieser Schwankungen in einigen Vorkommen steht die chemisch-physikalische Zuordnung von Obsidian und somit auch von archäologischen Obsidianartefakten zu ihren Vorkommen auf einer durchaus sicheren Grundlage.

4. Forschungsgeschichte - insbesondere des nordwestmediterranen Raumes

1. Antiquarische Erfassung,
2. Naturwissenschaftliche Untersuchungen,
3. Verbreitung und Handel,
4. Werkzeugtechnologie,
5. zukünftige Entwicklungen.

Im Verlauf des 19. Jahrh. erwachte im Rahmen der Archäologie und Ethnologie das wissenschaftliche Interesse an prähistorischen Obsidianobjekten. Ihre Erforschung war eng verknüpft mit der Entwicklung der Wissenschaften seit dieser Zeit und spiegelt die Zeitströmungen und die Theoriediskussionen wider. Sie begann mit der antiquarischen Erfassung der Funde und entwickelte daraus Theorien über Verbreitung und Warenaustausch, woran verschiedene natur- und geisteswissenschaftliche Disziplinen entscheidend mitwirkten.

4.1 Antiquarische Erfassung

Mit der geologisch-mineralogischen Klassifizierung der Gesteine wurde die Grundlage zur Differenzierung archäologischer Gesteinsartefakte geschaffen. Glanz und Farbe waren durchaus schon Kriterien, Obsidian von anderen Materialien, insbesondere Flint unterscheiden zu können, auch wenn es sicherlich durch starke Ähnlichkeiten verschiedenerorts zu Verwechselungen gekommen sein wird.

Antike Autoren, wie Plinius, berichteten erstmals über Obsidian. In neuerer Zeit wurden, von mehr oder weniger ausführlichen Erwähnungen in Reiseberichten von Forschern, wie zum Beispiel von I. Löwenstein 1843 zum mexikanischen Obsidian, abgesehen, die ersten Studien über Obsidian erst in der 2. Hälfte des 19. Jhs. publiziert. Sie beschränkten sich zumeist auf die antiquarische Erfassung und Beschreibung der Artefakte, wie es für die Grundlagenforschung in den sich seinerzeit entwickelnden Wissenschaften erforderlich war.

Für den italienischen Raum beschrieben 1875 M. Palumbo und 1876 G. Nicolucci Obsidiangeräte in den ersten beiden Jahrgängen der archäologischen Zeitschrift "Bullettino di Paletnologia Italiana". Dabei wurde auf zahlreiche außeritalienische Funde hingewiesen, so im archäologischen Kontext u.a aus dem griechischen Raum und im völkerkundlichen Zusammenhang z.B. auf amerikanischen Obsidian. Zur gleichen Zeit (1876) setzte mit M. Szabó das Interesse für den balkanischen und griechischen Obsidian ein, wenn auch anfangs mehr aus geologisch-mineralogischer Sicht. Eine archäologische Bestandsaufnahme führten P. Tomasi 1904 und H. Müller 1914 auf Korsika und in Südfrankreich durch. In Verbindung mit der Grabung von Phylakopi auf Melos untersuchte R.C. Bosanquet 1904 die dortigen Vorkommen, Werkplätze und Geräteformen. Daneben bemühte er sich, für den europäischen und vorderasiatischen Raum einen Handel mit Obsidian zu belegen.

Auf dem amerikanischen Kontinent begann die Forschung 1865 mit M. de Courtis und 1900 mit W.R. Holmes in Mexiko, während sie für den pazifischen Raum mit einer völkerkundlichen Studie über Geräte der Admiralitäts-Inseln 1926 von A. de Mortillet einsetzte. Der Bogen schließt sich mit Berichten von O. Hierke 1941 über äthiopische Vorkommen und von I.J. Mickey 1930 und P. Tschirwinsky 1931 über kaukasische Lagerstätten. Weitere Forschungen in diesen beiden Gebieten haben erst in jüngster Zeit wieder zögernd eingesetzt.

Auf die Bedeutung des Obsidians als Werkstoff im Vorderen Orient machten L. Braidwood 1951 und J. Mellaart 1958 mit Angaben über den hohen Prozentsatz als Werkmaterial in den neolithischen Siedlungen aufmerksam, die seitdem in großer Zahl erforscht wurden und den Ausgangspunkt der "modernen" Obsidianforschung unter intensivem Einsatz naturwissenschaftlicher Methoden bildet.

Obwohl die Archäologie in Italien seit dem letzten Jahrhundert sehr aktiv ist, trat in der Obsidianforschung eine Pause von mehr als 50 Jahren ein. Ihre Wiederaufnahme ist im besonderen Maße mit dem Namen F. Malavolti und seinen Arbeiten über die neolithische Siedlung von Pescale (Norditalien) in den Jahren 1948 bis 1953 eng verbunden. Seither tritt das Bemühen in den Vordergrund, die prähistorischen Beziehungen zwischen den geologischen Vorkommen und der archäologischen Verbreitung immer deutlicher herauszustellen. Dies wird belegt durch die Arbeiten von G. Buchner 1949 und A.M. Radmilli 1954 über die Pontinischen Inseln , C. Puxeddu 1955-1957 über Sardinien und N.C. David 1958-1959 über Lipari, während O. Cornaggio Castiglioni u.a. 1962-1963 auch außeritalienischen Obsidian beschreiben.

In rascher Folge wurden danach für fast alle obsidianführenden archäologischen Räume Bestandsaufnahmen durchgeführt: G. Camps 1964 für Nordafrika, J. Courtin 1967 und O.W. Thorpe u.a. 1984 für Südfrankreich und O.W. Thorpe u.a. 1979 für Norditalien. Diese rasche Entwicklung im nordwestmediterranen Raum gilt in ähnlicher Form auch für andere Obsidianprovinzen, wozu im besonderen Maße der Vordere Orient, die Ägäis, der Balkan, Mittel- und Nordamerika sowie der pazifische Raum zu zählen sind. Es würde den Rahmen dieser Arbeit sprengen, auch nur einen kurzen Abriß darüber wiederzugeben.

Ausgelöst wurde die intensive Wiederaufnahme der Obsidianforschung durch die Arbeiten der Gruppe um C. Renfrew in den 60er Jahren, die mit neuen naturwissenschaftlichen Verfahren in der Frage der Zuordnung von archäologischem Obsidian zum entsprechenden Vorkommen den Durchbruch schaffte. Dieses Interesse bedingte eine besondere Beachtung und Beschreibung von Obsidianfunden in Grabungsberichten, so daß sich durch ihre Kartierung die Kerngebiete der spezifischen Obsidianverbreitung (Obsidianprovinzen) deutlich abzeichneten und sich die Randzonen der Nutzung weiter hinausgeschoben haben. Es stellte sich heraus, daß Obsidian weitaus intensiver genutzt wurde, aber auch eine weitere Verbreitung aufweist, als bislang angenommen wurde. Die Arbeiten von R.L. Burger u.a. 1977 für Südamerika, von R.S. Davis u.a. 1977 für Afghanistan und H.V. Merrick u.a. 1984 für Ostafrika verdeutlichen dies zur Genüge.

In neuerer Zeit ist die großräumige Erfassung von Obsidian ergänzt worden durch kleinräumige Studien, bei denen mittels einer Landesaufnahme Siedlungen und ihre Artefaktinventare erfaßt werden. Damit sollen Detailfragen der Verbreitung und Nutzung untersucht und ihre Mechanismen herausgearbeitet werden, wie es die Absicht z.B. der Arbeiten von I. Hodder u.a. 1984 und A.J. Ammerman 1985 ist.

4.2 Naturwissenschaftliche Untersuchungen

Es dürfte nicht überaschend sein, daß eine Reihe der frühen Arbeiten über Obsidian von geologischer Seite betrieben wurden. Sie bezweckten nicht nur die geographische Eingrenzung der einzelnen Vorkommen, sondern auch die qualitative und quantitative Ermittlung der chemischen Zusammensetzung und anderer Kriterien, wie des Brechungsindexes und spezifischen Gewichtes. Man bemühte sich, die Vorkommen zu charakterisieren und so voneinander unterscheidbar zu machen. Eine erste ausführliche Beschreibung des ungarischen Obsidians der Tokaja-Region fertigte J. Szabó 1867 an. Einige Jahre später folgte ihm hierin G. Szádeczky 1886.

Im Rahmen mineralogischer Untersuchungen unterschied schon 1876 C. Doelter verschiedene Obsidianvarianten, indem er die Zusammensetzung des "dichten Obsidians" auf der italienischen Insel Palmarola quantitativ bestimmte. Aber erst mit H.S. Washington setzte 1913 allgemein eine intensivere naturwissenschaftliche Erforschung ein. Seine Arbeit über die Lava am Monte Arci auf Sardinien schloß den rhyolithischen Obsidian ein. Gleichzeitig grenzte er ihn von anderen vulkanischen Begleitmineralien, wie Basalt, Trachyt und Andesit, chemisch ab. Vergleichbares führte er 1920 für Lipari durch.

Bis weit nach dem 2. Weltkrieg standen zumeist geologisch-mineralogische Aspekte in der Obsidianforschung im Vordergrund. Das gilt für Amerika (R.E. Fuller 1927), für Neuseeland (P. Marshall 1936-1937) und dem Kaukasus in Südrußland (I.J. Mickey 1930 und P. Tscherwinsky 1931).

Das bedeutet natürlich nicht, daß der archäologische Obsidian keine Beachtung gefunden hätte. Für den ägäischen Raum geschah dieses durch A.N. Georgiadas 1956 mehr nach physikalischen Merkmalen, wie spezifisches Gewicht, Farbe und Brechungsindex. Diese Kriterien benutzte ebenfalls F. Malavolti 1948 und 1953 zur Charakterisierung des Pescale-Obsidians. W.W. Boyer u.a. gingen so 1956 in New Mexico (USA) vor, um Artefakte ihren Vorkommen zuzuordnen. Ihre Ergebnisse entsprechen aber nicht mehr den heutigen Erfordernissen.

Die Arbeiten von H. Frankfort 1927 und A. Lucas 1941 über den Obsidian aus dem mediterranen, ägyptischen und äthiopischen Raum spiegeln einen weiteren Aspekt wider, indem sie von einer weiträumigen Verbreitung ausgingen und der Meinung waren, daß die einzelnen Vorkommen nicht mit den eben genannten Kriterien voneinander getrennt werden könnten. Für diese Zwecke war seinerzeit auch die Analysetechnik nicht präzise genug, da sie die Mehrzahl der chemischen Elemente, die nur in Spuren vorliegen, nicht erfaßten.

Ihre quantitative Bestimmung blieb den neuen Techniken vorbehalten, die J.R. Cann als Naturwissenschaftler und C. Renfrew als Prähistoriker zusammen mit anderen Kollegen in ihren wegweisenden Arbeiten für den Vorderen Orient und den mediterranen Raum in den Jahren 1964, 1965, 1966 und 1968 zur Anwendung brachten. Sie arbeiteten anfangs mit der Optischen Spektralanalyse (OES), die später zugunsten der Neutronenaktivierungs- (NAA) und Röntgenfluoreszenz-Analyse (XFA) aufgegeben wurde. Diese sind zwar technisch aufwendiger, weisen aber eine größere Anzahl chemischer Elemente mit zum Teil höherer Genauigkeit nach. Mit der Anwendung der OES bei archäologischen Fragestellungen hat sich H. Härke 1978 eingehend befaßt, während die Einsatzmöglichkeiten der NAA von A.A. Gordus u.a. 1967 und 1970 sowie von E.V. Sayre 1974 detailliert beschrieben wurden. Mit der NAA konnten J.E. Ericson 1977, F. Asaro u.a. 1978 und L. Hurtado de Mendoza 1978 den mittelamerikanischen Obsidian trennen. Um die technische Verfeinerung des Verfahrens bemühten sich S.A. Ahmad u.a. 1981 und J.R. Vogt u.a. 1982. J.R. Weaver 1965 und G.A. Parks 1966 setzten die XFA erstmals für kalifornische Obsidianartefakte ein. Mit Beginn der 70er Jahre hielt sie weltweit Einzug in die Labors.

Das Verfahren der Protonen-induzierten-Röntgen- und Gamma-Emission (PIXE und PIGME) wandten G.E. Coote u.a. 1972 in Neuseeland an. Es blieb in seiner Anwendung weitgehend auf den pazifischen Raum beschränkt, aus dem W.R. Ambrose u.a. 1981a und 1981b die zusammengefaßten Ergebnisse von mehr als 2000 Artefakten auf 21 Elementen vorlegten.

Andere Verfahren, wie die Sauerstoffisotopen-Analyse, das Strontiumisotopen-Verfahren (N. Gale 1981) sowie die Mössbauer-Spektroskopie (G. Longeworth u.a. 1979), die zumeist bei geologischem, mediterranem Obsidian zum Einsatz kamen, haben sich bisher nicht durchgesetzt.

Mit der Spaltspurenanalyse wurde die Trennung des Obsidians und die Artefaktzuweisung von einer ganz anderen Seite her angegangen. Dieser Weg wurde von R.L. Fleischer u.a. 1965 gewiesen und von G. Bigazzi u.a. 1971, 1973 und 1981 auf den italienischen Obsidian übertragen.

Die Ausführungen zu den chemisch-physikalischen Methoden sollen verdeutlichen, welchen großen Fortschritt die Obsidianforschung und damit verbunden im besonderem die Archäologie innerhalb knapp zweier Jahrzehnte gemacht hat und welches Spektrum an Verfahren, die fast alle auf gemeinsamen Grundlagen beruhen, für praktische Arbeiten zur Verfügung stehen, auch wenn dabei die spezifischen Vor- und Nachteile jeweils abgewogen werden müssen. Heute wird zwar, gemessen an den jetzigen Möglichkeiten, die hohe Ungenauigkeit der quantitativen Elementbestimmungen aus den 60er und zum Teil aus den frühen 70er Jahren bemängelt, ihre Relation untereinander zur Trennung der Obsidianarten in einer Gesamtbeurteilung bleibt aber weitgehend unangetastet.

Im Verlauf der 60er Jahre wurden für den vorderasiatischen und mediterranen Raum die heutigen, noch größtenteils gültigen Grundlagen für die weiterführende archäologische Obsidianforschung gelegt. Besonders in den 70er Jahren folgten die Basisarbeiten für Mittel- und Nordamerika und Neuseeland. Eine Anzahl anderer Regionen wartet dagegen, bedingt durch den Forschungsstand, immer noch auf eine Aufarbeitung.

Der nordwestmediterrane Raum war zwischen 1964 und 1976, als J.R. Cann und C. Renfrew ihre entscheidenen Arbeiten durchführten, ein Randbereich der naturwissenschaftlich-archäologischen Obsidianforschung geblieben. Das soll nicht das Verdienst von G. Belluomini u.a. schmälern, die in den Jahren 1970 und 1971 den Obsidian von Lipari, Palmarola, Pantelleria und Sardinien analysierten und ihr Alter anhand der Spaltspuren bestimmten.

Das oben genannte Verfahren wurde von G. Bigazzi u.a. 1971 und 1981 für die Herkunftsbestimmung von Artefakten fortgeführt. Doch erst 1976 erstellten B.R. Hallam, S.E. Warren und C. Renfrew ein zusammenhängendes Bild der nordwestmediterranen Obsidianverteilung, das seitdem durch regionale Studien ergänzt wurde: Norditalien 1979 durch S.E. Warren u.a. und Südfrankreich 1984 durch O.W. Thorpe u.a..

Einzelstudien über die geologischen Vorkommen selbst wurden für Lipari von E. Mosheim 1979 und A. Friz 1982, für Sardinien von M.P. Mackey u.a. 1982 (1983) und einschließlich Palmarolas von G. Herbold ca. 1986 angefertigt. Sie verdichten das Netz an Kenntnissen zu Einzelfragen des Chemismus, der inneren Homogenität der Spurenelementverteilung, des Alters und der Ausdehnung der Vorkommen und ihrer einzelnen Glasflüsse. Die sichere Obsidianzuweisung bildet heute den Ausgangspunkt für Überlegungen zu den Verbreitungsmechanismen des Warenaustausches und Handels in prähistorischer Zeit.

Bevor die Forschungsgeschichte des Obsidianhandels oder, neutraler ausgedrückt, der Obsidianverbreitung skizziert wird, muß noch auf ein Verfahren eingegangen werden, daß in der Zukunft eine ähnliche Bedeutung wie die ^{14}C-Datierung gewinnen könnte: die Hydratationsdatierung.

I. Friedman und R.L. Smith eröffneten hiermit 1960 einen völlig neuen Weg zur Altersbestimmung archäologischer Obsidianfunde. Schon 1967 lagen laut J.W. Michels 9000 untersuchte Artefakte von mehr als 300 Fundplätzen vor. Um die Genauigkeit der Datierung zu erhöhen, wurde sie im Zuge der umfangreichen Siedlungsgrabung von Kaminaljuyu (Guatemala) im großen Maßstab von J.W. Michels

1971 mit ^{14}C-Daten korreliert. Die Möglichkeiten und Grenzen der Hydratationsdatierung haben H.N. Michels 1971 und R.C. Taylor 1976 anschaulich beschrieben. Ein derartig obsidianreiches Gebiet wie Mittelamerika, wo in den Siedlungen bis zu 90% der Artefakte aus Obsidian bestehen können, bietet natürlich ein reicheres Betätigungsfeld als das Mittelmeergebiet. Auf Sardinien setzten J.W. Michels u.a. 1984 diese Methode erstmalig ein. Eine höhere Präzision muß erst noch erreicht werden, um sie für bestimmte Bereiche zu einer ähnlich akzeptablen Methode der Altersbestimmung werden zulassen wie die ^{14}C-Datierung.

4.3 Verbreitung und Handel

Schon frühzeitig bemühte man sich, das Ausmaß der Obsidianverbreitung durch die antiquarische Beschreibung der Fundstellen zu erfassen. Aber erst im Verlauf dieses Jahrhunderts war die Materialbasis breit genug. Kartierungen liegen von J. Kostrewski 1930 für Südpolen und besonders von St. Jansak 1935 für die Slowakei vor. Im Fundzusammenhang mit anderen Objekten, wie Keramik, Flint, Metall u.a. geben sie Auskunft über den Grad ihrer Nutzung und damit über ihre wirtschaftliche Bedeutung. Da zumeist mehrere geologische Vorkommen zur Nutzung anstanden und eine optische Unterscheidung in den seltensten Fällen eindeutig ist, ließen sich nur sehr oberflächliche Einzelheiten zu spezifischen Verbreitungen herausarbeiten. Kartierungen für die Pontinischen Inseln von M.A. Radmilli 1954, für Sardinien von C. Puxeddu 1955-1957 und für Südfrankreich von J. Courtin 1967 beschäftigten sich mit der geograhischen und kulturellen Verteilung von Obsidian, auch wenn Fragen der Verbreitungswege, sprich Transportwege, nicht ausgeklammert wurden.

Die Anwendung der Spurenelementanalysen seit 1964 deckte ein komplexes Bild der Mischinventare von Obsidianvarietäten auf den archaölogischen Plätzen auf. Als Folge davon wurde nach Mechanismen der Verbreitung und Verteilung gesucht. Was mit dem "down-the-line"-Handel von C. Renfrew seit 1964 für den Vorderen Orient begann, führte zu Überlegungen, u.a. mit zum Teil komplexem theoretisch-mathematischem Hintergrund, wie sie von A.J. Ammerman u.a. 1978 für Süditalien und S.E. Warren 1981 in abstrahierter Form dargelegt wurden.

Die verkehrsgeographische Struktur des nordwestmediterranen Raumes ließ eine Übertragung der für den Vorderen Orient erarbeiteten Modelle kaum zu. Der wohl größte Erfolg zur Klärung von Verbreitungsvorgängen konnte, abgesehen vom Nahen Osten, bisher in Mittelamerika erzielt werden, wo mehr als 20 Vorkommen genutzt wurden und der Obsidian einen Stellenwert als Rohstoff besaß, wie er in Mitteleuropa auf den Silex zutraf. Dazu mögen die Arbeiten von R.V. Sidrys 1976, J.W. Pires-Ferreira 1978 und R.D. Drennan 1984 genannt werden.

Die Forschungen von C. Renfrew 1969 und 1977 für das iranische Deh Luran-Gebiet und A.J. Ammerman u.a. 1978a, 1979 und 1985 für Süditalien (Kalabrien) zielten auf die Klärung kleinräumiger Verbreitungsmuster durch die Aufschlüsselung der Lesefunde auf den Siedlungsflächen. W. Winter 1976 und M.W. Spence 1981 gingen einen Schritt weiter, indem sie sich bemühten, am Beispiel einiger mexikanischer Siedlungen sozialökonomische Strukturen in der Bevölkerung durch spezialisierte und ortsgebundene Obsidianverarbeitung und -weitergabe herauszuschälen. Entsprechende Studien dieser Art finden sich aufgrund der fehlenden Materialbasis, der anders gelagerten Siedlungsstrukturen und des Forschungsstandes kaum im europäischen Raum.

4.4 Typologie, Werkzeugherstellung und Gebrauchsspuren

Mit diesem Punkt schließt sich der Kreis zur antiquarischen Fundaufnahme und -beschreibung. Es soll dabei auf zwei Richtungen eingegangen werden, die sich aus der Gerätetypologie entwickelt haben: Techniken der Geräteherstellung und Analyse der Gebrauchsspuren an Werkzeugen. Da Flint und Obsidian in vielen Punkten ähnliche Eigenschaften aufweisen, können die Ergebnisse der Flintforschung mit Einschränkungen auf den Obsidian übertragen werden.

Studien zu Techniken der Geräteherstellung aus Obsidian wurden von W.J. Mayer-Oaker 1966 (1968) und D.E. Crabtree 1968 am mittelamerikanischen Obsidian vollzogen. Sie klärten das physikalische Verhalten, das, bedingt durch Größe, Form und Abarbeitungsgrad der Kernsteine, zu charakteristischen Abschlagsformen führt und damit Form und Typ des Endproduktes von Anfang an vorbestimmt.

Ein interessanter Aspekt liegt in der Umkehrung dieses Gedankenganges, um aus den vorliegenden Endprodukten, d.h. den Artefakten, auf die Art des Halbfertig- und Rohproduktes Rückschlüsse ziehen zu können. Für den mediterranen und kleinasiatischen Raum liegen nur einige Arbeiten darüber vor. Ansätze dazu bietet R. Torrence (1979 und 1982) für die Schlag und Werkplätze auf der ägäischen Insel Melos. Sie ermittelte dort u.a. den Grad der Vorarbeiten am Rohmaterial, bevor es von der Insel abtransportiert wurde.

Neben den Verarbeitungstechniken geben aber in erster Linie die mikroskopischen Gebrauchsspuren Aufschluß über die Funktion eines Werkzeuges. Ihre Grundlagen legte S.A. Semenov 1957 (engl. Fassung 1964) mit seinen Studien über Flint-, Horn- und Knochengeräte. Seit den 70er Jahren hat sich diese Forschungsrichtung stürmisch entwickelt. Das methodische Vorgehen führte zu heftigen Diskussionen, die sich bei L.H. Keeley 1974, G.H. Odell 1975 und E.H. Moss 1979 im Detail verfolgen lassen. Die Forschungen beschränkten sich aber zumeist auf den Flint. Zur gleichen Zeit, als in Mittelamerika u.a. von R. Schousboe 1977 und S. Lewenstein 1981 Obsidian als Ausgangsmaterial zu Werkzeugexperimenten genutzt wurde, begannen A. J. Ammerman u.a. 1978b und 1985a mediterrane Artefakte auf Gebrauchsspuren hin zu untersuchen. Wie groß ihr Anteil an zukünftigen Ergebnisse zur prähistorischen Wirtschaftsweise sein wird, ist zur Zeit noch nicht abzusehen. Die Grundlagen dazu sind noch zu schmal; ihre Bedeutung ist aber nicht zu übersehen.

4.5 Zukünftige Entwicklungen

Aus der Forschungsgeschichte und dem gegenwärtigen Forschungsstand lassen sich für die nähere Zukunft einige Entwicklungen prognostizieren.

Die Bewertung des Obsidians wird dazu führen, daß mit einer immer größeren Selbstverständlichkeit diese Materialgruppe formenkundlich genauso differenziert wie der Silex aufgearbeitet und ihm materialmäßig als gleichwertig gegenübergestellt wird. Die Stellung des Obsidians dürfte damit für jeden einzelnen Fundplatz deutlicher werden.

Die funktionale Analyse, wie man sie seit Jahren bei Geräten aus Silex durchführt, wird besondere Berücksichtigung auf den Obsidian nehmen. Dabei ist das Fundmaterial unter viel differenzierteren Gesichtspunkten als heute zu untersuchen, um einer gerätespezifisch unterschiedlichen Handhabung von Obsidian und Flint genauer nachzugehen, die sich nach bisherigen Ergebnissen nicht erkennen läßt.

Die Gebrauchsspurenanalyse wird eine immer größere Rolle spielen, da meiner Meinung nach sie die Möglichkeiten bietet, gebrauchsspezifische Nutzungen von Geräten belegen und somit eventuelle Unterschiede bei den verschiedenen Materialien aufzeigen zu können. Auch technologische Aspekte dürften eine größere Bedeutung als bisher erfahren.

Es ist auch auf ein dichteres Netz aus Fund- und Befunddaten hinzuarbeiten, um in obsidianarmen Regionen spezifische lokale Phänomene in der Verbreitung und Nutzung zu erfassen.

Eine höhere Bedeutung als heute wird den Naturwissenschaften in der Unterstützung der Archäologie zukommen, wobei sich mehrere Wege abzeichnen. Dazu zählt der erhöhte Einsatz technischer Geräte bei der Gebrauchsspurenanalyse einschließlich experimenteller Versuche.

Für obsidianreiche Regionen wird die Datierung mittels der Hydratationsmethode eine Genauigkeit und damit einen Stellenwert vergleichbar dem Radiocarbonverfahren erreichen. Zu ihren Vorteilen zählt, daß sie mit einem geringen technischen Aufwand durchgeführt werden kann.

Die Arbeiten zur Spurenelementbestimmung und somit zur Bestimmung der geologischen Herkunft von Artefakten wird als Grundlage für die Erarbeitung von Versorgungs- und Verteilungssystemen an Bedeutung gewinnen. Im Vordergrund dürften nicht so sehr die Analyse von Artefakten von einander räumlich und zeitlich weit entfernten Fundplätzen stehen, sondern spezifische Anwendungen, die sich auf Grenzbereiche einander überschneidender Versorgungsgebiete und Anteile der Obsidianvarietäten auf einem Fundort sowie auf lokale Nutzungsänderungen im Verlauf zeitlicher und kultureller Entwicklungen auf diesen Plätzen beziehen. Damit treten überregionale Betrachtungen zugunsten kleinräumiger, aber sehr detaillierter Untersuchungen mehr in den Hintergrund, da sich viele Phänomene gerade erst beim Vergleich kleinräumiger Studien abzeichnen.

5. Neolithisierung im nordwestmediterranen Raum

Mit Beginn des Neolithikums werden mehr oder weniger schlagartig Neuerungen technisch-wirtschaftlicher und sozialer Art sichtbar, deren Ursprünge weitgehend im Dunkeln liegen und deren weitere Entwicklung im Verlauf des Neolithikums zum Teil nur in groben Zügen umrissen werden kann. Neben der Keramikherstellung, Tierzucht bzw. -haltung und dem Ackerbau erschienen auch plötzlich eine weiträumige Obsidianverbreitung und -nutzung in den frühneolithischen Kulturen. So liegt es nahe, nach den Ursachen dieser Phänomene zu suchen, die erst mit dem Übergang zum Neolithikum in Erscheinung traten. Dieses ist besonders deswegen notwendig, da nach der bisherigen Lehrmeinung das anders geartete Mesolithikum zeitlich abrupt endete und sich scheinbar ohne Übergang ein voll ausgebildetes, anders geprägtes Neolithikum hieran anschloß, obwohl durchaus mesolithische Formen bis weit in das Neolithikum hinein tradiert werden. Desweiteren haben sich durch eine Reihe von Befunden und Funden die Indizien für ein Präneolithikum bzw. präkeramisches Neolithikum verdichtet.

5.1 Vorstellungen zur Neolithisierung

Für eine Begutachtung dieser Erscheinungen müssen die Unterschiede zwischen dem Mesolithikum und dem Neolithikum klar dargelegt werden. Nach der geläufigen Definition wird das Neolithikum wie folgt charakterisiert:[27]

1. Auf technologischem Gebiet durch die Herstellung geschliffener Steingeräte, wie Beile, Schuhleistenkeile etc. und durch das Vorhandensein von Geräten zur Getreideverarbeitung, wie Sicheln, Mahlsteine, Läufer etc. sowie durch die Produktion von Keramik[28].

2. Auf wirtschaftlichem Gebiet durch die Einführung der Tierhaltung bzw. -zucht und des Ackerbaues.

3. Auf sozialem Gebiet durch zunehmende Seßhaftigkeit und die Entstehung bäuerlicher Gemeinwesen (Siedlungen) sowie durch einen merklichen Bevölkerungszuwachs[29].

Man bemüht sich diese neuen Kulturerscheinungen im nordwestmediterranen Raum mittels mehrerer Theorien zu erklären:

1. Diffusionstheorie:
   Sie geht dabei von der Einwanderung nahöstlicher, neolithischer Gruppen nach Südwesteuropa aus, wo sie sich niederließen und die einheimische Bevölkerung zurückdrängten oder assimilierten.

2. Akkulturationstheorie:
   Sie erklärt die Neolithisierung anstelle einer Einwanderung mit dem Eindringen technischer Neuerungen aus dem östlichen Mittelmeer, so daß aus einem einheimischen epipaläolithischen (mesolithischen) Substrat das Neolithikum in kurzer Zeit entsteht, ohne daß es zu einem kulturellen Bruch mit der vorangegangenen Kultur kommen mußte.

3. Polygenesetheorie:
   Sie leitet sich weitgehend von der Akkulturationstheorie ab und sieht vor, daß sich Zentren der Neolithisierung relativ unabhängig voneinander entwickelt haben, die durch nahöstliche Einflüsse initiiert wurden.

Betrachtet man vor diesem Hintergrund die Entwicklung bzw. das Auftreten archäologisch faßbarer Funde und Befunde, so ergeben sich eine Reihe neuer Erklärungen zu den einzelnen Elementen der Kulturen und Gruppen[30].

5.2 Keramik

Im Frühneolithikum kann von einem einheitlichen keramischen Formenkreis nicht die Rede sein. Schon zu Beginn taucht eine Vielzahl von Gruppen auf, deren Keramikformen und -ornamentik stark differieren und für die kein gemeinsamer nordwestmediterraner Ursprung gefunden werden kann. Für das bearbeitete Gebiet mit Ausnahme von Nordafrika, über dessen Vorgeschichte noch zu wenig bekannt ist, sind verschiedene frühneolithische Kulturen zu nennen: die dalmatische Gruppe, die süditalienische Gruppe, die bis in die Toskana reicht, die Gruppen von Sizilien, Malta und das noch wenig bekannte Frühneolithikum von Sardinien und Korsika sowie mehrere südfranzösische Gruppen[31].

Die ^{14}C-datierten, ältesten keramikführenden Schichten weisen ein Alter von 6020 ± 150 b.c. und 5700 ± 150 b.c. für Cap Ragnon (Bouches-du-Rhône), 5650 ± 150 b.c. und 5420 ± 160 b.c. für Ile Riou (Bouches-du-Rhône) und 5570 ± 240 b.c. in Châteauneuf (Bouche-du-Rhône) auf, während sie im Landesinneren später erscheinen, z.B. in Saint-Mitre (Alpes-de-Haute-Provence) mit 4750 ± 130 b.c. und in Courthezon (Vaucluse) mit 4650 ± 130 b.c.[32]. Von der iberischen und italienischen Halbinsel liegen ähnlich hohe ^{14}C-Daten aus der 1. Hälfte des 6. Jt. vor[33]. Das plötzliche Auftreten der Keramik spricht sehr dafür, daß zumindest die Kenntnisse dazu von außen importiert wurden, sind doch aus dem Vorderen Orient weitaus ältere Siedlungen mit Keramik bekannt. Entfällt eine größere Einwanderung aus diesem Raum, so kann man zumindest die Einwanderung von Trägern dieser Technik nicht ausschließen.

Eine andere Beurteilung erfährt die Problematik, geht man von der Überlegung aus, nach der eine Erfindung unabhängig an mehreren Stellen gleichzeitig erfolgen kann. Möglich ist dies durchaus, wenn man eine kulturell und wirtschaftlich-technisch mehr oder weniger gleich geartete Ausgangsposition bzw. Entwicklung im Mesolithikum voraussetzt, wie sie sich vielerorts in der Geräteindustrie widerspiegelt.

5.3 Geräteindustrie

Auf vielen Fundplätzen bleibt nicht nur die Siedlungskontinuität vom Mesolithikum zum Neolithikum erhalten, auch stehen frühneolithische Geräteindustrien in mesolithischer Tradition[34]. Siedlungskontinuität kann z.B. La Baume de Montclus (Gard) vom Castelnovien zum Cardial angenommen werden. Die Fortführung mesolithischer Geräteformen belegen u.a. die kleinen dreieckigen Pfeilspitzen besonderer Prägung in Montclus, Gazel (Aude) und im Abri Jean-Cros (Aude)[35], auch wenn in vielen Fällen die Diskussion über die mesolithische Einflußnahme auf das Frühneolithikum umstritten bleibt[36]. Außerhalb Frankreichs liegen solche angesprochenen Kontinuitäten aus den Grotten von Crvena Stijena (Jugoslawien), Cocina (Spanien), Grotta delle Mura (Süditalien), den Siedlungsplätzen Coppa Nevigata[37] und Romagnano (Norditalien)[38] vor.

Auch geschliffene Steingeräte müssen kein Indiz für ein Neolithikum sein, da sie in neolithischen Schichten, wie z.B. in denen von Crvena Stijema, Châteauneuf und Gazel, auch fehlen können[39].

5.4 Tierhaltung bzw. Tierzucht

In ihren ausgeprägten Zuchtformen sind Haustiere von ihren Wildformen gut zu unterscheiden. Für das Frühstadium, in dem eine Trennung zwischen Tierhaltung und einer intentionellen Tierzucht kaum möglich ist[40], liegen dennoch eine Reihe von Hinweisen beginnender Tierhaltung/-zucht aus mesolithischer Zeit vor. Der Hund ist dabei das bekannteste Beispiel mit Funden, z.B. aus dem Magdalenien von Oberkassel, aus dem Senckenberg-Moor (Bundesrepublik Deutschland) aus der Zeit um 7500 b.c und von Maglemose (Dänemark) um 6500 b.c.[41]. Knochen von Schaf/Ziege aus den mesolithischen Castelnovien-Schichten von Châteauneuf deuten auf eine Tierhaltung, wahrscheinlich sogar auf eine domestizierte Form hin. Eine Parallele hierzu findet sich in mesolithischem Fundzusammenhang in der rumänischen Höhle von Adamesco[42].

5.5 Ackerbau

Entsprechende Geräte liegen laut J. Guilaine aus Südfrankreich für das 5. Jt., vielleicht auch schon für das 6. Jt. in Form von Mahlsteinen von der Ile de Riou und als Klingen mit Sichelglanz aus Châteauneuf und Courtézon vor. Getreidekörner können aber erst aus dem 5. Jt. mit Einkorn im Cardial von Coveto de l'Or (Spanien) und mit Emmer in Fontebregoua (Var) und aus der Grotte von Los Murcielagos de Zuheros (Südostspanien) nachgewiesen werden[43].

Die zuerst genannten Geräte können aber nicht ohne weiteres als Belege für den Ackerbau bezeichnet werden, da sie auch zum Sammeln und Verarbeiten von Wildfrüchten und -pflanzen geeignet sind. Daß im Mesolithikum Früchte intensiv gesammelt wurden, belegen Funde von Wicken, Platt- und Kichererbsen aus Fontebregoua in ^{14}C-datierten Schichten von 6450 ± 110 b.c. und 7620 ± 120 b.c. sowie aus Abeurador (Hérault). Dabei dürfte es sich um Wildformen handeln. J. Guilaine[44] meint dazu, daß die intensive Nutzung der Wildformen im Mesolithikum auf den landwirtschaftlichen Anbau im Neolithikum vorbereitet und der Einführung des Ackerbaues auch mit seinen technischen Geräten Vorschub geleistet hat.

<u>Zusammenfassung</u>

Sieht man die Neolithisierung im Zusammenhang mit den angeführten archäologischen Befunden und in Verbindung mit den sich daraus ergebenden Folgerungen, so läßt sich meiner Meinung nach ein besseres Verständnis für die Prozesse, die zum Übergang vom Mesolithikum zum Neolithikum führten und für das scheinbar plötzliche Auftauchen "neolithischer" Errungenschaften gewinnen.

Unter diesem Gesichtspunkt muß auch die Frage eines Präneolithikums oder akeramischen Neolithikums gesehen werden. Siedlungsplätze mit derartigen Schichten fallen möglicherweise in die Übergangs- und Neolithisierungsphase. Aus alledem ergibt sich ein differenziertes Bild autochthoner mesolithischer Erfahrungen und von außen herangetragenen Neuerungen, die sich auf diesem vorbereiteten Boden gegenseitig stimulierten und die Entwicklung zum Neolithikum mit einem Evolutionsschub in Gang gesetzt haben mögen. Ein solcher Innovationsschub hat für den Archäologen zur Folge, daß der zeitlich kurze Übergang im Fundmaterial schwer zu fassen ist und Neues scheinbar voll ausgebildet vorgefunden wird.

6. Das Neolithikum und Äneolithikum im nordwestmediterranen Raum

Um die Obsidiannutzung richtig beurteilen zu können, ist es unbedingt notwendig, den kulturellen Hintergrund zu beleuchten. Verbreitung und Nutzung dieses Rohstoffes sind abhängig von zahlreichen Faktoren, wie z.B. von kulturspezifischen Phänomenen, von geographischen und topographischen Gegebenheiten.

Daher werden im folgenden Kapitel das Neolithikum und Äneolithikum in Kürze dargestellt. In diesen beiden Perioden fand die intensivste Nutzung des Obsidians statt. Besonderes Gewicht wird auf die kulturelle und wirtschaftliche Entwicklung sowie auf charakteristische Kulturerscheinungen gelegt. Weiterhin werden die chronologische Stellung und Verzahnung der Kulturen und Gruppen in knapper Form dargestellt, ohne aber auf feinchronologische und typologische Fragen näher einzugehen. Die Chronologietabelle vermittelt einen Überblick über die zeitliche Stellung der Kulturen und Gruppen in den wichtigsten Gebieten (Abb. 3).

Da mesolithische Obsidianartefakte kaum bekannt sind, wird diese Periode in der Arbeit nicht berücksichtigt. Eindeutige vorneolithische Befunde liegen nur von wenigen Inseln, wie Sardinien und Sizilien, vor[45]. Die übrigen Inseln dürften erst in neolithischer Zeit besiedelt worden sein, so daß der Zugang zu den Obsidianvorkommen erst seit dieser Zeit regelmäßig genutzt wurde.

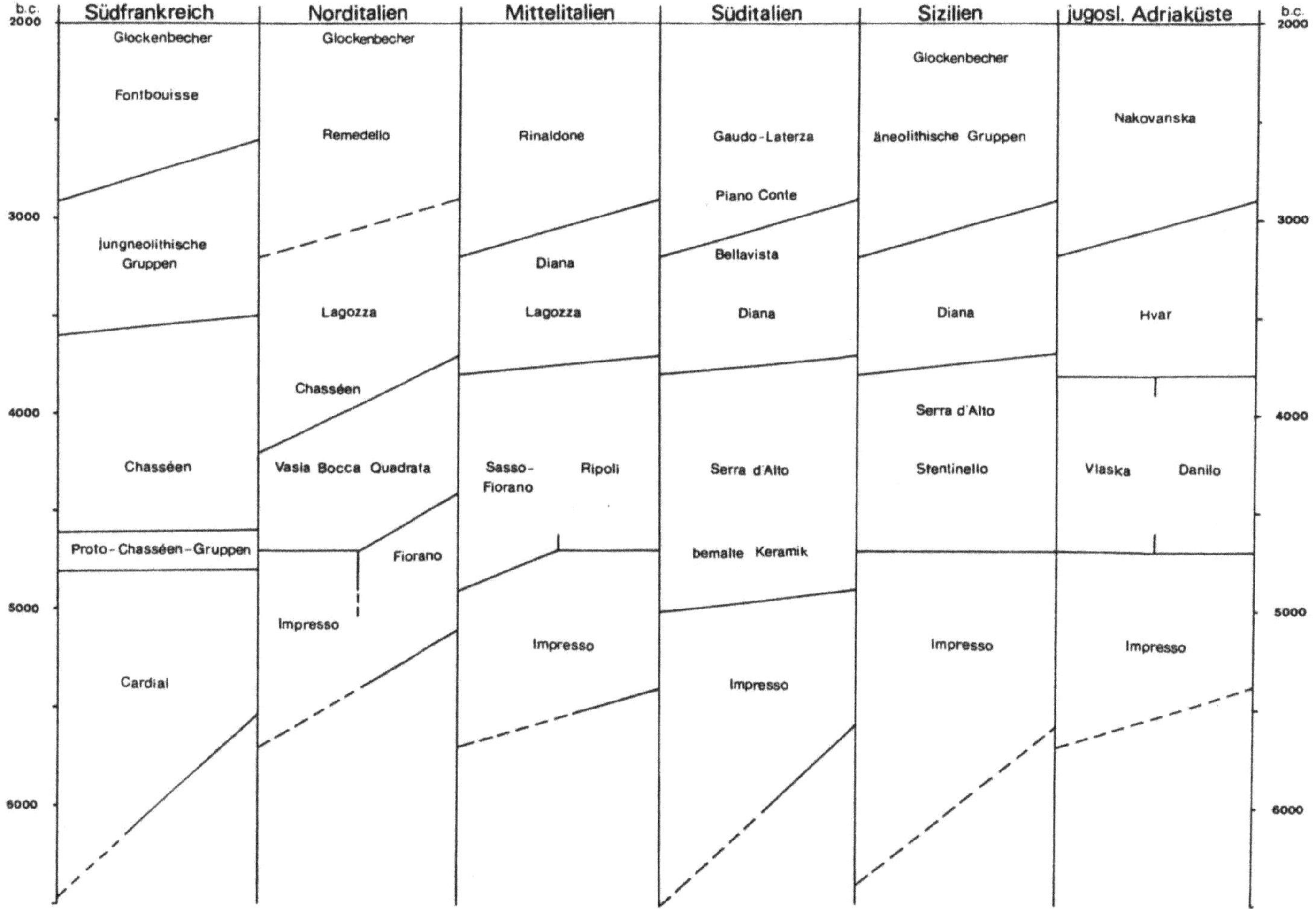

Abb. 3 Chronologie der nordwestmediterranen Kulturen und Gruppen

6.1 Südfrankreich

Neolithisierung und Frühneolithikum

Mit der cardialverzierten Keramik wird in den küstennahen Regionen des Mittelmeeres das älteste Neolithikum Südfrankreichs faßbar. Ihr Erscheinen belegt das Stadium des voll ausgeprägten Neolithikums, dem ein Prä- oder Protoneolithikum vorauszugehen scheint. Die Siedlungsplätze mit cardialverzierter Keramik liegen zumeist bis zu 70km, im Rhônetal aber auch über 100 km von der heutigen Küste entfernt. Unkorrigierte ^{14}C-Daten belegen das hohe Alter einiger Siedlungen, wie Camprafaud (Hérault), Cap Ragnon und Ile Riou (Bouche-du-Rhône) in der 1. Hälfte des 6. Jt. b.c.[46].

Das plötzliche Auftreten der Keramik und ihre küstennahe Verbreitung legen den Schluß nahe, daß Anstöße zur Neolithisierung vom ostmediterranen Raum her eindrangen, was Ähnlichkeiten bei der Keramik zu bestätigen scheinen. Lokale mesolithische Traditionen, wie z.B. in der Geräteindustrie und in der Wirtschaftsweise, sind im Material vieler frühneolithischer Siedlungen nachzuweisen. Belege dafür bietet die kontinuierliche Abfolge von Siedlungsschichten unter Abris vom Mesolithikum bis ins Neolithikum[47].

J. Coudrot wies schon 1976 auf 66 Cardial-Siedlungen in Südfrankreich hin[48]. Dabei wird erst seit jüngerer Zeit der Tatsache Beachtung geschenkt, daß zwischen 6000 b.c. und 4450 b.c. der Meeresspiegel im genannten Gebiet von ca. -20m auf ca. -8m unter Normalnull angestiegen ist, so daß die neolithische, zum Teil kilometerbreite Küstenzone mit den Siedlungsplätzen im Meer versunken ist[49]. Dieser ehemals intensiv genutzte Siedlungsbereich, in dem die Bewohner ihre Wirtschaftsweise in einem besonderen Maße auf das Meer ausgerichtet haben dürften, ist der siedlungsarchäologischen Forschung bisher weitgehend entzogen.

Die Anregungen zur Neolithisierung des gebirgigen Hinterlandes gingen frühzeitig vom Verbreitungsgebiet der Cardial-Keramik aus[50]. Es entwickelte sich daraus aber ein eigenständiges Neolithikum, das von einer mesolithischen Bevölkerung getragen wurde, in der Cardial-Elemente kaum nachweisbar sind, dafür aber das Weiterleben mesolithischer Traditionen. Stellvertretend sei der Fundplatz Abri de Combe Grèze (Cresse, Aveyron) in den Grands Causses genannt[51].

Siedlungs- und Wirtschaftsweise waren stark abhängig von den topographischen Gegebenheiten. Im Flachland und in Küstennähe bildeten die Flüsse und das Meer im besonderen Maße die wirtschaftliche Grundlage, der oft eine größere Bedeutung als dem Ackerbau, der Viehzucht oder der Jagd beizumessen war[52]. Küstenschiffahrt erleichterte den Bewohnern den weitreichenden Kontakt zu anderen Regionen.

Anders verhält es sich im Bergland, wo zumeist unter Abris oder in Grotten gesiedelt wurde. Eine kontinuierliche, stratigraphische Siedlungsabfolge gibt Einblick in die Kulturentwicklung vom Mesolithikum bis ins Neolithikum, über das Auftauchen, die Entwicklung oder Retardierung von Formen und Änderungen in der Wirtschaftsweise. Das höhere Bergland eignete sich oftmals nicht für den Ackerbau. Jagd und Viehhaltung bildeten neben dem Sammeln von Früchten und Samen die Existenzgrundlage. Mit saisonalen Siedlungen, wie es z.B. für das Abri Jean-Cros (La-Bastide-en-Val, Aude) angenommen wird[53], ist daher im größeren Maße zu rechnen. In tieferen Lagen mit ständiger Besiedlung, wie in Abri de Dourgne (Fontanès-de-Sault, Aude), konnten weitere, zur Verfügung stehende Ressourcen genutzt werden.

So geschlossen sich auch die Cardial- und Impresso-Keramik darstellen, deuten dennoch bereits frühzeitig leichte Unterschiede in Ornamentik und Technik der Keramik auf eine innere, regionale und chronologische Differenzierung hin. Nach A. Freises u.a. zeichnen sich drei frühneolithische Formenkreise ab[54]:

1. Das klassische Cardial mit Schwerpunkt im östlichen Languedoc und in der Provence, aber auch bis nach Hérault, Gard und Ardèche.

2. Das Cardial und Impresso vom iberischen Typus. Ihr Einfluß reicht über die Pyrenäen bis nach Roussillon, Aude und vielleicht auch in das westliche Hérault. Die bedeutende Siedlung Leucate-Corrége gehört diesem Kreis an.

3. Das Impresso vom italienischen Typus. Von Ligurien breitete es sich bis nach La Caucade (Nice, Alpes Maritimes) und Peiro-Signado (Portiragnes, Hérault) aus.

Eine mehr chronologische Unterteilung des Frühneolithikums im Languedoc entwickelte G.B. Arnal[55]. Die Phase I, nach unkorrigierten ^{14}C-Daten vom Ende des 7. Jt. bis Ende des 6./Mitte des 5. Jt. b.c., teilt sich in ein "néolithique primitif méditerranéen" im Gebiet des Cardial und ein "néolithique primitif paraméditerranéen", womit das gebirgige Hinterland mit seinem mesolithischem Substrat gemeint ist.

In der Phase II, die gegen Ende des 5. Jt. b.c. einsetzte, haben sich Verzierungen und Technik geändert. Im Verlauf dieser Zeit scheint sich ein Milieu entwickelt zu haben, das mit Epi-Cardial oder Post-Cardial bezeichnet wird.

In der Phase III zeichnen sich regionale Gruppen ab, die sich bis zum 1. Viertel des 4. Jt. b.c. ausgebildet haben, sich lokal weiterentwickelten und sich teilweise bis in das Mittelneolithikum hinein verfolgen lassen[56]:

- Die Gruppe von Fagien zumeist im Haut-Languedoc,
- die Gruppe von Montbolo im Bereich der Pyrenäen,
- die Gruppe von Bize in Roussillon und Aude,
- die Gruppe von Pouget in Hérault,
- weitere Proto-Chasséen-Fundorte mit eigener Ausprägung[57].

Die von J. Guilaine entwickelte Abfolge der Impresso-Keramik auf den Fundplätzen Grotte Gazel (Sallèles-Cabardès, Aude) und der Grotte IV de Saint-Pierre-de-La-Fage (Hérault) geht von vier Phasen aus[58]: Einer älteren, mittleren und jüngeren Phase sowie einer Endphase. Während letzterer tritt die Gruppe des Fagien in Erscheinung.

Mittelneolithikum

Die genannten Gruppen stehen am Übergang des Frühneolithikums zum Mittelneolithikum, das kulturell weitgehend vom Chasséen ausgefüllt wird. Erst in den letzten Jahren konnte der Kenntnisstand dieser Übergangszeit erheblich verbessert werden, ohne aber die Entstehung bzw. Herkunft des Chasséen klären zu können. Für die direkte Herleitung des Chasséen aus dem Cardial liegen keine Anhaltspunkte vor, auch nicht von Plätzen mit durchgehender Stratigraphie. Selbst die zwischen den beiden Kulturen stehenden Gruppen sind zu regional beschränkt und intern gegliedert, als daß man sie für den Evolutionsschub zum klassischen Chasséen hin verantwortlich machen könnte. Die Theorien zur Entstehung bzw. Herleitung des Chasséen gehen dementsprechend weit auseinander: Einflüsse von außen, z.B. aus dem süditalienischen Raum[59] oder autochthone Entwicklung, möglicherweise im Languedoc[60].

Das Chasséen stellt sich als eine sehr expansive Kultur dar, die bis Mittelfrankreich reichte. Als "Chasséen méridional" dominierte es in Südfrankreich. Es lassen sich dort verschiedene Keramikgruppen[61] ebenso wie eine chronologische Teilung in ein "Chasséen ancien", "Chasséen classique" und "Chasséen récente"[62] herausarbeiten. Die ältere und jüngere Phase wird von J. Vacquer als Chasséen A und B bezeichnet [63]. Dabei währte das klassische Chasséen den ungewöhnlich langen Zeitraum von ca. 3600 - 2600 b.c. (unkorrigiert). Es übte einen starken Einfluß auf die letzten Phasen der norditalienischen Vasi a Bocca Quadrata-Kultur (VBQ) aus und könnte entscheidend zur Entstehung der Lagozza-Kultur beigetragen haben[64].

Mit dem Chasséen gingen soziale und wirtschaftliche Umwälzungen vonstatten. In den Ebenen entstanden großflächige Siedlungen - aber noch ohne Steinbauten - mit mehr als 2000 m^2, in St.-Michel-du-Touch und Villeneuve-Tolosane (Haute Garonne) sogar mit 200000 m^2 und 300000 m^2 Siedlungsfläche, die nach ^{14}C-Datierungen zum Teil über Jahrhunderte bewohnt wurden [65]. Offen bleibt die Frage, wie viele Häuser gleichzeitig bestanden.

Nur begrenzten Wohnraum und damit eine geringere Bewohnerzahl boten die Abris, die im Hochland vorwiegend genutzt wurden. In den Grands Causses liegen von 58 Chasséen-Siedlungen 44 in Grotten oder unter Abris[66]. Viehzucht und -haltung hatten dort überragende Bedeutung, möglicherweise als saisonale Wanderwirtschaft, der sog. Transhumanz[67]. Auch Jagd spielte im Gegensatz zum Ackerbau eine große Rolle. In den fruchtbaren Ebenen und im Hügelland herrschte Ackerbau vor, durch den eine größere Bevölkerung ernährt werden konnte. Belegt sind auch Rinderhaltung und in Fluß- und Küstennähe Fischfang und das Sammeln von Muscheln und Schnecken.

Der expansive Charakter des Chasséen wird durch weitreichende "Wirtschaftsbeziehungen" und Warenaustausch unterstrichen, wie die Verbreitung von speziellem Flint, Hartgesteinen, Obsidian, Armreifen und Bällen aus Stein verdeutlicht[68]. Die kulturelle Homogenität des Chasséen mag den intensiven Warenaustausch gefördert haben.

Jungneolithikum

Gegen 2600 b.c. (unkorrigiert) zerbricht die Einheit des Chasséen. Regionale Gruppen entstehen, die für das Jungneolithikum und Endneolithikum/Chalkolithikum kennzeichnend sind, wobei die Rhône eine Kulturgrenze für einen westlichen und einen östlichen Entwicklungsschwerpunkt bildete[69]. Die Kenntnis der Metallurgie westlich der Rhône scheint aber auf die wirtschaftliche Entwicklung der regionalen Gruppen keinen großen Einfluß genommen zu haben.

- In Lot erschien die Gruppe von Cros[70].

- Das östliche Languedoc wurde von der Gruppe von Ferrières eingenommen, die sich anhand der Keramik in mehrere Phasen und nach J. Gasco u.a. in fünf Verbreitungszonen aufgliedern läßt[71].

- Im westlichen Languedoc entwickelte sich die Gruppe von Véraza[72], die bis in die ältere Bronzezeit überdauerte, während sie sich im südlichen Languedoc mit der chalkolithischen Phase deutlich von der Gruppe von Fontbouisse absetzte.

- Die Gruppe von Saint-Pons im Vorland der Montagne Noire von Orb und Hérault stellt sich als individuellster Komplex dar.

- In der Gruppe von Gourgas im Lodèvois, im Schnittpunkt der Grands Causses, des westlichen und östlichen Languedoc, flossen eine Vielzahl von Einflüssen aus den Nachbargruppen zusammen[73].

- Die Entwicklung der Gruppe von Treilles in den Grands Causses schritt in bisher belegten drei Phasen von ca. 2600 - 1700 b.c. (unkorrigiert) voran. Weidewirtschaft behielt dort weiterhin einen hohen Stellenwert. Kupfer für Metallgeräte wurde nach G. Constantini aus lokalen Vorkommen gewonnen[74].

Östlich der Rhône zeichnet sich die kulturelle Entwicklung nicht so klar ab. Dort schien der Zerfall des Chasséen nicht so entschieden vor sich gegangen zu sein, wobei angemerkt sei, daß dort die Metallverarbeitung im Gegensatz zum Languedoc nicht bekannt gewesen ist. Im Bouches-du-Rhône bildete sich das jungneolithische Lagozza vom Typ Trets und das chalkolithische Couronnien heraus[75].

Trotz der Regionalisierung blieben verschiedene Kulturelemente allen Gruppen von den Pyrenäen bis zur Rhône und darüber hinaus gemeinsam. Es entstanden erstmals befestigte Siedlungen aus Stein mit Trockenmauerwerk. In der Grabsitte kam die Kollektivbestattung in Megalithgräbern (Dolmen) in mehreren Formenkreisen auf[76].

J. Gasco und X. Gutherz gehen so weit, einen Bevölkerungszuwachs mit gleichzeitig einsetzendem Wettbewerb um die vorhandenen Produktionsmittel und natürlichen Resourcen für den Zerfall des Chasséen und die Herausbildung regionaler Gruppen zur Wahrung der vorhandenen Lebensbedingungen verantwortlich zu machen[77].

Das Auftreten der Glockenbecherkultur und ihr Verhältnis zu den Kulturgruppen Südfrankreichs bleibt weiterhin mit vielen Fragen verbunden, da die Forschung mit dem vorliegenden Material kaum über die Diskussion zu Keramikstilen und ihren inneren, typologischen Entwicklungen hinausgekommen ist[78]. Mehr Spekulationen als konkrete Hinweise über Herkunft, Entwicklung, Siedlungsweise, Dauer, Beziehungen zu Regionalgruppen etc. beherrschen die Diskussion.

6.2 Korsika

Der Forschungsstand bedingt für Korsika ein sehr lückenhaftes Bild des Neolithikums. Ein sehr frühes Neolithikum ist aus Basi und Curacchiaghiu bekannt, die mit dem Abri von Araguina-Sennola zu den bestdokumentierten Plätzen zählen[79]. Auf deren umfangreichen Siedlungsstratigraphie basiert im wesentlichen die chronologische und kulturelle Abfolge auf Korsika.

Frühneolithikum
Das Frühneolithikum gliedert sich nach den bisherigen Kenntnissen in zwei große Gruppen: Die Gruppe mit Keramik mit eingestochener Verzierung (groupe poinconné) und das Cardial. Die Fundorte des Cardial liegen nicht nur in den küstennahen Zonen, wie früher angenommen wurde[80], sondern auch im Zentrum der Insel[81].

Die Gruppe mit eingestochener Verzierung findet sich zumeist im Landesinneren, u.a. in Curacchiaghiu und Araguina-Sennola. Daneben sind auch Siedlungen mit gemischten Fundinventaren beider Gruppen bekannt, wie z.B. unter dem Abri D von Filitosa[82] oder in der Grotta von Scritta[83]. Auf den Plätzen beider Gruppen geben Muschelschalen, Fischgräten sowie Knochen von Wildtieren[84], Schaf und Ziege[85] Auskunft über die Ernährung. Dagegen gibt es kaum Hinweise auf Ackerbau.

Mittelneolithikum
Die wichtigsten Aufschlüsse über das Mittelneolithikum stammen von Araguina-Sennola[86] und Carco[87]. Die zahlreichen Obsidiangeräte belegen dabei den engen Kontakt mit den sardischen Gruppen. Im Fundmaterial der Carco-Gruppe bleiben starke Traditionen des Frühneolithikums nachweisbar. Wenig geändert hat sich auch die Wirtschaftsweise, in der Ackerbau immer noch selten faßbar ist. Die Entwicklung vom Früh- zum Mittelneolithikum beschreibt M.C. Weiss wie folgt[88]: Die Gruppe mit eingestochener Keramik entwickelte sich ortsgebunden weiter in einer weiterhin dem Frühneolithikum verhafteten Tradition mit einer gleichzeitig fortschrittlicheren Geräteindustrie mit gestielten und gekerbten Formen. Das Material auf dem Platz von Carco trägt starke Züge des ursprünglichen Cardial in sich, das zum Mittelneolithikum hin auszulaufen scheint.

Jungneolithikum
Zum Jungneolithikum hin zeichnen sich komplizierte Entwicklungen ab[89]. Jungneolithische Gruppen, die solche mit frühneolithischer Tradition direkt überlagern, wiesen entweder eine innere Evolution und Kontinuität auf, wie in Curacchiaghiu und Araguina-Sennola oder nach einem Hiatus eine kulturelle Erneuerung, wie in Basi. Das Jungneolithikum auf den Hügeln am Rande der Ebenen zeigte sich in dem Moment, als Ackerbau vorherrschend wurde. Dieses führte zur Entstehung von sog. Ackerbauplätzen, z.B. am Monte Lazzo, von dem keine frühere Besiedlung als aus dem Jungneolithikum bekannt ist. Ursachen und Folgen dieser Entwicklung mögen in der Ausdehnung des Ackerbaus und in einem Bevölkerungszuwachs begründet sein.

Im Zusammenhang damit scheint auch die Entstehung und Ausbreitung der Megalithik zu stehen. Trotz vieler archäologischer Gruppen scheint eine generelle Trennung in eine Küstengruppe (Araguina-Sennola) und eine Inlandgruppe (Curacchiaghiu) möglich zu sein, die sich beide aus der frühneolithischen Gruppe mit eingestochener Keramikverzierung ableiten lassen. Die wirtschaftlichen Grundlagen beider Gruppen sind verschieden[90]. Unter den Ackerbaugemeinschaften sind die Basien- und die Monte Lazzo-Gruppe die bekanntesten.

Äneolithikum
Mit dem Endneolithikum, das von mehreren Gruppen beherrscht wurde, setzte auch die Megalithik in drei einander folgenden Phasen ein, die bis in die Bronzezeit reichten[91]. Auf eine kulturelle Kontinuität vom Endneolithikum zur Bronzezeit lassen u.a. die Ganggräber schließen, die in diesem Zeitraum erbaut und genutzt wurden. Aus dem Äneolithikum liegen nur wenige Kupferfunde vor[92]. Kaum Hinweise gibt es auf die Glockenbecherkultur, doch müßten ihre Träger analog zu Sardinien zumindest in den Küstenregionen gesiedelt haben.

6.3 Sardinien

Frühneolithikum
Wenig ist zur Zeit über das Paläolithikum und Mesolithikum bekannt ebenso wie über den Übergang zum Frühneolithikum. Doch steigt die Zahl der frühneolithischen Siedlungen ständig an[93]. Die Neolithisierung auf Sardinien fügt sich allem Anschein nach in den bisher bekannten Rahmen des Überganges vom Mesolithikum zum Frühneolithikum ein. Impresso-Keramik bildet die gängige frühneolithische Keramik. Cardial-Keramik ist bislang kaum bekannt, was aber durch den Forschungsstand bedingt sein dürfte, da auf Korsika eine Reihe derartiger Plätze vorhanden ist. Relativchronologische und typologische Vergleiche werden vor allem anhand von korsischen Plätzen, wie z.B. denen von Basi und Curacchiaghiu, vorgenommen.

Mittelneolithikum
Mit dem Mittelneolithikum wird die Bonu Ighinu-Kultur faßbar, zu der die Plätze von Sa 'Ucca de Su Tintirriolu[94] und Grotta Rifugio di Oliena[95] reiches Fundmaterial lieferten. So wird trotz mancher Unterschiede zum Impresso eine Kontinuität vom Früh- zum Mittelneolithikum immer wahrscheinlicher[96].

Besondere Bedeutung gewann Sardinien durch seine Obsidianvorkommen am Monte Arci, deren Rohstoff seit dem Frühneolithikum im großen Stil genutzt und nach Korsika, Südfrankreich und Italien gebracht wurde. Den Umfang des Abbaues verdeutlichen die Kartierungen von G. Puxeddu mit drei Vorkommen, deren Anzahl er damals noch mit vier ansetzte, elf zentralen Sammelstellen, 74 größeren Bearbeitungsplätzen und weiteren 157 über das Gelände verstreuten kleineren Sammelstellen[97]. Auf der Insel selbst bestand ein sehr hoher Prozentsatz der Geräte aus Obsidian. Endgültig aufgegeben wurde die Obsidianverarbeitung aber erst gegen Ende der Bronzezeit.

Jungneolithikum und Äneolithikum
Das sardische Jungneolithikum und Äneolithikum umschloß zwei teilweise parallel verlaufende Kulturgruppen. Auf den Norden der Insel beschränkt blieb die Gruppe von Arzachena, die wegen ihrer korsischen Kontakte im Grabbau auch als Korsika-Gallura-Gruppe bezeichnet wird. Ihre wirtschaftliche Grundlage bildeten Viehhaltung und -zucht. Die materielle Hinterlassenschaft ist als dürftig anzusehen, abgesehen von den Grabbauten, die aus Steinkisten innerhalb von Steinkreisen bestehen[98].

Die übrige Insel, mit Ausnahme des unfruchtbaren Ostteils, wurde von den Trägern der San Michele-, auch Ozieri-Kultur genannt, besiedelt. Ihr Kennzeichen ist die reich mit geometrischen Mustern verzierte Keramik, die in der Spätphase stilisierte Pflanzen, Tiere und Menschenfiguren in ihre Ornamentik aufnimmt. Auch Kupfer war schon in Gebrauch, mußte aber wahrscheinlich importiert werden. Als Schmuck wurden u.a. Spondylus-Muscheln verwendet, die im westmediterranen Raum ansonsten kaum benutzt wurden und deren Hauptverbreitung sich in der kontinentalen Bandkeramik findet. Im Gegensatz zur Arzachena-Kultur wurde vornehmlich Getreide angebaut. Der Ursprung der Kultur ist noch weitgehend ungeklärt. Viele Anzeichen scheinen für eine Einwanderung zu sprechen.

Die meisten Funde stammen aus Felsgräbern sowie aus einigen zu kultischen Zwecken aufgesuchten Grotten, wie Sa 'Ucca de Su Tintirriolu. Zu den wenigen erforschten Siedlungen zählt San Gemiliano[99]. Die weiträumigen Kammergräber mit den langen, horizontalen Zugängen tragen auch den Namen "domus de janas". Parallelen finden sich hierzu nur auf Malta und den Balearen. Im Zusammenhang mit ihnen und den Grotten stehen Kultstelen und Idole, die in stilisierter Form eine Muttergottheit darstellen dürften[100]. Die terrassenförmige Anlage auf dem Monte d'Accodi scheint ein zentraler Kultplatz im Äneolithikum und in der Bronzezeit gewesen zu sein.

In die gleiche Zeit wie die Ozieri-Kultur fallen Funde der Glockenbecherkultur. Sie beschränken sich allerdings fast ausschließlich auf den küstennahen westlichen Inselbereich[101].

6.4 Norditalien

Neolithisierung

Gegen Ende des 6. Jt. b.c. erschien in Ligurien das Impresso, während sich im 5. Jt. b.c. von Süden her das adriatische Impresso in die Marken und die Romagna vorschob. Das übrige Norditalien dagegen verharrte weiter in der mesolithischen Lebensweise. In einer späteren Phase griff das ligurische Impresso über das Apennin-Gebirge in die westliche Lombardei und nach Piemont aus und erlosch erst zu Beginn des Mittelneolithikums[102]. Im übrigen Norditalien bildeten sich seit der 2. Hälfte des 4. Jt. b.c. eine Reihe von Kulturen und Gruppen auf mesolithischem Substrat heraus.

B. Bagolini u.a. sprechen in diesen Fällen von einer "kontinentalen Neolithisierung" auf spätmesolithischem, lokalem Substrat mit Einflüssen aus dem mitteleuropäischen und balkanischen Raum[103]. Eine "maritime Neolithisierung" fand dagegen in Ligurien und im adriatischen Bereich statt, in denen durch das Impresso eine "Kolonisation" von außen aus dem mediterranen Raum geschah.

Frühneolithikum

Als wichtigste Gruppe beherrschte die Fiorano-Kultur in der Emilia-Romagna, der östlichen Lombardei, dem Trento und Venetien das kulturelle Bild in der Padana. Ihr Einfluß reichte bis in die Toskana, wo sich ein Sasso-Fiorano-Horizont herausbildete. Auf einer Reihe von Fundplätzen in den Marken und der Romagna verzahnten sich die Einflüsse des Fiorano und des adriatischen Impresso[104]. Auf Fiorano-Siedlungen fanden sich neben Impresso-Funden imitierte bzw. importierte Figulina-Keramik aus dem mittel- und süditalienischen Raum[105]. Fiorano seinerseits wirkte ein auf die jüngere Phase des ligurischen Impresso[106], auf die mittelitalienische Ripoli-Kultur sowie in seiner unmittelbaren Umgebung auf die Vhò- und Gaban-Gruppe[107]. Besonders mit der Vhò-Gruppe in der östlichen Lombardei scheint der Kontakt intensiv gewesen zu sein[108]. Balkanischer Einfluß auf die Vhò-Gruppe wird durch Keramikelemente und weibliche Tonfiguren belegt[109].

Wenig ist zur Zeit bekannt über die Fagnigola-Gruppe bei Pordenone (Friaul). Die Gaban-Gruppe siedelte im Trento und Etschtal. In der Wirtschaftsweise und der Geräteindustrie war sie von allen Gruppen dem Mesolithikum noch am deutlichsten verhaftet[110]. Neolithische Elemente, wie z.B. Keramik, schienen das Mesolithikum nur dünn zu überdecken. Haustiere sind erst aus der jüngeren Phase bekannt.

Die Isolino-Gruppe war nur in unmittelbarer Umgebung des Lago di Varese (Lombardei) verbreitet. Kontakte haben zur Vhò- und Gaban-Gruppe, aber nicht zur Fiorano-Kultur bestanden. Unklar ist noch die Beziehung zum Impresso in der westlichen Padana. Von allen frühneolithisch-padanischen Gruppen scheint sie die längste Lebensdauer aufzuweisen. Mit ihrer Keramik und Silex-Industrie leistete sie einen lokalen Beitrag zur Entstehung der VBQ-Kultur (Cultura di Vasi a Bocca Quadrata). Es war eine Einflußnahme, die auch im weiteren Verlauf nicht erlosch[111].

Ein frühes Frühneolithikum existierte in Norditalien nur im Einzugsbereich der Impresso-Keramik in Ligurien, während das adriatische Impresso schon einer späteren Phase angehört. Die padanischen Gruppen werden erst im jüngeren Abschnitt des Frühneolithikums in ihrer Blütezeit faßbar, der zeitlich mit der 2. Phase des Impresso korreliert.

Die Neolithisierung nahm ihren Ausgang von den beiden Küstenregionen und dürfte die Padana relativ gleichzeitig erfaßt haben. Die Frühphasen der padanischen Gruppen liegen noch im Dunkeln. Zu allen ihren Zeiten blieben aber mesolithische Traditonen in der Wirtschaftsweise und in der Geräteindustrie deutlich sichtbar.

Norditalien teilte sich somit in mehrere frühneolithische Kulturbereiche auf[112]:

- Das Impresso in Ligurien und an der Adria sowie in einer jüngeren Phase in der westlichen Padana.
- Die Gruppen der mittleren Padana und Friauls: Fiorano, Vhò und Fagnigola.
- Die Siedlungsbereiche der Gaban- und Isolino-Gruppe.

Mittelneolithikum

Zu Beginn des 4. Jt. b.c. wurden alle diese Gruppen von der VBQ-Kultur abgelöst, die sich in schon voll ausgeprägter Form von Südwesten nach Nordosten ausbreitete und Norditalien mit Ausnahme des Triester Karstes zu einer Kultureinheit zusammenschloß.

Die Kraft dieser Kultur könnte darin begründet liegen, daß ihre Träger, sofern sie nicht größtenteils aus der eingesessenen Bevölkerung bestanden, sich in ihrer Lebensweise erfolgreich den topographisch-ökonomischen Gegebenheiten anzupassen wußten. Sie siedelten sowohl im Flachland als auch in Grotten und im Bergland. Ihre wirschaftliche Grundlage bildete je nach Maßgabe Ackerbau, Viehzucht, Jagd und Sammeln oder Fischfang, wobei B. Bagolini als treibende Kraft eine Stammesgesellschaft vornehmlich aus Viehzüchtern/Hirten von großer Mobilität und kriegerischer Haltung annimmt[113].

Noch unklar bleibt die Herkunft bzw. Herleitung der VBQ-Kultur mit ihrer charakteristischen Keramik mit viereckiger Gefäßmündung. Eine Prä-Phase konnte bisher noch nicht herausgestellt werden. Kulturbildende Elemente, wie Fiorano-Geräteformen und "ceramica graffita", sind zur Zeit aus Ligurien bekannt, wo schon das Fiorano starken Einfluß auf das jüngere Impresso ausübte. In der VBQ-Kultur tauchten neben der tyrrhenischen Keramik auch neue Geräteformen auf[114]. In der westlichen Lombardei nahm sie in Isolino di Varese lokale Elemente auf, die in der eigenständigen Isolino-Gruppe weiterlebten[115].

Der enge Kontakt zum dalmatischen Kulturbereich der Danilo- und später der Hvar-Kultur wird dokumentiert durch Tonfiguren (venerette fittile) und Stempel (pintaderas). Anhand des venetischen Materials arbeitete L.H. Barfield eine Dreiteilung der VBQ-Kultur heraus[116], die aber nicht als starres Schema zu verstehen ist und weitgehend mit drei Verzierungsstilen auf der Keramik korreliert[117]:

- Finale-Quinzano als ältere Phase mit dem geometrisch-linearen Stil (stile geometrico-lineare).
- Rivoli-Chiozza als mittlere Phase mit dem Mäander-Spiralen-Stil (stile meandro-spiralico).
- Rivoli-Castelnuovo als jüngere Phase mit dem Ritz- und Eindruck-Stil (stile a incisioni e impressioni).

Sie haben sich über unterschiedliche Räume verbreitet:

- Die ältere Phase verbreitete sich in Ligurien, Piemont, in der Lombardei, im Trento, in der Emilia und in Venetien.
- Die mittlere Phase findet sich in Ligurien, der Ostlombardei, im Trento, in der Emilia und in Venetien.
- Die jüngere Phase verblieb in der Ostlombardei, im Trento und in Venetien.
- Ihre Blütezeit erlebte die VBQ-Kultur in der Ostlombardei, der zentralen Emilia, im Trento und in Venetien.
- Der Verzierungsstil der älteren Phase hatte seinen Schwerpunkt in Ligurien und dünnte mit fortschreitender Expansion aus.
- Der jüngste Stil blieb auf die Rückzugsgebiete der VBQ-Kultur beschränkt.

Im Verlauf der letzten Jahrhunderte des 4. Jt. b.c. setzte der Niedergang ein. Die Kultur zerfiel in eine Reihe kleiner Komplexe, die sich rasch auflösten. Schließlich wurde sie auf die Ostlombardei, das Trento und auf Venetien zurückgedrängt, wo sie sich bis zum Ende des Neolithikums hielt[118]. Dabei änderte sich auch die Siedlungsweise. Lagen die Ansiedlungen vorher an Flüssen, Seen oder Sümpfen, so wie schon im Frühneolithikum, wurden jetzt natürlich befestigte Hügel als verteidigungsgünstige Plätze vorgezogen. Schon dies signalisiert einen äußeren Druck, dem die Träger der VBQ-Kultur an ihren Wohnsitzen ausgesetzt waren. Damit einher ging gleichzeitig eine Verarmung des Mäander-Spiralen-Stils.

Venetien blieb den balkanisch-dalmatischen Einflüssen weiterhin offen, während im Etschtal Kontakte zur nordalpinen stichbandkeramischen und Rössener Kultur bestanden. In Venetien lebte die jüngste Phase der VBQ-Kultur fort, in der sich schon Metallgeräte finden, als eine Mischung mit Lagozza- und schon äneolithischen Ljubljanka-Elementen bis in das Äneolithikum hinein weiter.

Jungneolithikum

Eingeleitet wurde der Niedergang der VBQ-Kultur vom Chasséen, das in Ligurien Fuß gefaßt hatte und in die westliche Padana drängte, wie schon zuvor im Frühneolithikum das Impresso. Dort entstand wahrscheinlich aus lokalen Traditionen heraus im Zusammenwirken mit dem Chasséen das Lagozza, das sich in Richtung Emilia, Venetien und in die Toskana ausbreitete. In Isolino di Varese erschien auf die 3. Phase der VBQ-Kultur mit Einflüssen aus dem französischen Raum ein Proto-Lagozza-Horizont mit starken Chasséen-Elementen. Einer Schicht des klassischen Lagozza folgte dann ein als Sub-Lagozza mit Glockenbecherelementen bezeichneter Horizont[119]. In Pescale selbst scheint das Lagozza, das sich dort in einer besonderen Ausprägung vorfindet, den Befunden zufolge etwas jünger zu sein als das Chasséen im ligurischen Arene Candide[120].

In der Nordtoskana bildete sich ein Chasséen-Lagozza-Horizont. Selbst in Umbrien wurde der Lagozza-Einfluß spürbar[121]. Aus dem Süden drangen Einflüsse der Diana-Kultur entlang der adriatischen Küste in die Romagna ein, wo sie z.B. in Cesena faßbar werden. Dies geschah in einem Gebiet, in dem die VBQ-Kultur schon vorher nicht hatte Fuß fassen können.

Im Spätneolithikum zerfielen die Kulturen in Gruppen, in denen lokale Traditionen bei der weiteren Entwicklung im größeren Maße zum Tragen kamen. In Isolino di Varese enthält ein als Sub-Lagozza bezeichneter Horizont Glockenbecherelemente. Im Trento überdauerte die VBQ-Kultur bis zum Erscheinen der Glockenbecher-Kultur. In Palù della Livenza (Friaul) vermischten sich Formen der späten VBQ- und Lagozza-Kultur mit der schon äneolithischen, nordadriatischen Ljubljanka-Kultur. Eine als "white ware" bezeichnete Keramik tauchte in Norditalien auf[122]. Welche entscheidende Rolle die Vermittlung und die Kenntnis der Metallverarbeitung, die ihren Ursprung im ägäisch-anatolischen Raum haben soll, bei den norditalienischen Gruppen spielte, läßt sich im einzelnen bisher nur schwer ermessen.

Äneolithikum

Die Entwicklung vom Spätneolithikum über das Äneolithikum zur frühbronzezeitlichen Polada-Kultur ist in Ansätzen erschlossen, wobei typische Kultur- und Materialformen schlaglichtartig Kulturstadien widerspiegeln. Ihre Zusammenhänge beginnen sich erst langsam abzuzeichnen und lassen viel Raum für Theorien und Spekulationen.

Für Norditalien zeichneten sich im Äneolithikum mehrere große Gruppen ab, die am ehesten als Grabsittenkreise zu charakterisieren sind[123]:

- Die Remedello-Kultur in der padanischen Tiefebene mit Einzelbestattungen.
- Ein Grabsittenkreis mit Grabgrotten und -abris (grotticelle e ripari sepolcrali) mit Kollektivbestattung im Voralpenland und im nördlichen Vorland des Apennin-Gebirges. In der Lombardei wird sie auch als Civate-Gruppe bezeichnet.
- Das Verbreitungsgebiet von Ritzzeichnungen und Menhir-Statuen in den Alpen.
- Die Glockenbecherkultur.

Die Kenntnisse über die Remedello-Kultur stammen größtenteils aus den Inventaren der Gräberfelder. Siedlungen sind nur wenige bekannt. Die Metopenverzierung ihrer Keramik erinnert an die südfranzösische Fontbouisse-Gruppe, während die Kenntnisse der Metallurgie aus dem ägäisch-anatolischen Raum kommen könnten[124].

B. Bagolini vermutet das Zentrum des Grabgrotten- und -abrikreises im Trento, wo er sich aus der Bestattungssitte in Steinkisten der vorangegangenen VBQ-Kultur entwickelt haben könnte[125]. Die Grabsitte reichte bis an den Anfang der Bronzezeit.

In den Alpen stehen die Ritzzeichnungen, z.B. im Valcamonica, und die Menhir-Statuen ohne weiteren archäologischen Zusammenhang, d.h. ohne Siedlungen und Gräber, dar. Sie liegen aber an wichtigen Verkehrswegen und Paßstraßen der Alpen, woraus auf einen Zusammenhang mit einem ausgeprägten Handel geschlossen wird. Inwieweit diese Grabsittenkreise und Materialgruppen Ausdruck unterschiedlicher Kulturbereiche sind und welche Zusammenhänge im einzelnen bestanden, muß die Zukunft lehren.

Als vierte Gruppe ist die Glockenbecherkultur, die sich in unterschiedlicher Dichte über Norditalien verbreitete, zu nennen. Zeitlich steht sie zwischen den äneolithischen Gruppen und der frühbronzezeitlichen Polada-Kultur. Stratigraphisch kann dies z.B. in Monte Covolo (Brescia) belegt werden[126].

Das Erscheinen der Glockenbecherkultur wird nicht nur mit einem materiellen Zustrom von außen, sondern auch mit dem Auftreten einer neuen hierarchisch gestalteten Gesellschaftsform in Verbindung gebracht. Sie scheint einen wichtigen Beitrag bei der Bildung der Polada-Kultur geleistet zu haben, in deren früher Keramik Elemente der Glokkenbecher-Begleitkeramik zu erkennen sind[127].

Mit der Polada-Kultur stellte sich in Norditalien wieder eine geschlossene Kultur mit einem reichhaltigen Siedlungsmaterial ein.

6.5 Östliche Adriaküste

In neolithischer Zeit bestanden in den heutigen Karstgebieten andere Umweltbedingungen[128]. Die Verkarstung der Landschaft setzte nach pollenanalytischen Untersuchungen infolge der Waldabholzung erst in der Eisenzeit ein[129], so daß für das Neolithikum eine fruchtbare, bewaldete Berglandschaft vorauszusetzen ist.

In kultureller Hinsicht läßt sich für das jugoslawische Bergland während des Neolithikums eine Trennung in einen küstennahen Bereich und in das Hinterland beobachten. Das Binnenland wurde von den zentralbalkanischen Kulturen und ihren Ausläufern beherrscht, während sich an der Küste und im nahen Hinterland, die in enger Beziehung mit dem mediterranen Raum standen, eine eigenständige Entwicklung vollzog. Die nur küstennahe Verbreitung des Cardial-Impresso verdeutlicht die mediterrane Bindung. Nur in einer schmalen binnenländischen Übergangszone, die sich von den Alpen bis nach Griechenland erstreckt, finden sich Mischinventare aus beiden Kulturräumen[130].

Frühneolithikum

Das Frühneolithikum ist an der dalmatischen Küste durch das Cardial-Impresso vertreten, das von Süden her seinen Einfluß bis nach Istrien und dem Triester Raum geltend machte, wo sich im weiteren Verlauf auf mesolithischem Substrat eine als "Cultura dei Vasi a Coppa" bezeichnete Gruppe herausbildete. Nach Form und Stil wird die dalmatische Impresso-Keramik in drei Stufen (Phasen) eingeteilt[131]:

Die Phase 1, auch Crvena Stijena-Stil genannt, wurde u.a. von mesolithischen Verhältnissen geprägt, in deren Umgebung nur die Keramik als Neuerung erscheint. Freilandsiedlungen dieser Früh-phase sind nicht bekannt, vielleicht bedingt durch die starke Erosion, unter deren Auftragsschichten sie heute liegen könnten. Als Wohnplätze dienten Abris und Höhlen/Grotten. Für Ackerbau und Viehzucht liegen eindeutige Hinweise erst für die folgende Phase vor. An der Küste wurde die Ernährung vornehmlich durch das Sammeln von Früchten und Meerestieren sowie den Fischfang gesichert, im gebirgigen Hinterland nahm die Jagd einen viel breiteren Raum ein. Nur geringfügige Unterschiede lokaler Art bestanden zwischen Süd- und Norddalmatien. Sie wurden deutlicher zwischen der Küste und dem Hinterland, wo bei letzterem die Knochen- und Silexindustrie ausgeprägter waren. An der Küste war ein intensiver Kontakt mit Süditalien zu verzeichnen[132].

In der Phase 2 (Smilčič-Stil) liegt dann ein voll ausgebildetes Neolithikum vor, das sich von der mesolithischen Wirtschaftsweise gelöst hatte und in dem Ackerbau und Viehzucht zur vornehmlichen Wirtschaftsgrundlage wurden. In dieser Zeit entwickelte das Impresso auch seine größte Dynamik. Es beeinflußte jetzt nicht nur den Triester Raum viel stärker, sondern drängte auch in das bosnische Hinterland, wo es auf die Starčevo-Kultur stieß. Hier bildete sich, z.B. in Obre I, eine Übergangszone mit Mischinventaren aus Impresso- und Starčevo-Material heraus, wobei der Starčevo-Einfluß überwiegt und etwas frühzeitiger belegt ist als der des Impresso. Bis an die Küste drang das Starčevo aber nicht vor. Dafür erschienen am Ende der 2. und während der 3. Phase Spondylus-Muscheln im Gebiet des Impresso ebenso wie auf italienischer Seite. Diese 2. Stufe ist zeitgleich mit den italienischen Impresso-Siedlungen nördlich des Gargano-Vorgebirges in den Marken und der Romagna[133].

In der 3. Phase, dem Gudnja-Stil, setzte die Degeneration des Cardial-Impresso ein[134]. In Süd- und Zentraldalmatien ist sie besonders gut faßbar. Küste und Hinterland setzten sich stärker voneinander ab. Die Küstenregion stand nach wie vor in regem Kontakt mit Mittel- und Süditalien. Dabei kam meiner Meinung nach den Tremiti-Inseln in der Adria seit Beginn des Frühneolithikums als Etappenstation eine zentrale Bedeutung zu.

Nicht zum eigentlichen Verbreitungsgebiet, wohl aber zur Einflußsphäre des Impresso gehörten Istrien und der Triester Raum. Die kulturelle Entwicklung verlief dort anders. Laut B. Bagolini u.a. stießen Impresso-Einflüsse entweder auf ein im wesentlichen mesolithisches Substrat oder auf ein schon vorhandenes Neolithikum, das nach seinen Keramikformen als "Cultura dei Vasi a Coppa" bezeichnet wird [135]. Die Keramik ist der der dortigen, mittelneolithischen Vlaška-Gruppe sehr ähnlich.

Eine interessante Tatsache bildet nach J. Chapman das Fehlen geschliffener Hartgesteingeräte im Frühneolithikum Dalmatiens, wenn von einigen Ausnahmen in Mischinventaren abgesehen wird[136]. Außer Sand- und Hornstein liegen ihre nächsten geologischen Vorkommen erst im bosnischen Bergland.

Mittelneolithikum

Im Mittelneolithikum beherrschte die Danilo-Kultur die Adriaküste. Neben der klassischen Dreiteilung werden ihr entweder noch eine Vorstufe oder jüngere Phasen vorangestellt oder es erfolgt, wie durch T. Bregant, nach stilistischen Merkmalen eine Einteilung in sieben Phasen, die aber bisher nicht gänzlich stratigraphisch nachgewiesen werden konnten[137].

Einwanderungstheorien zur Genese der Danilo-Kultur wurden weitgehend aufgegeben zugunsten der Vorstellung einer autochthonen Entwicklung aus dem späten Impresso-Milieu [138], obwohl die Danilo-Keramik als eine der dekorativsten Keramiken im völligen Gegensatz zur Cardial-Impresso-Keramik zu stehen scheint. Entsprechend der Theorie der lokalen Entwicklung müßten frühneolithische Keramiktraditionen in der Danilo-Kultur sehr bald abgelegt worden sein.

Sehr enge Kontakte bestanden mit Mittel- und Süditalien. Im Ripoli-Stil bemalte Keramik findet sich im Danilo in großer Anzahl. Besonders große Ähnlichkeiten weist die Danilo-Keramik mit Matera-Capri-II-Formen auf. Doch sind Funde der typischen vierfüßigen Danilo-Gefäße, die auch in Albanien und Griechenland vorkommen, in Italien die Ausnahme[139].

Für Norditalien ist ein deutlicher Danilo-Einfluß auf die Rivoli-Chiozza-Phase der VBQ-Kultur festzustellen[140]. In enger Anlehnung an das Danilo bildete sich im Triester Karst die Vlaška-Gruppe heraus[141]. F. Leben weist auf eine Reihe von Widersprüchen hin, die der Vlaška-Gruppe nach L.H. Barfields Vorstellungen anhaften[142].

In der Keramik finden sich auch Elemente des Spätneolithikums. Typologisch wird sie zwar mit der Danilo-Kultur verbunden, zeitlich aber mit der norditalienischen Fiorano- bzw. Finale-Quinzano-Kultur.

Kontakte zum slowenischen und kroatischen Hinterland bleiben noch unklar[143]. Die Ausstrahlungskraft der Danilo-Kultur reichte bis in die bosnische Kakanj-Kultur, die sich in der Übergangszone aus Starčevo- und späten Impresso-Elementen herausbildete. Der Danilo-Einfluß blieb auch auf die der Kakanj-Kultur folgende jungneolithische Butmir-Kultur bestehen[144].

Jungneolithikum

Die Entwicklung des Jungneolithikums aus dem Danilo wird durch die Weitergabe einiger typischer Elemente, wie u.a. der Spiralornamentik an die Butmir- und Hvar-Kultur, bekräftigt[145]. In Dalmatien erschien die Hvar-Kultur, die in ihrer ersten Phase noch Danilo-Traditionen aufweist. In der Zeit ihrer vollen Entwicklung bildete sie keinen homogenen kulturellen Block, sondern zerfiel in einige regionale Varianten. An der Küste erschien sie als klassisches Hvar, während sich im Inland die Lisičič- und an der norddalmatischen Küste die Smilčič-Variante absetzten.

Š. Batović unterscheidet die drei Gruppen der Hvar-Kultur auch als regionale Wirtschaftszonen[146]:

- Der Insel- und Küstenbereich mit dem Hvar,
- das Küstenbergland mit der Smilčič-Variante,
- das Binnenland mit der Lisičič-Variante.

Auf Istrien und um Triest herum sind Smilčič-Elemente der Hvar-Kultur im Fundmaterial besonders stark vertreten. Darüber hinaus reichte die Ausstrahlungskraft des Hvar bis in die Spätphase der VBQ-Kultur in Nordostitalien. Š. Batović vertritt die Auffassung, daß Elemente der Hvar-Keramik über Italien und Ligurien hinaus die Südschweiz und Südfrankreich erreichten[147]. G.B. Montanari sieht die Vlaška-Gruppe als von der Brioni-Skocjan-Gruppe abgelöst an[148]. Nach Š. Batović entwickelte sich die Brioni-Gruppe in Istrien erst am Übergang vom Neolithikum zum Äneolithikum[149]. Auf die sich daraus ergebenden chronologischen Probleme soll an dieser Stelle nicht weiter eingegangen werden.

Der Einfluß auf das Butmir wurde nach dem Danilo vom Hvar fortgesetzt. Gleiches gilt für die Kontakte mit der albanischen Cakran- und der ihr folgenden Maliq-Kultur. Auch der Austausch mit Süd- und Mittelitalien blieb erhalten. Gefäße vom Scaloria- und Serra d'Alto-Stil finden sich über die dalmatische Küste hinaus bis in die zentralbosnische Butmir-Kultur hinein[150].

Die neolithische Wirtschaftsweise wurde sicherlich in erster Linie geprägt durch die topographischen Gegebenheiten: An der Küste mehr Fischfang und das Sammeln von Meerestieren, im Bergland mehr Jagdtätigkeit. Beachtung verdient in diesem Sinne auch das Problem der Transhumanz[151] mit der Frage, ob die Menschen bei der Jagd den Wanderungen der Wildtiere von den Winterweiden zu den höher gelegenen Sommerweiden gefolgt sind und umgekehrt und ob sie in der Weidewirtschaft diesen Rhythmus nachvollzogen haben. Eine Verkarstung oder Überweidung der Gebiete als möglicher Grund scheidet für das Neolithikum aus.

Wie schon an früherer Stelle erwähnt, tauchen Hartgesteingeräte im Küstenbereich erst im Mittelneolithikum auf. Die nächsten geologischen Vorkommen liegen in Zentralbosnien. So bestand auf der Insel Hvar eine entwickelte Silex-Industrie, obwohl dort kein Feuerstein ansteht[152]. Gegenseitige kulturelle Einflußnahmen und entsprechende Funde spiegeln einen Kontakt der Gruppen untereinander wider, deren Mechanismen aber noch unklar bleiben.

Im Spätneolithikum schienen sich mit dem Eindringen fremder Bevölkerungsgruppen soziale und wirtschaftliche Umwälzungen anzubahnen, die im Äneolithikum faßbar werden. Das kulturelle Bild jener Zeit ist bisher nur in groben Zügen bekannt, insbesondere das der gegenseitigen Beeinflussungen. In dieser Zeit kehrte sich auch die Richtung der Einflußnahme um. Sie erfolgte jetzt vom Landesinneren auf die Küstenregion.

Äneolithikum

An der Adria tauchte kannelierte Keramik auf. Sie wird von N. Petrić aus der langlebigen Hvar-Kultur abgeleitet, deren zwei Phasen er als Pelješec-Horizont oder Nakovana-Kultur bezeichnet und für die er eine jungäneolithische Datierung annimmt[153]. Nach S. Dimitrijević zeigt die kannelierte Keramik das Eindringen von Vinča-D-Elementen während des Frühäneolithikums als Proto-Nakovana- und im Mitteläneolithikum als Nakovana-Kultur an. Funde von Schnurkeramik faßt er als Folge der Einwanderung von Kurgan-Bevölkerungsgruppen aus dem Osten auf[154]. Eine zweite starke Einwanderungswelle setzte sich seiner Meinung nach aus Gruppen der späten Vučedol-Kultur, vermischt mit Elementen der Ljubljana-Kultur, der Glockenbecher-Kultur und möglicherweise auch der Schnurkeramik zusammen. Die Gruppe wird umschrieben als adriatische Variante der Vučedol-Kultur, als Ljubljana-Zweig der Vučedol-Kultur oder auch als Adriatische Gruppe (Kultur).

Für Istrien und den Triester Raum verlief die kulturelle Weiterentwicklung etwas anders. Dort flossen im Frühäneolithikum Remedello-, späte Vučedol- und späte Lasinja-Elemente mit inkrustierter Keramik in der Brioni-Gruppe zusammen[155]. In Dalmatien, Bosnien und Herzegowina bildete sich zu dieser Zeit die Cetina-Kultur heraus, mit der die Entwicklung zur frühen Bronzezeit hin abgeschloß[156].

6.6 Mittelitalien

Eine klare geographisch-kulturelle Abgrenzung Mittelitaliens von Süditalien läßt sich nicht ziehen. Während im Norden das Apennin-Gebirge eine natürliche Grenze darstellt, fehlt eine solche im Süden, so daß mittel- und süditalienische Kultursphären ineinander übergehen. Trotzdem läßt sich eine Grenze südlich der Regionen Latium und Abruzzen rechtfertigen.

Anders als z.B. für Norditalien, ist es für diesen Raum mit großen Schwierigkeiten verbunden, eine den gesamten Raum betreffende Kulturgeschichte von den neolithischen Anfängen an zu erarbeiten, worauf im folgenden auch kein Anspruch erhoben wird. Es handelt sich, zumeist aufgrund des Forschungsstandes, um punktuelle Schwerpunkte anhand wichtiger archäologischer Fundplätze. Eine weitere Besonderheit liegt in der Zweiteilung Mittelitaliens durch das nordsüdverlaufende Apennin-Gebirge, das es in eine adriatische und eine tyrrhenische Kultursphäre teilt.

6.6.1 Der adriatische Bereich

Frühneolithikum

Das älteste Neolithikum in den Marken und Abruzzen wird repräsentiert durch Siedlungen mit Impresso-Keramik, die aber keine Cardial-Keramik führen. Die ^{14}C-Datierungen erreichen in den Marken Werte von 4630 ± 75 b.c. für Maddalena di Murcia und 4310 ± 85 b.c. für Ripabianca di Monterado, während in den Abruzzen Villaggio Leopardi mit 4628 ± 135 b.c. und Grotta dei Piccioni mit 4297 ± 130 b.c. zu den ältesten Siedlungsplätzen zählen[157].

Damit datiert das Impresso nicht in die älteste Phase des Frühneolithikums, wie in Südfrankreich und Süditalien, sondern steht im jüngeren Abschnitt des Frühneolithikums. Es darf daher als gesichert gelten, daß die entscheidenden Anstöße zur Neolithisierung aus dem Süden erfolgten. In der Ornamentik der Keramik treten lokale Unterschiede hervor, was bedingt sein kann durch eine individuelle Entwicklung in den engen, geographisch aber geschlossenen Siedlungsräumen. Dem Fundmaterial zufolge scheinen bei den Siedlungen auch graduelle Unterschiede in der Neolithisierung bestanden zu haben. Mesolithische Traditionen in Wirtschaftsweise und Geräteindustrie waren noch nicht völlig abgebaut, wozu die Topographie Mittelitaliens als wesentliche Ursache anzusehen ist. So verwundert es nicht, daß im Bergland Jagd und Viehzucht gegenüber dem Akkerbau dominierten. B. Bagolini u.a. nehmen daher zwei Wirtschaftsformen an: Im Flachland Ackerbau und Viehzucht, im Bergland Jagd und Viehzucht[158].

In den frühneolithischen Siedlungen ist Impresso-Keramik immer mit einen mehr oder weniger hohen Anteil von unbemalter und bemalter Figulina-Ware vergesellschaftet, deren Ursprung wahrscheinlich in Süditalien liegt. Ein reiner Impresso-Horizont fehlt. Über Ursprung, zeitlichen Beginn und kulturelle Einordnung bemalter Keramik ist eine lebhafte Diskussion entstanden[159].

Mittelneolithikum

Dem Impresso-Horizont folgte die Ripoli-Kultur mit ihrer, in typischer Weise verzierten Figulina-Keramik. Das Ripoli blieb tausend und mehr Jahre bestehen und nahm den als Mittelneolithikum bezeichneten Abschnitt ein. Das umfangreiche Material, das z.B. vom namengebenden Fundort Ripoli und anderen Siedlungen stammt, läßt im Ansatz eine innere Entwicklung der Keramik erkennen[160].

Schon in ihrer Frühphase zeichnete sich die Ripoli-Kultur als ein relativ festgefügtes Gebilde ab. Lebensdauer, Verbreitung und innere Entwicklung sind Anzeichen für die starke kulturelle Kraft des Ripoli mit der Fähigkeit, lokale Kulturtraditionen zu assimilieren.

Zu Beginn und zu seiner Blütezeit greift der Ripoli-Einfluß weit nach Norditalien in die Sphäre der linearverzierten Keramik (ceramica lineare) und der VBQ-Kultur aus[161]. Importierte Ripoli-Ware ist auch auf tyrrhenischer Seite in Ligurien, in der Toskana und in Lazio belegt. Umgekehrt war der Einfluß aus den genannten Gebieten auf die Ripoli-Kultur eher schwach. Dieses gilt aber auch für Ripoli-Einflüsse nach Süditalien, auch wenn Ripoli-, Serra d'Alto- und Diana-Keramik in Siedlungsinventaren gemeinsam auftauchen[162]. Dagegen stand das Ripoli in engem Kontakt mit der dalmatischen Adriaküste.

Jungneolithikum

In der Endphase scheint das Ripoli eine große Rolle hinsichtlich der Ausbreitung und des Zusammentreffens mit der norditalienisch-südfranzösischen Lagozza-Kultur und der süditalienischen Diana-Kultur gespielt zu haben. Lagozza-Einfluß reichte tief bis nach Mittelitalien hinein, besonders die Nordtoskana war ihrem Kulturbereich eingegliedert. Lagozza dürfte einen tiefergehenden Einfluß als nur den über die Keramik besessen haben. Noch umfassender und tiefer verwurzelt war der Einfluß des Diana, von dem G. Cremonesi meint, daß die Ausbreitung des Ripoli der des Diana Vorschub geleistet hätte[163]. Die geographisch-kulturellen Grenzen zwischen spätem Ripoli, Lagozza und Diana verschwimmen. Die expansive Kraft der Diana-Kultur wurde durch ihr Eindringen in die süd- und mittelitalienischen Kultursphären des Serra d'Alto und Ripoli und mit dem Erlöschen der dortigen Kulturen deutlich. Diana-Funde reichen bis in küstennahe Siedlungen der Romagna. Die Siedlung von Fornace Marzocchi bei Cesena weist einen reichhaltigen Diana-Kultureinschlag auf. Ihr Einfluß mag durchaus noch weiter nördlich bis in die Poebene hinein vorgedrungen sein.

Ungelöst sind noch viele Fragen im Bezug auf die Weiterentwicklung der jungneolithischen Kulturgruppen, in denen Lagozza-, Diana- und Serra d'Alto-Elemente weiterlebten, mit dem Übergang zum Äneolithikum. Kennzeichen des Äneolithikums ist primär nicht die Einführung bzw. der Gebrauch von Metall (Kupfer). Kupfergeräte finden sich schon während der Chiozza-Phase der VBQ-Kultur in Rivoli und Bocca Lorenza[164] und noch häufiger in jungneolithischem Kontext. Daneben wurden seit der Spätphase des Ripoli und im Diana Tongefäße nach Metallvorbildern produziert. Ebenso kann Figulina-Keramik mit völlig roter Oberfläche als Metallimitation aufgefaßt werden.

Äneolithikum

Für das Äneolithikum konnten aufgrund von Siedlungsfunden in den Abruzzen die Ortucchio-Kultur und in den Marken die Conelle-Kultur herausgestellt werden. Gräber sind in diesem Zusammenhang selten. Von beiden Gruppen ist die von Conelle am wenigsten bekannt. Ihre Abgrenzung vom Ortucchio geschieht vor allem über die Keramikformen und -verzierungen. Über ihre kulturellen Kräfte liegen zur Zeit keine ausreichenden Kenntnisse vor.

Die Diskussion über die Möglichkeit der Einwanderung von Trägern der äneolithischen Kulturen bzw. Gruppen, wozu als Indiz auch die Bestattungssitte in Felskammergräbern angeführt wird, ist noch nicht zu einem befriedigenden Schluß gekommen. Nach G. Cremonesi könnten für eine Einwanderung indirekt zwei Siedlungsbefunde sprechen[165]: In Grotta Cola II bei Petralla (L'Aquila) hatten sich die neolithischen Bewohner auf einen natürlich befestigten, nicht leicht zugänglichen Platz zurückgezogen. Andererseits lebte die äneolithische Bevölkerung von Conelle in einer stark befestigten Siedlung. Doch wurde, falls man von einer Einwanderung sprechen kann, der Gegensatz zwischen einheimischer und eingewanderter Bevölkerung bald mit dem Erlöschen der spätneolithischen Traditionen ausgeglichen. Mit dem Proto-Apenninikum ging die Überleitung in die frühe Bronzezeit vonstatten.

6.6.2 Der tyrrhenische Bereich

Früh- und Mittelneolithikum

Trotz zahlreicher Fundplätze ist das Neolithikum im tyrrhenischen Teil Zentralitaliens bislang nur bruchstückhaft bekannt. Die geringe Zahl bekannter Siedlungen mit Impresso-Keramik ist sicherlich durch den Forschungsstand bedingt. Südwärts von Ligurien reichen sie bis in das Gebiet von Pisa. Ansonsten kommen sie nur sporadisch an der Küste, z.B. auf Pianosa oder in Palidoro vor, während für das Inland Pienza den bekanntesten und zur Zeit auch den bedeutendsten Fundort mit Impresso-Keramik darstellt[166].

Im Horizont der linearverzierten Keramik (ceramica lineare), wie sie in Nord- und im westlichen Mittelitalien verbreitet ist, hebt sich mit der linienverzierten, geritzten Keramik (ceramica a linee incise) ein besonderer Komplex heraus, der durch die norditalienische Fiorano- und mittelitalienische Sasso-Kultur repräsentiert wird. Ihre Verwandtschaft ist so eng, daß sie im mittelitalienischen Verbreitungsgebiet als Sasso-Fiorano-Kultur bezeichnet wird. Zeitlich dürften Sasso- und Fiorano-Keramik mehr oder weniger gleichzeitig beginnen und sich mit der Impresso-Keramik überlappen. Sie datieren aber, wie neuere Forschungen in Ligurien belegen, später als der Beginn der Impresso-Keramik[167]. So gilt denn auch für diesen Teil Mittelitaliens, daß das Neolithikum erst in der jüngeren Phase des Frühneolithikums einsetzte. Die Sasso-Fiorano-Kultur mit ihrer "ceramica a linee incise" endete später als das Fiorano. Sie reichte bis tief in das Mittelneolithikum und fand sich zusammen mit Ripoli-Keramik westlich und östlich des Apennin-Gebirges. Die ^{14}C-Bestimmungen reichen von 4130 ± 50 b.c. für Grotta di Sarteano bis 3445 ± 80 b.c. für Luni sul Mignone (Viterbo, Latium)[168].

Jungneolithikum und Äneolithikum

Im Jungneolithikum drang von Norden die Lagozza-Kultur ein und setzte sich besonders in der Toskana fest. Vom Süden her erreichten Diana- und Serra d'Alto-Einflüsse etwa zur gleichen Zeit die Adria und den tyrrhenischen Raum. Mit dem Ausklingen des Lagozza geht der Übergang zum Äneolithikum einher, in dessen Frühphase aber noch zahlreiche spätneolithische Kulturelemente tradiert wurden. So wird in der Nordtoskana im Einzugsbereich des Lagozza häufig noch von einem Sub-Lagozza-Horizont gesprochen. Nördlich des Arno bildete sich die Vecchiano-Gruppe heraus. Sie steht nach Meinung von D. Cocchi Genick für eine lokale Fortentwicklung aus einem verarmten Neolithikum, was er auch auf andere äneolithische Kulturgruppen überträgt[169]. Kontakte zu Gebieten südlich des Arno werden verneint. Auch einiges Glockenbechermaterial ist bekannt, so z.B. aus Grotta del Fontino (Grosseto, Toscana), das in das späte Äneolithikum und in die frühe Bronzezeit eingeordnet wird[170].

Im übrigen tyrrhenischen Bereich Mittelitaliens ist die Rinaldone-Kultur, im wesentlichen durch Grabfunde bekannt, verbreitet. Es wurde schon darauf hingewiesen, daß Kupfergegenstände aus neolithischem Kontext bekannt sind und somit keine Neuerung darstellen. Sie sind nichtsdestoweniger auch im Äneolithikum nur in bescheidenen Mengen vertreten. Dafür existieren besondere Formen von Feuersteingeräten. Fremdartig erscheinen in erster Linie Grabform und -ausstattung. Die Felskammergräber werden häufig in einen Zusammenhang mit dem Erscheinen eines Metall-Kulturkreises gebracht, doch könnte sich laut G. Cremonesi diese Grabform neueren Grabungsergebnissen zufolge auch aus der Spätphase der Serra d'Alto- und Diana-Kultur ableiten lassen[171].

Der Einwanderungstheorie von Trägern äneolithischer Kulturgruppen widerspricht G. Barker mit dem Gedanken, daß nur die Grabsitte völlig aus dem Rahmen eines weiterentwickelten Neolithikums herausfällt und im weiteren Material nur die Grabbeigaben gänzlich unähnlich dem Siedlungsmaterial seien[172]. Auf Siedlungen, wie Romita di Asciano (Pisa, Toscana), ^{14}C-datiert 2298 ± 115 b.c. und Tre Erici (Viterbo, Latium), ^{14}C-datiert um 2000 b.c.[173], zeigt sich in der Gebrauchskeramik eine kontinuierliche Weiterentwicklung mit einigen neuen äneolithischen Formen. Auch ohne Kulturbruch scheint der Übergang zum Apenninikum vor sich gegangen zu sein.

6.7 Süditalien

Für Süditalien ist das Neolithikum mit Zentren dichter Besiedlung außergewöhnlich gut belegt. Eines dieser Zentren liegt in der Tavoliere-Ebene, wo allein auf dem ca. 90 km^2 großen Amendola-Plateau bisher 87 Siedlungen, vornehmlich des Früh- und Mittelneolithikums, aufgefunden wurden[174]. Die dichte Besiedlung zieht sich bis nach Südapulien und in die Region von Matera. Daß andere Gebiete, wie z.B. Kalabrien, ebenfalls dicht besiedelt waren, haben die Feldforschungen der letzten Jahre von I. Hodder u.a. und A.J. Ammerman belegt[175].

Gemessen an diesen Regionen liegen nur sehr wenige Kenntnisse über Kampanien vor, so daß das Wissen über den Verlauf des Neolithikums dort viel lückenhafter bleibt. Der im folgenden beschriebene Kulturablauf bezieht sich in erster Linie auf Apulien und die Region um Matera und ist wohl auch auf Kalabrien mit Abweichungen und gewissen kulturellen Unterschieden zu übertragen.

Frühneolithikum

Der Beginn des Frühneolithikums ist für Süditalien, ähnlich wie für Südfrankreich, nach unkorrigierten ^{14}C-Daten Ende 7./Anfang 6. Jt. b.c. anzusetzen[176]. Die meist in Küstennähe liegenden Siedlungen scheinen während des Frühneolithikums als Neolithisationszentren auf das mesolithische Hinterland eingewirkt zu haben. Auf den frühen neolithischen Siedlungen, wie z.B. Coppa Nevigata, stehen die Geräteindustrie ebenso wie Bereiche des wirtschaftlichen Lebens noch in mesolithischer Tradition[177]. Den verbindenden Rahmen bilden das Impresso und Cardial. Für Impresso-Keramik wie für bemalte Keramik wird eine Herkunft aus dem ägäisch-anatolischen und ostmediterranen Raum in Betracht gezogen[178]. Da Impresso fast immer mit rot bemalter Keramik vergesellschaftet ist, hat sich an der Frage nach einem reinen, frühen Impresso-Horizont eine heftige Diskussion entzündet. Während von vielen Autoren ein solcher Horizont an zahlreichen Siedlungsplätzen stratigraphisch bestätigt wird[179], sehen andere ihn als hypothetisch und höchstens als lokal begrenzt an[180].

Das süditalienische Impresso bildete keinen so homogenen Block, als daß es sich nicht in mehrere Varianten mit räumlicher und zeitlicher Verbreitung gliedern ließe, wie z.B. in den Prato Don Michele-Stil auf den Tremiti-Inseln und in Nordapulien oder in den entwickelteren Guadone-Stil Apuliens[181]. Nach den chronologischen Vorstellungen von S. Tinè setzte rot bemalte Keramik als Feinkeramik (figulina) mit der Phase IIb (Lagnano da Piede-Stil) ein und hatte sich in der Phase III (Masseria La Quercia-Stil) voll entwickelt[182]. Ihre Verbreitung schloß mit einem Schwerpunkt in Apulien und der Basilikata das gesamte Süditalien ein[183]. In diesem zweiten Abschnitt des Frühneolithikums trat neben Impresso und rot bemalter Ware noch ritzverzierte Keramik, die aber auf den Südosten Süditaliens beschränkt zu sein scheint[184].

S. Tinè weist dem Guadone-Stil mit seinem Schwerpunkt in der Tavoliere-Ebene eine zentrale Bedeutung zu, den er in der Basilikata in einer regionalen Ausprägung als Matera-Fazies des Guadone dem Molfetta-Stil des Impresso folgen läßt. Mit letzterem werden die ältesten neolithischen Siedlungen eines voll entwickelten Frühneolithikums in Südapulien und der Matera-Region verbunden[185]. Die in diesen Gebieten erkennbare Unabhängigkeit wuchs mit dem sich daraufhin entwickelnden und bis in das Mittelneolithikum reichenden Matera-Ostuni-Stil, der teilweise parallel mit dem Matera-Guadone-Stil verlief. Nach S. Tinè könnte die Ausbreitung des Guadone-Stils nach Süd- und Zentralkalabrien sowie nach Ostsizilien einen Beitrag zur Entstehung des Stentinello geleistet haben[186]. Daraus folgt die Annahme eines Proto-Stentinello-Horizontes, was der Auffassung von A.J. Ammerman einer reinen Impresso-Phase in Kalabrien vor dem Stentinello entgegenkommt[187].

Die dichte Besiedlung der Tremiti-Inselgruppe seit dem Frühneolithikum mag u.a. in den engen Kontakten mit der dalmatischen und italienischen Adriaküste und in der Funktion als Zwischenstation begründet sein.

Das Impresso wirkte erst in seiner zweiten Phase auf das Binnenland ein. Zu dieser Zeit griff es auch nach Norden entlang der adriatischen Küste bis in die südöstliche Poebene (Marche) aus. In Apulien und Matera steigt die Zahl der Siedlungen stark an. Seit der Phase II (Guadone) wurden für das Tavoliere-Neolithikum Siedlungen mit Graben (villaggi trincerati) typisch, die, bis in die Region von Matera verbreitet, ihre Blütezeit im Mittelneolithikum während des 5. Jt. b.c. erlebten. In der Tavoliere-Ebene fand zum Mittelneolithikum hin ein gegenläufiger Prozeß mit einer Konzentration auf wenige, aber sehr große Siedlungszentren statt.

Mittelneolithikum

Als hervorstechendes Merkmal des Mittelneolithikums kann die Vielfalt der Stile bemalter Keramik angesehen werden, die im Frühneolithikum mit rot bemalter Keramik einsetzte und mit trichromer Keramik bis zum Mittel- und Jungneolithikum eine Blüte erlebte, während Impresso-Ware langsam auslief. Auf den ersten Blick scheinen die Keramikstile als chronologische Leitformen über weite Entfernungen hinweg prädestiniert zu sein. Dabei rücken aber neuerdings die Aspekte lokaler Stile und lokaler Keramikproduktion zu Handelszwecken in den Vordergrund. Im folgenden sollen die wichtigsten Keramikstile in ihrer zeitlichen und räumlichen Verbreitung kurz charakterisiert werden.

- Rot bemalte Keramik im Frühneolithikum ist mit Impresso vergesellschaftet und besonders in Apulien und der Basilikata verbreitet.
- Der Masseria La Quercia-Stil am Ende des Frühneolithikums und die beiden trichromen Passo di Corvo-Stile zu Beginn des Mittelneolithikums traten außerhalb der Tavoliere-Ebene nur wenig in Erscheinung[188].
- Die trichrome Capri-Lipari-Keramik war außerhalb ihrer namengebenden Fundorte nur wenig vertreten und dann zumeist auch nur in Küstennähe. Ihr zeitliches Verhältnis zum Scaloria-Stil bleibt unklar, sie ging aber der Serra d'Alto-Keramik voraus[189].

- Scaloria-Ware blieb weitgehend auf Apulien beschränkt und findet sich dort häufig im Grab- und Kultzusammenhang. Im Verlauf des Scaloria Alta-Horizontes verödete die dicht besiedelte Tavoliere-Ebene, ohne daß dafür bisher klar erkennbare Gründe vorliegen. Nur auf wenigen Plätzen wurde in den folgenden Perioden weiter gesiedelt.
- In der Region Matera entwickelte sich sodann u.a. aus Elementen des Scaloria-Stils der Serra d'Alto-Stil mit regionalen Eigenarten und erfaßte in seiner Verbreitung Süditalien einschließlich Siziliens und Maltas. Serra d'Alto begann möglicherweise schon im Zeithorizont der Ripoli- und späten Scaloria-Ware und reicht bis in das Jungneolithikum hinein[190]. Ripoli- und Serra d'Alto-Keramik findet sich vereinzelt auch im Gebiet der jeweils anderen Keramik[191].

Jungneolithikum
Im Jungneolithikum war die Diana-Keramik im gesamten Süditalien und Sizilien vertreten. Sie erfaßte auch Mittelitalien und in Ausläufern die südliche Poebene (Emilia-Romagna).

Die bemalte Keramik ebenso wie die unbemalte Figulina-Ware zählen zur Feinkeramik. Nach R.D. Whitehouse wird in der Fülle der Stile der lokale Charakter und in der Qualität das Besondere der jeweiligen Warenart deutlich. Als Folge davon können nur lokale Keramikchronologien erstellt werden[192], wie dieses N.A. Whitney aufgrund eigener Untersuchungen bekräftigte. Er ging noch einen Schritt weiter in Richtung auf eine Spezialisierung der Keramikproduktion[193].

Aufgrund des frühesten Auftretens bemalter Keramik in den Tavoliere-Siedlungen und in der dortigen Konzentration von Keramikstilen wird Nordapulien als Ausgangspunkt und Zentrum der bemalten Keramik angesehen[194]. Mit dem Niedergang des Tavoliere-Neolithikums übernahmen auswärtige Stile die zentrale Stellung in der Produktion bemalter Keramik: Ripoli in den Abruzzen, Serra d'Alto und nachfolgend Diana in Süditalien und Sizilien.

Auf zahlreiche Einzelfunde bemalter Keramik weit außerhalb des eigentlichen Verbreitungsgebietes gründet sich u.a. die Vorstellung eines Handels mit der qualitätsvollen Feinkeramik[195]: Ripoli-Ware in Nord- und Süditalien sowie in Dalmatien, Serra d'Alto-Gefäße in Mittelitalien sowie auf Sizilien und Malta und Diana-Keramik auf Sizilien, in Dalmatien, Mittelitalien und im Südosten der Poebene (Emilia-Romagna). Im Zusammenhang damit steht auch die Verbreitung von Lipari-Obsidian[196].

Dem Diana-Stil wird eine besonders starke Dynamik zugeschrieben, die zum Teil im Grad ihrer Expansion sichtbar wird, indem sie in die Gebiete mit Serra d'Alto- und Ripoli-Keramik eindrang und selbst die dalmatische Küste erreichte. In einer späteren Phase verlief parallel mit dem Diana der ihr nahestehende Bellavista-Stil[197].

Äneolithikum
Während der Zeit des Diana fand auch ein Wechsel von bemalter rötlich-gelber Tonware zu unbemalter rotgrundiger Keramik statt[198]. Mit der völlig roten Oberfläche und anderen Besonderheiten imitierten die Menschen Metallgefäße und legen damit Kontakte zu auswärtigen Gruppen mit Kenntnissen von der Metallverarbeitung offen, auch wenn schon aus Diana-Befunden selbst auf Lipari Kupferschlakken bekannt sind[199].

Steinkisten und Felsgräber, die für das Äneolithikum kennzeichnende Grabtypen sind, traten erstmals in der Zeit des Serra d'Alto und Diana auf[200].

Der Übergang zum Äneolithikum bleibt noch weitgehend ungeklärt. Der Diana-Stil flachte im 3. Jt. b.c. ab und lief aus. An seine Stelle traten regionale Keramikstile. Spätneolithische Traditionen verloschen langsam erst im Verlauf des Äneolithikums. Für diese Übergangsphase wurden etwas unpassend die Begriffe Subneolithikum bzw. Sublagozza geprägt. Bei letzterem soll der weitreichende Einfluß des späten Lagozza auf Keramikformen in Süditalien zum Ausdruck kommen. Kennzeichen des Äneolithikums sind die Gräber mit ihren typischen Beigaben an Keramik und Geräten.

Von Sizilien aus erreichte zu Beginn des Äneolithikums Piano-Conte-Keramik Süditalien bis einschließlich Apuliens und Kampaniens[201]. Das Gegenstück zum toskanischen Rinaldone und norditalienischen Remedello bildet für Kampanien das Gaudo. Wie alle äneolithischen Gruppen scheint auch das Gaudo in seiner gänzlich anderen Ausprägung einen kulturellen Bruch mit dem Spätneolithikum vorauszusetzen. So ist es nicht verwunderlich, daß die Meinungen über seine Herleitung weit auseinandergehen und zwischen einem ortsgebundenen[202] und einem ägäisch-anatolischen [203] Ursprung schwanken, auch wenn sich die Anzeichen für eine autochthonen Entstehung mit Einflüssen von außen mehren.

In Apulien und der Basilikata scheint auf das langlebige Diana direkt Laterza, manchmal auch Cellino San Marco genannt, in der Mitte der 2. Hälfte des Äneolithikums zu folgen[204]. Neben den Gräbern sind eine Reihe von Siedlungsplätzen bekannt. Da sich viele Elemente der Laterza-Keramik in Apenninikum-Keramikformen wiederfinden, wird nach F.G. Lo Porto ein direkter Übergang vom Spätäneolithikum über das Proto-Apenninikum B zum Apenninikum als wahrscheinlich angenommen[205]. Die Schwierigkeiten, die Übergänge, sei es vom Spätneolithikum zum Äneolithikum oder vom Äneolithikum zur Frühbronzezeit, zu erkennen, beruhen zum Teil auf den typischen Formen jeder herausgestellten Gruppe, die sich nur schwer miteinander verbinden lassen. Außerdem dürfte die Entwicklung in diesen kurzen Übergangsphasen beschleunigt verlaufen sein, so daß sie im Material, das noch dazu jeweils verschiedenen Fundgruppen, wie Siedlungen und Gräbern, zugeordnet werden muß, schwierig zu fassen ist.

Campignano
Interpretations- und Zuordnungsprobleme besonderer Art treten beim Campignano auf. Seine Charakteristika sind sehr große Geräteformen, wie Beile, Pickel und sog. "tranchets", sowie keine eigene Keramikproduktion. Die Träger des Campignano siedelten in Italien vornehmlich im Bereich des Gargano-Gebirges in Nordapulien. Die Theorien über die Herkunft des Campignano reichen von Einwanderungsgruppen über eine jungpaläolithisch-mesolithische Restbevölkerung bis zu einer neolithischen Bevölkerung unter besonderen Umweltbedingungen.

Auch die chronologische Einordung ist noch nicht gesichert, da die Keramik in den Campignano-Siedlungen als das datierende Mittel Importe aus der voll entwickelten neolithischen Umgebung darstellt. Drei bisher herausgearbeitete Phasen nehmen daher sukzessive den Zeitraum vom Mittelneolithikum bis Ende Äneolithikum/Beginn der Frühbronzezeit ein, bis es zuletzt in der Bronzezeit aufging[206].

Zwischen dem Campignano und anderen neolithischen Gruppen in ihrer Umgebung gab es zahlreiche Kontakte, wie Keramik auf Campignano-Plätzen und Campignano-Geräte auf neolithischen Siedlungen belegen, so daß nicht von einer völlig isolierten Gruppe bzw. Kultur gesprochen werden kann.

6.8 Sizilien, die Äolischen Inseln und Malta

6.8.1 Sizilien

Ende des letzten und Anfang dieses Jahrhunderts erlebte die archäologische Erforschung Siziliens eine Blütezeit, wie sie sie bis heute noch nicht wieder erreicht hat. Daraus resultieren im Vergleich zu anderen Regionen heute zahlreiche Lücken im Kenntnisstand und in den Ergebnissen, die einer grundlegenden Neubearbeitung bedürfen.

Frühneolithikum
So konnten erst seit einigen Jahren die Hinweise auf eine frühneolithische Prä-Stentinello-Phase bestätigt werden. Dazu hat nicht zuletzt die Erforschung der Grotta dell'Uzzo (Trapani) mit ihrer durchgehenden Stratigraphie, besonders des Mesolithikums und Neolithikums, beigetragen, da die wenigen anderen Vergleichsbefunde von unsicherem Charakter sind. ^{14}C-Datierungen für eine als präkeramisch angesprochene Schicht liegen unkalibriert bei 5960 ± 70 b.c. und bei 4800 ± 70 b.c. für einen Impresso-Horizont des Prä-Stentinello[207]. Cardialverzierte Scherben fanden sich zwischen der ältesten Keramik, währenddessen sind mesolithische Geräteformen weiterhin in Verwendung[208].

Eine Gleichstellung des Impresso auf Sizilien nur mit dem Stentinello kann nicht mehr vorgenommen werden. Eine Trennung in zwei Horizonte ist möglich, ohne daß ein kultureller Bruch angenommen werden muß. In Grotta dell'Uzzo erschien typische Stentinello-Keramik zusammen mit bemalter Keramik erst in der dritten neolithischen Schicht.

Nach S. Tusa gliedert sich das sizilianische Frühneolithikum in einen frühen Impresso-Cardial-Horizont vom Ende des 7. Jt. bis in das 6./Anfang 5. Jt. b.c. und in eine zweite Phase während des 5. Jt. b.c. mit Stentinello- und trichromer Lipari-Ware[209].

Mittel- und Jungneolithikum
Die für das Neolithikum Siziliens so typische Stentinello-Keramik nimmt vor allem den Zeitraum des Mittelneolithikums ein. Der kulturelle Schwerpunkt lag in Ostsizilien mit seinen großen, von Gräben umschlossenen Siedlungen. In Westsizilien findet sich mit dem Kronio-Stil eine Variante des Stentinello. Letzteres griff in seiner Verbreitung weit über Sizilien hinaus bis nach Kalabrien und Malta.

Funde bemalter Keramik des Mittel- und Jungneolithikums, wie trichromer Capri-Lipari-, Serra d'Alto- und Diana-Ware, scheinen sich nach dem heutigen Forschungsstand deutlich auf Ostsizilien zu konzentrieren[210]. Das ist nicht so sehr verwunderlich, dürfte doch bemalte Keramik von Süditalien ihren Ausgang genommen haben. Mit diesen Warenarten wird immer wieder der Obsidianhandel in Beziehung gebracht.

Äneolithikum
Im Verlauf des Äneolithikums löste sich die Diana-Keramik auf Sizilien, den Äolischen Inseln und in Süditalien in

lokale Formen auf[211]. Als allgemeine, äneolithische Erscheinung treten auch auf Sizilien Grabinventare als Hauptgattung archäologischen Materials in den Vordergrund.

Einflüsse, wenn nicht gar Einwanderungen aus dem ägäisch-anatolischen und ostmediterranen Raum, werden für die Herausbildung des Äneolithikums verantwortlich gemacht[212]. Diese Vorstellung wird besonders von M. Ceccanti vertreten[213]: Der Conzo-Stil habe demnach Ähnlichkeiten mit bemalter anatolischer Keramik und Serraferlicchio Kontakte mit dem protohelladischen Kreis, während Malpasso und S. Ippolito nach Zypern wiesen. Mit Beginn der Bronzezeit nahmen dagegen Kontakte mit dem ägäisch-anatolischen Raum zu.

Doch scheinen sich für eine Reihe von Gruppen, vom Standpunkt der Keramik aus betrachtet, lokale Entwicklungen aus dem neolithischen Substrat bemalter Ware abzuzeichnen. Der Conzo-Stil dürfte aus bemalter, einheimischer Keramik hervorgegangen sein. Die Stile von Piano Conte, Piano Notaro und Conca d'Oro stehen nach Aussage von S. Tinè in mittelneolithischer Keramiktradition, ohne aber vom Diana beeinflußt worden zu sein[214]. In ihrer Verbreitung blieben Conzo-, Piano Notaro-, Conca d'Oro-, Calafarina-, Serraferlicchio-, S. Ippolito-, Malpasso- und Chiusazza-Keramik auf Sizilien beschränkt[215]. Nur die Piano Conte-Keramik findet sich weit außerhalb Siziliens in Süditalien.

Zum Endäneolithikum und zur frühen Bronzezeit hin wird für Sizilien in Küstennähe die Glockenbecher-Kultur mit zwei Gruppen faßbar, deren zweite Gruppe stark von einheimischen Elementen geprägt wurde, ohne anscheinend Einfluß auf die Entwicklung der Bronzezeit auszuüben[216]. Mit dem Castelluccio und dem Capo Graziano begann die Bronzezeit auf Sizilien.

6.8.2 Die Äolischen Inseln

Da Lipari-Obsidian auf Sizilien und auf der italienischen Halbinsel schon im frühneolithischen Zusammenhang auftaucht, darf auch eine entsprechend frühzeitige Besiedlung der Insel Lipari angenommen werden, was durch die archäologischen Befunde untermauert wird. Vorneolithische Funde sind dagegen nicht bekannt. Die älteste Keramik von Castellaro Vecchio stellt eine Variante des Stentinello dar[217]. Die Besiedlung erfolgte, der materiellen Hinterlassenschaft zufolge, von Sizilien aus. Doch aus der kulturellen Stellung zwischen Sizilien und Süditalien infolge des schon frühzeitig ausgeprägten Obsidianhandels dürfte sich auch der relativ hohe Anteil, der höher als auf Sizilien ist, an bemalter und sogar trichromer Keramik süditalienischer Provenienz erklären.

Gleichzeitig mit dem Erscheinen trichromer Keramik ging auch ein Ortswechsel der Besiedlung auf Lipari vonstatten, deren Ursache noch ungeklärt bleibt. Mineralanalysen zufolge wurde trichrome Keramik auf Lipari selbst nach süditalienischen Vorlagen hergestellt. Das gilt auch für die qualitätvolle Serra d'Alto-Ware, die in entsprechender Güte produziert werden konnte. Mit der Hinwendung zum künstlerisch weiterentwickelten Diana-Stil war wiederum eine Änderung im Siedlungswesen verbunden, dieses Mal in die Ebene hinaus. Zur selben Zeit wurden die übrigen Äolischen Inseln besiedelt. In einer Schicht des Diana wurden auf Lipari erstmals Metallschlacken gefunden [218].

Mit dem Auftreten des Piano Conte-Stils, der zeitlich mit dem sizilianischen Serraferlicchio und dem maltesischen Zebbug korreliert, scheinen ein Bruch und eine kulturelle Verarmung eingetreten zu sein. Vielleicht hängt es zusammen mit dem Aufkommen des Kupfers und dem damit verbundenen starken Rückgang der Nachfrage nach Obsidian als Rohmaterial für Geräte. Mit dem folgenden Piano Quartara setzte sich der Niedergang fort. Der enge Kontakt mit Sizilien bestand wie schon beim Piano Conte weiter, obwohl sich das Piano Conte erheblich vom Piano Quartara unterscheidet.

Nicht nur ein kultureller Bruch, sondern auch ein ethnischer Wechsel deutet sich nach Meinung von L. Bernabò Brea u.a. mit dem Capo Graziano an, mit dem die Äolischen Inseln in die Bronzezeit eintraten[219].

6.8.3 Malta

Die älteste faßbare Phase, das Ghar Dalam, entwickelte sich infolge der Einwanderung von Sizilien aus. Dieser Vorgang wird nicht nur durch die Keramik belegt. Eine weitere Einwanderung wird für die Zeit des Zebbug vermutet[220]. Obsidian wurde von Beginn an teils von der Insel Pantelleria, teils von der Insel Lipari herangeholt. Ebenfalls von Sizilien oder aus Süditalien importiert wurden Alabaster und Silex[221].

Dem Ghar Dalam folgte Keramik im Stil des Grauen und Roten Skorba. Zusammen mit letzterem fand sich auf Malta Serra d'Alto- und Diana-Keramik. Während der Zebbug-Phase kamen erstmals Felskammergräber in Gebrauch[222].

Mit der wenig bekannten Mgarr- und Ggantija-Phase vollzog sich der Übergang zum Äneolithikum. Mit dem Tarxien am Ende des Äneolithikums erreichte die Vorgeschichte Maltas ihren Höhepunkt u.a. im Bau ober- und unterirdischer Tempelanlagen. Verschiedene Einflüsse sollen Malta in dieser Zeit erreicht haben oder von ihr ausgegangen sein, die aber nicht alle eindeutig belegbar sind[223]: Vom südfranzösischen Fontbouisse auf das Tarxien, vom Ggantija auf das sardische Bonu Ighinu und vom Saflieni-Tarxien auf das sardische Ozieri. Auch Kontakte mit dem ägäischen Raum scheinen nicht ausgeschlossen zu sein[224]. Die Tarxien-Phase endete abrupt, so daß man die Ursache dafür mit "Katastrophentheorien" zu erklären sucht, ohne aber zu einer befriedigenden Lösung zu kommen.

7. Obsidian im nordwestmediterranen Raum

Die Grundlage dieser Arbeit bilden die 906 Fundorte mit Obsidian im nordwestmediterranen Raum. Ihre Kartierung spiegelt die geographische Verbreitung dieses Rohstoffes wider (Tafel 1) und deutet gleichzeitig die natürlichen Grenzen des Arbeitsgebietes an.

Auf den Balearen und auf der iberischen Halbinseln scheint Obsidian unbekannt zu sein. Bislang einzige Ausnahme bildet Ripolet (Kat.-Nr. 1) in Nordostspanien. Im Gegensatz zu den Alpen in Norditalien ist in Südfrankreich eine natürliche Barriere nicht vorhanden, die eine Verbreitung nach Norden behindert oder ausschlossen hätte. Von Nordostitalien über die jugoslawische Adriaküste mit ihrem Hinterland ist bis nach Griechenland hin mit einer Kontaktzone zur balkanischen und griechischen Obsidianprovinz zu rechnen. Obwohl zahlreiche küstennahe Fundorte mit Obsidian aus Nordafrika bekannt sind, bleibt weiterhin die Frage offen, wie weit mediterraner Obsidian im Landesinneren verbreitet ist.

Sardinien als ein Kerngebiet der Obsidianverbreitung wird im Rahmen dieser Arbeit nicht berücksichtigt. Einerseits ist Sardinien archäologisch noch zu wenig erschlossen, so daß der kulturelle Hintergrund nicht klar genug dargelegt werden kann. Zum anderen liegt Obsidian von fast jedem Fundort in großer Zahl vor, ohne daß detaillierte quantitative Angaben zur Geräteindustrie gegeben werden. Derartige Angaben müssen aber vorliegen, um differenzierte Aussagen zum Nutzungsgrad treffen zu können. Die Sardinien betreffenden Schwierigkeiten hinsichtlich der Aufarbeitung des Materials lassen sich am Beispiel Korsika teilweise nachvollziehen. Eine Ausnahme bilden die Ergebnisse analysierten Obsidians auf Sardinien, die im Fundkatalog erfaßt wurden. Die Erwähnung der Fundorte im Text erfolgt in der Regel mit ihrer Katalognummer.

Erläuterungen

Bei einphasigen oder einschichtigen Fundstellen ist der Fundplatz identisch mit der Zeit- bzw. Kulturschicht. Im Gegensatz dazu stehen mehrphasige bzw. mehrschichtige Fundplätze, bei denen aus methodischen Gründen jeder Zeit- bzw. Kulturhorizont als eigenständige einzelne Fundstelle aufgefaßt werden muß. Es gilt daher die Konvention: Die Benennung Fundplatz oder Fundort ist eine geographische Bezeichnung, während Fundstelle oder Befund die Zeit- bzw. Kulturschichten eines Fundplatzes benennen. Nur für Südfrankreich ist die Zahl der Fundplätze identisch mit der der Fundstellen. In allen anderen Regionen ist die Zahl der Fundstellen (Befunde) größer als die der Fundplätze. Bei einer Artefaktaufzählung besagt ein Plus-Zeichen hinter einer Zahl, daß es sich um eine Mindestangabe handelt. Die Einteilung der Anzahl an Obsidianartefakten in Mengenbereichen ist der Einleitung zu entnehmen.

Zur Gesamtartefaktmenge werden nicht nur Obsidian und Flint gezählt, sondern auch die Artefakte der Geräteindustrie aus Quarzit, Hornstein und vergleichbaren Materialien. Da die Angaben zu den Artefakten der Literatur entnommen wurden, lassen sich unterschiedliche Wertungen und Mengen nicht vermeiden, je nachdem ob der Autor die gesamte Geräteindustrie mit oder ohne Abschläge bzw. Abfallstücke oder nur die Geräte auflistet. Differenzen können so beim Vergleich der absoluten Artefaktmengen von verschiedenen Fundorten auftreten, nicht aber innerhalb einer Fundstelle.

7.1 Südfrankreich

Bedingt durch das steigende Interesse am Obsidian erhöhte sich in den letzten Jahren die Zahl bekannter Fundplätze mit Obsidian kontinuierlich von 28 (J. Courtin 1967) über 59 (O.W. Thorpe u.a. 1984a) auf jetzt 69 (1987). Sie konzentrieren sich im wesentlichen auf den mediterranen Raum Südfrankreichs, namentlich auf das Languedoc, die Provence-Côte d'Azur und den südlichen Teil der Region Rhône-Alpes (Tafel 2). Ausläufer reichen aber weit in das Landesinnere, wie im Falle von Villeneuve-sur-Lot (Kat.-Nr. 2), Condom (Kat.-Nr. 120), Capdenac-le-Haut (Kat.-Nr. 122) im Westen und wie bei Pierre Châtel (Kat.-Nr. 164) östlich von Lyon.

Die Lage und Dichte der Fundorte spiegeln durchaus ein reales Bild der Obsidianverbreitung aufgrund eines relativ gleichwertigen archäologischen Forschungsstandes in den betreffenden Regionen wider. Schwerpunkte lokaler Feldforschungen bleiben für das Gesamtbild ohne Einfluß.

Befundkategorien und Obsidianmengen

Eindeutig stellt sich der Fundzusammenhang mit Siedlungsplätzen dar (Abb. 4). Von den 69 Fundplätzen lassen sich 54 (78,3%) als Siedlungen ansprechen, während Obsidian nur in einem mittelneolithischen und zwei äneolithischen Befunden in Gräbern gefunden wurden, wobei einer der äneolithischen Befunde fraglich bleibt. Die übrigen nicht sicher bzw. nicht zuweisbaren Fundstellen haben Lesefunde erbracht bzw. sind aus Sammlungen bekannt, bei denen oft außer über das Artefakt selbst keine Angaben über Fundumstände und -zusammenhänge bekannt sind. Insgesamt liegen mehr als 228 Obsidianartefakte vor. Von fünf Fundorten wird Obsidian als vorhanden oder in einer Mindestmenge angeführt. Von weiteren vier Plätzen liegt nur die Gesamtsumme vor. Die 55 auswertbaren Plätze führen mehr als 204 Artefakte, wobei mindestens 198 (86,8%) Objekte aus Chasséen- und nur vier (2,0%) aus Cardial-Kontext stammen. Dies entspricht in etwa der Relation zwischen Chasséen- und Cardial-Fundorten.

Zeitliche und kulturelle Einordnung der Fundstellen

Von den 69 Fundplätzen können 55 (79,7%) zeitlich sicher eingeordnet werden. Sie verteilen sich über nur drei Zeitabschnitte (Tafel 3). Das Frühneolithikum und das Äneolithikum weisen nur zwei Befunde auf, das Mittelneolithikum dagegen gleich 51. Diese Periode dominiert mit einer Eindeutigkeit, wie sie in keiner anderen Region anzutreffen ist und stellt einen klaren Hinweis auf die Bedeutung des Obsidians in dieser Zeit dar.

Obsidian in Südfrankreich						
absolut	mit Angabe Obsidian	Anzahl an Obsidian	Datierung	Siedlung	Gräberfeld	ohne Angabe
2	2	4	Cardial	2	-	-
3	3	6	frühes Chasséen	3	-	-
45	42	187+	Chasséen	43	1	1
2	2	5	Epi-Chasséen	2	-	-
1	-	vh.	mittelneolithisch	-	-	1
2	1	2+	äneolithisch	1	1	-
2	1	2	Chasséen ?	2	-	-
1	1	1	jungneolithisch ?	1	-	-
2	2	3	äneolithisch ?	-	1	1
9	9	18	----- ? -----	-	-	9
69	63	228+	Summe	54	3	12
100%	91,3	---	% Angabe	78,3	4,4	17,4

Abb. 4 Obsidianmenge und Befundtyp

Die beiden frühneolithischen Siedlungen gehören dem Cardial an, während von 51 mittelneolithischen Plätzen 50 (91,0%) sicher dem Chasséen zuzurechnen sind[225] (Abb. 5). Davon entfallen drei auf die frühe und zwei auf die späte Phase dieser Kultur. Für die äneolithischen Funde von einem Siedlungsplatz und aus einem Grabzusammenhang kann keine kulturelle Einordnung getroffen werden. Die herausragende Stellung des Chasséen und damit des Mittelneolithikums mit 51 Befunden zeichnet sich eindeutig ab.

Die geringe Zahl an frühneolithischem Obsidian wird keineswegs durch den Forschungsstand bedingt, da das Frühneolithikum durchaus gut belegt ist. Für die geringe Nutzung des Obsidians im Frühneolithikum müssen andere Ursachen gesucht werden. Gleiches gilt für das Äneolithikum und die Bronzezeit. Obsidian in bronzezeitlichem Kontext ist bisher unbekannt.

Verbreitung zeitlich und kulturell zuordenbarer Fundstellen

Wie es ihrer Natur entspricht, liegen die beiden Cardial-Siedlungen in Küstennähe (Tafel 4). Die mittelneolithischen Plätze, die bis auf einen dem Chasséen zugeordnet werden, streuen über das gesamte Gebiet der Obsidianverbreitung, wenn auch einige der weit in das Landesinnere reichenden Fundstellen entfallen. Auch verteilen sie sich gleichmäßig über das Gebiet des südfranzösischen Chasséen, wobei regionale Konzentrationen intensivere lokale Forschung andeuten, die sich auch in einer gleichfalls generell höheren Funddichte an prähistorischen Plätzen widerspiegelt.

Mengenverteilung auf den Fundstellen

Neun der 69 Fundplätze können nur mit der Angabe "Obsidian vorhanden" versehen werden (Tafel 5). Die 52 Befunde des Mengenbereiches 2 stellen die überwältigende Mehrheit der Funde dar. Jeweils drei Fundstellen befinden sich in den Mengenbereichen 3 und 4, während die Bereiche 5 und 6 nur jeweils einen Befund enthalten.

Von 50 Chasséen-Befunden liegen 36 im Mengenbereich 2. Danach sind nur noch wenige Fundorte mit höheren Werten zu verzeichnen. Darunter fallen im besonderen die Siedlungen Menglon (Kat.-Nr. 168) mit 25 Artefakten und Giribaldi (Kat.-Nr. 126) mit 50 Artefakten. Der vollständigkeithalber sei erwähnt, daß die beiden Cardial-Fundplätze nur drei bzw. elf Obsidianstücke aufweisen.

Während sich die Fundorte der Mengenbereiche 1 und 2 ziemlich regellos verteilen (Tafel 6), beschränken sich die Befunde mit mehr als vier Artefakten ausschließlich auf den Raum östlich der Rhône und entlang der Küste (Tafel 7). Es mag als Indiz dafür angesehen werden, daß dort möglicherweise eine bessere Obsidianversorgung bestand. In diesem Zusammenhang soll aber auch auf drei Fundplätze westlich der Rhône mit einer unbekannten Anzahl an Obsidian hingewiesen werden.

Obsidian in Südfrankreich					
Datierung	FN	MN	ÄN	Summe	%Angabe
Anzahl	2	51	2	55	100%
Cardial	2	-	-	2	3,6
frühes Chasséen	-	3	-	3	5,5
Chasséen	-	45	-	45	81,8
Epi-Chasséen	-	2	-	2	3,6
ohne Zuweisung	-	1	2	3	5,5

Abb. 5 Datierung der Kulturen und Gruppen

Zeitlich-geographische Verteilung der Obsidianmengen

Das Mittelneolithikum mit 51 Befunden unterscheidet sich nur um einen Befund in der Rubrik "Obsidian vorhanden" vom Chasséen. Nur von sieben (14%) der 50 Chasséen-Fundplätzen bleibt die absolute Menge an Obsidian unbekannt. Hierzu zählen die vier Siedlungsplätze Castellet (Kat.-Nr. 145), Font-Marthe (Kat.-Nr. 146), St. Jean (Kat.-Nr. 154) und Vallon de la Fey (Kat.-Nr. 157), von denen insgesamt 14 Objekte aus Obsidian vorliegen, die aber über alle vier Plätze streuen, ohne genauer zugeordnet werden zu können. 36 (74%) Fundstellen weisen 1-4 Artefakte auf und bilden den eindeutigen Mengenschwerpunkt im Chasséen. Danach fällt die Menge steil ab, so daß nur jeweils eine Fundstelle die Mengenbereiche 5 und 6 mit 25 Artefakten bei Menglon (Kat.-Nr. 168) und mit 50 Artefakten bei Giribaldi (Kat.-Nr. 126) belegt.

Nur östlich der Rhône finden sich Plätze mit mehr als vier Artefakten, was, wie schon angedeutet, möglicherweise auf eine intensive, regionale Nutzung des Obsidians hindeutet. Diese Relation dürfte selbst dann weitgehend konstant bleiben, wenn eine intensivere Forschung die Zahl an Obsidian pro Fundort beträchtlich vergrößern würde, da sich hierbei der Kurvenverlauf nur nach rechts in Richtung größerer Artefaktzahlen verschieben würde, ohne aber seine Ausprägung zu ändern.

Geologische Herkunft des Obsidians

Da die optischen Eigenschaften des Obsidians in der Regel nicht ausreichen, um die geologische Herkunft der Artefakte zu bestimmen, wurden die Verfahren zur qualitativen und quantitativen Bestimmung der charakteristischen Spurenelemente entwickelt. 21 Artefakte von 12 Fundstellen wurden analysiert (Abb. 6). 19 Stücke stammen aus Chasséen-Kontext. Zwei weitere Objekte wurden aus einer äneolithischen Grabanlage geborgen. Diese sind auch als einzige dem Vorkommen Pantelleria zuweisbar. Auf den betreffenden Fundstellen wurden nur wenige Objekte gefunden, die alle analysiert wurden. Bis auf Beaumajour (Kat.-Nr. 130) wurden maximal zwei Artefakte untersucht, auch wenn es bei weiteren möglich gewesen wäre, die damals schon bekannt waren, wie bei Ste. Catherine (Kat.-Nr. 135) und Menglon (Kat.-Nr. 168).

Entsprechend der hohen Anzahl an Chasséen-Fundplätzen ordnen sich ihnen fast alle Analysen zu. Für das Chasséen liegen von elf der 50 Fundplätzen 19 Analysen aus einer Gesamtzahl von mindestens 58 Artefakten vor, was heißt, daß ca. 36% des dort gefundenen Obsidians untersucht und einem Vorkommen zugewiesen wurde. Von Sardinien kommen 16 (76,2%) Objekte und von Lipari drei (14,3%). Obsidian von Palmarola oder Pantelleria ist nicht anzutref-

Obsidian in Südfrankreich							
Kat.-Nr.	Datierung	Anzahl an Obsidian		geologische Vorkommen			
		absolut	analysiert	Sardinien		Lipari	Pantelleria
				A	C		
147	frühes Chasséen	1	1	-	-	1	-
143	Chasséen	1	1	1	-	-	-
146	Chasséen	vh.	2	1	-	1	-
160	Chasséen	1	1	-	-	1	-
150	Chasséen	4	2	1	1	-	-
168	Chasséen	25	2	2	-	-	-
152	Chasséen	2	2	2	-	-	-
155	Chasséen	1	1	1	-	-	-
135	Chasséen	12	1	1	-	-	-
130	Chasséen	5	5	5	-	-	-
133	Epi-Chasséen	4	1	1	-	-	-
151	äneolithisch	2	2	-	-	-	2
	Summe	58+	21	15	1	3	2

Abb. 6 Fundplätze mit analysiertem Obsidian

fen. Sieht man von einer Differenzierung des sardischen Obsidians ab, so findet sich nur in Font-Marthe (Kat-Nr. 146) ein Fundinventar mit Sardinien- und Lipari-Obsidian vor.

7.2 Korsika

Die Gründe für den Obsidianreichtum auf Korsika ergeben sich aus der unmittelbaren Nähe zu Sardinien und aus seiner Funktion als Zwischenstation auf dem Weg zum südfranzösischen und nord- bzw. mittelitalienischen Festland. Dabei sind auf Korsika und Sardinien spätestens seit mittelneolithischer Zeit verschiedene kulturelle Entwicklungen nachweisbar. Im Fundmaterial beinahe jeder Fundstelle ist Obsidian vorhanden, besonders bei größeren Fundmengen. So wird die Zahl der Fundplätze mit Obsidian weitaus höher als die hier angeführten, literaturmäßig bekannten und aufgenommenen 100 Fundorte zu veranschlagen sein. Die geographische Verteilung der Fundstellen mit Obsidian steht im wesentlichen in Einklang mit der generellen Siedlungsdichte (Tafel 8). Siedlungszentren, wie im Süden der Insel, für die Südkorsika durch die Struktur der Landschaft begünstigt ist, sind nur zu einem Teil auf lokale Forschungsaktivitäten zurückzuführen. Hervorzuheben ist vor allem die Umgebung von Aleria, Porto Vecchio und Sartène. Neuere Forschungen an der mittleren Ostküste haben auch dort Belege für eine hohe Siedlungsdichte zutage gefördert. An anderen Stellen verhinderte die gebirgige Struktur der Insel eine gleichmäßige Besiedlung.

Obsidian auf Korsika						
absolut	mit Angabe Obsidian	Anzahl an Obsidian	Datierung	Siedlung	Gräberfeld	ohne Angabe
1	-	vh.	präneolithisch	1	-	-
2	-	vh.	Cardial	2	-	-
1	1	10	Impresso	1	-	-
1	1	4	Basien	1	-	-
5	3	26+	frühneolithisch	5	-	-
1	1	5	früh.-mittelneol.	-	1	-
2	-	vh.	mittelneolithisch	2	-	-
7	7	669	mittel.-jungneol.	1	-	6
18	15	4113+	jungneolithisch	16	1	1
1	1	1	jung.-endneol.	1	-	-
4	-	vh.	endneolithisch	4	-	-
1	-	vh.	end.-frühäneol.	1	-	-
1	1	3	äneolithisch	1	-	-
2	1	83+	äneol.-frühbronze.	1	1	-
5	5	649	frühbronzezeitlich	3	2	-
1	-	vh.	mittel.-jungbronze.	1	-	-
1	-	vh.	jungbronzezeitlich	1	-	-
12	11	764+	neolithisch	10	1	1
7	6	86+	bronzezeitlich	6	-	1
4	3	46+	frühneolithisch ?	4	-	-
1	1	5+	mittelneolithisch?	1	-	-
2	1	55+	jungneolithisch ?	1	-	1
4	3	24+	neolithisch ?	2	-	2
1	-	vh.	äneolithisch ?	1	-	-
43	30	2601+	----- ? -----	14	4	25
128	92	9144+	Summe	81	10	37
100%	71,9	---	% Angabe	63,3	7,8	28,9

Abb. 7 Obsidianmenge und Befundtyp

Befundkategorien und Obsidianmengen
Die 100 Fundplätze repräsentieren 128 Befunde mit Obsidian, woran insbesondere Basi (Kat.-Nr. 6) und Curacchighiu (Kat.-Nr. 32) mit ihren zahlreichen Siedlungsschichten großen Anteil haben. Stark bemerkbar macht sich die große Zahl an Lesefunden mit vermischtem Fundmaterial mehrerer Perioden oder unbekannter Datierung bzw. nicht genannter Fundmenge.

Ein hoher Anteil an Befunden mit Obsidian kann weder Siedlungen noch Gräbern zugewiesen werden. Wenn Obsidian in Gräbern auftritt, dann zumeist in großen Dolmen mit teilweise Hunderten von Artefakten. Sie tragen wesentlich zu der Gesamtsumme von 9144 Artefakten bei, obwohl mit den 36 Befunden ohne bekannte Artefaktmenge 29,1% aller Fundstellen nicht mitgezählt werden konnten (Abb. 7). 49 (38%) der Fundstellen enthalten Material mehrerer Perioden, woran undatierte Befunde mit 36 (28,1%) beteiligt sind. Verglichen mit den zehn (7,8%) Fällen von Grabfunden stellen die 81 (63,3%) Siedlungen eindeutig den größeren Anteil an Fundplätzen mit Obsidian. Dieses Verhältnis dürfte sich auch durch die 36 (28,1%) Plätze ohne Befundangabe nicht ändern.

Zeitliche und kulturelle Einordnung der Fundstellen
Obsidian findet sich in 57 Befunden vom Präneolithikum bis zur jüngeren Bronzezeit in allen Zeitabschnitten (Tafel 3). Im Gegensatz zu den neun frühneolithischen Befunden einschließlich des präneolithischen sinkt die Zahl der Fundstellen im Mittelneolithikum auf zwei ab, bevor sie im Jungneolithikum ein Maximum von 23 erreicht. Danach fällt ihre Anzahl auf einen ähnlich niedrigen Wert wie im Mittelneolithikum ab. Angesichts der sicher datierbaren Befunde endet die Obsidiannutzung im wesentlichen in der Frühbronzezeit. Für das Mittelneolithikum kann der Forschungsstand als Ursache für die niedrige Zahl an Fundstellen verantwortlich gemacht werden, wenn er mit dem Früh- und dem Jungneolithikum verglichen wird. Die Möglichkeit der kulturellen Zuordnung besteht nur bei einer verschwindend geringen Anzahl und erschöpft sich mit zwei Cardial-Fundstellen, einer Impresso- und einer Basien-Fundstelle (Abb. 8).

Verbreitung der zeitlich und kulturell zuordenbaren Fundstellen
Die Verbreitung datierbarer Inventare bleibt im wesentlichen auf den küstennahen Bereich beschränkt, wobei der südliche Teil Korsikas bevorzugt ist, wie es am Beispiel des Jungneolithikums mit seinen Fundstellen deutlich wird (Tafel 9). Möglicherweise lagen diese Gebiete nicht nur siedlungs-, sondern auch im Bezug auf die Obsidianversorgung verkehrsgünstiger. Die relative Fundleere im Inneren der Insel beruht sicherlich auch auf der gebirgigen Struktur. Regionale Forschungsschwerpunkte mögen hinzukommen.

Mengenverteilung auf den Fundstellen
Die Artefakte von 128 Fundstellen summieren sich auf mehr als 9144 Objekte. Von 36 dieser Fundstellen liegen keine absoluten Mengenangaben vor (Tafel 5). Generell

Obsidian auf Korsika				
Datierung	FN	FN-MM	Summe	%Angabe
Anzahl	9	2	12	100%
Cardial	2	-	2	16,7
Basien	1	-	1	8,3
Impresso	-	1	1	8,3
ohne Zuweisung	6	2	8	66,7

Abb. 8 Datierung der Kulturen und Gruppen

läßt sich feststellen, daß die Menge weit höher liegt als in allen anderen Regionen und Fundkonzentrationen mit mehreren hundert oder tausend Artefakten keine Seltenheit sind.

Der Obsidianreichtum auf den prähistorischen Fundstellen wird in der Mengenverteilung zweifach deutlich. Zwar dominieren die Mengenbereiche 1 und 2 mit insgesamt 66 Fällen. Die darauf folgende Abnahme im Mengenbereich 3 und 4 verläuft weniger steil, so daß eine zweite Spitze mit 14 Beispielen im Mengenbereich 5 auftritt. Im folgenden fällt die Anzahl nur langsam von acht auf vier Befunde mit Obsidian ab. Der Mengenbereich 10 ist dabei nur mit zwei Befunden, aber mit großer Fundmenge vertreten: Foce 2 (Kat.-Nr. 36) mit 1163 Artefakten für das Jungneolithikum und Monte Grosso (Kat.-Nr. 88) mit 1762 Artefakten für das Endneolithikum-Bronzezeit. Insgesamt finden sich in den Mengenbereichen 5 bis 10 41 der 128 Befunde mit Obsidian.

Zeitlich-geographische Verteilung der Obsidianmengen
Auf die Perioden verteilt, ändert sich jedoch das Bild stark. Von den acht frühneolithischen Fundstellen weist nur die von Tozze Bianche (Kat.-Nr. 72) 21 Obsidian-Funde im Mengenbereich 5 auf, meist sind es weniger. Oftmals sind dafür die relativ kleinen Untersuchungsflächen verantwortlich. Noch dürftiger ist es um das Mittelneolithikum mit nur zwei Fundstellen bestellt.

Die sieben Befunde des Mittel-/Jungneolithikums, von alle denen Mengenangaben vorliegen, zeugen ebenfalls wenig von einem Obsidian-Reichtum. Doch erreichen mehr als die Hälfte von ihnen die Mengenbereiche 7 und 8. Die größte Nutzung des Obsidians scheint für das Jungneolithikum mit 23 Fundstellen gegeben zu sein, von denen elf in die Mengenbereiche 7-10 fallen. In dieser Zeit der höchsten neolithischen Siedlungsdichte wurde Obsidian am intensivsten genutzt. Schon für das folgende Äneolithikum tritt Obsidian nicht mehr in nennenswertem Umfang auf. Der hohe Anteil der fünf frühbronzezeitlichen Befunde beruht in erster Linie auf den Kollektivgräbern Coffres de Tivolaggio (Kat.-Nr. 26) mit 58 und Coffres de Vascolacio (Kat.-Nr. 27) mit 570 Objekten aus Obsidian. Derartige Grabanlagen wurden aber über einen längeren Zeitraum genutzt.

Aus der geographischen Verteilung der Obsidianmengen heben sich regionale Fundverdichtungen heraus (Tafel 10 und Tafel 11). Die Befunde konzentrieren sich im Südteil der Insel. Kaum Fundstellen finden sich wegen der gebirgigen Landschaft an der Westküste und im Landesinneren.

Geologische Herkunft des Obsidians

Insgesamt 19 Analysen von sechs Fundplätzen mit acht Befunden wurden bisher publiziert (Abb. 9). Nur von Curacchiaghiu (Kat.-Nr. 32) untersuchte man acht Objekte aus jungneolithischem Fundkontext. Die Vorkommen A, B und C bestanden gleichzeitig und waren aus topographischer Sicht zu allen Perioden zugänglich. Sie liegen auch dicht beieinander, so daß eine spezifische Nutzung der Einzellagerstätten aus dem archäologischen Material heraus nicht belegt werden kann.

Die Artefakte stammen ohne Ausnahme vom sardischen Vorkommen, in der Hauptsache von den Einzellagerstätten Sardinien B und C. Diese Angaben beziehen sich zwar fast ausschließlich auf das Jungneolithikum und die Frühbronzezeit, doch dürfte dieses auch für den früh- und mittelneolithischen Zeitraum anzunehmen sein, so daß Korsika wahrscheinlich zu allen Zeiten ausschließlich mit Sardinien-Obsidian versorgt wurde.

7.3 Norditalien

Vergleichbar mit Südfrankreich hat sich in Norditalien die Zahl bekannter Fundplätze mit Obsidian innerhalb weniger Jahre von 28 (O.W. Thorpe u.a. 1984a) auf 41 (1987) erhöht[226]. Durch mehrphasige Besiedlung wächst ihre Zahl auf 55 Befunde an.

Die Fundstellen mit Obsidian verteilen sich nicht gleichmäßig über Norditalien, sondern konzentrieren sich an mehreren Punkten (Tafel 12). In Ligurien beschränken sie sich mit Grotten und Abris auf einen schmalen, gebirgigen Küstenstreifen im Nordwesten dieser Region. In Südligurien fehlen auffallenderweise Fundorte mit Obsidian. In der zentralen Po-Ebene finden sich ebenfalls viele Fundplätze, denen sich im Süden und Norden am Fuße des Apennin-Gebirges und der Alpen weitere anschließen.

Eine einleuchtende Erklärung, warum die übrigen Gebiete, vornehmlich die Po-Ebene und ihre Randzone, trotz des gut belegten archäologischen Fundniederschlages derart spärlich mit Obsidian versehen sind, kann nicht gegeben werden. Wenn auch lokale Forschungsaktivitäten eine Rolle spielen, können sie nicht in diesem Maße zu Konzentrationen von Befunden mit Obsidian führen.

Befundkategorien und Obsidianmengen

Von den 55 Befunden stellen Siedlungen mit 42 (76,4%) den höchsten Anteil (Abb. 10). Nur in drei Fällen, jeweils einem mittelneolithischen, frühäneolithischen und zeitlich unbestimmbaren Fundplatz, kommt Obsidian aus dem Bereich von Gräbern. Bei weiteren zehn Fundstellen kann keine Zuordnung getroffen werden. Bei dem entsprechenden Fundmaterial handelt es sich um Lesefunde oder Sammlungsbestände, was allein schon sechs undatierbare Befunde ausmacht, während vier weitere in einem jungneolithischen bis frühbronzezeitlichen Zusammenhang zu

Obsidian auf Korsika						
Kat.-Nr.	Datierung	Anzahl an Obsidian		geologische Vorkommen		
		absolut	analysiert	Sardinien		
				A	B	C
25	jungneolithisch	1	1	-	-	1
32	jungneolithisch	vh.	6	-	6	-
32	jungneolithisch	vh.	2	-	1	1
74	jungneolithisch	3	3	-	-	3
26	frühbronzezeit.	75	2	-	-	2
32	bronzezeitlich	vh.	1	-	1	-
6	----- ? -----	83	3	-	-	3
71	----- ? -----	1	1	1	-	-
	Summe	163+	19	1	8	10

Abb. 9 Fundplätze mit analysiertem Obsidian

finden sind. Im allgemeinen enthalten die Befunde nur wenige Objekte aus Obsidian, der in den mittelneolithischen Kulturen und Gruppen seine größte Verbreitung fand. Die Siedlung Pescale (Kat.-Nr. 355) mit 935 Artefakten bleibt ohne Beispiel in Norditalien.

Obsidian in Norditalien						
absolut	mit Angabe Obsidian	Anzahl an Obsidian	Datierung	Siedlung	Gräberfeld	ohne Angabe
1	1	1	mesolithisch	1	-	-
2	2	9	Impresso	2	-	-
1	1	2	Fiorano-Vhò-Gaban	1	-	-
2	2	2	frühneolithisch	2	-	-
6	5	18+	VBQ	6	-	-
3	2	11	Rivoli-Chiozza	3	-	-
3	3	57	Chiozza	3	-	-
2	1	935+	VBQ-Lagozza	2	-	-
3	2	2+	mittelneolithisch	2	1	-
1	1	1	Proto-Lagozza	1	-	-
3	3	33	Lagozza	3	-	-
2	2	4	frühäneolithisch	-	1	1
1	1	1	äneolithisch	1	-	-
1	1	1	äneol.-frühbronz.	-	-	1
1	1	20+	Äneol.-Polada	1	-	-
2	1	2+	Polada	2	-	-
1	1	1	Terramare	1	-	-
1	1	3	Apenninikum	1	-	-
3	1	2+	neolithisch	2	-	1
1	1	4	VBQ ?	1	-	-
1	1	1	mittelneolithisch?	-	-	1
14	14	59	----- ? -----	7	1	6
55	48	1168+	Summe	42	3	10
100%	87,3	---	% Angabe	76,4	5,5	18,2

Abb. 10 Obsidianmenge und Befundtyp

<u>Zeitliche und kulturelle Einordnung der Fundstellen</u>

Neben Grotta del Noglio in Kampanien (Kat.-Nr. 494) ist mit Arma dello Stefanin in Ligurien (Kat.-Nr. 568) ein zweiter mesolithischer Befund mit Obsidian in Italien bekannt. Aufgrund der guten Kenntnisse zum festländischen Mesolithikum mag das weitgehende Fehlen von Obsidian im mesolithischen Fundkontext dadurch zu erklären sein, daß die technischen Möglichkeiten zur Überquerung von Meeresengen in paläolithischer und mesolithischer Zeit sicherlich sehr begrenzt waren. Da sämtliche Obsidianvorkommen auf Inseln liegen, war eine Nutzung des Obsidians kaum möglich.

Ohne den mesolithischen Fundort stehen in gut datierbaren Zusammenhängen 35 Befunde mit Obsidian zur Verfügung. Das Mittelneolithikum weist mit 15 Fundstellen den höchsten Anteil auf (Tafel 3). Die niedrigeren Werte für das Früh- und Jungneolithikum liegen annähernd gleich hoch. In späterer Zeit nehmen sie noch etwas ab. Auf die Hauptperioden bezogen, weist Norditalien eine durchgehende Obsidiannutzung vom Frühneolithikum bis in die Bronzezeit auf, wie sie für Südfrankreich nicht belegt werden konnte.

Obsidian in Norditalien								
Datierung	FN	MN	MN-JN	JN	FBZ	MBZ-JBZ	Summe	%Angabe
Anzahl	5	15	2	4	2	2	30	100%
Impresso	2	-	-	-	-	-	2	6,7
Fiorano-Vhò/Gaban	1	-	-	-	-	-	1	3,3
VBQ	-	6	-	-	-	-	6	20,0
Rivoli-Chiozza	-	3	-	-	-	-	3	10,0
Chiozza	-	3	-	-	-	-	3	10,0
VBQ-Lagozza	-	-	2	-	-	-	2	6,7
Proto-Lagozza	-	-	-	1	-	-	1	3,3
Lagozza	-	-	-	3	-	-	3	10,0
Polada	-	-	-	-	2	-	2	6,7
Terramare	-	-	-	-	-	1	1	3,3
Apenninikum	-	-	-	-	-	1	1	3,3
ohne Zuweisung	2	3	-	-	-	-	5	16,7

Abb. 11 Datierung der Kulturen und Gruppen

Die kulturelle Einordnung für das Frühneolithikum betrifft und einen Fiorano-Vhò-Gaban-Befund und zwei Impresso-Befunde (Abb. 11). Die Zuordnung der Befunde erhöht sich für das Mittelneolithikum von fünf auf 15, worunter zwölf Fälle auf Siedlungen der VBQ-Kultur und ihrer Varianten

Rivoli und Chiozza entfallen. Aus dem Jungneolithikum liegen vier Befunde vor, die dem Lagozza angehören.

In Anbetracht der insgesamt geringen Zahl von 41 Fundplätzen bzw. 55 Befunde mit Obsidian bleibt für die in Bezug auf das Neolithikum kurzen Zeiträume des Äneolithikums und der Bronzezeit die Zahl der Fundstellen mit Obsidian recht hoch. Von neun Fundstellen verteilen sich drei auf das Äneolithikum und zwei weitere auf den Übergang vom Äneolithikum zur frühen Bronzezeit. Die Bronzezeit wird durch zwei Befunde des Polada und jeweils einen des Terramare und des Apenninikum vertreten. Insgesamt 14 Fundstellen lassen sich nicht datieren.

Verbreitung zeitlich und kulturell zuordenbarer Fundstellen
In zeitlicher Differenzierung betrachtet, ändert sich die Verteilung. Das Frühneolithikum mit Obsidian beschränkt sich auf drei Fundpunkte in Ligurien und zwei in der Po-Ebene (Tafel 13). Die 15 Fundplätze des Mittelneolithikums liegen fast alle in der zentralen Po-Ebene und in Ligurien. Äneolithische und bronzezeitliche Fundplätze mit Obsidian finden sich außerhalb Ligurien und in der Randzone der Po-Ebene (Tafel 14).

Impresso mit Obsidian ist aus kulturhistorischen Gründen nur an der ligurischen Küste und möglicherweise an der Adriaküste anzutreffen, ebenso wie sich ein Fundplatz der Fiorano-Vhò-Gaban-Gruppe am Nordrand der Po-Ebene vorfindet (Tafel 15). Abgesehen von Arene Candide (Kat.-Nr. 567) und Isolino di Varese (Kat.-Nr. 583) liegen alle übrigen zehn Siedlungsplätze der VBQ-Kultur in der zentralen Padana und den anschließenden nördlichen und südlichen Randzonen, was auch dem Grad und der Dichte ihrer Verbreitung entspricht. Dem jungneolithischen Lagozza gehören vier Fundstellen (7,3%) an. Die Plätze der bronzezeitlichen Kulturgruppen finden sich außerhalb Liguriens sämtlich am Rande der Po-Ebene.

Mengenverteilung auf den Fundstellen
Bei sechs der 55 Fundstellen fehlen absolute Mengenangaben, so daß sich ihre Zahl auf mindestens 1168 summiert. Der Spitzenwert für das VBQ-Lagozza erklärt sich durch die 950 Obsidian-Objekte aus Pescale (Kat.-Nr. 355), wo für 935 der Artefakte der Fundzusammenhang für das VBQ und/oder Lagozza nicht gesichert ist. In den übrigen Perioden überschreitet es selten das Maß von 20 Artefakten. Die hohe Zahl aus Pescale, einer keineswegs großflächig gegrabenen Siedlung, ist für norditalienische Verhältnisse mehr als erstaunlich. Im Grabungsbericht über Pescale wird nicht davon gesprochen, daß die hohe Fundmenge auf einen Werkplatz zurückzuführen sei. Pescale könnte möglicherweise eine zentrale Bedeutung zukommen.

Von den 55 bekannten Befunden mit Obsidian gehören 35 dem Mengenbereich 2 an (Tafel 5). Nur in sieben Fällen kann die Anzahl an Obsidian nicht angegeben werden. Selbst für die Mengenwerte 3, 4 und 5 liegen zwölf Fundstellen vor. Die große Ausnahme mit 935 Funden bildet, wie schon genannt, Pescale.

Bei der Kartierung nach Mengenbereichen streuen die Fundstellen mit den Werten 1 und 2 gleichmäßig über das gesamte Verbreitungsgebiet des norditalienischen Obsidians (Tafel 16). Befunde mit mehr als zehn Obsidianartefakten finden sich in Ligurien, in der südlichen Randzone der zentralen Padana und in Isolino di Varese (Kat.-Nr. 583) im Norden der Po-Ebene (Tafel 17). Ligurien als den Vorkommen näher zugewandte Region weist kaum höhere Fundmengen auf. Berücksichtigt werden muß allerdings, daß es sich in Ligurien um Grotten sowie Abris und in der Po-Ebene um Freilandplätze größeren Ausmaßes handelt.

Zeitlich-geographische Verteilung der Obsidianmengen
Für das Frühneolithikum können nur fünf Plätze mit Obsidian ausfindig gemacht werden, zumeist im Bereich des Impresso und des Fiorano-Vhò-Gaban, wobei vier Befunde dem Mengenwert 2 und ein Befund dem Mengenwert 3 angehören. Arene Candide mit sieben Artefakten gibt für das Impresso den höchsten Wert an. Höhere Werte treten erst mit den 15 mittelneolithischen Fundstellen auf. Bis auf drei Plätze, einer im Mengenbereich 1 und zwei im Mengenbereich 2, sind sie mit der VBQ-Kultur identisch (Tafel 18). Auf neun von ihnen wurden jeweils bis zu neun Artefakte gezählt. Nur bei zweien ist die Anzahl nicht anzugeben, während Servirola (Kat.-Nr. 367) mit 40 Artefakten am anderen Ende der Skala steht. Insgesamt findet sich in der VBQ-Kultur relativ wenig Obsidian vor.

Für das Jungneolithikum ist die Zahl der Fundorte stark rückläufig. Unter den je zwei Befunden der Mengenbereiche 2 und 4 heben sich Arene Candide und Pescale mit je 15 Funden für das Lagozza heraus. Ähnliches läßt sich vom Äneolithikum mit seinen fünf Fundstellen im Mengenbereich 2 sagen. Für die späteren Perioden ist nur Villa Persolini (Kat.-Nr. 362) mit mehr als 20 Artefakten des Äneolithikums-Poladas erwähnenswert.

Die VBQ-Kultur reicht mit ihren Einflüssen über die Po-Ebene und Ligurien noch bis an die südostfranzösische Küste hinaus. Ihr Schwerpunkt liegt aber in der Po-Ebene, wie er sich auch bei der Obsidianverbreitung abzeichnet (Tafel 19). Von den zwölf (100%) VBQ-Siedlungen fehlt nur bei einer die Mengenangabe. Die anderen weisen folgende Verteilung der Obsidianmenge auf: vier (33,3%) Siedlungen im Mengenbereich 2, fünf (41,7%) im Bereich 3 und zwei (8,3%) im Bereich 5. In der Regel wurden weniger als zehn Stücke aus Obsidian auf einer Siedlung gefunden. Die Herausnahme des ligurischen VBQ-Platzes von Arene Candide ändert nichts am Bild. 75% der Fundstellen nehmen die Mengenbereiche 2 und 3 ein. Nur Servirola (Kat.-Nr. 367) mit 40 Artefakten liegt außerhalb dieses Bereiches, ebenso wie eine Fundstelle ohne Mengenangabe.

Geologische Herkunft des Obsidians
Von den Artefakten des Triester Karstes abgesehen, wurden bislang 55 Analysen norditalienischen Obsidians publiziert (Abb. 12). Faßt man die Varianten des sardischen Obsidians zusammen, so beläuft sich ihre Summe auf 38 Objekte (69,1%). Lipari-Obsidian folgt mit zwölf Stücken (22%) weit vor Palmarola-Obsidian mit drei Artefakten (5,5%).

Zwei weitere Funde konnten keinem Vorkommen zugewiesen werden.

Die hier behandelten Fundorte weisen zumeist nur wenig Obsidian auf. Doch wurden von Pescale (Kat.-Nr. 355) sechs, von Servirola (Kat.-Nr. 367) elf und von Isolino di Varese (Kat.-Nr. 583) zwölf Objekte analysiert.

Es wird deutlich, daß große Analyseserien aus konkreten Schichten sehr wichtige Aufschlüsse zur anteilsmäßigen, geologischen Herkunft des Obsidians geben können, wie der Befund Servirola belegt. Weitere Beispiele verdeutlichen, daß den Menschen gleichzeitig mehrere Versorgungsströme offen standen und von ihm auch benutzt wurden. Wünschenswert sind ebenfalls Analysen aus den verschiedenen Schichten eines Fundplatzes, um die Änderung der Herkunftsanteile auf dem kulturellen Hintergrund begutachten zu können. Mischinventare sardischen Obsidians mit dem aus Palmarola und Lipari sind von Villa Agazzotti (Kat.-Nr. 359), Servirola (Kat.-Nr. 367) und Arene Candide (Kat.-Nr. 567) mehrfach vorhanden. In Arene Candide tritt dieser Fall für die VBQ-Schicht auf, während das Fundmaterial von Villa Agazzotti nur als neolithisch bezeichnet wurde.

7.4 Östliche Adriaküste

Trotz der Entfernung dieses Raumes von den geologischen Vorkommen sind bisher 27 Fundplätze mit 29 Befunden mit Obsidian bekannt geworden (Tafel 20). Jeweils elf Fundplätze mit 13 Befunden drängen sich im Raum Triest zusammen bzw. liegen im Einzugsbereich der Küste, während fünf weitere mehr im Landesinneren zu finden sind [227]. Diese gehören aber dennoch in den Bereich der dalmatischen Kulturen. Die Fundkonzentration im Triester Karst verdeutlicht, daß an der dalmatischen Küste mit einer Vielzahl von entsprechenden Fundplätzen zu rechnen ist. Die naturräumlichen Bedingungen waren damals noch um vieles günstiger als heute.

Zeitliche und kulturelle Einordnung der Fundstellen

Das Triester Material gehört, soweit es sich einordnen läßt, dem Vlaška an. In der dalmatischen Zone sind es das Danilo und Hvar (Abb. 13). Weitere zehn der insgesamt 17 Fundstellen verbleiben undatiert. Vom Mittelneolithikum mit sieben Fundstellen fällt die Zahl über das Jungneolithikum und Äneolithikum mit jeweils drei Fundstellen auf eine bronzezeitliche ab (Tafel 3). Schwerpunkt bleibt das Mittelneolithikum, zumindest soweit nicht mehr Material für die Auswertung zur Verfügung steht.

Obsidian in Norditalien									
Kat.-Nr.	Datierung	Anzahl Obsidian		geologische Vorkommen					
		absolut	analysiert	Sardinien			Palmarola	Lipari	?
				A	B	C			
567	Impresso	7	2	-	1	1	-	-	-
572	Impresso	1	1	-	-	1	-	-	-
572	frühneolithisch	1	1	-	-	-	-	1	-
567	VBQ	7	3	-	1	-	2	-	-
366	Chiozza	9	3	-	-	-	-	3	-
367	Chiozza	40	11	9	-	1	-	1	-
364	Rivoli-Chiozza	2	2	-	-	-	-	2	-
572	mittelneolithisch	1	1	-	-	1	-	-	-
573	mittelneolithisch	vh.	1	-	-	-	1	-	-
574	mittelneo.-frühbronz.	1	1	1	-	-	-	-	-
576	mittelneo.-frühbronz.	1	1	1	-	-	-	-	-
355	Lagozza	15	6	6	-	-	-	-	-
567	Lagozza	15	1	-	-	-	-	1	-
868	jungneo.-frühbronz.	1	1	1	-	-	-	-	-
359	neolithisch	2	2	-	1	-	-	1	-
383	neolithisch	vh.	1	1	-	-	-	-	-
354	VBQ ?	4	3	-	-	-	-	3	-
352	mittelneolithisch ?	1	1	-	-	-	-	-	1
583	----- ? -----	38	12	12	-	-	-	-	-
866	----- ? -----	1	1	-	-	-	-	-	1
	Summe	147+	55	31	3	4	3	12	2

Abb. 12 Fundplätze mit analysiertem Obsidian

Eine große Anzahl frühneolithischer Plätze wurde in den letzten Jahren entdeckt, die aber bislang in unbefriedigender Weise aufgearbeitet vorgelegt wurden. Dieser Umstand mag eine Ursache für das bisherige Fehlen frühneolithischen Obsidians sein.

Verbreitung zeitlich und kulturell zuordenbarer Fundstellen

Schwerpunktmäßig erscheint Obsidian im Mittelneolithikum des Vlaška im Triester Karst und des Danilo an der dalmatischen Küste (Tafel 21). Die weiter im Landesinneren liegende, namengebende Danilo-Siedlung gibt in etwa die östliche Verbreitungsgrenze dieser Kultur wieder, wo schon starke balkanische Kultureinflüsse wirksam wurden. Das Jungneolithikum mit dem Hvar findet sich nur in Dalmatien, während das Äneolithikum auch wieder im Triester Karst mit Obsidian belegt ist. Darüberhinaus bleibt Obsidian auch für die Bronzezeit nachweisbar.

Obsidian an der östlichen Adriaküste				
Datierung	MN	JN	Summe	%Angabe
Anzahl	7	3	10	100%
Vlaška	2	-	2	20
Danilo	5	-	5	50
Hvar	-	3	3	30

Abb. 13 Datierung der Kulturen und Gruppen

Die mittelneolithischen Befunde entsprechen dem Vlaška und dem Danilo. Die zwei Vlaška-Fundorte befinden sich im Triester Karst, während sich das Danilo im mittleren Dalmatien an der Küste ausbreitete (Tafel 23), aber auch

Mengenverteilung auf den Fundstellen

Bei sehr vielen Fundstellen wird die Zahl der Obsidianartefakte nicht genannt. So muß von mindestens 90 Objekten ausgegangen werden (Abb. 14). Ein weitaus höherer Betrag ist anzunehmen, wenn die zehn Befunde ohne Mengenangabe berücksichtigt werden. Die absoluten Obsidianmengen liegen generell sehr niedrig (Tafel 5). Die Belegung der Mengenbereiche 2-5 bringt demnach zum Ausdruck, daß Befunde mit entsprechend viel Obsidian dennoch keine Einzelfälle darstellen müssen. Die Zukunft wird zeigen, ob sich die Zahl der Fundplätze mit Obsidian rapide erhöhen wird, wovon ich ausgehe. So ist im Schnitt mehr als jedes dritte Fundstück der betreffenden Fundstellen untersucht worden, was die Aussagen zur zu vermutenden Verteilung der Obsidianvarietäten stützt.

Obsidian an der östlichen Adriaküste			
Datierung	absolut	Angabe Obsidian	Anzahl an Obsidian
Vlaška	2	1	3+
Danilo	5	4	43+
Hvar	3	1	2+
neolithisch	1	1	7
äneolithisch	3	2	2+
bronzezeitlich	1	1	1
Vlaška ?	1	1	3
Danilo ?	1	1	4
neolithisch ?	7	3	3+
bronzezeitlich ?	1	1	1
----- ? -----	4	3	21+
Summe	29	19	90+

Abb. 14 Obsidianmenge auf den Fundplätzen

Zeitlich-geographische Verteilung der Obsidianmengen

Die Konzentration von Fundplätzen in Küstenbereich dürfte mit der intensiveren Besiedlung dieser Zone zu erklären sein, die enge Kontakte nach Mittel- und Süditalien vorweisen kann. Zwar finden sich bislang die wenigen großen Fundinventare mit Obsidian an der Küste, doch wurden auch auf dem weit im Landesinneren liegenden Djebel brdo (Kat.-Nr. 869) 19 Artefakte gezählt (Tafel 22). Bisher lassen sich drei Fundplätze mit mehr als zehn Artefakten fassen:

- Djebel brdo (Kat.-Nr. 860) mit 19 Artefakten,
- Smiličič (Kat.-Nr. 879) mit 20 Artefakten,
- Danilo Bitinj (Kat.-Nr. 874) mit mehr als 20 Artefakten.

Diese Zahlen legen nahe, welche großen Obsidianmengen die östliche Adriaküste erreicht haben müssen.

Obsidian an der östlichen Adriaküste						
Kat.-Nr.	Datierung	Anzahl an Obsidian		geologische Vorkommen		
		absolut	analysiert	Lipari	Palmarola	Karpathen
376	Vlaška	3	2	2	-	-
374	neolithisch	7	2	1	-	1
372	äneolithisch	1	1	1	-	-
378	Vlaška ?	3	3	2	1	-
371	neolithisch ?	1	1	1	-	-
377	neolithisch ?	1	1	1	-	-
369	neolithisch-äneolithisch	1	1	1	-	-
	Summe	17	11	9	1	1

Abb. 15 Fundplätze mit analysiertem Obsidian

noch weit in das Landesinnere hineinreichte. Unter den sieben Befunden beider Kulturgruppen erreichen zwei den Mengenbereich 5. Dabei handelt es sich um zwei Danilo-Siedlungen mit jeweils mindestens 20 Objekten. Der Grund dazu dürfte in den größeren Grabungsflächen an den beiden Plätzen zu suchen sein, verglichen mit den Sondagen oder Lesefunden an anderen Orten.

Geologische Herkunft des Obsidians
Eine besonders interessante Gruppe bilden die elf analysierten Funde von sieben Fundplätzen mit insgesamt 17 Obsidianfunden, wobei sich die Fundorte ausnahmslos auf den Triester Karst beschränken (Abb. 15). Mit neun Artefakten stellt Lipari-Obsidian die größte Gruppe. Nur je ein Objekt stammt von Palmarola und der nordungarischen Karpathenregion. Eine spezifische, zeitliche oder kulturelle Verteilung läßt sich nicht ausmachen. Das Vorhandsein balkanischen Obsidians muß nicht verwundern, treffen doch im weiteren Hinterland der gesamten Küstenregion mediterrane und balkanische Einflüsse aufeinander. Trotzdem bleibt die dalmatische Küstenregion und, nicht ganz so ausgeprägt, der Triester Karst primär der mediterranen Kultursphäre fest angeschlossen. Der hohe Lipari-Anteil verdeutlicht die enge Bindung an den süditalienischen Raum, wie sie auch anhand anderer Fundgruppen nachgewiesen werden konnte.

7.5 Mittelitalien

Während für Südfrankreich und Norditalien schon vor Jahren die Fundplätze mit Obsidian zusammengestellt wurden, liegt für die übrigen italienischen Regionen mit dieser Arbeit erstmals eine Zusammenstellung der in der Literatur bekannten Fundorte mit Obsidian vor, die für Mittelitalien 177 Fundplätze mit 194 Befunden ausweist (Tafel 24). Von den 194 Fundstellen entfallen 126 für die weitere Auswertung, da wichtige Angaben zur Datierung fehlen oder aber vermischte Fundinventare nicht benachbarter Perioden vorliegen.

Es darf ferner für diese Gebiete als sicher angenommen werden, daß sich ihre Zahl bei einer Durchsicht der Museumsbestände beträchtlich erhöhen wird. Für viele Fundstellen mit einer sehr geringen Zahl an Fundmaterial, oftmals Lesefunde, wird Obsidian genannt. Dieses läßt sich an einer Reihe von Beispielen gut belegen.

So fand sich im Bereich des Monte Argentario (Grosseto, Toskana) unter den Lesefunden von 17 Plätzen Obsidian. Bei Feldforschungen der letzten Jahre im Südosten Roms trat an 13 Fundorten Obsidian auf. Weitere, aber nicht so gedrängte Fundverdichtungen lassen sich auf diese Art und Weise ebenfalls erklären.

Insgesamt entspricht die Verteilung der Fundorte mit Obsidian in Mittelitalien nicht ganz der anzunehmenden Siedlungsverteilung, sondern zum Teil eher dem archäologischen Forschungsstand. Die Konzentration der Fundplätze mit Obsidian ist zum Teil die Folge intensiver lokaler Forschungen. Obsidian liegt zumeist nur als Lesefunde vor, ohne daß weitere Informationen über die betreffenden Fundorte zur Verfügung stehen. Nur ein geringer Teil des Materials stammt aus gut dokumentierten bzw. publizierten Sondagen oder Grabungen.

Befundkategorien und Obsidianmengen
Von den 194 Befunden kommen 82 (42,3%) Befunde von Siedlungsplätzen (Abb. 16). Dagegen fallen die acht (4,1%) Grabfunde nicht ins Gewicht. In weiteren acht (4,1%) Fällen ist zwischen Grab- oder Siedlungsfunden nicht zu trennen. Aus gesichertem früh-, mittel- oder jungneolithischem Kontext liegen keine Gräber mit Obsidian vor. Sie sind erst aus dem Äneolithikum und aus der Bronzezeit bekannt. Ein Grund mag darin zu sehen sein, daß aus diesen Perioden zumeist nur Gräber vorliegen und Siedlungen einen sehr geringen Anteil stellen. Der umgekehrte Fall trifft für das Neolithikum zu.

Daß die Hälfte aller 104 (53,6%) Befunde nicht sicher in einem Siedlungs- oder Grabzusammenhang zu stellen ist, hat seinen Grund in der großen Anzahl von zum Teil sporadischen Lesefunden. Bei 68 (35,1%) der 194 Befunde bleibt die Zahl der Artefakte unbekannt. Die Summe der Funde von den verbleibenden 126 Fundstellen beläuft sich auf mehr als 1840. Unter Einbeziehung der Befunde ohne Mengenangaben können schätzungsweise mindestens 3000 Artefakte für Mittelitalien nach dem bisherigen Kenntnisstand erwartet werden. Im Vergleich zu Südfrankreich und Norditalien ist der Betrag an Obsidian erheblich angestiegen, sofern der Fundort Pescale ausgeschlossen wird

Zeitliche und kulturelle Einordnung der Fundstellen
Aus frühneolithischem Kontext stammen fünf Plätze, wovon drei dem Impresso auf der tyrrhenischen Seite zuzurechnen sind (Abb. 17). Bei vier von fünf weiteren früh- bis mittelneolithischen Fundstellen sind drei einem späten Impresso zuzuordnen. Zwei weitere Siedlungsstellen sind dem Fiorano bzw. Sasso-Fiorano zuzuschreiben, während auf der adriatischen Seite vermischte Impresso-Ripoli-Inventare bekannt sind. Das Mittelneolithikum wird im wesentlichen vom Ripoli als der im Südosten einheimischen Kultur mit zehn Plätzen repräsentiert, zählt man eine Siedlung u.a. mit süditalienischer Matera-Keramik, einer Impresso-Variante, hinzu. Das Jungneolithikum dürfte mit einem Befund unzureichend repräsentiert sein. Im Äneolithikum sind vier von zehn Befunden entsprechenden Gruppen zuzuordnen.

Gemessen an der Dauer des Neolithikums weist die Bronzezeit eine beachtliche Zahl an Fundstellen mit Obsidian auf. Einer von fünf frühbronzezeitlichen Befunden gehört dem Proto-Apenninikum an. Zu dem sich daraus entwickelnden mittelbronzezeitlichen Apenninikum mit Zentrum in der Region Latium zählen sieben Plätze. Das gleichzeitige Belverde und das jungbronzezeitliche Subapenninikum können noch jeweils mit zwei Befunden aufwarten. Drei Fundstellen mit Obsidian datieren aus dem Übergang von der späten Bronzezeit zur frühen Eisenzeit.

Aus der durchgängigen zeitlichen Verteilung der 67 Fundstellen heben sich das Mittelneolithikum mit 15, das Äneolithikum mit zehn und die Mittelbronzezeit mit neun Befunden heraus (Tafel 25). Für die übrigen Zeiten gehen die Werte nicht über sechs Befunde hinaus. Gering ist auch die Zahl der jungneolithischen Beispiele mit Obsidian, so daß nicht zu trennendes Material des Zeitraumes des Jungneolithikum-Äneolithikums doppelt so viele Befunde zählt. Noch aus dem Zeitraum der Jungbronzezeit bis frühen Eisenzeit liegen fünf Beispiele vor.

Verbreitung zeitlich und kulturell zuordenbarer Fundstellen
Das verstärkte Auftreten von Obsidian im Früh- und Mittelneolithikum in der südlichen und östlichen Hälfte Mittelitaliens kann nur zu einem Teil auf den Forschungsstand zurückgeführt werden (Tafel 26). Denn vom Süden Italiens mit einer frühen und dichten frühneolithischen Besiedlung reichen deren Einflüsse noch weit in den Südteil Mittelitaliens hinein. Abzulesen ist es am Beispiel des Impresso, das sich in den Küstenzonen nach Norden vorgeschoben hat (Tafel 27).

Im Falle des Fiorano bzw. Sasso-Fiorano, das im Früh- und Mittelneolithikum im tyrrhenischen Teil Mittelitaliens hei-

Obsidian in Mittelitalien						
absolut	mit Angabe Obsidian	Anzahl an Obsidian	Datierung	Siedlung	Gräberfeld	ohne Angabe
5	3	13+	Impresso	3	-	2
1	1	5	Impresso-Ripoli	1	-	-
2	1	1+	frühneolithisch	1	-	1
2	1	6+	Fiorano/Sasso Fiorano	2	-	-
2	2	3	frühneol.-mittelneol.	1	-	1
1	1	12+	Matera-Ripoli	1	-	-
10	8	236+	Ripoli	9	-	1
4	3	14+	mittelneolithisch	3	-	1
2	2	6+	mittelneol.-jungneol.	2	-	-
1	1	5	Lagozza	1	-	-
1	1	8	Lagozza-Rinaldone	-	-	1
1	-	vh.	jungneolithisch	1	-	-
3	2	4+	jungneol.-frühäneol.	3	-	-
1	1	1	Remedello-Rinaldone	1	-	-
1	-	vh.	Rinaldone	1	-	-
1	1	6	Ortucchio	1	-	-
1	-	vh.	Laterza	-	-	1
6	5	58+	äneolithisch	3	2	1
3	2	4+	äneol.-frühbronz.	2	1	-
1	1	13	Proto-Apenninikum	1	-	-
4	1	1+	frühbronzezeitlich	1	-	3
1	1	1	früh.-mittelbronz.	1	-	-
2	-	vh.	Belverde	1	-	1
7	5	22+	Apenninikum	5	1	1
2	1	1+	Subapenninikum	1	-	1
3	2	2+	Subapen.-Protovilla.	1	-	2
1	-	vh.	bronz.-eisenz.	-	-	1
16	10	9+	neolithisch	9	-	7
5	3	6+	bronzezeitlich	3	1	1
6	2	9+	neolithisch ?	-	-	6
98	65	1394+	----- ? -----	23	3	72
194	126	1840+	Summe	82	8	104
100%	65	---	% Angabe	42,3	4,1	53,6

Abb. 16 Obsidianmenge und Befundtyp

misch ist, muß man von einer Forschungslücke sprechen, die nur durch die Aufnahme des in Museen und Magazinen vorhandenen Materials und neue Feldforschungen geschlossen werden kann. Dieses trifft für das Jungneolithikum in gleicher Weise zu. Noch weist das Wissen über das Neolithikum im nordwestlichen Mittelitalien große Lücken auf.

Der südöstliche, zur Adria gewandte Teil Mittelitaliens wird vom mittelneolithischen Ripoli eingenommen. Dabei stimmt die Verbreitung des Obsidians im wesentlichen mit dem Kulturraum des Ripoli überein. Außergewöhnlich dünn stellt sich das Jungneolithikum mit zwei Befunden dar, wobei in ihnen starke Lagozza-Einflüsse aus dem Norden spürbar sind. Im gesamten Raum ist das Jungneolithikum mit Obsidian kaum vertreten, ähnlich wie in Norditalien, obwohl ihre Funddichte einen höheren Wert erreicht.

Für das Äneolithikum erhöht sich die Zahl der Befunde mit Obsidian auf zehn. Äneolithische und bronzezeitliche Fundstellen finden sich auf der tyrrhenischen Seite in einem erheblich größeren Umfange als auf der adriatischen. Dieses drückt sich dann auch deutlich in der Zahl von Fundstellen dieser Zeit mit Obsidian aus (Tafel 28). Je ein Fundort entfällt auf das Remedello-Rinaldone, Rinaldone, Ortucchio und Laterza. Letzteres ist mehr im südapulischen Raum heimisch (Tafel 29). Ein großer Teil ihrer Fundplätze wird durch Gräber repräsentiert. Siedlungsbefunde liegen nur wenige vor. In den äneolithischen Gruppen Rinaldone, Ortucchio und das nach Norden reichende süditalienische Laterza finden sich nur geringe Mengen an Obsidian. Daher werden sie bei einer Reihe von Betrachtungen als äneolithische Gruppen zusammengefaßt. Die erstaunlich hohe Zahl an bronzezeitlichen Fundstellen des Apenninikum konzentriert sich auf das Gebiet nordwestlich des Tibers. In anderen Regionen fehlen derartige Fundstellen.

Die hohe Zahl an Fundstellen mit Obsidian erstaunt, da zwar für die Bronzezeit mit der Nutzung von Steinwerkzeugen zu rechnen ist, doch nicht mit so kleinen Geräten, das dazu noch aus ortsfremden Material besteht. Außerdem konzentrieren sich die Fundplätze in auffälliger Weise auf der tyrrhenischen Landseite, obwohl auch für den adriatischen Landesteil die Bronzezeit zur Genüge bekannt ist.

Mengenverteilung auf den Fundstellen

Auf 68 der 194 Fundstellen konnte nur das Vorhandensein von Obsidian belegt werden (Tafel 30). Bei den übrigen fallen 93 in den Mengenbereich 2, was der Hälfte aller Befunde mit Obsidian entspricht. Der Mengenbereich 3 liegt nur in 13 Beispielen vor. Von da an ist eine gleichmäßige Verringerung der Fundstellen bis zum Mengenbereich 9 mit einer sehr geringen Zahl an Befunden zu verzeichnen. Die Lesefunde der Fundstellen Zolfarata (Kat.-Nr. 558) mit 100, Podere Uliveto (Kat.-Nr. 833) mit ca. 200 und La Botte (Kat.-Nr. 518) mit 898 Artefakten in den Mengenbereichen 7-9 lassen sich nicht näher interpretieren.

Werden die Fundstellen mit dem Mengenbereichen 1 und 2 kartiert (Tafel 31), fällt die dichte Ansammlung auf der tyrrhenischen Seite auf, im Gegensatz zu den wenigen Plätzen mit Obsidian in der östlichen Hälfte Mittelitaliens. Diese Verteilung ist im Hinblick auf die geographische Streuung der mittelitalienischen Fundorte mit Obsidian zu erwarten. Sie ist aber auch ein Indiz dafür, daß es zwar quantitative, aber keine qualitativen Unterschiede in der archäologischen Forschung der beiden Landeshälften Mittelitaliens gibt.

Obsidian in Mittelitalien											
Datierung	FN	FN-MN	MN	JN	ÄN	FBZ	MBZ	JBZ	JBZ-EZ	Summe	% Angabe
Anzahl	5	6	15	2	10	5	9	2	3	57	100%
Impresso	3	2	-	-	-	-	-	-	-	5	8,8
Fiorano/Sasso Fiorano	-	2	-	-	-	-	-	-	-	2	3,5
Impresso-Ripoli	-	1	-	-	-	-	-	-	-	1	1,8
Matera-Ripoli	-	-	1	-	-	-	-	-	-	1	1,8
Ripoli	-	-	10	-	-	-	-	-	-	10	17,5
Lagozza	-	-	-	1	-	-	-	-	-	1	1,8
Remedello-Rinaldone	-	-	-	-	1	-	-	-	-	1	1,8
Rinaldone	-	-	-	-	1	-	-	-	-	1	1,8
Ortucchio	-	-	-	-	1	-	-	-	-	1	1,8
Laterza	-	-	-	-	1	-	-	-	-	1	18,0
Proto-Apenninikum	-	-	-	-	-	1	-	-	-	1	1,8
Belverde	-	-	-	-	-	-	2	-	-	2	3,5
Apenninikum	-	-	-	-	-	-	7	-	-	7	12,3
Subapenninkum	-	-	-	-	-	-	-	2	-	2	3,5
Subap.-Protovillanova	-	-	-	-	-	-	-	-	3	3	5,3
ohne Zuweisung	2	1	4	1	6	4	-	-	-	18	31,6

Abb. 17 Datierung der Kulturen und Gruppen.

Die Kartierung der Fundplätze ab dem Mengenbereich 3 deutet auf einen vermehrten Fundniederschlag an der tyrrhenischen Küste und im südlichen Mittelitalien hin (Tafel 32 und Tafel 33). Es könnte vermutet werden, daß die erhöhten Fundzahlen u.a. das Ergebnis einer besseren Versorgung dieser Gebiete mit Obsidian über Süditalien (Apulien) und über die tyrrhenische Küste sein könnten.

Zeitlich-geographische Verteilung der Obsidianmengen
Für den Zeitraum des Früh- und Früh-/Mittelneolithikums liegen nur jeweils fünf und sechs Fundorte vor. Beschränken sie sich zuerst auf die Mengenbereiche 1-2, so weiten sie sich später auf den Bereich 3 aus (Tafel 34). Das Impresso ist mit fünf Befunden beteiligt (Tafel 35), während das Sasso-Fiorano unterrepräsentiert ist. Die Impresso-Siedlungen im südöstlichen Teil Mittelitaliens entstanden sehr wahrscheinlich infolge des nordwärts vordringenden apulischen Impresso. Das in den letzten Jahren auf der tyrrhenischen Landseite entdeckte Impresso kann nicht vom apulischen Frühneolithikum abgeleitet werden.

Die Zunahme der mittelneolithischen Fundstellen auf 15 bedingt auch das Anwachsen der Artefakte aus Obsidian bis auf 99. Die meisten zählt das Ripoli mit zehn Befunden, von denen drei den Mengenbereichen 5 und 6 angehören:
- Grotta dei Piccioni (Kat.-Nr. 185) mit 32 Objekten,
- Catignano (Kat.-Nr. 183) mit 85 Objekten,
- Ripoli (Kat.-Nr. 196) mit 97 Objekten.

Aufgrund der Fundleere im Jungneolithikum sind nur zwei Fundstellen mit Obsidian bekannt geworden, von den eine fünf Artefakte und die andere eine unbekannte Zahl aufweisen. Dagegen sind für den Zeitraum des Jungneolithikum-Äneolithikums fünf Befunde mit relativ wenig Obsidian zu nennen.

Im Äneolithikum mit einer sehr hohen Funddichte ist ein Anstieg auf zehn Fundstellen, aber mit geringer Fundmenge zu verzeichnen. Grotta all'Onda (Kat.-Nr. 840) mit 53 Objekten bildet die Ausnahme. Schwierigkeiten ergeben sich bei der Zuordnung zu den äneolithischen Gruppen[228] in Mittelitalien, da nur in vier Fällen eine Zuordnung eindeutig ist, während sie für sechs weitere Befunde offen bleiben muß, wenn auch die Zuweisung von den genannten Gruppen als wahrscheinlich anzusehen ist.

Mit der Frühbronzezeit halbiert sich die Zahl ihrer Befunde, verglichen mit dem Äneolithikum. Ein Mengenrückgang an Obsidian tritt zwar ein, doch bleibt sein Ausmaß unklar, denn z.B. mit Codata delle Macine (Kat.-Nr. 528) liegen 13 Artefakte vor. Zur Mittelbronzezeit steigt die Zahl der Befunde wieder stark auf neun an, von denen sieben dem Apenninikum zuzurechnen sind. Von den zwei Fundstellen, die als mittelbronzezeitlich bestimmt wurden, liegt keine absolute Mengenangabe vor. Für Marangone (Kat.-Nr. 536) und Codata delle Macine (Kat.-Nr. 528) beziffert sich die Zahl des Obsidians auf sechs und zehn Objekte. Selbst für den Zeitraum der Jungbronzezeit-Früheisenzeit kennt man noch fünf Beispiele.

Unter Wegfall der Fundstellen, für die Obsidian nur als vorhanden angegeben werden kann, verbleiben für das Impresso im Süden Mittelitaliens nur Siedlungen der Mengenbereiche 2 und 3. Für das Ripoli weitet sich in seinem Verbreitungsgebiet der Mengenbereich bis zum Wert 6 aus

Obsidian in Mittelitalien									
Kat.-Nr.	Datierung	Anzahl Obsidian		geologische Vorkommen					
		absolut	analysiert	Sardinien			Palmarola	Lipari	?
					A	C			
192	Impresso	vh.	1	-	-	-	1	-	-
864	frühneolithisch	vh.	2	-	-	-	-	2	-
540	frühneolithisch	1	1	-	-	-	1	-	-
188	Impresso-Ripoli	5	2	-	-	-	-	2	-
852	Sasso-Fiorano	6	1	-	-	-	-	1	-
523	frühneo.-mittelneolithisch	1	1	-	-	-	-	1	-
858	frühneo.-bronzezeitlich	2	2	-	-	-	1	1	-
196	Ripoli	97	1	-	-	-	-	1	-
797	mittelneolithisch	1	1	-	-	-	-	1	-
588	mittelneo.-jungneolithisch	3	1	-	-	-	-	1	-
513	mittelneo.-endneolithisch	1	1	-	-	-	1	-	-
172	Serra d'Alto-Ripoli-Ortucchio	28	2	-	-	-	-	2	-
843	Lagozza-Rinaldone	8	7	2	-	-	3	1	1
825	neolithisch-äneolithisch	2	2	-	-	-	2	-	-
833	neolithisch-äneolithisch	200	2	2	-	-	-	-	-
851	neolithisch-frühbronzez.	3	3	3	-	-	-	-	-
789	äneolithisch.-frühbronzez.	1	1	1	-	-	-	-	-
514	----- ? -----	1	1	-	-	-	1	-	-
826	----- ? -----	2	2	-	1	1	-	-	-
---	Summe	362+	34	8	1	1	10	13	1

Abb. 18 Fundplätze mit analysiertem Obsidian

(Tafel 36). Eine Abhängigkeit hoher Obsidianmengen von der Lage des Fundplatzes im Bezug auf den Küstenbereich läßt sich nicht klären, sieht man vom Aspekt der verkehrsgünstigen Lage ab. Teilweise dürfte es damit zusammenhängen, daß viele binnenländische Ripoli-Fundstellen in Grotten und unter Abris liegen, während die in der Küstenzone als Freilandsiedlungen anzusprechen sind, die aufgrund ihrer größeren Fläche höhere Artefaktmengen aufweisen.

Äneolithisch datieren zwar viele Fundstellen, zumeist Gräber, mit Obsidian, doch können sie nur selten mit einer äneolithischen Gruppe direkt in Verbindung gebracht werden, so daß auf sie hier nicht näher eingegangen wird. Das Apenninikum, das mit Obsidian nur im Süden der Toskana und in Latium anzutreffen ist, liegt mit seinen jeweils sieben Fundstellen in den Mengenbereichen 3 und 4 (Tafel 37). Eine Ursache der Fundkonzentration und damit der Fundleere der übrigen Gebiete ist nicht zu ermitteln. Eine Möglichkeit wurde oben schon angedeutet.

Geologische Herkunft des Obsidians

Von 34 Obsidian-Artefakten aus Mittelitalien wurde die geologische Herkunft ermittelt (Abb. 18). Das sind knapp 10% der 362 Artefakte auf diesen Siedlungen. Lipari-Obsidian stellt mit 38% den höchsten Anteil und wird gefolgt von Sardinien- und Palmarola-Obsidian mit jeweils 29%. Damit tritt in der Nutzung sardischer Obsidian hinter dem von Lipari zurück, während der Rohstoff von Palmarola an Bedeutung als nächstgelegenes Vorkommen gewinnt. Ein ausgesprochen vermischtes Inventar mehrerer Obsidianvarietäten weist Grotta del Leone (Kat.-Nr. 842) mit Material aus Sardinien, Palmarola und Lipari auf. Ansonsten wurde auf den Fundstellen in der Regel nur eine Obsidianvarietät festgestellt.

7.6 Süditalien

Süditalien zeichnet sich in einem viel stärkeren Maße durch zahlreiche früh- und mittelneolithische Siedlungen als das übrige Arbeitsgebiet aus. Zum Jungneolithikum hin setzte ein bislang noch nicht geklärter Siedlungsrückgang ein. Kennzeichen des süditalienischen Mittel- und Jungneolithikums ist die mehrfarbige Keramik. In ihrer Verbreitung drücken sich weniger kulturelle Eigenschaften aus, als vielmehr die von Formenkreisen. Sie ist daher nicht im entsprechenden Sinne als Charakteristikum von Kulturgruppen anzusprechen. Die keramische Entwicklung wird sicherlich mit kulturellen Erscheinungsformen einhergegangen sein, die doch nur selten im einzelnen faßbar werden. Den Rahmen der Interpretation bilden Zeitabschnitte oder soweit möglich keramische Formenkreise.

In Süditalien fallen, durchaus repräsentativ vertreten durch die Fundorte mit Obsidian, mehrere Zentren prähistorischer Besiedlung ins Auge (Tafel 38). In der nordapulischen Tavoliere-Ebene liegen mehrere hundert, großflächige Siedlungen auf engstem Raum dicht nebeneinander. Das südliche Apulien und der Ostteil der Basilikata weisen ebenfalls eine dichte früh- und mittelneolithische Besiedlung in Grotten, Abris und auf Freilandplätzen auf. Die Fülle des archäologischen Materials führte schon frühzeitig zu einer intensiven Erforschung der Fundplätze. Die Tavoliere-Ebene trat hingegen erst vor wenigen Jahren in den Mittelpunkt der Forschungen. Diesen Gebieten stehen das bisher nur unzureichend erforschte Kampanien und Kalabrien gegenüber, wo alle Anzeichen ebenfalls auf eine dichte Besiedlung hindeuten. Die Feldforschungen in der Curinga-Ebene von Catanzaro durch A.J. Ammerman (1985a) machten dieses deutlich.

Befundkategorien und Obsidianmengen

In 224 Fällen (73,2%) wurde Obsidian im Zusammenhang mit Siedlungen gefunden, ansonsten nur in elf Gräbern und 71 weiteren Fundstellen ohne Zuordnung (Abb. 19). Drei äneolithischen Grabfunden stehen elf zeitgleiche Siedlungsbefunde gegenüber. Die meisten der nicht eindeutigen Zuordnungen datieren ins Mittel- bis Jungneolithikum, als Gräber selten und häufig in Siedlungen anzutreffen sind.

Etwas zugenommen hat die Zahl der Befunde ohne Mengenangabe mit jetzt 35,6%. Verantwortlich dafür ist insbesondere die hohe Zahl an Lesefunden. Allein der Fundplatz Parate (Kat.-Nr. 485), der als Werkplatz bezeichnet werden kann, lieferte 1800 Objekte. So ist Süditalien mit Ausnahme von Korsika und eventuell Sizilien die obsidianreichste der behandelten Regionen.

Zeitliche und kulturelle Einordnung der Fundstellen

140 Befunde können zeitlich genauer eingeordnet werden, darunter ein mesolithischer und zwei eisenzeitliche Fundplätze (Abb. 20). Die kulturelle Zuordnung ist bei 81 Befunde möglich. Die hohe Gesamtzahl an Befunden trägt zu einer klaren Absetzung der neolithischen Obsidiannutzung von der nachneolithischen bei (Tafel 25). Letztere darf aber nicht unbeachtet gelassen und unterschätzt werden. Das

Obsidian in Süditalien						
absolut	mit Angabe Obsidian	Anzahl an Obsidian	Datierung	Sied-lung	Gräber-feld	ohne Angabe
1	1	2+	mesolithisch	1	-	-
5	-	vh.	Cardial	5	-	-
9	4	21+	Impresso	9	-	-
3	3	4+	frühneolithisch	3	-	-
1	-	vh.	Impresso-Stentinello	1	-	-
5	3	20+	Impresso-Ceramica dipinta	5	-	-
2	-	vh.	Matera-Ceramica dipinta	2	-	-
1	1	1	Guadone-Ceramica dipinta	1	-	-
1	1	1	frühneo.-mittelneolithisch	1	-	-
2	1	2+	Masseria La Quercia	2	-	-
1	1	199	Passo di Corvo	1	-	-
6	4	91+	Serra d'Alto	5	1	-
10	10	645	Stentinello	10	-	-
2	-	vh.	Scaloria-Serra d'Alto	2	-	-
1	-	vh.	Scaloria-Ripoli	1	-	-
13	10	41+	mittelneolithisch	13	-	-
1	1	41	Scaloria-Ripoli-Diana	-	-	1
8	5	140+	Serra d'Alto-Diana	5	-	3
8	6	1177+	mittelneo.-jungneolithisch	7	1	-
9	7	222+	Diana	7	-	2
3	2	44+	Bellavista	1	-	2
7	5	55+	jungneolithisch	7	-	-
1	1	4	Lagozza-Piano Conte	1	-	-
2	1	1+	endneolith.-äneolithisch	2	-	-
1	1	5+	Rinaldone	1	-	-
2	2	2	Gaudo	1	1	-
1	1	1	Laterza	-	1	-
2	1	1	Piano Conte	2	-	-
1	1	10	frühäneolithisch	1	-	-
4	1	2+	äneolithisch	3	1	-
1	-	vh.	äneolith.-frühbronz.	1	-	-
1	1	1	Proto-Apenninikum	1	-	-
2	2	2	frühbronzezeitlich	1	1	-
7	4	18+	Apenninikum	4	-	3
2	2	3	mittelbronzezeitlich	2	-	-
1	1	1	mittelbronz.-jungbronz.	1	-	-
1	1	1	Subapenninikum	1	-	-
2	-	vh.	jungbronzezeitlich	2	-	-
2	2	9	eisenzeitlich	2	-	-
43	19	124+	neolithisch	29	1	13
8	8	17	bronzezeitlich	5	2	1
2	1	3+	mittelneolithisch ?	2	-	-
1	-	vh.	mittelneo.-jungneo. ?	1	-	-
3	3	15	neolithisch ?	3	-	-
2	2	2	äneolithisch ?	1	1	-
1	1	5	bronzezeitlich ?	1	-	-
1	-	vh.	frühbronzezeitlich ?	1	-	-
2	-	vh.	Apenninikum ?	2	-	-
111	75	2441+	----- ? -----	64	1	46
306 100%	197 64,4	5374+ ---	Summe % Angabe	224 73,2	11 3,6	71 23,2

Abb. 19 Obsidianmenge und Befundtyp

Mittelneolithikum bildet mit 35 Fundstellen das Maximum und wird gefolgt vom Jungneolithikum mit 21 Fällen. Das Äneolithikum weist mehr als elf Befunde auf, die gleiche Anzahl wie das Früh/Mittelneolithikum. Danach sinkt die Zahl der späteren Befunde stark ab, wobei sich aber die Mittelbronzezeit mit acht Beispielen noch deutlich heraushebt.

Verbreitung zeitlich und kulturell zuordenbarer Fundstellen
Die frühneolithischen Fundstellen konzentrieren sich zumeist auf Apulien und die östliche Basilikata (Tafel 39). Nur wenige finden sich außerhalb der genannten Gebiete. Von den 276 Fundplätzen mit 306 Befunden an Obsidian datiert der älteste mesolithisch: Grotta del Noglio (Kat.-Nr. 494). Im Frühneolithikum treten im erhöhten Maße neben den neun Impresso-Siedlungen auch fünf Cardial-Fundplätze hinzu (Tafel 40). Es finden sich aber wesentlich mehr frühneolithische und früh-/mittelneolithische Fundstellen, als bislang dem Cardial oder Impresso zugeordnet werden konnten. Bis auf wenige Ausnahmen streuen sie innerhalb Apuliens mit einer Konzentration in den Küstenbereichen und den großen Ebenen.

Im Verlauf des Frühneolithikums entstand ein dichtes Siedlungsnetz bei gleichzeitigem, verstärktem Vordringen des Neolithikums in das Landesinnere. So zählt das Mittelneolithikum mit seiner bemalten Keramik 35 Fundstellen, wobei auf vielen mehrere Keramikstile anzutreffen sind (Tafel 41). So finden sich dort ebenfalls zeitgleiche Inventare verschiedener Keramikstile (Tafel 42). Fundstellen im Übergang vom Mittel- zum Jungneolithikum zeugen von der ungebrochenen keramischen Entwicklung. Die Besiedlung dünnt zum Jungneolithikum hin aus und verschiebt sich räumlich (Tafel 43). Dabei sind neun dem Diana und vier dem Serra d'Alto-Diana-Bellavista zuzuschreiben. Eine relativ hohe Anzahl von 43 Fundstellen kann nur allgemein dem Neolithikum zugewiesen werden.

Sechs von elf äneolithischen Befunden gehören dem Rinaldone, Gaudo, Laterza oder Piano Conte an (Tafel 44). Funde dieser Gruppen beinhalten zumeist nur Grab- und weniger Siedlungsmaterial. Der zu beobachtende Rückgang der Siedlungstätigkeit geht einher mit einer geographischen Verlagerung der Fundstellen. Generell ist die Abnahme in Apulien mit einem zahlenmäßigen Anwachsen der äneolithischen Plätze in Kampanien und im nördlichen Kalabrien verbunden, was aber bei den wenigen Befunden mit Obsidian nicht zum Ausdruck kommt.

Aus der Bronzezeit sind eine Reihe von Fundstellen mit Obsidian bekannt, wobei das Apenninikum sieben Mal vertreten ist. Während wiederum Kampanien und das nörd-

Obsidian in Süditalien													
Datierung	F N	FN-MN	M N	MN-JN	JN	JN-ÄN	ÄN	FBZ	MBZ	MBZ-JBZ	JBZ	Summe	% Angabe
Anzahl	15	11	35	16	21	1	10	3	8	2	3	125	100%
Cardial	5	-	-	-	-	-	-	-	-	-	-	5	4,0
Impresso	7	2	-	-	-	-	-	-	-	-	-	9	7,2
Impresso-Stentinello	-	1	-	-	-	-	-	-	-	-	-	1	0,8
Impresso-Ceramica dipinta	-	5	-	-	-	-	-	-	-	-	-	5	4,0
Guadone-Ceramica dipinta	-	1	-	-	-	-	-	-	-	-	-	1	0,8
Matera-Ceramica dipinta	-	1	-	-	-	-	-	-	-	-	-	1	0,8
Stentinello	-	-	10	-	-	-	-	-	-	-	-	10	8,0
Masseria La Quercia	-	-	2	-	-	-	-	-	-	-	-	2	1,6
Passo di Corvo	-	-	1	-	-	-	-	-	-	-	-	1	0,8
Serra d'Alto	-	-	6	-	-	-	-	-	-	-	-	6	4,8
Scaloria-Serra d'Alto	-	-	2	-	-	-	-	-	-	-	-	2	1,6
Scaloria-Ripoli	-	-	1	-	-	-	-	-	-	-	-	1	0,8
Scaloria-Ripoli-Diana	-	-	-	1	-	-	-	-	-	-	-	1	0,8
Serra d'Alto-Diana	-	-	-	6	2	-	-	-	-	-	-	8	6,4
Diana	-	-	-	-	9	-	-	-	-	-	-	9	7,2
Bellavista	-	-	-	-	3	-	-	-	-	-	-	3	2,4
Lagozza-Piano Conte	-	-	-	-	-	1	-	-	-	-	-	1	0,8
Rinaldone	-	-	-	-	-	-	1	-	-	-	-	1	0,8
Gaudo	-	-	-	-	-	-	2	-	-	-	-	2	1,6
Laterza	-	-	-	-	-	-	1	-	-	-	-	1	0,8
Piano-Conte	-	-	-	-	-	-	2	-	-	-	-	2	1,6
Proto-Apenninikum	-	-	-	-	-	-	-	1	-	-	-	1	0,8
Apenninikum	-	-	-	-	-	-	-	-	6	1	-	7	5,6
Subapenninikum	-	-	-	-	-	-	-	-	-	-	1	1	0,8
ohne Zuweisung	3	1	13	9	7	-	4	2	2	1	2	44	35%

Abb. 20 Datierung der Kulturen und Gruppen

liche Kalabrien den Fundschwerpunkt bilden, bleibt das nördliche Apulien fundleer und nur im Süden finden sich einige Fundorte (Tafel 45). Dabei dominiert das Apenninikum in Südkampanien und Nordkalabrien/Westbasilikata (Tafel 46).

Spätere Perioden können vernachlässigt werden. Die Gruppe der 39 als prähistorisch bezeichneten Fundorte kommt durch nicht weiter zeitlich zu differenzierende Lesefunde im Rahmen der Acconia-Feldforschungen zustande und beschränkt sich auf ein eng begrenztes Gebiet. Es darf angenommen werden, daß sich die meisten dieser Plätze bei weiteren Untersuchungen als neolithisch erweisen werden, was auch auf die 49 undatierten Befunde zutreffen dürfte.

Obsidian im süditalienischen Äneolithikum ist selten. Er tritt in Kampanien im Gaudo und in Apulien/Basilikata im Laterza auf. Durch Neufunde der letzten Jahre ist das Piano Conte, das mit Zentrum auf Sizilien zu liegen scheint, in Süditalien immer mehr in Erscheinung getreten. Mit Fontanarosa Ferrara (Kat.-Nr. 250) reicht es weit in den süditalienischen Norden bis in die Tavoliere-Ebene von Foggia. Nach einem starken Absinken bei den frühbronzezeitlichen Obsidianfundstellen steigt ihre Zahl in der Mittelbronzezeit auf 35, von den denen sieben dem Apenninikum zugerechnet werden. Noch in zwei jungbronzezeitlichen Siedlungen wurde Obsidian vorgefunden.

Mengenverteilung auf den Fundstellen

Genaue oder annähernd absolute Mengenangaben können nur bei 197 (64,4%) der 306 Befunde festgestellt werden, da bei alten Grabungen und bei Lesefunden häufig keine differenzierte Artefaktbestimmung durchgeführt wurde. Das Fehlen dieser Angaben betrifft mehr oder weniger gleichmäßig alle Perioden.

Auch für Süditalien gilt, daß von den 306 Befunden die meisten, jeweils 109 und 123, den Mengenbereichen 1 und 2 angehören (Tafel 30). Dies ist in erster Linie auf Lesefunde und kleine Grabungs- bzw. Sondageflächen zurückzuführen. Die übrigen 74 Befunde verteilen sich auf die Bereiche 3-10. Vom Mengenbereich 3 mit 27 Beispielen fällt die Obsidianmenge gleichmäßig ab. So sind im Bereich 7 noch sechs Befunde bekannt. Die größte Fundzahl weisen mit 500 Stücken Curinga (Kat.-Nr. 444) und mit 1800 Objekten das nicht weiter bestimmbare Parate (Kat.-Nr. 485) auf.

Zeitlich-geographische Verteilung der Obsidianmengen

Die zahlreichen Befunde ohne Mengenangaben verschleiern das Bild der geographischen Obsidianverteilung. Schwerpunkte bilden sich nicht heraus. Die Kartierung aller Befunde nach ihren Mengenbereichen ergibt kein klares Bild (Tafel 47). Die Fundplätze der Mengenbereiche 3-6 konzentrieren sich in Apulien (Tafel 48), während die wenigen der höheren Mengenbereiche regellos über Süditalien verbreitet sind (Tafel 49). Daß dieses Muster nicht ganz der Realität entspricht, belegen die kalabrischen Fundstellen des Acconia-Projektes mit zum Teil sehr großen Mengen an Obsidian.

Nur für sechs der 15 frühneolithischen Fundstellen liegen Mengenangaben vor (Tafel 50). Mit Ausnahme von Pizzica Pantanello (Kat.-Nr. 330) mit zehn Artefakten im Mengenbereich 4 finden sich die übrigen Befunde nur im Bereich 2. Vier von neun Siedlungen des Impresso zählen immerhin bis zu 21 Artefakte (Tafel 51). Bei den 14 Siedlungsplätzen des Cardial und Impresso können für die fünf Befunde des Cardial keine Zahlenangaben gegeben werden. Die übrigen verteilen sich auf den Bereich 3 und einer, Murgecchia (Kat.-Nr. 324) mit 17 Funden, auf den Bereich 4. Mit einer Ausnahme liegen sie alle in Apulien und der angrenzenden Basilikata.

Wie das Frühneolithikum (Tafel 52) ist auch das Früh-/Mittelneolithikum in den gleichen Gebieten vertreten. Mit elf Fundstellen mit Obsidian weist es vergleichbar niedrige Werte wie das Frühneolithikum auf.

Zum Mittelneolithikum hin finden entscheidende Veränderungen statt. Neben einer deutlichen Erhöhung der Zahl an Befunden und der Fundmenge wird mehr oder weniger der gesamte süditalienische Raum intensiv vom Neolithikum erschlossen (Tafel 53). Die Zahl der Befunde mit Obsidian steigt auf 35. Dabei wird die Mengenverteilung ausgeglichener. Auch wenn die Mengenbereiche 1 und 2 dominieren, reichen die übrigen bis an den Wert 7 und mit Curinga (Kat.-Nr. 444) mit 500 Artefakten sogar bis zum Wert 9. Es ist nur teilweise möglich und sinnvoll, die Fundstellen der Gruppen mit bemalter Keramik wegen ihrer zeitlichen Verzahnung in den keramischen Mischinventaren zu trennen. Als einzelne Gruppen betrachtet, reduziert sich ihre Zahl für Interpretationen beträchtlich.

Auf das Serra d'Alto bezogen heißt dies, daß von den sechs zumeist apulischen Plätzen zwei dem Mengenbereich 1 und drei dem von 2 angehören. Nur Saldone (Kat.-Nr. 334) ragt mit 84 Artefakten weit heraus. Das Serra d'Alto bewegt sich zwischen "vorhanden" und bis zu 99 Funden. Im gemischten Serra d'Alto-Diana-Inventar werden mit Grotta 3 di Latronico (Kat.-Nr. 345) Werte mit 107 Objekten aus Obsidian erreicht. Dem Genannten gleicht in Zahl der Fundstellen und Höhe der Artefakte das jungneolithische Diana.

Das Stentinello mit Zentrum auf Sizilien greift bis Südkalabrien aus. Sieben der zehn Siedlungsplätze liegen in der Ebene von Acconia. Von allen ist die Anzahl an Obsidianartefakten bekannt. Bis auf einen verteilen sie sich relativ gleichmäßig auf die Mengenbereiche 2-6. Die Ausnahme ist Curinga (Kat.-Nr. 444) mit 500 Artefakten.

Das Mittel-/Jungneolithikum weist mit 16 Befunden eine relativ hohe Zahl an Fundstellen mit Obsidian auf (Tafel 54). Sie verteilen sich vornehmlich auf Apulien und auf das Gebiet der Acconia-Feldforschungen in Kalabrien. Die hohe Funddichte in diesem kleinräumigen Gebiet gibt Anlaß zu der Vermutung, eine ähnlich hohe Dichte auch für andere Regionen anzunehmen. Die 16 Befunde verteilen sich noch mehr als die vorhergehenden auf die Mengenbereiche mit einem Mittelwert bei 4 und 5.

Zahlreiche Mischinventare enthalten Serra d'Alto- und Diana-Keramik. Fundstellen mit einem derartigen Material fehlen im nördlichen Apulien und südlichen Kalabrien. Dafür reichen sie mit Bellavista (Kat.-Nr. 475) bis an den Golf von Neapel. Die Zahl des Obsidians streut über einen weiten Bereich bis in den Mengenbereich 7 mit Grotta 3 di Latronico (Kat.-Nr. 345) mit 107 Funden.

Das Jungneolithikum findet sich zwar in vielen Gebieten, es ist aber unterrepräsentiert, wie die Acconia-Forschungen nachgewiesen haben (Tafel 55). Es deckt mit seinen 21 Befunden, ähnlich dem Mittel-/Jungneolithikum, die Skala der Mengenbereiche ab und erreicht relativ hohe Werte. Das jungneolithische Diana deckt sich in seiner Verbreitung weitgehend mit den beiden vorigen Gruppen. Nur reicht es weit nach Kalabrien mit fünf Siedlungen in der Curinga-Ebene hinein. Die Mengenverteilung des Obsidians ähnelt der vorhin besprochenen mit einem Spitzenwert von Acconia 3 (Kat.-Nr. 380) mit 151 Artefakten.

Dem Äneolithikum können wiederum nur relativ wenige Befunde zugewiesen werden, die sich mehr oder weniger über das gesamte Süditalien verteilen, so daß zu ihrer Verbreitung wenig gesagt werden kann (Tafel 56). Bei den äneolithischen Gruppen sinkt die Zahl des Obsidians, oft aus Gräbern, rapide ab. Die Siedlung La Starza (Kat.-Nr. 467) stellt mit mindestens fünf Funden noch den größten Anteil. Gleiches läßt sich von den sieben Fundstellen des Apenninikum feststellen, wo in Grotta dell'Ausino (Kat.-Nr. 496) acht Stücke aus der Grabung genannt werden.

Der mittelbronzezeitliche Obsidian konzentriert sich fast ausschließlich auf den tyrrhenischen Küstenstreifen. In mittelbronzezeitlichen Kontext können immerhin noch Befunde gestellt werden, die bis auf einem Fundplatz mit dem Apenninikum identisch sind (Tafel 57). Sie weisen aber nur noch sehr geringe Fundmengen auf.

Zwei Fundpunkte auf der Insel Capri sind nicht datierbar. Es handelt sich zum einen um 21 Lesefunde, vielleicht von mehreren Stellen, (Kat.-Nr. 480) und um die 1800 Artefakte der Fundstelle Parate (Kat.-Nr. 485). Letztere werden im Zusammenhang mit einem Werkplatz gesehen. Von besonderer Bedeutung bleiben die Ergebnisse und Funde aus dem Acconia-Gebiet (Kat.-Nr. 370-440 und 444), wo in Einzelfällen bis zu 500 Objekte aus Obsidian auf Siedlungsplätzen gefunden wurden. Die Resultate der Arbeit von A.J. Ammerman[229], die in einer bislang ungenügend erforschten Region Süditaliens stattfanden, sind von so großer Bedeutung für die Obsidiannutzung zumindest Süditalien, daß sie an anderer Stelle im Detail diskutiert und in Bezug auf das übrige Süditalien gestellt werden.

Geologische Herkunft des Obsidians

Für die süditalienischen Fundkomplexe liegen bislang 108 publizierte Obsidiananalysen vor (Abb. 21). Davon entfallen allein 46 auf Funde des Acconia-Projektes. Mit 92 (85,2%) Objekten dominiert Lipari-Obsidian eindeutig. Acht Artefakte aus Palmarola-Obsidian beschränken sich auf Kampanien und Nordapulien. Acht weitere Artefakte können keinem bekannten Vorkommen zugeordnet werden.

Obsidian in Süditalien

Kat.-Nr.	Datierung	Anzahl an Obsidian		geologische Vorkommen		
		absolut	analysiert	Palmarola	Lipari	?
227	Impresso	vh.	1	-	1	-
325	Impresso	vh.	2	-	2	-
237	Impresso	2	1	-	1	-
236	Impresso	2	2	-	2	-
293	Impresso-Serra d'Alto	vh.	1	-	1	-
271	Impresso- M. La Quercia	3	3	-	3	-
239	frühneolithisch	1	1	-	-	1
273	Passo di Corvo	199	12	-	10	2
346	Scaloria-Ripoli	vh.	2	-	2	-
335	Serra d'Alto	vh.	1	-	1	-
444	Stentinello	500	8	-	8	-
462	Stentinello	3	3	-	3	-
247	mittelneolithisch	vh.	2	2	-	-
451	mittelneolithisch	vh.	1	-	1	-
453	mittelneolithisch	1	1	-	1	-
252	mittelneo.-jungneo.	vh.	2	-	1	1
297	mittelneo.-jungneo.	173	1	-	1	-
478	mittelneo.-bronz.	1	1	1	-	-
279	jungneolithisch	1	1	-	-	1
280	jungneolithisch	1	1	-	-	1
343	jungneo.-bronz.	vh.	1	-	1	-
440	neolithisch	vh.	46	-	46	-
480	neolithisch	21	3	3	-	-
317	neolithisch-frühbronz.	13	1	-	-	1
318	neolithisch-frühbronz.	10	1	-	1	-
199	----- ? -----	1	1	-	1	-
251	----- ? -----	1	1	-	-	1
482	----- ? -----	3	3	1	2	-
257	----- ? -----	1	1	-	1	-
258	----- ? -----	3	3	1	2	-
	Summe	938+	108	8	92	8

Abb. 21 Fundplätze mit analysiertem Obsidian

In keiner anderen Region ist diese Anzahl so hoch. Während Lipari-Obsidian sich über alle Perioden verteilt, kann dieses beim Palmarola-Obsidian nicht sicher festgestellt werden, da einige der acht Objekte nicht datiert sind. Mischinventare tauchen nur in wenigen Fällen auf. Der Grund für ihre geringe Zahl ist u.a. sicherlich auch darin zu sehen, daß aus eindeutig zuordenbaren Kulturschichten bislang zu wenige Analysen des Obsidians vorliegen, um verteilungsstatistische Aussagen zu treffen. Dies ist aber ein generelles, alle Regionen des Arbeitsgebietes mehr oder weniger betreffendes Problem.

7.7 Sizilien

Trotz einer schon frühzeitig einsetzenden Erforschung der Vorgeschichte Siziliens, durch die die mittelneolithischen Stentinello-Siedlungen und die Gräber des Äneolithikums und der Bronzezeit bekannt wurden, blieben andere Perioden wie das Frühneolithikum weitgehend unbekannt. Dazu traten regionale Forschungsschwerpunkte, wie im Umkreis von Palermo oder Syrakus (Tafel 58). Eine Fundkonzentration liegt auf den äolischen Inseln, wo auf Lipari während des gesamten Neolithikums und auch in späterer Zeit eine dichte Besiedlung belegt ist.

Obsidian auf Sizilien						
absolut	mit Angabe Obsidian	Anzahl an Obsidian	Datierung	Siedlung	Gräberfeld	ohne Angabe
1	-	vh.	Impresso	1	-	-
10	4	278+	Stentinello	9	1	-
2	-	vh.	Capri	1	-	1
1	-	vh.	Serra d'Alto	-	-	1
2	1	3+	mittelneolithisch	1	1	-
2	2	4+	mittelneo.-jungneolith.	2	-	-
3	-	vh.	Diana	2	-	1
1	1	481	Diana-Piano Conte	1	-	-
1	1	8+	Diana-Malpasso	1	-	-
3	1	1+	Piano Conte	2	-	1
1	-	vh.	San Cono	1	-	-
3	2	42+	San Cono-Piano Notaro	1	2	-
6	5	139+	Conca d'Oro	-	4	2
1	-	vh.	Conca d'Oro-Serraferlicchio	-	1	-
1	1	1	Conzo-Serraferlicchio	1	-	-
1	1	5	Serraferlicchio	1	-	-
1	-	vh.	Piano Quartara	1	-	-
2	1	2+	Piano Quartara-Chiusazza	-	2	-
1	1	7	Malpasso-Chiusazza	-	1	-
1	1	1	Malpasso-San Ippolito	-	1	-
2	-	vh.	San Ippolito	2	-	-
3	2	6	äneolithisch	2	2	-
3	2	52+	Capo Graziano	2	-	1
7	5	12+	Castelluccio	3	3	1
1	1	224	frühbronzezeitlich	1	-	-
2	2	2	Thapsos	-	2	-
1	1	3	mittelbronzezeitlich	-	1	-
1	1	1	jungbronzezeitlich	-	1	-
2	1	2+	neolithisch	-	1	1
2	1	2+	äneolith.-bronzezeitlich	1	1	-
9	1	16+	bronzezeitlich	4	5	-
1	-	vh.	bronzez.-eisenzeitlich	1	-	-
1	-	vh.	Diana ?	1	-	-
1	-	vh.	jungneolithisch ?	1	-	-
3	-	vh.	neolithisch ?	1	1	1
1	-	vh.	San Cono ?	1	-	-
1	-	vh.	Conca d'Oro ?	-	-	1
1	1	2	äneolithisch ?	-	1	-
84	41	204+	----- ? -----	24	4	56
170	101	1498+	Summe	69	34	67
100%	59,4	---	% Angabe	40,6	20,0	39,4

Abb. 22 Obsidianmenge und Befundtyp

Befundkategorien und Obsidianmengen
Die Differzierung der 170 Fundstellen in 69 (40,6%) Siedlungen, 34 (20,0%) Gräberfelder und 67 (39,4%) Befunde ohne Angabe erfordert eine kurze Erklärung (Abb. 22). Für den Zeitraum des Neolithikums überwiegen eindeutig die Siedlungen. Gräber und Befunde "ohne Angabe" stellen die Ausnahme dar. Das Verhältnis Siedlungen zu Gräbern verschiebt sich mit dem Äneolithikum und mit der Bronzezeit zu einer Relation von ca. 50% für beide Befundtypen. Die zahlreichen Befunde "ohne Angabe" summieren sich zum größten Teil aus auch sonst nicht weiter bekannten Fundstellen mit Lese- oder Einzelfunden. Hieraus resultieren auch die 40,6% der Befunde ohne Mengenangabe.

Zeitliche und kulturelle Einordnung der Fundstellen
Die 170 Befunde mit Obsidian gehen auf 161 Fundplätze zurück. Mindestens 54 Befunde können mit Kulturen und Gruppen in Verbindung gebracht werden (Abb. 23). Das frühneolithische Impresso ist sicherlich unterrepräsentiert. Auch über die Anfänge der Neolithisierung ist sehr wenig bekannt. Die Dominanz des Stentinello wird dagegen durch die zehn Fundplätze untermauert. Die wenigen Funde des Capri, Serra d'Alto und Diana beschränken sich auf die äolischen Inseln, wohingegen die äneolithischen Gruppen mit 21 Befunden über die gesamte Insel streuen. Die drei Plätze des Capo Graziano und die sieben des Castelluccio belegen auch den intensiven nachneolithischen Obsidiangebrauch in der Frühbronzezeit. Obsidian taucht danach kaum noch auf.

In der zeitlichen Verteilung der 74 Befunde finden sich drei Maximalwerte: 15 im Mittelneolithikum, 26 im Äneolithikum und elf in der Frühbronzezeit (Tafel 25). Alle anderen Perioden, soweit sie vertreten sind, kommen nicht über eine Anzahl von drei Befunden hinaus, was mit Ausnahme des mittelneolithischen Stentinello durch eine Forschungslücke bedingt wird. Das auf Sizilien umfangreich vertretene Äneolithikum findet Ausdruck in einer Vielzahl von Befunden mit Obsidian. Nach einem letztem Maximum in der Frühbronzezeit läuft die Obsidiannutzung mit vier jüngeren Befunden aus.

Obsidian auf Sizilien									
Datierung	FN	MN	JN	JN-ÄN	ÄN	FBZ	MBZ	Summe	%Angabe
Anzahl	1	15	3	2	26	11	3	61	100%
Impresso	1	-	-	-	-	-	-	1	1,6
Stentinello	-	10	-	-	-	-	-	10	16,4
Capri	-	2	-	-	-	-	-	2	3,3
Serra d'Alto	-	1	-	-	-	-	-	1	1,6
Diana	-	-	3	-	-	-	-	3	4,9
Diana-Piano Conte	-	-	-	1	-	-	-	1	1,6
Diana-Malpasso	-	-	-	1	-	-	-	1	1,6
Piano Conte	-	-	-	-	3	-	-	3	4,9
San Cono	-	-	-	-	1	-	-	1	1,6
San Cono-Piano Notaro	-	-	-	-	3	-	-	3	4,9
Conca d'Oro	-	-	-	-	6	-	-	6	9,8
Conca d'Oro-Serraferl.	-	-	-	-	1	-	-	1	1,6
Serraferlicchio	-	-	-	-	1	-	-	1	1,6
Piano Quartara	-	-	-	-	1	-	-	1	1,6
P. Quartara-Chiusazza	-	-	-	-	2	-	-	2	3,3
Malpasso-Chiusazza	-	-	-	-	1	-	-	1	1,6
Conzo-Serraferlicchio	-	-	-	-	1	-	-	1	1,6
Malpasso-San Ippolito	-	-	-	-	1	-	-	1	1,6
San Ippolito	-	-	-	-	2	-	-	2	3,3
Capo Graziano	-	-	-	-	-	3	-	3	4,9
Castelluccio	-	-	-	-	-	7	-	7	11,5
Thapsos	-	-	-	-	-	-	2	2	3,3
keine Zuweisung	-	2	-	-	3	1	1	7	11,5

Abb. 23 Datierung der Kulturen und Gruppen

Verbreitung zeitlich und kulturell zuordenbarer Fundstellen
Der Versuch einer solchen Darstellung stößt beim derzeitigen Forschungsstand auf seine Grenzen. In größerer Zahl sind nur die mittelneolithischen Stentinello-Plätze, die äneolithischen und bronzezeitlichen Fundstellen bekannt, viele davon aber nur durch Lesefunde.

Die Kenntnisse über früh- und jungneolithische Fundstellen mit Obsidian auf Sizilien wurden erst in jüngster Zeit erarbeitet[230], Die seit langem bekannten, zahlreichen mittelneolithischen Plätze (Tafel 59) gehören in der Regel dem Stentinello an. Sie konzentrieren sich in augenfälliger Weise an der Ostküste, wie im Raum von Syrakus (Tafel 60). Das Früh- und das Jungneolithikum, auf den äolischen Inseln gut vertreten, sind auf Sizilien selbst wenig bekannt, im Gegensatz zum über die ganze Insel verbreiteten Äneolithikum (Tafel 61).

Auch die Bronzezeit hat ihren Schwerpunkt in der östlichen Hälfte Siziliens (Tafel 62), im Gegensatz zu den äneolithischen Gruppen, deren Plätze sich über die gesamte Insel verteilen. Die einzelnen Gruppen weisen aber einen deutlich lokalen Charakter auf. Für Lipari ist eine durchgehende

Besiedlung vom Frühneolithikum bis in die Bronzezeit mit einem überaus großen Fundreichtum für das Neolithikum belegt.

Mengenverteilung auf den Fundstellen

Die hohe Zahl der Lesefunde schlägt sich deutlich in der zahlenmäßigen Verteilung des Obsidians nieder, so daß in 84 (49,6%) von 170 Befunden nur sein Vorhandensein und in 69 (40,6%) Fällen nur bis zu vier Artefakten angemerkt werden kann (Tafel 30). Es darf dabei nicht übersehen werden, daß Fundstellen mit der Angabe "Obsidian vorhanden" Dutzende von Artefakten umfassen können. Auf Lipari liegen sie dem Gewicht nach in Zentnern vor. Mit insgesamt nur 17 (10,0%) Befunden sind die Mengenbereiche 3-8 vertreten.

Die Kartierung der Mengenbereiche unterliegt wegen der zahlreichen Befunde ohne Mengenangabe starken Einschränkungen. Erkennbar wird aber eine auf küstennahe Bereiche bezogene Besiedlung (Tafel 63 und Tafel 64).

Die charakteristische Stentinello-Keramik unter den Lesefunden kommt einer kulturellen Zuordnung sehr entgegen, so daß ihr schon ohne nähere Untersuchungen viele Fundplätze zugewiesen werden können. Für zahlreiche Stentinello-Siedlungen lassen sich keine absoluten Angaben zur Obsidianmenge vorlegen. Im Falle von Limina (Kat.-Nr. 649) beläuft sich die Anzahl auf mehr als 250 Artefakte. Eine solche Anzahl trifft man in den äneolithischen Befunden nicht mehr an. Da aus dem Äneolithikum und der Bronzezeit besonders viele Grabfunde vorliegen, ist es nur verständlich, daß sich unter der allgemein geringen Zahl von Grabbeigaben auch nur wenige Obsidianobjekte finden.

Zeitlich-geographische Verteilung der Obsidianmengen

Frühneolithisches Material, das vom Impresso repräsentiert wird, ist bisher nur von wenigen Plätzen bekannt, zu denen im besonderen Lipari gehört. Dieses ändert sich mit dem mittelneolithischen Stentinello, das in dieser Zeit seine Blüte erlebt (Tafel 65). Seine oftmals mit Graben umschlossenen Siedlungen konzentrieren sich auf den Südostteil Siziliens.

Mit 15 Befunden hebt sich das Mittelneolithikum mengenmäßig deutlich ab (Tafel 66). Sie stimmen bis auf fünf Fundstellen mit dem Stentinello überein (Tafel 67). Trotz der sechs Befunde mit der Mengenangabe "Obsidian vorhanden" findet sich Obsidian in größeren Mengen vor, wie auf dem Siedlungsplatz Limina (Kat.-Nr. 649) mit ca. 250 Artefakten. Es ist davon auszugehen, daß die Befunde im Mengenbereich 1 bei einer Differenzierung den größten Teil der Mengenskala abdecken werden und eine intensivere Obsidiannutzung als bislang bekannt anzunehmen ist.

Für das Jungneolithikum ist eine starke Abnahme zu verzeichnen, so daß Obsidian für diese Periode außerhalb der äolischen Inseln noch nicht bekannt ist. Dort findet es sich fast immer im Zusammenhang mit dem Diana. Dieser Rückgang ist eher auf den Forschungsstand zurückzuführen, als daß Sizlien während dieser Zeit kein Obsidian erhalten haben sollte.

Denn schon unter den zahlreichen äneolithischen Befunden, zumeist Gräbern, taucht Obsidian wieder in großer Zahl auf. In vielen lokalen Gruppen verteilt er sich über die gesamte Insel (Tafel 68). 18 der 26 Fundstellen der Mengenbereiche 1 und 2 gehören den genannten Gruppen an. Die Zahl der Artefakte bewegt sich im unteren Bereich der Mengenskala. Jedoch erhellen zwei Beispiele den Obsidianreichtum auch dieser Periode: 41 Artefakte von der Siedlung S. Cono 1 (Kat.-Nr. 625) und 130 Artefakte auf dem Gräberfeld Valdesi (Kat.-Nr. 706).

Im Fundmaterial vieler frühbronzezeitlicher Plätze ist noch Obsidian vertreten. Dabei konzentriert er sich mit Capo Graziano auf den Nordteil und mit Castelluccio auf den Südostteil der Insel (Tafel 69). Unter den insgesamt zehn Fundstellen ragt Riparo della Sperlinga (Kat.-Nr. 664) mit 224 Objekten hervor. Mit Ausnahme der genannten und einer weiteren Fundstelle sind sie mit dem Capo Graziano und Castelluccio identisch. Der hohe Wert von 50 Artefakten wird dabei von Pianicelli (Kat.-Nr. 657) auf der Insel Stromboli erreicht. Hinsichtlich des Castelluccio reicht die Zahl der Fundstellen mit Obsidian und die des Capo Graziano nicht über sieben hinaus.

Der einschneidende Rückgang in der Nutzung des Obsidians scheint erst zum mittelbronzezeitlichen Thapsos hin stattgefunden zu haben. Dieser Periode gehören die beiden jüngsten Fundstellen mit Obsidian an. Von dieser Zeit an liegt Obsidian kaum mehr in nennenswerter Menge vor.

Geologische Herkunft des Obsidians

Die unzureichenden Möglichkeiten der Interpretation gibt die Abb. 24 wieder. Von vielen Siedlungen, von denen die untersuchten Objekte stammen, ist die übrige Artefaktmenge unbekannt. Es verwundert nicht, daß Lipari als der gro-

Obsidian auf Sizilien				
Kat.-Nr.	Datierung	Anzahl an Obsidian		geologische Vorkommen
		absolut	analysiert	Lipari
641	Impresso	vh.	2	2
713	Stentinello	vh.	1	1
740	Stentinello	vh.	1	1
641	mittelneolithisch	vh.	2	2
641	Capri	vh.	5	5
650	Capo Graziano	vh.	2	2
642	----- ? -----	1	1	1
690	----- ? -----	1	1	1
646	----- ? -----	2	2	2
647	----- ? -----	1	1	1
	Summe	5+	18	18

Abb. 24 Fundplätze mit analysiertem Obsidian

ße Lieferant auftritt. Der wenige analysierte Obsidian, der in Sizilien fast gänzlich von dem Vorkommen Lipari stammt, liegt aus der Umgebung von Syrakus und von den Inseln nördlich von Sizilien, speziell von Lipari selbst vor. Sieht man bei den 18 Analysen davon ab, welche an Funden von Lipari, der nahen Insel Filicudi und der Insel Ustica vorgenommen wurden, so verbleiben nur noch vier untersuchte Objekte für Sizilien, von denen zwei aus dem Fundzusammenhang des Stentinello stammen.

Neuerdings wurde Pantelleria-Obsidian in einem erheblichen Umfange in den neolithischen Kulturschichten der Grotta dell'Uzzo festgestellt[231], womit ein zweiter Lieferant für Sizilien in Erscheinung tritt, was aufgrund der geographischen Nähe zu erwarten war und dessen Bedeutung noch nicht abzuschätzen ist. In Anbetracht der wenigen Analysen erübrigt sich zur Zeit jede weitere Diskussion der Herkunft des sizilianischen Materials.

7.8 Übriger nordwestmediterraner Raum

Auch außerhalb der beschriebenen Regionen findet sich archäologischer Obsidian (Tafel 70). Er verteilt sich jedoch auf relativ wenige Fundstellen, von denen oftmals noch nicht einmal ihr zeitliches oder kulturelles Umfeld bekannt ist. Um weitere Angaben ist es zumeist ebenfalls dürftig bestellt. Daher sollen diese Plätze nur kurz im einzelnen besprochen werden.

Westlich von Südfrankreich und außerhalb seines Kulturraumes wurde ein Kernstein aus Obsidian in einem neolithischen Grab bei Bobila Ripolet (Kat.-Nr. 1) in Nordostspanien entdeckt. Für Südwesteuropa ist dieses bisher der westlichste bekannte Fundpunkt archäologischen Obsidians, wenn möglicherweise von einigen lokalen spanischen Produkten minderer Qualität im Bereich des Kap Gata an der spanischen Mittelmeerküste abgesehen wird.

Für Sardinen wurden nur die Fundstellen mit analysiertem Obsidian in den Katalog aufgenommen und kartiert, um zu ermitteln, ob auf Sardinien auch Fremdobsidian genutzt wurde. Aufgrund der eigenen Vorkommen findet sich so gut wie auf jeder prähistorischen Fundstelle Obsidian in mehr oder weniger großen Mengen, so daß die Einbeziehung Sardiniens in die Untersuchungen zu dem gestellten Thema keine relevanten Ergebnisse erbracht hätte. Hinzu kommt noch der unzureichende Forschungsstand hinsichtlich des Neolithikums.

Die drei Fundpunkte Buthrotum (Kat.-Nr. 885) und Feniki (Kat.-Nr. 886) in Albanien sowie die Chirospilia-Grotte (Kat.-Nr. 887) auf der westionischen Insel Leukas liegen am östlichen Rande der nordwestmediterranen Obsidianverbreitung, auch wenn diese Aussage erst durch die Analyse dieser Stücke untermauert werden muß. Denn für das westgriechische Objekt mag eine geologische Herkunft aus der Ägäis nicht ausgeschlossen werden, obwohl aus dem nur wenig entfernteren Süditalien kein als ägäisch bestimmter Obsidian belegt ist.

Auf den Inseln zwischen Sizilien und Nordafrika wurden besonders auf Malta und Pantelleria zahlreiche Artefakte aus Obsidian gefunden. Diese Fundplätze wurden nicht im Zusammenhang mit Sizilien betrachtet, da sie entweder durch ihre kulturelle Eigenständigkeit, wie im Falle Maltas, oder wegen ihrer großen Entfernung zu Sizilien, auch wenn, wie beispielsweise Cala Pisana (Kat.-Nr. 600) auf Lampedusa, durch das Stentinello der kulturelle Bezug zu Sizilien sichergestellt wurde, nicht in den kulturellen Überblick miteinbezogen werden konnten.

Bei dem Obsidian der 15 nordafrikanischen Fundorte handelt es sich um Lesefunde. Eine Beschreibung ihres kulturellen Umfeldes ist aufgrund fehlender Angaben nicht möglich. Schon aus der bislang bekannten Verbreitung darf für Nordafrika eine intensive Obsidiannutzung angenommen werden. Als Rohstoff könnte Lipari- und Pantelleria-Obsidian in Betracht kommen.

Befunde mit Obsidian						
Kat.-Nr.	Fundort	Datierung	Anzahl an Obsidian		geologische Vorkommen	
			absolut	analysiert	Lipari	Pantelleria
600	Cala Pisana (Lampedusa)	Stentinello	64	5	-	5
770	Mursia (Pantelleria)	Bronzezeit	218	2	-	2
750	Città di Pantelleria	--- ? ---	2	2	-	2
766	Isola di Pantelleria	--- ? ---	5	5	-	5
889	Malta	--- ? ---	1	1	1	-
890	Skorba (Malta)	Ggantija	37	1	1	-
		Tarxien	8	2	2	-
		Mgarr	2	1	1	-
		Rote Skorba	64	2	2	-
		Graue Skorba	40	5	3	2
		Zebbug	26	3	3	-
		Ghar Dalam	117	4	2	2
901	Tebessa (Algerien)	--- ? ---	vh.	1	1	-

Abb. 25 Fundplätze mit analysiertem Obsidian

Wie der Fundplatz Tebessa (Kat.-Nr. 901) andeutet, beschränken sich die Obsidianfunde nicht nur auf den Küstenbereich. Als geologischer Herkunftsort des Obsidianartefaktes von Tebessa wurde Lipari bestimmt. Falls weitere Funde tief im Landesinneren gemacht werden, darf nicht ausgeschlossen werden, daß der entsprechende Obsidian möglicherweise aus dem Tibesti-Gebirge der inneren Sahara stammt, für das Obsidianvorkommen belegt sind. Mit dem Artefakt von Pic de la Vierge (Kat.-Nr. 900) in Algerien kann der bislang westlichste Fundpunkt für Obsidian überhaupt belegt werden. Selbst von den übrigen nordafrikanischen Fundstellen liegt er weit entfernt. Dies stellt aber auch einen Hinweis darauf dar, daß Obsidian entlang der nordafrikanischen Küste mit Schwerpunkt in Tunesien und Algerien benutzt wurde.

Geologische Herkunft des Obsidians

Auf der Insel Pantelleria und auf der südlich davon gelegenen Insel Lampedusa gehören 14 untersuchte Artefakte dem Pantelleria-Obsidian an (Abb. 25). Auf Malta dagegen stellt Lipari-Obsidian die Mehrzahl der Fundstücke aus vulkanischem Glas, wie er sich auf dem mehrphasigen Fundort Skorba verfolgen läßt. Während in den älteren Phasen noch einiger Pantelleria-Obsidian vorhanden ist, fehlt er in den jüngeren Schichten. Ob darunter eine entsprechende Ausrichtung in der Obsidianbeschaffung auf Lipari anstelle des ca. 200km entfernten Pantelleria zu sehen ist, bleibt offen. Verschiedene Kontakte zu Sizilien waren trotz eigenständiger kultureller Entwicklung immer gegeben. Artefakte aus Nordafrika wurden aufgrund ihrer vornehmlich grünlichen Färbung[232] bzw. der Einfachheit halber ihrer Nähe[233] zu Pantelleria diesem Vorkommen zugeschlagen, ohne daß naturwissenschaftliche Analysen durchgeführt wurden. Eine solche Schlußfolgerung, die wegen der Nähe der Insel zu Tunesien und Ostalgerien getroffen worden sein mag, muß abgelehnt werden. Eine derartige optische Beurteilung muß sehr fragwürdig erscheinen, da das Material der Obsidianvorkommen keine einheitliche, typische Färbung aufweisen muß und Farbvariationen durchaus üblich sind. Pantelleria-Obsidian kann auch eine schwarze Färbung aufweisen[234].

Die einzige Analyse, die für Nordafrika bekannt ist, hat für Tebessa (Kat.-Nr. 901) Lipari-Obsidian nachgewiesen. Damit wird die Einbeziehung Nordafrikas in den Versorgungsraum mit Lipari-Obsidian belegt. Die Möglichkeit, daß zumindest ein Teil des Obsidians aus der inneren Sahara stammen könnte, wurde von G. Camps und B.R. Hallam u.a. in Erwägung gezogen.

Von den anderen nordafrikanischen Artefakten fehlen Analysen ebenso wie für die Artefakte von Buthron (Kat.-Nr. 885), Feniki (Kat.-Nr. 886) in Albanien und die Chirospilia-Grotte (Kat-Nr. 887) auf der westgriechischen Insel Leukas. Diese Fundorte liegen in einer Zone, in der sich die balkanische und ägäische Obsidianprovinz mit der nordwestmediterranen überschneiden können.

7.9 Obsidian in Gräbern

Unter den 906 Befunden mit Obsidian stehen 68 (7,5%) in einem Grabzusammenhang. Es sind nur wenige weitere Befunde vorhanden, bei denen eine eindeutige Zuordnung nicht vorgenommen werden kann. Gemessen am Gesamtbestand spielt Obsidian in Grabinventaren nur eine untergeordnete Rolle.

Geographisch konzentrieren sich diese Gräber vornehmlich auf Südkorsika und Sizilien. In Mittel- und Süditalien sowie in Südfrankreich finden sich nur relativ wenige Grabbeigaben aus Obsidian. Aus Norditalien ist Obsidian aus einem eindeutigen Grabzusammenhang nicht bekannt. Bezogen auf die datierbaren Fundstellen liegen als größte Gruppen elf neolithische, 18 äneolithische und 19 bronzezeitliche Befunde vor.

Im Äneolithikum hat sich das Verhältnis umgekehrt, auch wenn sich Gräber und Siedlungen mit Obsidian zahlenmäßig etwa die Waage halten. Neben wenigen Gräbern auf der italienischen Halbinsel und einem einzigen in Südfrankreich beschränken sie sich ausschließlich auf Sizilien (Tafel 71). Im wesentlichen trifft dies auch auf die bronzezeitlichen Gräber zu, wobei Korsika hinzutritt und Südfrankreich entfällt.

Die Erforschung von Grabanlagen bringt es mit sich, daß die häufig nur wenigen Grabbeigaben genau beziffert werden. Daher kann nur von 13 Befunden die genaue Obsidiananzahl nicht angegeben werden. In Gräbern finden sich oft nur wenige Artefakte. Über längere Zeit genutzte Kollektivgräber können hingegen größere Mengen an Obsidian enthalten. Auf dem Gräberfeld von Valdesi (Kat.-Nr. 706) wurden 130 äneolithische Artefakte und in den korsischen Dolmen Coffres de Tivolaggio (Kat.-Nr. 26) und Coffres de Vascolacio (Kat.-Nr. 27) 75 und 570 frühbronzezeitliche Artefakte aus Obsidian vorgefunden.

Entfallen die 13 Befunde des Mengenbereiches 1 und werden die übrigen 55 anteilsmäßig aufgetragen, so wird die Dominanz des Mengenbereiches 2 mit 84% in der generellen Verteilung eindeutig. Daher erübrigt sich auch eine Diskussion der Obsidianverteilung in den einzelnen Zeitstufen. Da die drei Befunde mit der höchsten Menge äneolithisch datieren, reichen die der übrigen Zeitstufen nicht über den Mengenbereich 5 hinaus.

Folgendes darf auch nicht außer acht gelassen werden: Nicht alle Objekte stammen direkt aus Gräbern. Bei einer Reihe von Beispielen wird nur die Herkunft vom Areal des Gräberfeldes vermerkt. So kann in den entsprechenden Fällen nicht immer sichergestellt werden, ob der Obsidian nicht zufällig in die Erdaufschüttung gelangt ist und eventuell noch nicht einmal aus der entsprechenden Zeit stammt, sondern älteren Ursprunges ist.

7.10 Interpretation der Obsidianverbreitung und -nutzung

Erläuterungen

Primären Aufschluß über den archäologischen Kenntnisstand vermitteln in erster Linie die Anzahl und die zeitliche Einordnung der prähistorischen Befunde mit Obsidian. Da zeitweise siedlungsleere Räume nur in Ausnahmefällen vorliegen und selten eine Reihe von Jahrhunderten überdauern, kann von einer relativen Siedlungskontinuität in allen Regionen ausgegangen werden, deren Intensität aber durchaus größeren Schwankungen unterworfen sein kann. Extremwerte allerdings müssen zumeist auf andere Ursachen zurückgeführt werden.

Der besseren Vergleichbarkeit wegen wird die Zahl der Befunde mit Obsidian prozentual aufgetragen, wobei nur die Befunde mit bekannter Anzahl an Obsidian in die Untersuchungen einbezogen werden. Statistische Abschätzungen betreffen den relativen und absoluten Anteil des Obsidians an der gesamten Geräteindustrie. So läßt sich sein Nutzungsgrad für die entsprechenden Fundplätze und die Regionen ermessen und dem der übrigen Geräteindustrie gegenüberstellen. Verbreitung und Anteile der Obsidianvarietäten lassen spezifische Versorgungsgebiete und Transportwege erkennen.

7.10.1 Südfrankreich

Zeitliche Verteilung der Befunde mit Obsidian
Die südfranzösische Chronologie weist kaum Überschneidungen zwischen dem Früh- und Mittelneolithikum sowie dem Mittel- und Jungneolithikum auf, so daß Obsidian nur den Hauptperioden zugerechnet werden kann. Für Südfrankreich liegt ein Spitzenwert mit 93% der mittelneolithischen Fundstellen vor (Tafel 72). Nur für das Frühneolithikum und Äneolithikum ist jeweils noch ein Anteil von 4% vorhanden. Für die Bronzezeit muß ein tatsächliches Fehlen von Obsidian angenommen werden.

Aufgrund der ausgezeichneten Aufarbeitung der Obsidianfunde dieses Raumes kann eine merkliche Dunkelziffer an nicht erkannten Befunden mit Obsidian ausgeschlossen werden. Während aus dem Jungneolithikum und jüngeren Perioden nur relativ wenige Fundstellen bekannt sind, gilt dies nicht für das Cardial, so daß mehr frühneolithische Fundstellen mit Obsidian zu erwarten wären. Für Südfrankreich resultiert daraus, daß das mittelneolithische Chasséen als der eigentliche Träger der Obsidiannutzung anzusehen ist und daß Obsidian in den übrigen Perioden eine untergeordnete Bedeutung besaß.

Anteil an Obsidian auf den Fundstellen
Zuverlässigere Schlüsse lassen sich aus der Berechnung des Anteiles an Obsidian an der Gesamtartefaktmenge ziehen (Abb. 26). Hierzu stehen elf Fundstellen, ausschließlich des Chasséen, zur Verfügung. Mit 0,07% und 0,03% sowie 4,5% sind die Extremwerte genannt. Ansonsten bewegen sich die Anteile zwischen 1,1% und 1,6%, was als der durchschnittliche Anteil für das Chasséen angenommen werden darf. Möglicherweise liegt der Anteil mehr im unteren Bereich um die 1%, wenn man bedenkt, daß bei hoher Gesamtartefaktmenge der Obsidiananteil absinkt.

Bei der geographischen Verteilung der Anteile deutet sich nur eine Tendenz an, daß im Bereich der Rhône und östlich davon höhere Anteile als im Westen zu finden sind. Doch ist einschränkend festzuhalten, daß mit Capdenac-le-Haut (Kat-Nr. 122) und Serre Pointu (Kat.-Nr. 117) zwei Fundorte mit jeweils 1,1% und 4,5% Anteil 220km und 100km westlich der Rhône anzutreffen sind. Dieses ist zu berücksichtigen, auch wenn man dem die geringe Artefaktmenge entgegenhalten kann.

Statistische Absolutmengen an Obsidian
Auch auf eine andere statistische Weise läßt sich der Nutzungsgrad des Obsidians abschätzen. Gleichzeitig vermittelt sie eine Vorstellung der zu erwartenden Absolutmengen an Obsidian in den Befunden. Die Vorgehensweise und die Ergebnisse sind aber immer unter den Aspekten der Statistik zu beurteilen.

Obsidian in Südfrankreich				
Kat.-Nr.	Datierung	Obsidian	Flint u.ä.	% Obsidian
112	Chasséen	1	3585	0,03
160	Chasséen	1	1354	0,07
113	Chasséen	3	3042	0,1
107	Chasséen	2	381	0,5
122	Epi-Chasséen	1	87	1,1
133	Epi-Chasséen	4	352	1,1
123	Chassén	1	66	1,5
167	Chasséen	4	259	1,5
135	Chasséen	12	782	1,5
163	Chasséen	3	181	1,6
117	Chasséen	1	21	4,5

Abb. 26 Obsidian-Anteil an der Gesamtartefaktmenge

Eine kleine Zahl archäologischer Fundplätze, von denen Angaben über die Grabungsfläche mit der Anzahl der geborgenen Obsidianartefakte und der vermuteten Siedlungsgröße bekannt sind, bietet dazu die Möglichkeit. Zu berücksichtigen ist, daß es sich sowohl um Abris wie um Freilandplätze handelt. Während unter Abris und in Grotten nur kleine Nutzflächen zur Verfügung stehen, kann diese bei Freilandplätzen mehrere hunderttausend m² umfassen, was sich folglich auf die Höhe der zu vermutenden Obsidianmenge niederschlägt. Einerseits war bei derartigen Plätzen nicht die gesamte Siedlungsfläche gleichzeitig bebaut. Andererseits können bei Abris und Grotten Zeit- und Siedlungsstraten besser differenziert werden. Entscheidend ist auch die wirtschaftliche Nutzungsintensität eines Platzes. Für einen Vergleich beider Siedlungstypen in dieser Frage wäre eine einheitliche Bewertungsgrundlage angebracht, z.B. als Artefaktanzahl pro m². Dafür reicht zur Zeit die publizierte Materialbasis nicht aus.

Für Südfrankreich können vier Chasséen-Siedlungen herangezogen werden (Abb. 27). Bei der großflächigen Siedlung von La Bertaude (Kat.-Nr. 160) mit immerhin 10000m² fällt die geringe Absolutmenge von 73 Artefakten aus Obsidian für den gesamten Platz auf. Zusammen mit schon oben genannten Angaben bestätigt diese Zahl, daß im südfranzösischen Chasséen Obsidian zwar generell intensiv genutzt wurde, aber auf den Fundplätzen nur in geringer absoluter Stückzahl vorzuliegen scheint.

Obsidian in Südfrankreich					
Kat.-Nr.	Datierung	gesichert (Grabung)		geschätzt	
		Fläche m²	Obsidian	Fläche m²	Obsidian
160	Chasséen	136	1	10000	73
125	Chasséen	40	3	700	52
123	Chasséen (Abri)	15	1	90	6
122	Epi-Chasséen	15	1	20	1

Abb. 27 Statistische Absolutmenge an Obsidian

Verteilung des geologischen Obsidians
Von 22% der Chasséen-Fundstellen wurde die geologische Herkunft des Obsidians von einem Drittel der dortigen Artefakte bestimmt (Abb. 28). Danach kommen auf 16 Artefakte aus Sardinien drei aus Lipari. Das Chasséen war demnach in erster Linie dem sardischen Versorgungssystem angeschlossen, wobei Korsika wahrscheinlich die Vermittlerrolle zufiel. Der viel geringere Anteil an Lipari-Obsidian darf aber nicht dahingehend interpretiert werden, daß es sich um Ausnahmen oder Zufälligkeiten handeln könnte. Man sollte es so formulieren, daß Lipari-Obsidian das mittelneolithische Südfrankreich in einer Größenordnung erreicht hat, die seiner Entfernung vom Vorkommen im Vergleich zum sardischen Obsidian entspricht.

Obsidian in Südfrankreich								
Datierung	Befunde mit Obsidian		Anzahl an Obsidian			geologische Vorkommen		
	gesamt	analysiert	gesamt	in analys. Befunden	Analysen	Sardinien	Lipari	Pantelleria
Chasséen	50	11	198+	56+	19	16	3	-
äneolithisch	2	1	2+	2	2	-	-	2

Abb. 28 Zeitliche Verteilung des analysierten Obsidians

Korsika war im Falle des Lipari-Obsidians nicht als Zwischenstation eingeschaltet, da dort bislang ausschließlich sardischer Obsidian festgestellt wurde. Ein direkter Seeverkehr zwischen Lipari und Südfrankreich ohne Zwischenstationen ist bei der mehr als 1500km langen Strecke aufgrund der damaligen Mittel auszuschließen, so daß entweder ein Küstenverkehr mit vielen Etappen über die kleinen Inseln an der Küste bzw. über das Festland oder eine Weitergabe des Materials von Süditalien durch die italienische Halbinsel, wahrscheinlich auf der tyrrhenischen Landseite, und durch Ligurien nach Südfrankreich anzunehmen ist. Eine Kombination beider Möglichkeiten darf am wahrscheinlichsten gelten.

Ähnliches ist vom Pantelleria-Obsidian im äneolithischen Kontext anzunehmen, der über eine noch größere Distanz von ca. 2000km transportiert werden mußte. Zwischenstation dürfte dabei Sizilien gewesen sein. Im weiteren ist die für den Lipari-Obsidian beschriebene Route anzunehmen. In neuester Zeit wurde Pantelleria-Obsidian in einem erheblichen Umfange an der nordsizilianischen Küste festgestellt. Nach Erreichen Siziliens dürfte er dem gleichen Weg gefolgt sein wie der Lipari-Obsidian. Sein Auftreten im südfranzösischen Äneolithikum und nicht schon im Mittelneolithikum mag damit zusammenhängen, daß es im Äneolithikum starke Einflüsse aus dem Süden in Richtung Norden gab, im Zuge dessen auch materielle Güter weitergegeben wurden.

Zusammenfassung
Seine weiteste Verbreitung fand der Obsidian in Südfrankreich während des Mittelneolithikums mit dem Chasséen als seinem Träger. Weder früher noch später erreichte die Nutzung des Obsidians eine derartige Intensität. Im weitverbreiteten Cardial findet er sich jedoch nur in geringem Umfange vor, ebenso wie im Jungneolithikum, über das allerdings bisher nur wenig bekannt ist. Ob die Obsidiannutzung über das Äneolithikum hinausreichte, kann trotz zahlreicher bronzezeitlicher Fundstellen sowie Beispielen aus den anderen Regionen nicht entschieden werden. Er dürfte aber bedeutungslos gewesen sein.

Auf den mittelneolithischen Fundplätzen tritt Obsidian nur in geringen Mengen, aber in relativ gleichmäßiger Verteilung in Erscheinung. Deutlich wird, daß sein Anteil die Grenze von 1,5% an der Gesamtartefaktmenge nicht überschreitet und wahrscheinlich um 1% herum liegt. Geographische Konzentrationen hinsichtlich der Zahl der Fundorte und der Artefaktmenge sind nicht nachzuweisen, wenn man davon absieht, daß östlich der Rhône und dann entlang der Küste vermehrt Befunde mit größeren Fundmengen auftreten, die möglicherweise mit einer besseren Versorgung erklärt werden können.

Nach Südfrankreich gelangte vor allem sardischer Obsidian, der seinen Weg über Korsika genommen haben dürfte, aber auch Lipari-Obsidian ist gleichzeitig in bedeutender Menge vertreten. Selbst Pantelleria-Obsidian findet sich im Äneolithikum. Da der direkte Seeweg für den Transport wenig wahrscheinlich ist, muß eher eine Küstenschiffahrt entlang der italienischen Halbinsel und Liguriens angenommen werden. Korsika scheint dabei nicht berührt worden zu sein, worauf das Fehlen nichtsardischen Obsidians unter allen bisher analysierten Objekten schließen läßt.

7.10.2 Korsika

Zeitliche Verteilung der Befunde mit Obsidian
Die Versorgung Korsikas mit Obsidian veranschaulicht die Tafel 72. Das durch neuere Forschungen immer deutlicher faßbare Frühneolithikum ist mit 17% gut vertreten und liegt oftmals über den Wert anderer Regionen. Anstelle des Mittelneolithikums, das hier nur mit 4% unterrepräsentiert ist, tritt die Hauptphase der Obsidiannutzung erst mit den 43% des Jungneolithikums ein. Selbst wenn durch neue Forschungen ein höherer Obsidiangebrauch nachgewiesen werden sollte, wird er keinesfalls den Nutzungsgrad wie im Jungneolithikum erreichen. Die danach erfolgende Abnahme betrifft das Äneolithikum. Nach einem Ansteigen der Fundstellenzahl auf 9% in der Frühbronzezeit fallen die Anteile auf unbedeutende Werte von 2% zurück, wobei sich nur die Frühbronzezeit mit 9% nochmals abhebt.

Obsidian auf Korsika				
Kat.-Nr.	Datierung	Obsidian	Flint u.ä.	% Obsidian
6	Impresso	10	279	2,6
6	jungneolithisch	126	108	53,6
6	jungneolithisch	376	278	57,5
36	jungneolithisch	1153	808	58,1
6	jungneolithisch	200	142	58,5
54	jungneolithisch	221	134	62,3
6	jungneolithisch	154	50	75,5
6	jungneolithisch	112	33	77,2
53	jungneolithisch	259	64	80,2
35	jungneolithisch	767	169	82,0
6	jungneolithisch	128	28	82,1
6	jungneolithisch	591	183	87,7
6	äneol.-frühbronz.	83	252	24,8
6	bronzezeitlich	42	130	24,4
6	bronzezeitlich	17	44	27,9

Abb. 29 Obsidian-Anteil an der Gesamtartefaktmenge

Anteil an Obsidian auf den Fundstellen
Deutlicher wird das Bild bei den Anteilen auf den Fundstellen (Abb. 29). Ob die 2,6% Obsidian auf der Impresso-Siedlung Basi (Kat.-Nr. 6) der Realität entsprechen, muß in Zukunft an neu entdeckten Plätzen dieser Kultur überprüft werden. Für das Äneolithikum und die Bronzezeit lassen sich Werte zwischen 24,8% und 27,9% ermitteln. Die überragende Stellung des Jungneolithikums wird auch an dieser Stelle mit Werten weit über 50% ersichtlich. Mit 53,6% und 87,7% wird ein Nutzungsgrad erreicht, bei dem weit mehr als die Hälfte aller Artefakte aus Obsidian besteht. Dies trifft auch dann zu, wenn die Fundmenge in die Hunderte und Tausende geht. Damit ist die Nutzung des Obsidians auf Korsika unter zwangsläufigem Ausschluß des Mittelneolithikums auf seinen Gipfelpunkt angelangt. Zur Bronzezeit hin sinkt der Anteil unter 30%.

Verteilung des geologischen Obsidians
Die 15 analysierten Artefakte des Jungneolithikums und der Bronzezeit stammen ausschließlich von Sardinien (Abb. 30). Wenn auch für die früh- und mittelneolithische Periode Analysen fehlen, darf es doch als sehr wahrscheinlich angesehen werden, daß sich andere Obsidianvarietäten im archäologischen Kontext kaum finden werden. Sollte es dennoch sein, so dürfte es sich um derart geringe Mengen handeln, daß in diesem Fall von eher Ausnahmen als von einer intentionellen Weitergabe größeren Umfanges gesprochen werden kann, die auf den engen früh- bis mittelneolithischen Kontakten zwischen Korsika und Ligurien und der Toskana beruhen. Korsika und Sardinien sind durch eine nur ca. 20km breite Meerenge voneinander getrennt. Die umfangreichen Vorkommen konnten die Nachfrage sicherstellen, sofern nicht kulturelle Barrieren auftauchten. Der sehr enge kulturelle Kontakt zwischen beiden Inseln wurde hergestellt durch südkorsische und nordsardische Gruppen, die eine wichtige Rolle bei der Weitergabe des Rohmaterials gespielt haben dürften.

Zusammenfassung
Auf Korsika ist mehr als in jeder anderen Region Obsidian genutzt worden, der nach den bisherigen Kenntnissen ausschließlich von Sardinien stammt. Südkorsika war dabei sicherlich wegen seiner verkehrs- und siedlungsgünstigen Lage im Vorteil. Der hohe Anteil auf den Fundstellen, sei es im Jungneolithikum mit mehr als 50% oder in der Bronzezeit mit ca. 25%, bestätigt die intensive Nutzung. Der

Obsidian auf Korsika							
Datierung	Befunde mit Obsidian		Anzahl an Obsidian			geologische Vorkommen	
	gesamt	analysiert	gesamt	in Befunden analys.	Analysen	Sardinien B	Sardinien C
jungneolithisch	18	4	4113+	4+	12	7	5
frühbronzezeitlich	5	1	649+	75	2	-	2
bronzezeitlich	7	1	86+	vh.	1	1	-

Abb. 30 Zeitliche Verteilung des analysierten Obsidians

späte Höhepunkt der Obsidiannutzung im Jungneolithikum könnte mit der Siedlungsaktivität zusammenhängen, die zu dieser Zeit größte Ausmaße erreichte. Die Nähe zu Sardinien erklärt weiterhin die hohe Menge genutzten Obsidians auf den korsischen Fundstellen.

Das Fehlen nichtsardischen Obsidians stützt die Vermutung, daß Korsika seit dem Mittelneolithikum einen eigenen Weg gegangen ist, den das archäologische Fundgut belegt und wenig Kontakt zum italienischen Festland hatte. Es deutet vor allem darauf hin, daß Korsika abseits des großen Versorgungsweges entlang der tyrrhenischen Küste der italienischen Halbinsel lag und auch nicht in ein anderes Versorgungsnetz miteinbezogen gewesen zu sein scheint.

7.10.3 Norditalien

Zeitliche Verteilung der Befunde mit Obsidian
Eine derart eindeutige Aussage wie für Südfrankreich läßt sich für Norditalien, das ebenfalls sehr gut aufgearbeitet ist, nicht treffen, obwohl dort das mittelneolithische VBQ mit 43% in der Obsidiannutzung dominiert (Tafel 72). Wie für Südfrankreich gilt auch hier eine klare chronologische Trennung mit nur wenigen Überschneidungen. Die Anteile des Früh-, Jung- und Äneolithikums mit 14%, 11% und 9% übersteigen die entsprechenden südfranzösischen Werte. Desweiteren setzt sich mit 6% die Obsidiannutzung in der Früh- und Mittelbronzezeit fort. Insgesamt kann von einem ausgeglicheneren Bild gesprochen werden, aus dem sich das Mittelneolithikum heraushebt. Nach dem starken Rückgang der Befundzahlen mit Obsidian im Jungneolithikum sinkt der Wert für die späteren Perioden auf 6%. Einen wesentlichen Beitrag könnte die getrennte Begutachtung der ligurischen und padanischen Fundorte zur Ermittlung des Versorgungsgrades der betroffenen Gebiete leisten, was jedoch die zu geringe Befundzahl, speziell in Ligurien, nicht zuläßt.

Anteil an Obsidian auf den Fundstellen
In zehn Beispielen ergibt sich die Möglichkeit, den Anteil des Obsidians an der gesamten Schlagindustrie zu ermitteln (Abb. 31). Einem frühneolithischen Fundplatz mit 0,5% Obsidian stehen vier Siedlungen der VBQ-Kultur und des Chiozza mit 0,08-1,7% gegenüber. In vergleichbarer Höhe liegen die Werte auch für das Lagozza und Äneolithikum. Bei der einzigen Terramare- und Apenninikum-Siedlung klettert er gar auf 2,5%. Vielleicht steht er hier im Zusammenhang mit den sehr geringen Funden an Artefakten überhaupt. Insgesamt gesehen übersteigt der Anteil an Obsidian in Norditalien in neolithischer Zeit nicht die 2%; er liegt häufig noch unter 1%. Damit schneidet Norditalien hinsichtlich der Nutzung eigentlich schlechter als Südfrankreich ab, obwohl von den Fundplätzen insgesamt mehr Obsidian vorliegt.

Obsidian in Norditalien				
Kat.-Nr.	Datierung	Obsidian	Flint u.ä.	% Obsidian
583	Fiorano-Vhò-Gaban	2	388	0,51
580	VBQ	2	1248	0,08
583	VBQ	5	836	0,60
360	VBQ	1	355	0,28
366	Chiozza	9	523	1,70
583	Proto-Lagozza	1	185	0,45
583	Lagozza	3	155	1,90
583	äneolithisch	1	80	1,24
363	Terramare	1	39	2,50
351	Apenninikum	3	116	2,52

Abb. 31 Obsidian-Anteil an der Gesamtartefaktmenge

Statistische Absolutmengen an Obsidian

In Norditalien kommen hierfür derzeit vier Siedlungen in Frage, von denen drei mehrphasig besiedelt waren (Abb. 32). Dabei treten Isolino di Varese (Kat.-Nr. 583) mit 12000m² und Bertarina (Kat.-Nr. 351) mit 21000m² hervor. Die Stückzahlen gehen insgesamt schon in die Hunderte. Die außergewöhnliche Stellung von Pescale (Kat.-Nr. 355) zeigt sich wiederum deutlich. Im Vergleich zu Südfrankreich wurde der Obsidian in Norditalien in bedeutend größeren Mengen verbraucht.

Obsidian in mehrschichtigen Siedlungen

Der geringe zur Verfügung stehende Siedlungraum in Grotten und unter Abris im Gegensatz zu den Freilandsiedlungen erklärt natürlich die unterschiedlichen absoluten Artefaktmengen. Bei den beiden mehrschichtigen Siedlungen Arene Candide (Kat.-Nr. 567) und Isolino di Varese (Kat.-Nr. 583) kann die Anzahl des Obsidians für die Gesamtsiedlungsfläche hochgerechnet werden (Abb. 33). Die Obsidianmenge von Isolino di Varese täuscht eine Nutzungsintensität gegenüber Arene di Candide vor, die in diesem Maße nicht erreicht wurde. In Arene di Candide sind maximal 600m² nutzbar, und auf der Freilandsiedlung Isolino di Varese ca. 12000m². Letztere, die durchaus stellvertretend für die padanischen Siedlun-gen stehen kann, müßte statistisch die 20fache Menge an Artefakten im Vergleich zu Arene Candide aufweisen. Doch dem ist nicht so. Daraus darf der Schluß erlaubt sein, daß die Nähe Liguriens zu den geologischen Vorkommen, zumindestens was Sardinien betrifft, und seine verkehrsgünstige Lage mit Küstenschiffahrt die Versorgung mit Obsidian begünstigt haben könnte. Desweiteren dürfte nur ein Teil des die Küste erreichenden Obsidians an das Hinterland weitergegeben worden sein.

Obsidian in Norditalien					
Kat.-Nr.	Datierung	gesichert (Grabung)		geschätzt	
		Fläche m²	Obsidian	Fläche m²	Obsidian
567	Impresso (Abri)	300	7	600	14
583	Fiorano-Vhò-Gaban	750	2	12000	320
567	VBQ (Abri)	300	7	600	14
583	VBQ	750	5	12000	800
355	VBQ-Lagozza	140	935	2600	17364
583	Proto-Lagozza	750	1	12000	160
355	Lagozza	140	15	2600	279
567	Lagozza (Abri)	300	15	600	30
583	Lagozza	750	3	12000	480
583	äneolithisch	750	1	12000	160
567	Polada (Abri)	300	2	600	4
351	Apenninikum	969	3	21000	65
583	----- ? -----	750	38	12000	6080

Abb. 32 Statistische Absolutmenge an Obsidian.

Verbreitung des geologischen Obsidians

Die Versorgung mit und die Herkunft des Obsidians läßt sich für die früh-, mittel- und jungneolithische Periode in Norditalien gut beurteilen (Abb. 34). Von drei der fünf frühneolithischen Befunden wurde etwa die Hälfte der dort bekannten Artefakte analysiert, die mit der Bestimmung von Sardinien- und Lipari-Obsidian im Verhältnis drei zu eins endete. Für das Impresso, das auf zwei Plätzen vertreten ist, lautet die Relation zwei zu eins. Dabei ist zu berücksichtigen, daß auf dem Fundplatz Grotta Pollera (Kat.-Nr. 572) neben der Impresso-Schicht ein zweites frühneolithisches Stratum mit Obsidian vorhanden ist. Alle diese Fundplätze liegen in Ligurien. Analysen aus der Padana sind nicht bekannt. So bezieht sich der untersuchte Versorgungsraum ausschließlich auf das Küstengebiet. Die Ergebnisse belegen, daß schon im Frühneolithikum außer Sardinien-Obsidian auch solcher von Lipari in größerem Umfange herantransportiert wurde, wie dies für das südfranzösische Mittelneolithikum nachgewiesen wurde, aber wegen fehlender Analysen nicht für das dortige frühneolithische Cardial untersucht werden konnte.

Für das Mittelneolithikum liegen von sieben der 15 Fundstellen insgesamt 21 Analysen vor, die einer Gesamtmenge von 59 Artefakten entnommen wurden. Mit zwölf Objekten (57%) stammt mehr als die Hälfte aus Sardinien. Den Rest teilen sich Palmarola und Lipari. Für das VBQ sieht das Verhältnis ähnlich aus, nur daß jetzt der Anteil von Palmarola-Obsidian auf 10,5% gefallen und der von Lipari-Obsidian auf 31,6% gestiegen ist. Bis auf Arene Candide (Kat.-Nr. 567) mit einem Befund sardischen Obsidians liegen die übrigen VBQ-Siedlungen in der Po-Ebene bzw. in ihrer Randzone. Das Auftreten von Lipari-Material belegt, daß es von der Küste weit in das Landesinnere gebracht wurde. Palmarola-Obsidian wurde noch nicht in der Padana, wohl aber im Triester Raum nachgewiesen.

Obsidian in Norditalien			
Arene Candide		Isolino di Varese	
Datierung	Anzahl an Obsidian	Datierung	Anzahl an Obsidian
Impresso	14	Fiorano-Vhó-Gaban	32
VBQ	14	VBQ	80
---	--	Proto-Lagozza	16
Lagozza	30	Lagozza	48
---	--	Äneolithikum	16
Polada	4	---	--

Abb. 33 Obsidian auf mehrschichtigen Fundplätzen

Der Weg von der tyrrhenischen Küste in die zentrale Padana dürfte aus mehreren Gründen durch die Nordtoskana geführt haben. Einerseits liegt Ligurien zu sehr im Nordwesten, als daß aus dem Süden herangebrachte Waren über diese Region in die Padana weitergeleitet wurden. Welche Rolle vielleicht doch die enge kulturelle Beziehung zwischen Ligurien und der Padana gespielt haben mag, muß unbeantwortet bleiben. Andererseits finden sich die nächsten, südlicher gelegenen Fundorte mit Obsidian erst in der Nordtoskana. Direkt nördlich dieser Plätze konzentrieren sich in der zentralen Padana die VBQ-Siedlungen mit Obsidian. Eine Weitergabe des Materials darf daher trotz der Gebirgsbarriere von der Nordtoskana in die zentrale Po-Ebene für wahrscheinlich gehalten werden.

Kulturelle Bindungen verbanden die Padana mit Ligurien schon seit dem Frühneolithikum, als das Impresso in die westliche Po-Ebene vordrang. Die Beziehungen mit dem westlichen Mittelitalien bestanden durch das padanische Fiorano und dem mittelitalienischen Sasso seit der zweiten Hälfte des Frühneolithikums. Solche kulturelle Bindungen blieben auch während des weiteren Neolithikums bestehen.

Aufgrund der Überlegung, daß der südfranzösische Lipari-Obsidian die Küstenroute genommen haben dürfte, ist diese Wegführung mit einer Abzweigung nach Osten über die Nordtoskana für den norditalienischen Obsidian ebenfalls anzunehmen. Die geographische Nähe dieser Küstenregion zu Sardinien dürfte ein wichtiger Faktor hinsichtlich der dominierenden Stellung des sardischen Obsidians in Norditalien gewesen sein. Die kulturellen Kontakte zwischen Korsika und der Toskana mögen ein weiteres, wichtiges Kriterium darstellen, das einen Weg über die Nordtoskana nach Norditalien neben dem über Ligurien nahelegt.

Es sollte noch eine Anmerkung zum Weg des Palmarola-Obsidian gemacht werden, der in Südfrankreich und auf Korsika bisher nicht nachgewiesen wurde. Das deutet darauf hin, daß er über die ligurische Küste hinaus nicht weiter nord- bzw. westwärts transportiert wurde. Es ist wenig wahrscheinlich, daß der Palmarola-Obsidian einen anderen Weg als den des Lipari-Obsidians genommen haben soll, da Palmarola auf der direkten Küstenroute nach Norden liegt. Es ist aber auch möglich, daß der Palmarola-Obsidian im Triester Karst über Süditalien und die Adria herangeschafft wurde, da er auf den Plätzen der Padana noch nicht nachgewiesen werden konnte.

Für das Jungneolithikum, bestehend aus zwei der vier Lagozza-Siedlungen, fehlt Palmarola-Obsidian, so daß Sardinien-Obsidian dem von Lipari im Verhältnis von sechs zu eins gegenübersteht. Das Ausbleiben des Palmarola-Obsidians, wie schon im Frühneolithikum, kann nicht geklärt werden, da er schon im Mittelneolithikum nordwärts weitergegeben wurde und Lipari-Obsidian ebenfalls vertreten ist. Wahrscheinlich ist daran nur der derzeitige Forschungsstand abzulesen.

Sardischer Obsidian wurde während des gesamten Neolithikums, besonders während des Mittelneolithikums im Umfeld der VBQ-Kultur genutzt. Das trifft ebenfalls auf den Lipari- sowie den Palmarola-Obsidian zu, wobei letzterer auf Ligurien beschränkt blieb. Zeitliche und geographische Beschränkungen beim Sardinien- und Lipari-Obsidian sind nicht erkennbar.

Zusammenfassung

In Norditalien fällt als erstes die ungleichmäßige Verteilung von Obsidian auf. Generell verteilt sich der Obsidian auf zwei geographische Gebiete, die durch eine Gebirgsbarriere getrennt sind, zwischen denen dennoch enge Kontakte standen: Ligurien und die Padana. Nach dem vorhandenen Material wurde möglicherweise die westliche Po-Ebene von Ligurien aus mit Obsidian versorgt. Im Falle der zentralen Padana ist dies mit großer Wahrscheinlichkeit über die Nordtoskana geschehen.

Auffällig erscheint der geringe Umfang an früh- und jungneolithischem Obsidian. Wie in Südfrankreich hebt sich das Mittelneolithikum mit der VBQ-Kultur befund- und mengenmäßig deutlich ab. Eine Reihe von lagozzazeitlichen Obsidianfunden zeigt, daß dieses Material vorkommt, möglicherweise in einer Menge, die beim jetzigen Forschungsstand unterschätzt wird. Auf den bronzezeitlichen Fundstellen finden sich auch größere Artefaktmengen.

Als Träger der Obsidianverbreitung fungiert die VBQ-Kultur. Ihre Fundmengen sind größer als die des Chasséen,

Obsidian in Norditalien								
Datierung	Befunde mit Obsidian		Anzahl an Obsidian			geologische Vorkommen		
	gesamt	analysiert	gesamt	in analys. Befunden	Analysen	Sardinien	Palmarola	Lipari
frühneolithisch	5	3	12+	9	4	3	-	1
mittelneolithisch	15	7	88+	59+	21	12	3	6
jungneolithisch	4	2	34	30	7	6	-	1
Impresso	2	2	8	8	3	2	-	1
VBQ	12	5	86+	58+	19	11	2	6
Lagozza	4	2	34+	30	7	6	-	1

Abb. 34 Zeitliche Verteilung des analysierten Obsidians

obwohl die Padana nicht so verkehrsgünstig liegt. Dennoch wurden auf dem Fundplatz Pescale (Kat.-Nr. 355) 935 von 950 Artefakten geborgen, die leider nicht eindeutig dem VBQ oder Lagozza zugeordnet werden können, wobei eine der beiden Siedlungsschichten jedoch mehr als 450 Artefakte aufweisen muß. Ihr außergewöhnlicher Umfang wirft eine Reihe von Fragen auf, insbesondere da der Siedlungsplatz nur teilweise ausgegraben wurde und somit noch weiterer Obsidian zu erwarten ist. Ein Schlagplatz scheint dem Grabungsbericht zufolge nicht vorgelegen zu haben. Es muß vorerst dahingestellt bleiben, ob diese Siedlung die Funktion eines zentralen Platzes innehatte. Die Frage danach würde sogar noch dringlicher werden, sollten weitere Plätze mit ähnlich hoher Obsidianmenge bekannt werden.

Die Analysen erbringen den Nachweis, daß Obsidian während seiner gesamten Nutzungsphase nicht nur von einer Lagerstätte stammt. Sardischer Obsidian hatte den kürzesten Weg. Seit dem Mittelneolithikum wurde auch Palmarola-Obsidian verwendet, der bislang nur auf Ligurien beschränkt bleibt. Lipari-Obsidian war dagegen zu allen Zeiten in Gebrauch. Gerade bei diesem Obsidian muß man sich nach dem Transportweg fragen, da er allem Anschein nach über die nördliche Toskana erfolgen konnte. Mit Blick auf den kulturellen Einzugsraum der VBQ-Kultur könnte auch Ligurien seinen Anteil daran haben.

7.10.4 Östliche Adriaküste

Die klare chronologische Gliederung der dalmatischen Fundstellen verspricht auf den ersten Blick eine gute Interpretation (Tafel 72). Es stehen aber nur insgesamt 13 Befunde zur Verfügung. Zumindest kann das Mittelneolithikum als Hauptphase der Obsidiannutzung angesprochen werden. Die Nutzung erstreckte sich bis in das Äneolithikum und wahrscheinlich sogar darüber hinaus. Es muß dahingestellt bleiben, ob das Fehlen frühneolithischer Fundplätze mit Obsidian nicht auf dem momentanen Kenntnisstand beruht, was ich für sehr wahrscheinlich halte, obwohl eine große Zahl an Impresso-Siedlungen aus Dalmatien bekannt ist.

Anteil an Obsidian auf den Fundstellen
Nur für die Grotta della Tartaruga (Kat.-Nr. 374) kann der Anteil Obsidian ermittelt werden: 17,1% in der neolithischen Schicht und jeweils 1,8% im äneolithischen und bronzezeitlichen Stratum (Abb. 35). Da ein einzelner Fundplatz, wenn auch mehrschichtig, nicht stellvertretend für eine Region herangezogen werden kann, muß auf jede weitere Interpretation verzichtet werden.

Obsidian an der östlichen Adriaküste				
Kat.-Nr.	Datierung	Obsidian	Flint u.ä.	% Obsidian
374	neolithisch	7	34	17,1
374	äneolithisch	1	56	1,8
374	bronzezeitlich	1	56	1,8

Abb. 35 Obsidian-Anteil an der Gesamtartefaktmenge

Statistische Absolutmengen an Obsidian
An der östlichen Adriaküste bieten sich nur zwei Beispiele zur Errechnung der Absolutmengen an, die aber für eine Interpretation kaum Spielraum lassen (Abb. 36). Anzumerken sei, daß eine Schätzung von 300 Artefakten für Dolina Monrupino/Fernette (Kat.-Nr. 368) eine bemerkenswert hohe Stückzahl auch ohne Rücksicht auf eine zeitliche Einordnung ist.

Geologische Herkunft des Obsidians
Analysen sind bislang nur von den Fundplätzen des Triester Karstes bekannt, so daß zur Herkunftsfrage des Obsidians

Obsidian an der östlichen Adriaküste					
Kat.-Nr.	Datierung	gesichert (Grabung)		geschätzt	
		Fläche m²	Obsidian	Fläche m²	Obsidian
372	äneolithisch	7	1	20	3
368	Danilo ?	2	4	150	300

Abb. 36 Statistische Absolutmenge an Obsidian

auf den Plätzen des übrigen dalmatischen Raumes keine Aussagen getroffen werden können (Abb. 37). Es darf aber wegen der engen Kontakte während des gesamten Neolithikums zwischen Süditalien und Dalmatien angenommen werden, daß vornehmlich Lipari-Obsidian in größerer Zahl über die Adria transportiert worden sein dürfte.

Diese Vermutung wird durch die vorhandenen Analysen der Triester Fundstellen belegt, wonach 81,8% der untersuchten Objekte vom Vorkommen Lipari stammen. In einem Falle ist auch Palmarola-Obsidian vorhanden. Material aus Sardinien fehlt völlig, was als Hinweis darauf verstanden werden kann, daß die Versorgungswege aus südlicher bis südwestlicher Richtung an die östliche Adriaküste stießen und sardischer Obsidian in den Warenaustausch nicht miteinbezogen war.

Das Fundmaterial im Triester Raum weist neben norditalienischen vor allem balkanische Einflüsse auf. Dadurch gelangte wahrscheinlich Karpathen-Obsidian in den Triester Raum. Dieser nur als neolithisch datierbare Fund stellt das einzige bisher bekannte Beispiel der Überlappung zweier Obsidianprovinzen dar. Sie ist für weitere Fundplätze des dalmatischen Raumes, besonders im Landesinneren zu erwarten. Mindestens bis in das Äneolithikum hinein steht nach Aussage einer entsprechenden Analyse der Versorgungsweg nach Süden zum Lipari-Obsidian offen.

Zusammenfassung

Dalmatien einschließlich des Triester Karstes gehört dem mediterranen Kulturkreis an. Erst im Hinterland verstärken sich die vorhandenen balkanischen Einflüsse. Mit den Kontakten, die sich im Fundmaterial Mittel- und Süditaliens widerspiegeln, erscheint die Möglichkeit der Herkunft balkanischen Obsidians von untergeordneter Bedeutung. Sie ist aber belegt, wie das Beispiel der Grotta della Tartaruga (Kat.-Nr. 374) beweist.

Das Fehlen frühneolithischen Obsidians möchte ich als Forschungslücke bezeichnen, da sowohl aus dem italienischen wie auch aus dem balkanischen Frühneolithikum Obsidian gut belegt ist. Wie in Südfrankreich, Nord- und Mittelitalien stellt das Mittelneolithikum, dieses Mal vertreten durch das Vlaška und Danilo, die meisten Befunde mit Obsidian, wobei ich Mengen von mehr als 19 Artefakten nicht als Ausnahmen bezeichnen möchte. Ich bin sicher, daß künftige Forschungen dieses bestätigen werden. Damit sei nochmals auf die gute Versorgung mit Obsidian hingewiesen. Für das Jungneolithikum und Äneolithikum ist mit nur jeweils drei Beispielen eine schwache Nutzung belegt. Bronzezeitlicher Obsidian ist ebenfalls vorhanden.

Die geologische Herkunft läßt sich nur für Objekte aus dem Triester Karst nachweisen. Neben einem Palmarola-Obsidian wurde ein balkanisches Obsidianartefakt festgestellt, das auf die Lage des Raumes im Grenzgebiet zum balkanischen Kreis hinweist. Hauptlieferant zu allen betreffenden Zeiten war aber Lipari. Ein Transportweg über die italienische Halbinsel leuchtet ein. Ungewiß bleibt, ob er über die Tremiti-Inseln und dann entlang der dalmatinischen Küste führte oder ob er eine direkte Route über die Adria nahm. Dazu fehlen die Analysen dalmatischer Objekte.

Obsidian an der östlichen Adriaküste								
Datierung	Befunde mit Obsidian		Anzahl an Obsidian			geologische Vorkommen		
	gesamt	analysiert	gesamt	in analys. Befunden	Analysen	Palmarola	Lipari	Karpathen
Vlaška	2	1	3	3	2	-	2	-
neolithisch	1	1	7	7	2	-	1	1
äneolithisch	3	1	2+	1	1	-	1	-
Vlaška ?	1	1	3	3	3	1	2	-

Abb. 37 Zeitliche Verteilung des analysierten Obsidians

7.10.5 Mittelitalien

Zeitliche Verteilung der Befunde mit Obsidian
Eine ausgeglichene zeitliche Verteilung des Obsidians findet sich in Mittelitalien vor (Tafel 73). Zeitliche Überschneidungen und Fundvermischungen prägen das Bild in einem stärkeren Maße als in den schon behandelten Regionen. Zwar stellt das Mittelneolithikum mit 22% die meisten Fundstellen, es folgt aber darauf das Äneolithikum mit 15% und die Mittelbronzezeit mit 13%. Gerade für die Mittelbronzezeit ist ein solcher Betrag bemerkenswert, insbesondere auch das Auftreten weiterer Funde in der zeitlichen Nachbarschaft, die bis in die Jungbronzezeit und die frühe Eisenzeit hineinreichen.

Mit Blick auf das Mittelneolithikum liegt der Anteil des Früh- und Früh-/Mittelneolithikums bei 7% und 9%. Der starke Rückgang der Fundstellen zwischen dem Mittelneolithikum und dem Äneolithikum kann zumindest teilweise auf die bisher geringe Zahl an Fundstellen zurückgeführt werden. So dürfte für das Neolithikum eine ausreichende Obsidianversorgung gesichert gewesen sein. Meiner Meinung nach wird sich der frühneolithische Anteil mit fortschreitendem Kenntnisstand erhöhen. Ähnlich wie in Norditalien wäre eine geographische Trennung in einen tyrrhenischen und einen adriatischen Teil wünschenswert, die aber zur Zeit einer ausreichenden Datenbasis entbehrt. Anhand der geographischen Lage der Ripoli-Siedlungen und der apulischen Befunde ist dennoch eine Bewertung möglich, die eine Benachteiligung der von den Vorkommen entfernteren adriatischen Landseite nicht erkennen läßt.

Anteil an Obsidian auf den Fundstellen
Die Anteile an Obsidian variieren auf den Fundstellen sehr stark (Abb. 38). Ob die 30,8% für die Impresso-Schicht von Grotta Riparo Continuenza (Kat.-Nr. 177) durch weitere Grabungen bestätigt werden können, bleibt dahingestellt. Die Werte für die Ripoli-Kultur dürften trotz ihrer Bandbreite zwischen 1,3% und 11,1% realistisch sein. Die hohen Werte von 5,0% von Catignano (Kat.-Nr. 183) und 10,3% von Ripoli (Kat.-Nr. 196) wurden mit einer insgesamt hohen Fundzahl erzielt und stehen nicht einer geringen Fundmenge gegenüber, wie im Falle von Grotta La Punta (Kat.-Nr. 175) mit einem Obsidianfund und acht Flintartefakten.

Extremwerte von 0,3% und 36,3% im Äneolithikum, die einen durchaus hohen Obsidiananteil vermuten lassen, stellen eine Bewertung vor Schwierigkeiten. Die äneolithische Nutzung wird sicherlich nicht an die des Mittelneolithikums herangereicht, sondern weit darunter gelegen haben, aber einen dennoch nicht zu unterschätzenden Umfang besessen haben.

Statistische Absolutmengen an Obsidian
Auf den ersten Blick scheinen die Angaben denen in Norditalien vergleichbar zu sein (Abb. 39). Der Unterschied liegt darin, daß in Mittelitalien pro Flächeneinheit mehr Obsidian vorhanden zu sein scheint, insbesondere im Frühneolithikum. Bis auf Grotta all'Onda (Kat.-Nr. 840) liegen alle übrigen nicht im Bereich der tyrrhenischen Küste, waren also nur über Land zu erreichen. Klar ersichtlich sind auch die zwangsläufigen Unterschiede durch den Siedlungstyp.

Geologische Herkunft des Obsidians
Von den elf früh- und früh-/mittelneolithischen Fundstellen wurden acht Artefakte aus sechs Befunden mit dem Ergebnis analysiert, daß zwei Objekte von Palmarola und sechs von Lipari stammen (Abb. 40). Palmarola-Obsidian gelangte bis auf die adriatische Seite Mittelitaliens sowie bis nach Nordapulien.

Sardinien-Obsidian fehlt dagegen vollständig. Dieses trifft auch für das Mittelneolithikum zu, für das allerdings nur die Artefakte von zwei der 15 bekannten Fundstellen untersucht wurden. Erst im Zeitraum Äneolithikum-Frühbronzezeit tritt in einem Fall Sardinien-Obsidian auf, wobei er zusammen mit dem Fundmaterial von anderen, nicht näher datierbaren Fundorten auf die Toskana beschränkt bleibt. Dort scheint er in einem vergleichbaren Umfang aufzutreten wie der Palmarola-Obsidian im südlichen Mittelitalien. Für eine Interpretation der Verbreitung des geologisch spezifierbaren Obsidians in den Kulturen können nur wenige Beispiele herangezogen werden, ohne daß sie zusätzliche Aussagekraft vorweisen.

Insgesamt läßt sich feststellen, daß sardischer Obsidian nicht über die Toskana hinaus ost- oder südwärts bekannt ist. Sein Vorhandensein in den früheren neolithischen Perioden ist im Bezug auf die Toskana aber nach den Überlegungen für Norditalien anzunehmen. Das bedeutet keine Weitergabe nach Süden. Damit wird die Vermutung bekräftigt, daß der Obsidian von Sardinien aus nicht auf direktem

Obsidian in Mittelitalien				
Kat.-Nr.	Datierung	Obsidian	Flint u.ä.	% Obsidian
185	Impresso (Grotte)	4	354	1,1
177	Impresso (Grotte)	8	18	30,8
852	Sasso-Fiorano (Grotte)	6	68	8,1
185	Ripoli (Grotte)	32	2471	1,3
187	Ripoli	13	663	1,9
183	Ripoli	85	1616	5,0
195	Ripoli	6	73	7,6
196	Ripoli	97	842	10,3
175	Ripoli (Grotte)	1	8	11,1
585	mittelneolithisch	11	784	1,4
844	endneol.-frühäneol.	2	127	1,6
180	Ortucchio	6	1764	0,3
840	äneolithisch (Grotte)	53	93	36,3
175	äneolithisch (Grotte)	1	14	2,4
184	Subapenninikum	1	80	1,2

Abb. 38 Obsidian-Anteil an der Gesamtartefaktmenge

Weg ostwärts über das offene Meer an das italienische Festland gebracht wurde, sondern über Korsika und die toskanischen Inseln. Geht man im übrigen von einem von Süden nach Norden gerichteten Transportweg für den Lipari- und Palmarola-Obsidian entlang der tyrrhenischen Küste aus, so wurde sardischer Obsidian nur mit und nicht entgegen der Transportrichtung verbreitet. Damit kann die Gesamtverbreitung des sardischen Obsidians auf Südfrankreich, Norditalien, auf den Triester Raum und auf die Toskana eingegrenzt werden.

Obsidian in Mittelitalien					
Kat.-Nr.	Datierung	gesichert (Grabung)		geschätzt	
		Fläche m²	Obsidian	Fläche m²	Obsidian
185	Impresso (Grotte)	80	4	600	30
177	Impresso (Grotte)	4	8	100	200
185	Ripoli (Grotte)	80	32	600	240
196	Ripoli	2000	97	40000	1940
183	Ripoli	800	85	25000	2656
840	äneolithisch (Grotte)	150	53	400	141

Abb. 39 Statistische Absolutmenge an Obsidian

Palmarola-Obsidian deckte zu jeder Zeit Mittelitalien ab und erreichte ostwärts die Adria. In den datierbaren Befunden liegt er mengenmäßig weit hinter dem Lipari-Obsidian, der in allen Gebieten Mittelitaliens anzunehmen. Die wenigen Fundstellen mit analysierten Artefakten geben keine Aufschlüsse auf zeitlich oder kulturell bedingte Verbreitungswege, so daß der Frage nicht weiter nachgegangen werden kann, inwieweit es im Falle des Lipari-Obsidians einen von Süden kommenden Landtransport gegeben hat bzw. ob das Material von der Küste aus ostwärts in das Landesinnere gebracht wurde.

Auf Siedlungen mit eindeutiger früh-, mittel- oder jungneolithischer Zuweisung sind nur Palmarola- und Lipari-Obsidian vertreten. Die Fundplätze sardischen Obsidians können nur als neolithisch-bronzezeitlich angesprochen werden. Insgesamt ist diese Obsidianvarietät genauso häufig wie Palmarola-Obsidian mit zehn Objekten und nur etwas geringer als Lipari-Obsidian mit 13 Artefakten vertreten. Ein Fund aus Grotta del Leone (Kat.-Nr. 843) war keinem bekannten Vorkommen zuzuweisen.

Die Verteilung der Fundplätze mit analysiertem Obsidian entspricht der allgemeinen Obsidianverbreitung. Die Befunde mit Palmarola-Obsidian streuen ebenso wie die mit Lipari-Obsidian über den gesamten Raum. Da bei einer Vielzahl von Fundstellen mit analysiertem Obsidian keine kulturelle Zuweisung besteht, reduziert sich die Zahl der Beispiele und der Schlußfolgerungen drastisch.

Für den Impresso-Siedlungsplatz von Grotta Sant'Angelo (Kat.-Nr. 192) konnte Obsidian aus Palmarola, auf einer weiteren Siedlung, Villa Badessa (Kat.-Nr. 188), mit impresso-ripoli-zeitlichem Material, Lipari-Obsidian nachgewiesen werden. Letzteres trifft ebenfalls für die Siedlung Ripoli (Kat.-Nr. 196) und den Sasso-Fiorano-Platz von Grotta dell'Orso di Sarteano (Kat.-Nr. 852) zu. Demnach muß eine gleichwertige Versorgung mit Sardinien-, Palmarola- und Lipari-Obsidian in den betreffenden Gebieten angenommen werden.

Zusammenfassung

Gegenüber Südfrankreich und Norditalien hat sich die Zahl der Befunden mehr als verdreifacht. Der Obsidiananteil liegt auch real sehr viel höher. Von einigen Fundkonzentrationen aufgrund lokaler Forschungen abgesehen, verteilen sich die Fundplätze relativ gleichmäßig über den westlichen

Obsidian in Mittelitalien								
Datierung	Befunde mit Obsidian		Anzahl an Obsidian			geologische Vorkommen		
	gesamt	analysiert	gesamt	in Befunden analys.	Analysen	Sardinien	Palmarola	Lipari
frühneolithisch	5	2	6+	1+	3	-	1	2
frühneol.-mittelneolithisch	6	4	20+	12+	5	-	1	4
mittelneolithisch	15	2	262+	98	2	-	-	2
mittelneol.-jungneolithisch	2	2	6+	3	2	-	1	1
äneol.-frühbronzezeitlich	3	1	4+	1	1	1	-	-
Impresso	5	1	13+	vh.	1	-	1	-
Impresso-Ripoli	1	1	5	5	2	-	-	2
Sasso-Fiorano	2	1	6+	6+	1	-	-	1
Ripoli	10	1	236+	97	1	-	-	1

Abb. 40 Zeitliche Verteilung des analysierten Obsidians

und südlichen Teil der Region. Nur das Zentralapennin und der Nordosten weisen weniger Obsidian auf.

Neolithischer Obsidian kommt im Umfeld des Ripoli in einem erheblich größeren Umfange als im übrigen Mittelitalien vor, was sich nur zu einem Teil auf den Forschungsstand zurückführen läßt, sondern auch Ausdruck der größeren Siedlungstätigkeit ist. Im Äneolithikum und in der Mittelbronzezeit hat sich, als die tyrrhenische Landseite deutlich bevorzugt war und sich auf der adriatischen Seite kaum Obsidian vorfindet, die räumliche Verteilung der Funde verschoben. Die Eindeutigkeit der Obsidiannutzung im Mittelneolithikum, wie sie für Südfrankreich und Norditalien vorliegt, läßt sich nicht nachweisen. Auch eine intensivierte Erforschung des Mittelneolithikums auf der tyrrhenischen Seite dürfte daran wenig ändern. Die genannte Periode präsentiert sich zwar mit 15 Befunden; es wird aber dicht gefolgt vom Äneolithikum mit zehn und von der Mittelbronzezeit mit neun Befunden.

Bedeutung kommt jetzt auch der Tatsache zu, daß sich die Summe der bronzezeitlichen Fundstellen auf 22 erhöht hat und damit die des Mittelneolithikums weit übertrifft. Dieses Zahlenverhältnis darf aber nicht den falschen Eindruck erwecken, als sei in der Bronzezeit Obsidian intensiver als im Mittelneolithikum genutzt worden. Ich würde es eher auf den archäologischen Auswertungsstand zurückführen, ohne damit einen hohen Nutzungsgrad in der Bronzezeit zu verneinen. Mengenmäßig steht das Mittelneolithikum mit dem Ripoli an der Spitze. Trotz des unterrepräsentierten Mittelneolithikums hinsichtlich der Summe der Befunde liegt es bei der durchschnittlichen Häufigkeit an Obsidian auf den Fundstellen eindeutig an der Spitze. Die Ergebnisse der prozentualen Anteile an der Gesamtartefaktmenge bestätigen dies. Gewicht kommt den hohen Werten des Früh-/Mittelneolithikums zu, die eine schon frühzeitige Steigerung der Nutzung belegen. Ein bemerkenswertes Bild stellt sich mit dem hohen Durchschnittswert für die Bronzezeit und dabei speziell für das Apenninikum ein.

Über die Herkunft des Obsidians geben 34 Analysen Auskunft. Danach tritt sardischer Obsidian nicht in eindeutig neolithischem Zusammenhang auf. Er scheint eher im Zeitraum der Spätneolithikum-Frühbronzezeit aufzutauchen. Seine Verbreitung, die sich auf die Toskana beschränkt, legt die Vermutung nahe, daß er über Korsika und der Inselgruppe um Elba zum italienischen Festland transportiert wurde. Dagegen scheint sich Lipari-Obsidian zeitlich vornehmlich auf die neolithischen Abschnitte zu verteilen, erfaßt aber das gesamte Mittelitalien. Palmarola-Obsidian von der Kampanien vorgelagerten Insel deckt die gesamte Zeitskala ab. In erster Linie hat er eine küstennahe Verbreitung auf der tyrrhenischen Landseite gefunden.

Somit zeichnen sich in großen Linien die Versorgungswege heraus: Sardischer Obsidian gelangte über Korsika und den Inseln um Elba in die Toskana und von dort zumindest teilweise nach Norditalien, aber nicht nach Süden. Palmarola-Obsidian erschloß sich den küstennahen Bereich, während Lipari-Obsidian alle Gebiete Mittelitaliens erreichte.

7.10.6 Süditalien

Zeitliche Verteilung der Befunde mit Obsidian

In Süditalien konzentrieren sich die Fundstellen wesentlich mehr auf das Neolithikum, wobei die zeitliche Gliederung noch mehr verwischt (Tafel 73). Vergleichbar mit Mittelitalien nimmt das Mittelneolithikum mit 27% die Spitzenstellung ein. Die Verringerung der Anteile zum Jungneolithikum und Äneolithikum hin fällt nicht so deutlich aus, da für das Mittel-/Jungneolithikum, Jungneolithikum und Äneolithikum mit 12%, 16% und 9% noch zahlreiche Befunde mit Obsidian bekannt sind. In der Bronzezeit mit ihrem geringen Anteil hebt sich die Mittelbronzezeit und somit das Apenninikum mit 6% noch einmal heraus. Die bronzezeitliche Nutzung ist mit der Mittelitaliens vergleichbar. Für die Zeit vom Früh- zum Mittelneolithikum erreicht sie in Mittel- wie in Süditalien einen Wert von 9%, der in den mittelneolithischen Spitzenwert mündet. Das danach erfolgende leichte Absinken der Anteile kann nicht mit dem starken Rückgang in der nördlicheren Region verglichen werden.

Anteil an Obsidian auf den Fundstellen

Zu sicheren Aussagen zum frühneolithischen Obsidiananteil reichen die zwei vorliegenden Angaben nicht aus (Abb. 41). Anders verhält es sich im Mittelneolithikum, in dem sich zwei Gruppen mit jeweils 0,4%-5,1% und über 60% Obsidian herausbilden. Zwei Gründe dürften dafür maßgebend sein. Die Gruppe mit den niedrigen Werten besteht im wesentlichen aus gegrabenen Freilandplätze und Grotten, die in Matera und Apulien liegen.

Für die großflächige Siedlung Casone (Kat.-Nr. 247) geht der absolute Wert über 2000 hinaus, dennoch liegt der Anteil nur bei 2,7% und damit innerhalb des Bereiches für Grotten, während für Villa Comunale (Kat.-Nr. 281) der Anteil an Obsidian mit ca. 10% angegeben wird. Höhere absolute Zahlen für Freilandplätze sind nur auf ihre größere Siedlungsfläche zurückzuführen. In ihren prozentualen Anteilen gleichen sich beide Siedlungsarten. Die andere Gruppe, in die auch die mittel- bis jungneolithischen Befunde eingereiht werden können, besteht nur aus kalabrischen Lesefunden aus dem Acconia-Projekt.

Eine weitere Ursache für die große Häufigkeit von Obsidian ist in der geographischen Lage zu suchen und nicht in der Zugehörigkeit zu Freilandplätzen oder Grotten bzw. Lesefunden oder Grabungsfunden. Diese Vermutung wird gestützt durch die jungneolithischen Siedlungen des Diana in Kalabrien sowie durch die dortigen vorläufig als prähistorisch eingestuften Fundorte. Für die Mittelbronzezeit und Eisenzeit reicht die Datenbasis zu Interpretationen bei Spitzenwerten von 12,5% und 26,1% nicht aus. Von Bedeutung ist allerdings, daß selbst in diesen Zeiten intensiven Metallgebrauchs Obsidian und Flint genutzt wurden und sie immer noch in Größenordnungen von mehreren Prozent anzutreffen sind.

Statistische Absolutmengen an Obsidian

In dieser Region können drei Fundplätze mit acht Befunden

herangezogen werden (Abb. 42). Bis auf Casone (Kat.-Nr. 247) handelt es sich ausschließlich um Siedlungsplätze in Grotten, so daß hier nicht allzu hohe absolute Werte zu erwarten sind. Die hohe Schätzzahl an Obsidian von über 2000 darf nicht darüber hinweg täuschen, daß Obsidian aus den erforschten Siedlungsbereichen nur 2,7% der gesamten Artefaktmenge ausmacht.

Obsidian in Süditalien				
Kat.-Nr.	Datierung	Obsidian	Flint u.ä.	% Obsidian
210	frühneolithisch	2	74	2,6
294	frühneol.-mittelneol.	1	186	0,5
404	Stentinello	20	11	60,6
412	Stentinello	2	1	66,7
398	Stentinello	8	3	72,7
429	Stentinello	66	7	90,4
428	Stentinello	25	2	92,6
444	Stentinello	500	8	98,4
276	Guadone-Masseria La Quercia	1	270	0,4
279	Masseria La Quercia	2	210	0,9
334	Serra d'Alto	84	136	38,2
294	mittelneolithisch	4	264	1,5
294	mittelneolithisch	3	141	2,1
247	mittelneolithisch	5	180	2,7
294	mittelneolithisch	9	169	5,1
297	mittelneol.-jungneol.	173	293	37,1
386	mittelneol.-jungneol.	24	9	72,7
385	mittelneol.-jungneol.	10	2	83,3
399	mittelneol.-jungneol.	160	10	94,1
432	mittelneol.-jungneol.	296	5	98,3
433	mittelneol.-jungneol.	469	5	99,0
389	Diana	18	4	81,8
383	Diana	16	1	94,1
380	Diana	151	8	94,4
294	jungneolithisch	5	107	4,4
330	frühäneolithisch	10	19	34,5
499	Apenninikum	6	17	26,1
494	mittelbronzezeitlich	1	30	3,2
214	mittelbronzezeitlich	2	47	4,1
214	eisenzeitlich	5	58	7,9
214	eisenzeitlich	4	28	12,5

Abb. 41 Obsidian-Anteil an der Gesamtartefaktmenge

Obsidian in mehrschichtigen Siedlungen

Eine große Bedeutung kommt dem mehrphasigen Siedlungsplatz Grotta delle Prazziche (Kat.-Nr. 292) mit fünf Kulturschichten, die zumeist in das Mittelneolithikum datieren, zu. Artefakte aus Obsidian wurden in großer Zahl in allen Straten gefunden:

- Früh- bis Mittelneolithikum 46 Artefakte,
- Mittelneolithikum 138 Artefakte,
- Mittelneolithikum 414 Artefakte,
- Mittelneolithikum 184 Artefakte,
- Jungneolithikum 230 Artefakte.

An ihr läßt sich die Steigerung der Obsidianmenge und der hohe Nutzungsgrad im Mittel- und Jungneolithikum ablesen. Leider fehlen die Vergleichswerte für die übrige Geräteindustrie in der Tavoliere-Ebene. Bei der Freilandsiedlung Casone können 2134 Artefakte aus Obsidian vermutet werden. Der begrenzte Siedlungsraum von Grotten und Abris läßt die Obsidianzahl nur um einige hundert anwachsen. Gestützt wird die Annahme der intensiven Nutzung durch den Anteil des Obsidians an der gesamten Geräteindustrie.

Obsidian in Süditalien					
Kat.-Nr.	Datierung	gesichert (Grabung)		geschätzt	
		Fläche m²	Obsidian	Fläche m²	Obsidian
494	mesolithisch (Grotte)	7	2	22	6
294	früh.-mittelneol. (")	5	1	230	46
294	mittelneolithisch (")	5	3	230	138
294	mittelneolithisch (")	5	4	230	284
294	mittelneolithisch (")	5	9	230	414
247	mittelneolithisch	350	5	150000	2143
294	jungneolithisch (Grotte)	5	5	230	230
494	mittelbronzezeitl. (")	7	1	22	3

Abb. 42 Statistische Absolutmenge an Obsidian

Geologische Herkunft des Obsidians

In dieser Region klafft das Verhältnis zwischen den Befunden ohne und mit analysiertem Obsidian und der Anzahl der untersuchten Objekte zur Gesamtzahl der Artefakte auf diesen Fundstellen viel weiter auseinander als in anderen Regionen, obwohl aus Süditalien viel mehr Analysen vorliegen (Abb. 43).

Die Dominanz des Lipari-Obsidians während des gesamten Neolithikums läßt sich deutlich ablesen. Nur zwei Artefakte des Mittelneolithikums und ein nicht datierbares Stück aus Palmarola-Obsidian sind außerhalb Kampaniens aus Foggia bekannt, das geographisch direkt östlich von Kampanien liegt. Wegen fehlender Analysen konnte bislang sein Anteil in Kampanien und somit im Umfeld des Vorkommens nicht berücksichtigt werden, da es dort aller Wahrscheinlichkeit nach eine Konkurrenz zum Lipari-Obsidian dargestellt haben dürfte. Südlich von Kampanien und Foggia wurde Obsidian von Palmarola noch nicht angetroffen. Möglicherweise gilt für ihn ähnliches wie für den Transport des sardischen Materials, das ebenfalls nicht südwärts weitergegeben wurde, wodurch die südliche Verbreitungsgrenze für den Palmarola-Obsidian festgelegt ist.

Erstmals tritt in den neolithischen Zeitabschnitten geologisch keinem bekannten Vorkommen zuordenbarer Obsidian in nennenswerter Menge auf, womit sich die Frage nach einem noch unbekannten Vorkommen innerhalb oder außerhalb Süd- oder Mittelitaliens stellt. Da sich deren Fundorte alle in Apulien konzentrieren, wo aber entsprechende vulkanische Gebiete fehlen, kann die Herkunft dieser Artefakte von einem balkanischen oder gar ägäischen Vorkommen nicht ausgeschlossen werden. Aufgrund des kulturell engen, beidseitigen Kontaktes zwischen Dalmatien und Süditalien wäre dann ein balkanischer Ursprung in Erwägung zu ziehen, obwohl einem Obsidian aus dem nordwestmediterranen Raum höhere Wahrscheinlichkeit zukommt. Erst müssen weitere, umfassende naturwissenschaftliche Untersuchungen abgewartet werden.

Südlich der Region Kampanien und der Provinz Foggia scheint das übrige Süditalien die ausschließliche Domäne des Lipari-Obsidians gewesen zu sein, der auf direktem und relativ kurzem Weg an die tyrrhenische Küste gebracht werden konnte. Es taucht die Frage, ob der Obsidian auf der adriatischen Landseite der italienischen Halbinsel über Land oder entlang der Küste transportiert wurde. Der Hinweis, daß für die Fundplätze der Acconia-Ebene höhere Anteile als für die mehr landeinwärts gelegenen Plätze ermittelt wurden, läßt noch keinen Schluß auf die Transportweise zu, da der Obsidian, egal ob von Lipari oder Sizilien aus, immer erst per Schiff an die Westküste Kalabriens transportiert werden mußte. In diesem Zusammenhang sei auf die Überlegungen anhand der Kartierung der Obsidiananteile im Kapitel "7.14.2 Prozentuale Anteile an Obsidian auf Fundplätzen", Seite 82, verwiesen.

Zusammenfassung

Süditalien liefert die höchste Zahl an Fundstellen und an Obsidian. Obwohl der Schwerpunkt auf Apulien und die östliche Basilikata beschränkt zu sein scheint, brachten Forschungen in Kalabrien eine vergleichbar hohe Dichte an Fundplätzen zutage. Statt auf das Mittelneolithikum allein, verteilen sich jetzt die meisten Befunde, insgesamt 72, auf den Zeitraum vom Mittel- bis zum Jungneolithikum, der aufgrund seiner bemalten Keramik eine viel stärkere, interne Verzahnung als in den übrigen Regionen aufweist. Aus dieser Zeit sind auch die größten Obsidianmengen bekannt. Für das Serra d'Alto und Diana sowie das kalabrische Stentinello steht eine intensive Nutzung bei hoher Stückzahl außer Zweifel. Das Maximum der Nutzung scheint sich vom Mittel- mehr zum Mittel-/Jungneolithikum hin verlagert zu haben, wie an der Schätzung der Durchschnittsmenge pro Fundstelle in den Zeitabschnitten abzulesen ist.

Ein Schnitt erfolgt zum Äneolithikum hin, als sowohl die Zahl der Fundstellen als auch des Obsidians stark rückläufig ist. Außerdem verlagerten sich die Fundplätze in die Westhälfte Süditaliens, so daß, gemessen am Mittel- und Jungneolithikum, in Apulien fast von einer Fundleere gesprochen werden kann. Diese Verschiebung wird für die Bronzezeit besonders deutlich. Für diese Zeit lassen sich 24 Befunde mit Obsidian aufzählen, ebenso viele wie aus Sizilien und etwas mehr als aus Mittelitalien vorliegen.

Obsidian kommt jetzt nur noch von Palmarola und Lipari. Ersterer verteilt sich den Analysen zufolge auf Kampanien

Obsidian in Süditalien								
Datierung	Befunde mit Obsidian		Anzahl an Obsidian			geologische Vorkommen		
	gesamt	analysiert	gesamt	in Befunden analys.	Analysen	Palmarola	Lipari	unbekannt
frühneolithisch	15	4	25+	5+	6	-	5	1
frühneol.-mittelneolithisch	11	3	22+	3+	6	-	6	-
mittelneolithisch	35	8	978+	703+	30	2	26	2
mittelneol.-jungneolithisch	16	2	1358+	173+	3	-	2	1
jungneolithisch	21	2	321+	2	2	-	-	2
Impresso	9	4	21+	4+	6	-	6	-
Impresso-Masseria La Quercia	1	1	3	3	3	-	3	-
Stentinello	10	2	645	503	11	-	11	-
Passo di Corvo	1	1	199	199	12	-	10	2
Serra d'Alto	6	1	vh.	vh.	1	-	1	-
Scaloria-Ripoli	1	1	vh.	vh.	2	-	2	-

Abb. 43 Zeitliche Verteilung des analysierten Obsidians

und Nordapulien und der zweite in einem erheblichem Umfange auf die gesamte Region. Palmarola dürfte dabei von untergeordneter Bedeutung gewesen sein und im wesentlichen nur die nähere Umgebung gut versorgt haben, ohne dabei weiter südlich gelegene Gebiete mitzuversorgen. Hauptlieferant für Obsidian war Lipari. Mit Booten wurde es an die nordostsizilianische Küste oder direkt an die kalabrische Küste gebracht, wo die Siedlungen in der Regel mehr als 80% Obsidian im Fundinventar aufweisen. Landeinwärts trat eine distanzbedingte, starke und kontinuierliche Abnahme an Obsidian ein, wovon auch die Küstensiedlungen am ionischen Meer und an der Adria betroffen waren.

7.10.7 Sizilien

Zeitliche Verteilung der Befunde mit Obsidian
Die Interpretation der sizilianischen Befunde kann aufgrund des Forschungsstandes für verschiedene Perioden nur mit Einschränkungen erfolgen, da der ausgesprochen geringe frühneolithische Anteil mit großer Sicherheit nur dem momentanen Kenntnisstand entspricht und damit viel zu niedrig liegt, was gleichfalls auf das Jungneolithikum zutreffen dürfte (Tafel 73). Selbst das Mittelneolithikum mit seinen 23% steht weit hinter den 41% des Äneolithikums zurück. Ebenfalls als hoch ist der Anteil von 17% für die Frühbronzezeit zu bezeichnen. Danach fallen die Zahlen der Fundstellen mit Obsidian sehr rasch auf niedrige Werte ab. Die eben genannten drei Prozentzahlen stehen gleichzeitig für die klassischen Perioden Siziliens, die schon frühzeitig gut erforscht wurden. Die Lücken zwischen ihnen sind zu einem großen Teil auf den bisherigen Kenntnisstand der entsprechenden Perioden und auf eine klare chronologische Gliederung zurückzuführen. Die Möglichkeit eines gewissen Rückganges der Obsidianbefunde ist zwar nicht auszuschließen, aber doch sehr unwahrscheinlich.

Anteil an Obsidian auf den Fundstellen
Aufgrund der wenigen Beispiele kommt der Ermittlung der Obsidiananteile auf zwei Fundplätzen mit drei Befundsituationen keine große Aussagekraft zu (Abb. 44). Sie deuten zumindest den hohen Prozentsatz an Obsidian an, der gerade bei großen Artefaktmengen erkennbar wird.

Statistische Absolutmengen an Obsidian
Mit Problemen verbunden ist die Auswertung der beiden mehrphasigen, sizilianischen Fundplätzen Riparo della Sperlinga (Kat.-Nr. 664) und Grotta della Chiusazza (Kat.-Nr. 728) (Abb. 45). Erkennbar wird aber auch hier der hohe Obsidianbetrag trotz der begrenzten Fläche in den Grotten. Weitere Vergleichsdaten sind dringend erforderlich, insbesondere für die großen Freilandsiedlungen des Stentinello.

Geologische Herkunft des Obsidians
Artefakte von einem frühneolithischen Impresso-, von vier mittelneolithischen und einem frühbronzezeitlichen Capo Graziano-Befund, von denen einige auf Lipari selbst liegen, wurden untersucht. Die Artefakte stammen sämtlich vom Vorkommen Lipari. Auch für die sizilianischen Fundorte war dieses Ergebnis aufgrund der Nähe zu Lipari und der kulturellen Bindungen zu erwarten (Abb. 46).

Obsidian auf Sizilien				
Kat.-Nr.	Datierung	Obsidian	Flint u.ä.	% Obsidian
664	Diana-Piano Conte	481	384	55,6
687	Diana-Malpasso	8	25	24,2
664	frühbronzezeitlich	224	136	62,2

Abb. 44 Obsidian-Anteil an der Gesamtartefaktmenge

Obsidian auf Sizilien					
Kat.-Nr.	Datierung	gesichert (Grabung)		geschätzt	
		Fläche m²	Obsidian	Fläche m²	Obsidian
664	Diana-Piano Conte	30	481	120	1924
728	Conzo-Serraferlicchio	170	1	1700	10
728	äneolithisch	170	7	1700	70
664	frühbronzezeitlich	30	224	120	896

Abb. 45 Statistische Absolutmenge an Obsidian

Erstmals haben in neuester Zeit Untersuchungen Pantelleria-Obsidian in erheblichem Umfange auf den Plätzen Monte Cofano und Grotta dell'Uzzo an der nordsizilianischen Küste der Provinz Trapani nachgewiesen. In Grotta dell'Uzzo stammt er aus neolithischen Schichten. Dort werden von den 152 Artefakten annähernd 40% Pantelleria zugeordnet. Dieser hohe Anteil läßt mit ziemlicher Sicherheit auch an anderen Plätzen Siziliens Pantelleria-Obsidian erwarten, wodurch sein Verbreitungsgebiet jetzt auch Sizilien einschließt. Es bleibt unbekannt, welche Gebiete der Insel davon erfaßt wurden und inwieweit dieser Obsidian auch auf die italienische Halbinsel übergriff, da er im äneolithischen Kontext in Südfrankreich angetroffen wurde.

Obsidian auf Sizilien						
Datierung	Befunde mit Obsidian		Anzahl an Obsidian			geologische Vorkommen
	gesamt	analysiert	gesamt	in Befunden analysiert (?)	Analysen	Lipari
mittelneolithisch	15	4	281+	vh.	9	9
Impresso	1	1	vh.	vh.	2	2
Stentinello	10	2	278+	vh.	2	2
Capri	2	1	vh.	vh.	5	5
Capo Graziano	3	1	52+	vh.	2	2

Abb. 46 Zeitliche Verteilung des analysierten Obsidians

Zusammenfassung

Die große Zahl sizilianischer Fundstellen mit Obsidian darf nicht darüber hinweg täuschen, daß nur ein geringer Teil in die Auswertung eingebracht werden konnte. Aus dem Neolithikum ist neben dem Serra d'Alto und Diana im wesentlichen das Stentinello bekannt. Mit seinen 15 Befunden wird es deutlich vom Äneolithikum mit 24 Beispielen übertroffen. Selbst die Frühbronzezeit kann noch mit elf Befunden aufwarten, wohingegen die gesamte Bronzezeit gar 24 Fundstellen zählt. Im Bezug auf das Neolithikum muß von einer großen Forschungslücke gesprochen werden.

Es wird damit wahrscheinlich, daß sich eine intensive Obsidiannutzung bis weit in die Frühbronzezeit hineingezogen hat. Ähnlich wie in Süditalien verteilen sich die Maxima auf einen größeren Zeitraum. Sicherlich hat in erster Linie die Nähe Liparis hierzu stark beigetragen. Die dichte neolithische Besiedlung Liparis mit ihrem reichen Fundmaterial dürfte im besonderen Maße von der Obsidiannutzung und -verbreitung profitiert haben. Größere Bedeutung gewinnt erstmals die Tatsache, daß äneolithischer und bronzezeitlicher Obsidian überwiegend aus dem Grabkontext und weniger von Siedlungsplätzen stammt.

Deutlicher als anderswo zeichnet sich auf Sizilien eine Vielzahl lokaler äneolithischer und bronzezeitlicher Gruppen ab. Sie wirken aber nicht hemmend auf die Obsidianverbreitung. Die bisher angenommene, ausschließliche Versorgung mit Lipari-Obsidian muß durch die Funde von Pantelleria-Obsidian an der Nordküste Siziliens revidiert werden. Die Vorstellungen zum Versorgungsnetz sind komplexer geworden und erhalten zur süd- bzw. ostwärts gerichteten Verbreitung des Lipari-Obsidians als ein neues Element eine Transportrichtung von Süden nach Norden.

7.11 Regionale Mengenverteilung an Obsidian

Erläuterungen

Im Rahmen der regionalen Untersuchungen wurde auf der Basis absoluter Zahlenangaben gearbeitet, um interne Kennzeichen und Veränderungen in ihrer zeitlichen und kulturellen Entwicklung darzustellen. Die Daten werden jetzt auf prozentualer Basis miteinander verglichen. Für die Berechnungen wird immer ein Minimum von fünf Befunden mit bekannter Anzahl an Obsidian herangezogen. Zusammenstellungen, die unter dieser Grenzmenge bleiben, werden ausgeschlossen oder nur in Ausnahmen mit einem entsprechenden Hinweis benutzt. Ferner ist die Einbeziehung aller sieben Regionen - Südfrankreich, Korsika, Nord-, Mittel- und Süditalien, Sizilien und die östliche Adriaküste - nicht in jedem Fall möglich. Nicht immer sind die entsprechenden Perioden ausreichend mit Daten zu belegen. Naturgemäß wird der Mengenwert 2 immer bedeutend sein. Doch entscheidend für den Grad der Obsidiannutzung ist die Mengenverteilung und die Relation in den höheren Mengenbereichen.

7.11.1 Generelle Mengenverteilung

In allen Regionen mit Ausnahme Süditaliens und Korsikas nimmt der Mengenbereich 2 ein Maximum zwischen 76% und 87% ein (Tafel 74-75). Ein Ausdünnen der Fundmenge ist mit zunehmender Entfernung vom Herkunftsort zu erwarten. Mit 87% stellt der genannte Bereich in Südfrankreich das Maximum dar. Daraus folgt nicht unbedingt, daß dieser Wert in den obsidianreichen Regionen zugunsten größerer Mengen abnimmt, wie es Sizilien mit den 80% für den Bereich 2 veranschaulicht. Für einen ausgeglichenen Verlauf der Mengenverteilung stehen Korsika und Süditalien. Dort sinkt der Anteil auf 33% bzw. 66% ab.

Speziell auf Korsika tritt vom Bereich 3 an eine relativ ausgeglichene Verteilung mit einem Maximum beim Wert 5 nach einem leichten prozentualen Anstieg auf. Danach erfolgt eine ebenso geringe Abnahme bis zum Wert 10 hin. In allen anderen Regionen wird die überaus große Differenz zwischen den Mengenbereichen 2 und 3 deutlich, die im günstigsten Falle 48% beträgt, während die maximale Differenz auf bis zu 82%, wie im Falle Südfrankreichs, ansteigen kann. Es stellt sich so die Frage nach den Gründen, die zu den Unterschieden führen.

Eine mögliche Ursache möchte ich unter den im folgenden genannten Vorbehalten in der Art und Weise der archäologischen Feldforschung sehen. Der überwiegende Teil der Obsidianfunde stammt aus Lesefunden, Sondagen und kleinen Grabungsarealen. Weiter kommt hinzu, daß Obsidian im gesamten nordwestmediterranen Raum außerhalb der unmittelbaren Nähe der Vorkommen selbst nur einen Bruchteil der Artefaktmenge der Fundplätze bildet. In Süditalien zum Beispiel kann der Anteil des Obsidians einige Prozent, aber auch mehr als 80% betragen, während er in Südfrankreich und Norditalien zum Teil weit unterhalb von einem Prozent anzusetzen ist. Daraus ergibt sich der Schluß, daß die absolute Obsidianmenge im wesentlichen eine Funktion der Grabungs- und Feldforschungsaktivitäten ist, die durch ihren relativ gleichwertigen Stand in allen Regionen aber einen repräsentativen Maßstab für die Obsidianverteilung und den Obsidianreichtum liefert. Das bedeutet, daß die Inhalte der Mengenbereiche untereinander in einem relativen Zusammenhang stehen. Größere Grabungsflächen führen zu einer Zunahme der Funde und zwar in gleicher Weise für Fundstellen mit viel und wenig Obsidian. Damit wird auf der Basis absoluter Mengenangaben für die Differenz zwischen den Werten 2 und 3 dennoch keine völlig zufriedenstellende Erklärung geschaffen. Unter dem Blickwinkel eines relativen Maßstabes der Mengenverteilung führt die Interpretation der quantitativen Unterschiede zu verwertbaren Resultaten.

Vom Wert 3 an sind die Unterschiede geringer und der Kurvenverlauf folgt einer gleichmäßigen Abnahme geringen Grades, wie es für Mittel- und Süditalien sowie Korsika zutrifft. Dabei spielt es kaum eine Rolle, ob die betreffenden Regionen mit großen oder geringen Mengen an Obsidian versorgt wurden. Wichtig ist nur eine gleichmäßige Versorgung ohne hemmende Faktoren geographischer oder kultureller Art.

Während die Höhe des Kurvenverlaufes den relativen Obsidianreichtum auf den Fundplätzen eines Gebietes widerspiegelt, führt ihr Verlauf entlang der X-Achse die relativen Höchstmengen vor Augen. In Südfrankreich liegt der Höchstbetrag bei 50 Artefakten, obwohl in Zukunft sehr wahrscheinlich Befunde mit mehr als 50 Objekten zutage kommen werden, ebenso wie anzunehmen ist, daß auf Korsika Fundstellen mit weit mehr als 2000 Artefakten vorhanden sind. Dennoch endet die jetzige Obsidianmenge in Südfrankreich mit dem Wert 6, während sie auf Korsika bis weit in den Mengenbereich 10 hineinreicht. In der Relation der Werte, das heißt im Verlauf der Verteilungskurven, jeder Region untereinander wird sich auch bei intensiver Erforschung meiner Meinung nach nur wenig ändern.

Einerseits sollen Einzelfälle wie das norditalienische Pescale (Kat.-Nr. 355) mit seinen 935 Artefakten nicht darüber hinweg täuschen, daß in dieser Region ansonsten kein höherer Mengenbereich als 5 auszumachen ist. Andererseits legt das Beispiel Sizilien nahe, wie sehr der Forschungsstand das Bild verzerrt, indem die Anteile der Bereiche nicht der Wirklichkeit entsprechend wiedergegeben werden können. Denn auf Sizilien ist die Zahl der Befunde der Rubrik "Obsidian vorhanden" besonders hoch und sehr häufig ist erkennbar, daß sich darunter größere Fundmengen verbergen. So ist für Sizilien ein Verlauf der Verteilung wie in Süditalien anzunehmen.

In der Kombination aus Anzahl an Befunden und Menge der Artefakte bezeichne ich die Regionen Korsika, Süditalien und aus den genannten Gründen auch Sizilien als obsidianreich. Einen viel geringeren Stellenwert nimmt der Obsidian in Südfrankreich, Norditalien und eventuell auch in Dalmatien ein. Der hohen mittelneolithischen Befundzahl steht keine andere Periode in Südfrankreich mit vergleichbaren Werten gegenüber.

Im ostadriatischen Bereich treten, gemessen an den anderen Regionen, unter den wenigen Fundstellen überproportional viele Befunde mit einer großen Anzahl an Obsidian auf. Mittelitalien nimmt meiner Meinung nach zur Zeit eher eine Mittelposition zwischen den beiden Gruppen ein, wobei es hinsichtlich der Fundstellenzahl und zum Teil auch in der Mengenverteilung sehr auf die Seite der obsidianreichen Gebiete tritt und ihnen in Zukunft vielleicht sogar zugerechnet werden muß.

7.11.2 Zeitliche Mengenverteilung

Frühneolithikum
Ausreichende Angaben zum Frühneolithikum liegen von Korsika, Nord- und Süditalien vor, wobei jeweils nur zwei Mengenbereiche vertreten sind (Tafel 76). Während mit dem Mengenbereich 2 Anteile zwischen 75% und 83% erreicht werden, treten die Unterschiede erst mit dem folgenden Mengenbereich zutage, womit sich Änderungen in der Obsidianversorgung andeuten. Sie schwanken in einer engen Bandbreite zwischen 17% und 25%. Beim gut versorgten Korsika liegt der zweite Anteil im Bereich 5 und für Süditalien sinkt er auf den Wert 4 ab.

Obwohl frühneolithischer Obsidian nur in relativ geringen Mengen bekannt ist, wird schon in dieser Zeit ein hoher Grad der Nutzung erreicht, dessen regionale Abnahme von Korsika über Süditalien nach Norditalien erkennbar ist. Die Zukunft wird erweisen, ob mit einer zunehmenden Kenntnis der frühneolithischen Besiedlung in Kalabrien die Obsidianmengen auf den Fundstellen höhere Werte annehmen werden, da sie wegen der geographischen Nähe zum Vorkommen Lipari bevorzugt sein dürften.

Obwohl für Norditalien der niedrigste Stand mit dem Wert 3 hervortritt, läßt sich das Ergebnis nur schwer interpretieren, da die drei ligurischen und die zwei padanischen Fundstellen durch eine Gebirgsbarriere voneinander getrennt sind. Vermehrte und vor allem detaillierte Angaben wären von Nutzen, um den Einfluß des Apennin-Gebirges auf die allgemeine und mengenmäßige Verbreitung des Obsidians erfassen zu können. Außerdem sind zu wenige Fundstellen bekannt, um für beide Räume die spezielle Mengenverteilung herauszustellen. Denn die verkehrsgünstige Lage zur Zwischenstation Korsika hat sich meiner Meinung nach durchaus in höheren Obsidiananteilen niedergeschlagen.

Die 14 Impresso-Fundstellen Mittel- und Süditaliens führen, von sieben Befunden mit der Bezeichnung "Obsidian vorhanden" abgesehen, nur wenig Obsidian. Ihre Anzahl reicht nicht über den Bereich 4 hinaus. Für das Früh-/Mittelneolithikum liegen ausreichende Angaben nur aus Süditalien vor, da bei zwei von den fünf mittelitalienischen Befunden Obsidian nur als vorhanden festgestellt werden konnte. So kann festgehalten werden, daß die Verteilung in Süditalien mit der des Frühneolithikums übereinstimmt, daß sich aber noch keine weiterreichende Veränderungen abzuzeichnen beginnen und daß neben den Mengenbereichen 2 und 4 auch 3 besetzt ist (Tafel 77).

Mittelneolithikum
Bis auf Korsika liegen aus allen anderen Regionen zahlreiche mittelneolithische Befunde vor. Im südfranzösischen Mittelneolithikum zeichnet sich der Schwerpunkt eindeutig auf dem Mengenbereich 2 ab, so daß sich nur geringe Anteile bis auf den Bereich 6 erstrecken (Tafel 78). Die Mengenverteilung entspricht in Südfrankreich gleichzeitig der der Hauptnutzungsphase und zeichnet sich durch einen ungewöhnlich hohen Anteil an Befunden mit geringer Fundmenge aus, die nur in wenigen Fällen bis zum Wert 6 reicht.

In Norditalien sind die Mengenbereiche 2 und 3 relativ gleichmäßig vertreten. Damit wird die Dominanz einer Mengenstufe zugunsten eines breiteren Spektrums abgebaut und das plötzliche Absinken der Obsidianmenge bei höheren Mengen gemildert. Obwohl der Mengenumfang schon beim Wert 5 endet und in Südfrankreich der Wert 6 erst den Endpunkt darstellt, darf nicht übersehen werden, daß die höheren Anteile für Norditalien Befunde mit höheren Mengen als in Südfrankreich erwarten lassen. In ihrer Ausprägung steht die norditalienische Verteilungskurve der mittel- und süditalienischen nahe, auch wenn sie nicht deren quantitativen Wert erreicht.

Die Tendenz einer gleichmäßigeren Verteilung setzt sich deutlich in Mittelitalien fort. Der Wert 2 büßt seine beherrschende Stellung trotz seiner 42% ein, indem andere Werte, wie z.B. 4 und 6 Anteile von 25% und 17% erreichen. Deutlich drückt sich die Zunahme von Fundinventaren mit größerer Obsidianmenge aus, was auf eine bessere Obsidianversorgung hindeutet. Mit dem Wert 6 ist sicherlich noch keine Grenze zu höheren Fundmengen abzusehen.

Noch klarer präsentiert sich dieses Phänomen für Süditalien, wo der Bereich 2 bis auf 50% ansteigt, die übrigen Anteile aber durchgehend bis zum Wert 7 reichen und noch der Wert 9 mit 4% vertreten ist. Damit hat sich der Wert des Obsidians auf Fundstellen erheblich zu größeren Fundmengen hin verschoben, was einhergeht mit einem flacherem Kurvenverlauf.

Weniger Aussagekraft bieten die mittelneolithischen Befunde Siziliens, auch wenn die Insel Lipari darunter nicht vertreten ist. Jeweils 20% verteilen sich auf die Bereiche 3, 5 und 8. Trotz relativ weniger Befunde können die Werte im höheren Mengenbereich der Skala am ehesten als Gradmesser der Obsidiannutzung angesehen werden. Auf die östliche Adriaküste bezogen hieße dies, daß zwischen den Werten 2 mit 60% und 5 mit 40% durchaus hohe Anteile zu erwarten sind, ebenso wie aufgrund der Höhe des Wertes 5 Obsidian jenseits dieses Bereiches zu vermuten ist. Dennoch muß den sizilianischen und dalmatischen Werten eine große Unsicherheit anheimgestellt werden, die ihre Aussagekraft erheblich beeinträchtigt.

Im Mittelneolithikum läßt sich von Norden nach Süden eine charakteristische Verteilung beobachten. In Südfrankreich fällt der Anteil des Mengenbereiches 2 von extrem hohen 84% auf extrem niedrige 2%-7% der Bereiche 3 bis 6 ab, an dessen letzten Wert die Mengenkurve auch endet. Die Größenordnung einer derart raschen Abnahme und einer Konzentration auf den Wert 2 ist aus keiner anderen Region bekannt. In diesen Regionen wird die Mengenverteilung ausgeglichener, wie es sich am Beispiel Norditalien ablesen läßt. Der Mengenbereich 2 verringert sich auf 50%, während der Wert für 3 auf 42% ansteigt. Auch flacht der Verteilungsverlauf trotz seines gegenwärtigen Endes beim Wert 5 ab. In Mittelitalien ist eine noch stärkere Abflachung der Verteilungskurve mit dem einhergehenden Zuwachs anderer Mengenanteile zu verzeichnen, da mehr Befunde mit hohen Artefaktzahlen vorhanden sind. In ähnlicher Weise stellt sich die Verteilung für Süditalien dar, auch wenn ihre Abnahme in den niedrigen Mengenbereichen stärker ausfällt. Dafür nimmt sie in der zweiten Skalenhälfte nur in einem geringen Maße ab und reicht bis zum Wert 9. Die wenigen Informationen zum Mittelneolithikum Siziliens und Dalmatiens gestatten derart präzise Aussagen nicht, doch lassen sie in der Tendenz einen vergleichbar ausgeprägten Verlauf in der Obsidianverteilung erkennen.

Zusammengefaßt heißt dies: In Südfrankreich finden sich sehr viele Befunde mit wenig Obsidian und nur vereinzelte mit größerer Artefaktzahl. Die Änderung setzt von Nord- über Mittel- nach Süditalien mit der prozentualen Zunahme der Mengenbereiche zu hohen Werten hin ein.

Betrachtet man die Obsidianverteilung im Rahmen der mittelneolithischen Kulturgruppen, so entsprechen das Chasséen, das VBQ, das Ripoli, das Vlaška und Danilo sowie das Stentinello mit ihren Mengenanteilen im wesentlichen der entsprechenden regionalen Verteilung.

Für das Chasséen gelten die für das südfranzösische Mittelneolithikum erarbeiteten Aussagen: Extrem hoher Wert 2 und niedrige folgende Werte bis zum Endwert 6 (Tafel 79). Im VBQ hat sich das Maximum auf 50% beim Wert 3 verschoben. Dann erfolgt ein starker Rückgang an Obsidian. Im Vergleich zu Südfrankreich hat sich die Differenz zwischen dem Bereich 2 und den übrigen verringert. Eine Verteilung über einen größeren Mengenbereich deutet sich an, die sich beim Ripoli und Stentinello noch ausgeglichener und einander sehr ähnlich präsentiert. Die weitere Abflachung der Verteilungskurve und ihre Ausdehnung auf höhere Artefaktbereiche ist die Folge. Damit wird in Mittel- und Süditalien die schwindende Zahl an Befunden mit sehr wenig Obsidian erkennbar, während der Anteil an Befunden mit Obsidian jenseits des Mengenbereiches 4 zusehends ansteigt, da größere Artefaktmengen diese Regionen erreichten.

Die Obsidianverteilung in den Kulturgruppen verläuft zum Teil identisch mit der entsprechenden mittelneolithischen. Das Vlaška und Danilo möchte ich an dieser Stelle nicht weiter behandeln, sondern nur darauf verweisen, daß sie mit der dortigen mittelneolithischen Verteilung identisch ist.

In Norditalien dürften kleine Schwankungen in der Mengenverteilung zwischen Mittelneolithikum und VBQ nicht zu neuen Schlüssen führen. Das VBQ als die große kulturelle Einheit umfaßt wahrscheinlich auch die übrigen mittelneolithischen Befunde.

In Süditalien stellt sich das Bild etwas anders dar, weil dort eine Vielzahl von keramischen Formenkreisen zum Teil nebeneinander und gleichzeitig bestanden und nicht den Anspruch einer kulturellen Einheit, wie zum Beispiel das Chasséen oder VBQ, erheben können.

Die Anteile an Obsidian des Stentinello Süditaliens und Siziliens, die einen weiten Mengenbereich abdecken, fallen relativ gleichmäßig von 27% über 20% und 13% auf 7% der Bereiche 8 und 9 ab. Dieses spricht für eine sehr intensive Nutzung des Obsidians im Stentinello.

Die Obsidianverteilung im Stentinello stimmt somit nicht mit der generellen mittelneolithischen in Süditalien überein. Der Mengenbereich 2 hat sich mit 30% noch mehr verringert und hebt sich von den 20% der Bereiche 3 und 5 nicht mehr allzu viel ab. Die Verteilung ist bis zu hohen Werten hin ausgeglichener. Ursache dafür sind die gut dokumentierten Stentinello-Befunde des Acconia-Projektes.

Für das Mittel-/Jungneolithikum können zwei Regionen mit einer guten Obsidianversorgung einander gegenüber gestellt werden (Tafel 80): Korsika und Süditalien. Die Bereiche 2, 3, 5 und 8 sind jeweils mit 14% angegeben, während der Wert 7 auf 43% steigt. Damit verschiebt sich das Gewicht in Richtung größerer Mengen, wie es sich für Süditalien in noch stärkerer Ausprägung vorfindet.

Nur in der süditalienischen Region ist ein Vergleich mit dem Mittelneolithikum möglich. Für Korsika entfällt er mangels Befunde. In Süditalien hat sich der Anteil obsidianreicher Befunde gesteigert und den Verteilungsverlauf gar umgekehrt. Dort steigt der Obsidiananteil von 8% beim Wert 2 auf 25% der Werte 4, 5 und 7 an. Erst mit dem Wert 8 fällt er auf 17% zurück. Die Steigerung des Obsidiangebrauchs geht damit weit über die mittelneolithischen Werten hinaus.

Jungneolithikum

Für eine Beurteilung des Jungneolithikums verbleiben nur die Regionen Korsika und Süditalien. In Norditalien können nur vier Befunde des Lagozza benannt werden, die sich gleichmäßig auf die Werte 2 und 4 verteilen. Auf Korsika steigt die Zahl der Artefakte auf den Fundplätzen überaus stark an, wie auch das Jungneolithikum selbst zu einer Blüte gelangte (Tafel 81). Mit 69% dominieren die Mengenbereiche 7-10. Dagegen verbleiben für die Bereiche 2-4 insgesamt nur 31%. Die Nutzung des Obsidians hat sich folglich zum korsischen Jungneolithikum hin beträchtlich gesteigert und deckt die gesamte Mengenskala mit Schwerpunkt auf hohen Werten ab.

Im Gegensatz dazu fällt der Anstieg der Artefaktmenge im süditalienischen Jungneolithikum im Vergleich zum Mittelneolithikum um einiges bescheidener aus. Das Maximum hat sich von den 50% des Wertes 2 im Mittelneolithikum auf 33% des Wertes 4 verschoben. In der Verteilung steht es der des Mittel-/Jungneolithikums nahe. Die Zahl der Artefakte ist gleich geblieben, falls sie sich nicht doch leicht erhöht hat. Im wesentlichen dieselbe Bandbreite des Jungneolithikums wird in Süditalien von den sieben Diana-Fundstellen überdeckt.

Äneolithikum

Die bedeutenden Veränderungen im Äneolithikum machen sich auch in der Obsidianverteilung bemerkbar (Tafel 82). Für Mittel- und Süditalien sowie Sizilien lassen sich zahlreiche Befunde mit Obsidian fassen, die sich allerdings durch eine geringe Obsidianmenge auszeichnen. Der Schwerpunkt liegt deutlich auf den Werten 2 und 3. Darüber hinausgehende Mengen können als Einzelfälle bezeichnet werden. Der geringe Umfang der Grabinventare, in deren Kontext die meisten äneolithischen Obsidianartefakte gefunden wurden, ist als Grund für die geringe Zahl an Artefakten auf den Fundstellen anzusehen, so daß mit größeren Obsidiananteilen in der Regel nur auf Siedlungen zu rechnen ist. Daran ändern, z.B. für Sizilien, auch die Anteile in den Mengenbereichen 5 und 7 nichts.

Die zunehmende Zahl an Grabfunden, vornehmlich des Äneolithikums, aber auch der Bronzezeit, stellt eine leicht veränderte Situation zum Neolithikum mit seinen gut dokumentierten Siedlungen dar. Die Intensität der Nutzung des Obsidians im Äneolithikum drückt sich eher in der Anzahl der Befunde als in ihrer Artefaktmenge aus. Die Siedlungsbefunde bringen meiner Meinung nach bisher keinen repräsentativen Querschnitt über den Grad der äneolithischen Obsidiannutzung zum Ausdruck. Sie scheinen aber einen Rückgang zu belegen.

Bronzezeit

Die wieder wachsende Zahl an Siedlungen macht sich in einer Zunahme größerer Obsidianmengen bemerkbar. In der Frühbronzezeit dominiert auf Korsika und Sizilien der Mengenbereich 2 (Tafel 83); dennoch treten Anteile bei höheren Mengenwerten wie 6, 8 und 9 und zwar in einem für beide Regionen vergleichbaren Maßstab auf. Die meisten der sizilianischen Befunde ordnen sich dem Capo Graziano und dem Castelluccio zu. Ihre Obsidianverteilung deckt sich in einem hohen Grade mit der frühbronzezeitlichen.

Eine große Anzahl von mittelbronzezeitlichen Fundstellen belegt die weitere Nutzung des Obsidians, wenn auch in einem geringeren Umfange. Dabei konzentriert sich in Mittel- und Süditalien der Obsidian anteilsmäßig vornehmlich mit 60% auf den Bereich 2 (Tafel 84). Die restlichen 40% streuen in beiden Fällen in den Bereichen 3 bzw. 3 und 4. Mit höheren Anteilen ist kaum noch zu rechnen. Lage und Höhe der Beträge sind nahezu identisch mit dem Apenninikum, der kulturellen Einheit der Mittelbronzezeit. Jüngere Zeiträume sind in diesem Rahmen wegen ihrer zu geringen Zahl an Befunden mit Obsidian ohne Aussagekraft und müssen vernachlässigt werden.

Doch soll an dieser Stelle noch ein Blick auf die gesamte Bronzezeit in den einzelnen Regionen geworfen werden, um sie mit den zeitlich etwa gleich langen, jeweiligen neolithischen Stufen zu vergleichen (Tafel 85). Im Falle Korsikas fällt die Nähe zu den sardischen Vorkommen auf, da der Obsidian die gesamte Skala überstreicht und der Mengenbereich 2 trotz seiner 55% kein Übergewicht erhält. Am ehesten mit Korsika vergleichbar erscheint Sizilien. Dort sind noch die Bereiche 2 und 3 belegt. 83% konzentrieren sich aber auf den Bereich 2. Hiermit zu vergleichen ist Mittel- und Süditalien, wo im Bereich 2 ähnlich hohe Beträge erreicht werden. Bei höheren Werten enden die Beträge im Mengenbereich 3 und 4.

Dem Fundmaterial nach ergeben sich zwei Gruppen, denen eine Dominanz des Mengenbereiches 2 gemeinsam ist. Der Unterschied liegt darin, daß auf Korsika und Sizilien Fundstellen mit mehr als 20 Artefakten des Mengenbereiches 5 vorhanden sind, während in Mittel- und Süditalien Befunde der Bereiche 3-4 bekannt sind. Den besser versorgten Regionen Korsika und Sizilien stehen Mittel- und Süditalien mit nur wenigen Artefakten gegenüber. War Süditalien im Neolithikum dem primären Versorgungskreis mit Obsidian angeschlossen, so gilt dies für die Bronzezeit nicht mehr.

7.12 Überregionale Obsidianverbreitung und -nutzung

Erläuterungen

Die Bewertung der Obsidianverteilung im Arbeitsgebiet bedarf vorweg einer kurzen Erläuterung. Grundlage für alle Aussagen ist die Annahme einer relativ gleichmäßigen geographischen Verteilung der archäologischen Fundstellen mit und ohne Obsidian innerhalb der betreffenden Perioden nach dem heutigen Forschungsstand, so daß die Anzahl der Fundstellen mit Obsidian unter gewissen Einschränkungen durchaus als Gradmesser der Intensität der Obsidiannutzung in einer Zeitstufe bei einem Vergleich der Regionen untereinander erachtet werden kann. Damit soll nicht das Problem des Forschungsstandes, auf das schon mehrfach hingewiesen wurde, unterschätzt werden, wie es zum Beispiel für das Frühneolithikum auf Sizilien zutrifft.

Der Vergleichsmaßstab darf auch nicht zu fein gewählt werden, da hierzu die Kenntnis aller bislang bekannten Fundstellen pro Region und Zeitraum notwendig ist. Ihre Erfassung würde den Rahmen dieser Arbeit vollständig sprengen. So nützlich es ist, mit absoluten Zahlen die Anteile der Befunde mit und ohne Obsidian in zeitlicher und räumlicher Sicht untereinander zu vergleichen, um eine möglichst genaue Abschätzung des genutzten Obsidians und der absoluten Vergleichbarkeit zu erhalten, so können mit einem grobmaschigeren Raster durchaus gleichwertige, noch nicht einmal als ungenauer zu bewertende Ergebnisse erzielt werden.

Die Vorgehensweise sei an dem Beispiel für das Frühneolithikum in Südfrankreich und auf Korsika erläutert. Den zwei südfranzösischen Fundplätzen des Cardial, stehen zwei korsische gegenüber. Zwar sind aus Südfrankreich wesentlich mehr frühneolithische Fundstellen bekannt als von Korsika, doch verteilen sich erstere auf ein viel größeres Gebiet. Werden beide Regionen flächenmäßig in Relation gesetzt, stellt sich ein zahlenmäßiges Gleichgewicht in der Fundstellendichte her. Auf dieser Basis wird ersichtlich, daß auf Korsika die Intensität der Obsidiannutzung, worunter in erster Linie die Menge an Obsidian verstanden wird, um ein Mehrfaches höher liegt als in Südfrankreich. Diese Vorgehensweise ist mit bestimmten Einschränkungen auf andere Regionen übertragbar. In der beschriebenen Art und Weise wurden schon vorher in jeder Region Zeitstufen und Kulturen untersucht. Was dort, auf einen begrenzten geographischen Raum bezogen, auf die zeitliche Tiefe vorgenommen wurde, wird jetzt ausgedehnt zu einem Vergleich aller Regionen einer Zeit-/Kulturstufe untereinander sowie in der Gesamtschau in chronologischer Abfolge.

Frühneolithikum

Die schon angesprochene Dichte der frühneolithischen Siedlungen mit Obsidian auf Korsika erklärt sich primär aus der relativen Nähe zum sardischen Obsidian. Verstärkt wurde dieses Phänomen sehr wahrscheinlich durch die Funktion der Insel als Zwischenstation (Tafel 86).

Auf Südfrankreich und Norditalien entfallen nur wenige obsidianführende Befunde trotz der insbesondere für Südfrankreich erwähnten dichten Besiedlung. Nach Süden zu verdichtet sich auf der adriatischen Seite Italiens die Fundstreuung. Die Fundleere in Kampanien, Kalabrien und auf Sizilien dürfte durchaus Ausdruck des Forschungsstandes sein. Es fällt auf, daß unter den wenigen frühneolithischen Plätzen keiner Obsidian aufweist. Verglichen mit anderen Regionen kann zumindest von einer Fundarmut an Obsidian gesprochen werden. Größere Mengen an Obsidian werden im allgemeinen nicht vorgefunden. Dies dürfte auch auf die östliche Adriaküste zutreffen, von der eine Anzahl von Impresso-Siedlungen, jedoch ohne Obsidian, bekannt ist.

Bei der Beachtung des kulturellen Umfeldes beschränkt sich der Obsidian fast vollständig auf das Cardial und Impresso, was aber nicht verwundern darf, da sie die charakteristischen kulturellen Gruppen des Frühneolithikums darstellen. Der Zusammenhang zwischen beiden ist derart eng, daß sie hier durchaus als eine Einheit angesehen werden können. Wegen ihrer küstennahen Siedlungsaktivitäten reichen nur wenige Ausläufer bis tief in das Landesinnere, wie es in Süditalien beobachtet werden kann. Da aus Norditalien nur eine Fundstelle des Fiorano-Vhò-Gaban-Komplexes mit Obsidian bekannt ist, soll an dieser Stelle nur der Hinweis angebracht werden, daß sich Obsidian im Arbeitsgebiet nicht auf den mediterranen Kulturkreis beschränkt, sondern wie in Norditalien auch den Bereich autochthon entstandener Kulturen erreicht hat.

Bei der Mengenverteilung für das Frühneolithikum liegen in den vier in Frage kommenden Regionen 75% und mehr aller Befunde im Mengenbereich 2 (Tafel 87). Es folgt für den Wert 3 allgemein ein Absinken der Kurve gegen Null, wobei die von Norditalien um einen Mengenbereich verschoben ist. Nur für Süditalien und Korsika ist ein weiterer Anstieg im Bereich 4 und 5 festzustellen. Damit zeichnet sich deutlich ab, daß im Frühneolithikum generell auf den Fundstellen nur sehr wenig Obsidian zu erwarten ist. Nur obsidianreiche Regionen, wie Korsika und Süditalien, weichen mit einem zweiten Maximum vom Schema ab und verdeutlichen ihre besondere Stellung gegenüber den anderen Regionen. Das läßt weitere Befunde in höheren Mengenbereichen als 4 und 5 erwarten. Man könnte sogar so weit gehen, den Grad der Nutzung an der Lage des zweiten Maximums festzumachen, wodurch Korsika noch vor Süditalien stehen würde.

Früh-/mittelneolithischer Obsidian liegt, abgesehen von zwei Befunden auf Korsika, nur aus Italien vor, wo er sich über Mittel- und Süditalien verteilt (Tafel 88). Ersichtlich wird, wie sehr in Mittel- und dann in Süditalien das Früh-/Mittelneolithikum bei allen Vorbehalten miteinander verzahnt ist. Die obige Aussage kann aber auch dahingehend interpretiert werden, wie unscharf die chronologische Differenzierung in ein Früh- und ein Mittelneolithikum für Mittel- und besonders für Süditalien ist. Es sollte nicht vergessen werden, daß gerade nach dem süditalienischen Frühneolithikum und vielleicht auch nach dem mittelitalienischen ein fließender Übergang zum Mittel- und später zum Jungneolithikum ohne scharfen Bruch erkennbar ist.

Vom toskanischen Fiorano-Komplex abgesehen, ist an allen übrigen Fundorten Impresso oder seine Varianten (Guadone und Matera) vorzufinden. Es ist schon vermischt mit bemalter Keramik, die am Ende des Frühneolithikums auftritt. Die Befunde geben aber immer noch ein genaues Abbild des vorangegangenen Frühneolithikums ab. Die geringe Menge an Obsidian entspricht der des Frühneolithikums.

In den benachbarten Regionen Mittel- und Süditaliens tritt deutlich die Intensitätszunahme in der Obsidiannutzung durch eine Verringerung im Mengenbereich 2 und eine Verlagerung auf die Mengenbereiche 3 und 4 hervor (Tafel 89). Der Kurvenverlauf für Süditalien veranschaulicht dies im besonderen Maße, auch wenn ein erkennbares Anwachsen der Obsidianmenge im Vergleich mit dem süditalienischen Frühneolithikum anscheinend nicht gegeben ist.

Mittelneolithikum

Mit dem Mittelneolithikum beginnt die Zeit der intensivsten Obsidiannutzung (Tafel 90). Sie drückt sich allein schon in einer Vervielfachung der Fundplätze mit Obsidian aus. Damit verbunden ist gleichzeitig eine beträchtliche Steigerung der Obsidianmenge bis hin zu mehreren hundert Artefakten im Fundmaterial. Von Mittel- nach Süditalien ist die Zunahme an Obsidian erkennbar, während im Norden Mengen über 20 Artefakten bislang Einzelfälle bleiben.

Vor allem in Südfrankreich breitete sich Obsidian im kulturellen Milieu des Chasséen aus. Er tritt dort in hoher Fundortdichte, aber relativ geringer Fundmenge auf. Die weite südfranzösische Obsidianverbreitung wird fast ausschließlich vom Chasséen getragen. Warum der Obsidian innerhalb seines kulturellen Umfeldes nicht weiter in den Norden gelangte, ließe sich eventuell damit erklären, daß er landeinwärts durch die Abnahme seines Wertes anderen Materialien gegenüber, wie z.B. Flint, für eine Weitergabe nicht mehr das entsprechende Interesse bestand.

Die Obsidianfunde konzentrieren sich auf das Küstengebiet, auf den Einzugsbereich der Rhône und auf die Provence. Entlang der Küste ziehen sich zahlreiche Fundorte bis nach Ligurien. Eine Besiedlung des Landesinneren wird durch das Alpenmassiv verhindert. Der flächigen Verbreitung in Südfrankreich steht in Norditalien ein wesentlich begrenzterer Raum gegenüber, obwohl die Besiedlung der gesamten Padana durch die VBQ-Kultur erfolgte. Die obsidianführenden Befunde des Mittelneolithikums ziehen sich als schmaler, von Norden nach Süden ausgerichteter Streifen durch die zentrale Padana und entlang eines Teils des Apennins.

Für die Toskana und weite Teile Latiums ist das fast völlige Fehlen von Obsidian, ebenso wie für Korsika, auf den unzureichenden Forschungsstand zurückzuführen, wie es insbesondere bei der kulturellen Zuordnung deutlich wird. Für die gute, flächige Versorgung mit Obsidian geben die zahlreichen Fundstellen, wie z.B. am Monte Argentario, Aufschluß, die sich jedoch nur selten datieren lassen.

Im südöstlichen Teil Mittelitaliens verdichten sich die Fundpunkte mit Obsidian, vor allem im Umfeld des Ripoli mit seinen größeren Obsidianmengen. Das dichte Netz an Befunden setzt sich südwärts über die gesamte Halbinsel fort. An dieser Stelle wird deutlich, daß sich der Obsidian nicht auf wenige Regionen beschränkt, sondern über das gesamte Süditalien streut. Dabei zeichnen sich deutlich die Verbreitungsgebiete der verschiedenen Gruppen ab: Ripoli im südöstlichen Mittelitalien, Masseria La Quercia in Foggia, Serra d'Alto in Apulien und der Basilikata und das Stentinello in Kalabrien und auf Sizilien. Ihre kulturellen Grenzen, sofern es in diesem Fall solche überhaupt gab, scheinen nicht die Funktion eines Filters zur kontrollierten Durchlässigkeit für die Weitergabe von Obsidian besessen zu haben. Die Fundmenge kann dabei das Maß von bis zu 500 Artefakten erreichen. Die küstennahe Obsidiankonzentration auf Sizilien beruht ausschließlich auf dem Stentinello. Das Innere der Insel bleibt, verglichen mit dem Küstenstreifen, fundleer.

Die Verteilungskurven verdeutlichen für jede Region den überaus stark angewachsenen Nutzungsgrad (Tafel 91). Er präsentiert sich für Südfrankreich, Norditalien und Dalmatien in einem anderen Maße als für die übrigen Regionen, so daß eine Differenzierung in zwei Gruppen vorgenommen werden kann. Ihre Kriterien liegen in der Relation des Mengenwertes 2 und höherer Werte.

Die drei genannten Regionen weisen 50% und mehr für den Mengenbereich 2 auf. In Südfrankreich tritt danach eine gravierende Reduzierung der Anteile in den folgenden Bereichen ein. In Norditalien erfolgt die starke Abnahme erst nach dem Wert 3 mit einer erneuten, geringen Zunahme beim Wert 5. So weist Norditalien geringfügig höhere Artefaktmengen auf den Fundstellen als Südfrankreich auf. Das dalmatische Mittelneolithikum präsentiert sich mit nur zwei Angaben im Bereich 2 und 5. Von Bedeutung ist das Maximum beim Wert 5, das darauf hinweist, daß an der östlichen Adriaküste mit einer größeren Anzahl an Siedlungen mit zum Teil weit mehr als 20 Artefakten gerechnet werden muß. Dabei mag die Anteilshöhe des Bereichs 5 aufgrund der nicht allzu zahlreichen Befunde etwas überhöht erscheinen. Sie belegt aber deutlich die Tendenz zu Siedlungen mit größerer Obsidianmenge.

In der Reihung Südfrankreich, Norditalien und Dalmatien sehe ich eine Intensitätssteigerung in der Nutzung. Sie ist aber nicht zu vergleichen mit der anderer Regionen, bei denen sich die Interpretation auf teilweise hohe Fundstellenzahlen gründet.

Kennzeichen der zweiten Gruppe, zu der Sizilien, Mittel- und Süditalien zählen, sind zum einen die Anteile des Mengenbereichs 2, die etwa zwischen 40% und 50% liegen und zum anderen ein flach abfallender Kurvenverlauf mit einem prozentual höheren Niveau bei den größeren Mengenbereichen. Es wird deutlich, daß ein hoher Prozentsatz der Befunde dieser Regionen weit über den Wert 5 hinausreicht.

Schon schwieriger ist es, eine Abfolge im Nutzungsgrad in den Regionen zu erstellen, da z.B. die Ripoli-Siedlungen im südöstlichen Mittelitalien dem süditalienischen Kulturkreis näherstehen als dem des übrigen Mittelitalien. Die Grundlage der Verteilungskurve bilden im besonderen Maße die Ripoli-Plätze, auf denen meiner Meinung nach Obsidian vergleichbar intensiv wie in den Siedlungen Nordapuliens genutzt wurde. Von den übrigen Plätzen Mittelitaliens ist eine intensive Nutzung in Umrissen ebenfalls belegt. Mittelitalien gehört damit zu den obsidianreichen Regionen des Mittelneolithikums. Es steht aber hinter Süditalien und Sizilien.

Der Zeitraum Mittel-/Jungneolithikum hat außer in Süditalien, wo sich im Umfeld der bemalten Keramik Überschneidungen häufen, kaum eine Bedeutung (Tafel 92). Durch eine klare chronologische Gliederung werden derartige Überlappungen vermieden, was keineswegs mit der Wirklichkeit übereinstimmen muß. Die enge Verquickung von Serra d'Alto- und Diana-Keramik läßt vermuten, daß das Serra d'Alto bis weit in das Jungneolithikum hineinreichte und teilweise gleichzeitig mit dem Diana verlaufen ist. Die zahlreichen Analysen zur Bestimmung der geologischen Herkunft der Artefakte veranschaulichen deutlich die getrennten Versorgungssysteme. Die Quantitäten an Obsidian entsprechen denen des Mittelneolithikums.

Bei der Mengenverteilung erfolgt eine weitere Verschiebung hin zu umfangreicheren Fundinventaren (Tafel 93). Für Süditalien finden sich ca. 90% aller Befunde in den Mengenbereichen 4-8, während dieses für Korsika für ca. 70% der Fundstellen zutrifft. Zumindest für die obsidianreiche Region Süditalien ist eine Steigerung der Nutzung erkennbar. Bezüglich Korsikas bleibt die Frage offen, da ein Vergleich mit dem dortigen Mittelneolithikum nicht möglich ist. So kann eine Gegenüberstellung des Mittel-/Jungneolithikums mit dem Mittelneolithikum für die anderen Regionen ebenfalls nicht durchgeführt werden.

Jungneolithikum

Der mit dem Jungneolithikum deutlich werdende zahlen- und mengenmäßige Rückgang zeichnet sich in Südfrankreich, Nord- und Mittelitalien deutlich ab (Tafel 94). In Süditalien wird Obsidian weiterhin in beträchtlichen Mengen genutzt, ein Rückgang kann nicht ausgemacht werden. Der Nutzungsgrad reichte sicherlich an den des Mittelneolithikums heran. Ob er ihn vielleicht nicht sogar überstieg, kann nicht belegt werden. Auf Sizilien macht sich die Forschungslücke gravierend bemerkbar. Im Gegensatz dazu steht Korsika im Jungneolithikum in einer kulturellen Blüte. Fundmengen von weit mehr als 1000 Objekten sind keine Einzelfälle. In solchen Mengen ist Obsidian ansonsten außerhalb der unmittelbaren Nähe der Vorkommen nicht bekannt.

Dem Chasséen folgt im Jungneolithikum keine kulturelle Gruppe entsprechender Größe. Fundorte mit Obsidian fehlen völlig, obwohl sie in geringer Zahl nicht auszuschließen sind. Vereinzelte Lagozza-Befunde in Norditalien und in der nördlichen Hälfte Mittelitaliens legen davon Zeugnis ab. Von regionalen Brüchen abgesehen, setzt sich die kulturelle Blüte in den Formenkreisen der bemalten Keramik in Süditalien fort, die vor allem durch das Diana charakterisiert wird. Auf Sizilien tritt in einer Art kultureller Lücke zwischen dem Mittelneolithikum und dem Äneolithikum, die eher als Forschungslücke zu bezeichnen ist, kein Obsidian auf. Die Äolischen Inseln werden dabei nicht berücksichtigt, in deren Fundmaterial sich ein kultureller Rückgang niederschlägt.

Wiederum stehen sich bei der Beurteilung der Obsidianverteilung, wie schon im Mittel-/Jungneolithikum, Korsika und Süditalien gegenüber (Tafel 95). In Süditalien macht sich der Rückgang an Fundstellen vom Mengenbereich 7 aufwärts deutlich bemerkbar. Die Anteile der Bereiche 3 und 4 wachsen an sowie im besonderen Maße der Bereich 2. Gegenüber dem Mittel-/Jungneolithikum ist zwar eine eindeutige Reduzierung herauszustellen. Vielleicht werden noch nicht einmal die Werte des Mittelneolithikums erreicht, doch bleibt weiterhin ein hoher Nutzungsgrad erhalten. Dagegen hat er sich für Korsika in nicht zu übersehender Weise verstärkt. Ca. 75% der Befunde liegen in den Mengenbereichen 7-10, während in den anderen Regionen die Nutzungsintensität schon zurückgegangen ist.

Äneolithikum

Die Übergangszeit vom Jungneolithikum zum Äneolithikum muß als eine Periode tiefgreifender Umwälzungen angesehen werden, wobei meiner Meinung nach die Nutzung von Metall (Kupfer) den geringsten Anteil hatte, da der Umbruch in die kulturelle Substanz eingriff. Siedlungs-, vor allem Grabsitten veränderten sich ebenso wie die materielle Hinterlassenschaft. Dennoch sind Verbindungen zwischen beiden Perioden festzustellen, wie es das Fundmaterial des Spät- und Endneolithikums und des Frühäneolithikums darlegt. Der Übergang muß sich aber sehr rasch vollzogen haben.

Gemessen am Jungneolithikum und an der Tatsache, daß das Äneolithikum im Vergleich zu den Abschnitten des Neolithikums einen realtiv kurzen Zeitraum umfaßt, erreicht die Obsidiannutzung zumindest auf der italienischen Halbinsel und auf Sizilien Ausmaße, die an die neolithische Blütezeit erinnern (Tafel 96). Die Fundstellen mit Obsidian finden sich vermehrt westlich als östlich des Apennins, anders als es im Mittelneolithikum der Fall war. Gleichzeitig geht die Fundmenge zurück. In Südfrankreich, Norditalien und ebenso auf Korsika tritt Obsidian nur vereinzelt auf. Der Triester Karst könnte, wie schon bei anderen Gelegenheiten, eine Ausnahme bilden, wenn man die beiden Befunde mit Obsidian bei der bekannten Dichte an Fundstellen dahingehend interpretiert. Für die italienische Halbinsel indes fällt eine Konzentration auf der zum tyrrhenischen Meer hin gewandten Hälfte des Landes auf.

Auf Sizilien taucht Obsidian in einer Vielzahl von Grabfunden auf. Seine absolute Menge ist zumeist niedrig. Es können vereinzelt aber auch hohe Beträge angetroffen werden, wie im Falle des Gräberfeldes von Valdesi (Kat.-Nr. 706) mit 130 Artefakten. Zu einem großen Teil decken sie sich mit den bekannten äneolithischen Gruppen. Es ist zu vermuten, daß sich die äneolithischen Fundstellen, wenn auch nicht immer nachweisbar, den bekannten Gruppen zuordnen lassen. Die Entwicklung führt dabei oftmals weg von den traditionellen neolithischen Siedlungsgebieten. Dies scheint ebenfalls auf Sizilien zuzutreffen.

Nur von Sizilien, Mittel- und Süditalien steht ausreichendes Fundmaterial für eine Auswertung zur Verfügung (Tafel 97). Gemeinsam ist ihnen ein Anteil von 60%75% an Befunden mit dem Mengenbereich 2 und dem danach folgenden, starken Rückgang. Das Frühneolithikum bot ein ähnliches Bild, nur daß die Abnahme weniger rasch verlief, da der Wert 3 noch Anteile von 20% und 30% aufweist.

Während für Süditalien die Verteilungskurve ausläuft und keine Befunde mit mehr als 10 Artefakten bekannt sind, belegen Mittelitalien und Sizilien in unterschiedlicher Weise, aber mit demselben Ergebnis, die Mengenbereiche 5-7. Hiernach sind im äneolithischen Kontext durchaus noch größere Mengen an Obsidian vorhanden, wobei dies für Sizilien möglicherweise in einem stärkeren Maße als für Mittelitalien zutreffen könnte. Auch für Süditalien nehme ich eine vergleichbare Intensität im Obsidiangebrauch an, obwohl der Verlauf der Verteilungskurve dem zu widersprechen scheint.

Bronzezeit

Für die Frühbronzezeit ist ein starkes Ausdünnen an Fundstellen mit Obsidian zu verzeichnen (Tafel 98). Südfrankreich und die östliche Adriaküste bleiben fundleer. Die beiden norditalienischen Fundpunkte gehören dem Polada an. In Mittel- und Süditalien bleibt seine Verbreitung an den westlichen Landesteil, entsprechend dem Äneolithikum, gebunden. Während für die Äolischen Inseln der weitere Gebrauch von Obsidian verständlich ist, findet auf Sizilien selbst eine deutliche Konzentration auf die östliche Inselregion statt, wobei der Südosten klar dominiert. Nimmt man als Ausgangspunkt Lipari an, so müßte sich zumindest für den Nordteil der Insel mit seinen zahlreichen frühbronzezeitlichen Fundstellen Obsidian nachweisen lassen. Andererseits könnte man auch an eine Ausrichtung auf Pantelleria-Obsidian denken, ähnlich dem Verbreitungsweg dieses Rohstoffes im Neolithikum. Fast allen Fundstellen gemeinsam ist die geringe Fundmenge, die außerhalb Liparis selten den Mengenbereich 2 übersteigt.

Für die Frühbronzezeit auf Korsika und Sizilien fällt die Übereinstimmung bei den Verteilungskurven auf (Tafel 99). Bei beiden gehört mehr als die Hälfte der Fundstellen dem Mengenbereich 2 an. Erst die Bereiche 6, 8 und 9 sind wieder belegt, wobei Korsika höhere Anteile und letztlich auch größere Mengen aufweist. Von Bedeutung ist nicht die Lücke zwischen den Werten 2 und 6, denn sie wird sich sicherlich zukünftig schließen lassen, sondern daß die nachfolgenden Bereiche gut belegt sind. Sie sind Indiz dafür, daß Obsidian auch noch in der Frühbronzezeit eine wichtige Rolle gespielt hat.

Der allgemeine Gebrauch der Bronze in der Mittelbronzezeit sollte auf ein Verschwinden des Obsidians als Material für Geräte schließen lassen. Nach der Fundlage könnte man dieses für das Arbeitsgebiet mit Ausnahme von Italien mutmaßen (Tafel 100). Zwingend ist dieses aber nicht. Dort häufen sich noch immer mittelbronzezeitliche Befunde mit Obsidian. Fast alle Fundstellen können in einen kulturellen Zusammenhang gestellt werden.

In Norditalien finden sich zwei Terramare-Plätze am Fuße des Apenningebirges. Auf der übrigen Halbinsel haben sich zwei Zentren in Küstennähe des tyrrhenischen Meeres herausgebildet, die weitgehend dem Apenninikum angehören. Die Schwerpunkte liegen in Südtoskana-Nordlatium und in Südkampanien-Nordkalabrien. Da sich das Apenninikum über Mittel- und Süditalien ausbreitete, stellt sich die Frage nach den Ursachen der Herausbildung zweier Zentren. Vielleicht könnten die Arbeitsgebiete einzelner Archäologen eine gewisse Rolle gespielt haben, die vorhandenen Obsidian im Gegensatz zu anderen auch erwähnten. Bei den drei Befunden auf Sizilien handelt es sich in zwei Fällen um Fundorte des Thapsos.

Die Verteilung spiegelt im wesentlichen den Anteil des Obsidians in den beiden mittelbronzezeitlichen Zentren des Apenninikums in Mittel- und Süditalien wider. Mengenmäßig reichen die Fundstellen bis in den Mengenbereich 3, aber nicht darüber hinaus (Tafel 101). Trotz seiner rückläufigen Bedeutung kann das Vorhandensein von Obsidian nicht als Einzelfunde abgetan werden, denn es kommt ihm immer noch in Gebieten, von denen aus die Obsidianvorkommen leicht erreichbar sind, eine gewisse Bedeutung zu.

Zwar sinkt gegen Ende der Bronzezeit Obsidian auf kaum noch nennenswerte Beträge ab, doch finden sich für die Jungbronzezeit immerhin noch sieben Befunde mit Obsidian (Tafel 102). Dabei ist schwer abzuschätzen, ob es sich bei diesen Funden um primär verwendetes Material handelt oder ob es von älteren Plätzen aufgelesen, benutzt oder auch nur als "Rarität" aufgehoben wurde oder ob es durch Zufall zwischen das Fundmaterial geriet, was in einer ganzen Anzahl von Fällen sicherlich vermutet werden darf.

Abgeschlossen werden soll dieses Kapitel mit einer Gesamtschau aller bronzezeitlichen Befunde mit Obsidian unter dem Gesichtpunkt, daß die gesamte Bronzezeit einen vergleichbaren Zeitraum wie die einzelnen Stufen des Neolithikums umfaßt. Eine Kartierung macht klar, daß sich bronzezeitlicher Obsidian mit in der Regel geringen Fundmengen auf Korsika, Italien und Sizilien beschränkt (Tafel 103). Eine darüber hinausgehende Verbreitung mit vereinzelten Beispielen ist nicht ausgeschlossen. Es zeichnen sich deutlich geographische Zonen hoher Dichte auf der tyrrhenischen Landseite und am ionischen Meer ab. Hinsichtlich Siziliens trifft dies auf den südöstlichen Landesteil zu. Auf Korsika ist ebenfalls ein Zentrum im äußersten Süden auszumachen. Daher darf vermutet werden, daß sich Obsidian in der Bronzezeit zumeist auf der Landseite vorfindet, die den Vorkommen zugewandt ist. Davon ausgehend kann weiter darauf geschlossen werden, daß sich der Obsidian gegen die starke Konkurrenz der Bronze nur noch in relativer Nähe zu den Vorkommen behaupten konnte. Die Ablösung des Obsidians durch die Bronze und vielleicht auch durch einheimische Materialien wurde dadurch verzögert, konnte aber nicht aufgehalten werden.

Die Verteilung des Obsidians in der Bronzezeit läßt sich zum Teil mit der des Frühneolithikums vergleichen (Tafel 104). Die höchsten Anteile beziehen sich auf den Mengenbereich 2. Danach erfolgt eine rapide Abnahme. Im folgenden weicht das Bild vom Frühneolithikum ab. Während in dieser Zeit nur noch die Bereiche 4 und 5 belegt sind, findet sich für Korsika und Sizilien eine kontinuierliche Abfolge über fast alle Mengenbereiche, womit für diese obsidianreichen Regionen in der Nähe der Vorkommen höhere Artefaktmengen auf einer größeren Anzahl an Fundstellen als für das Frühneolithikum auszumachen sind.

Mittelitalien setzt sich dagegen mit weniger Obsidian ab und steht in der Nutzung hinter den beiden Regionen zurück. Die Verteilung für Süditalien stufe ich aufgrund des Forschungsstandes als zu niedrig ein. Sie dürfte meiner Meinung nach anteilsmäßig zumindest zwischen Sizilien oder Korsika und Mittelitalien liegen.

Insgesamt hat man diesen Ergebnissen zufolge für die Bronzezeit von einer dichteren Verbreitung und einer stärkeren Nutzung des Obsidians auszugehen, als sie aus dem Frühneolithikum bislang bekannt ist.

7.13 Zeitliche Verteilung der Befunde in den Regionen

Verfolgt man in den Regionen die zeitliche Verteilung der Befunde, so resultieren daraus Erkenntnisse, die bislang noch nicht im Gesamtzusammenhang des nordwestmediterranen Raumes gesehen wurden (Tafel 105). Es kristallisieren sich, wie in den vorherigen Kapiteln schon vorgestellt, zwei Gruppen heraus: Südfrankreich, Norditalien und Dalmatien auf der einen und Korsika, Sizilien, Mittel- und Süditalien auf der anderen Seite.

Allen gemeinsam sind niedrige Werte für das Frühneolithikum, die teilweise weit unter 25% liegen. Danach erfolgt für die erste Gruppe das Maximum im Mittelneolithikum, wobei für Norditalien und die östliche Adriaküste die Werte um 50% schwanken, während die für Südfrankreich mehr als 90% erreichen. Für die jüngeren Perioden ist ein starker Rückgang zu verzeichnen, der, gemessen am Mittelneolithikum, bis auf Dalmatien von völlig untergeordneter Bedeutung ist. In Dalmatien verhält sich die Situation etwas anders, da dort im Jungneolithikum und Äneolithikum noch jeweils Anteile von etwa 25% auftreten.

Einen anderen, wenn auch komplizierteren Verlauf, nimmt die Verteilung in der zweiten Gruppe, wobei Korsika eine gewisse Ausnahme darstellt und gesondert betrachtet werden muß. Zum Mittelneolithikum hin steigen die Werte an. Die darauf folgende Abnahme nimmt in den jüngeren Perioden nicht das Ausmaß wie in der ersten Gruppe an. Für verschiedene Zeitabschnitte verbleiben die Werte auf einem hohen Niveau, wenn sie auch mit Ausnahme von Sizilien nicht mehr den mittelneolithischen Stand erreichen und zu den jüngeren Perioden hin auslaufen.

In diesem Zusammenhang werden die verzerrenden Auswirkungen eines ungenügenden Forschungsstandes am Beispiel Korsika sehr deutlich. Das mengenmäßige Minimum liegt im Mittelneolithikum, aus dem von den übrigen Regionen immer ein Maximum vorliegt. Es besteht kein Grund zur Annahme, warum im korsischen Mittelneolithikum weniger Obsidian als im Frühneolithikum genutzt worden sein soll. Das korsische Maximum im Jungneolithikum geht in den anderen Regionen mit einer deutlich erkennbaren Abnahme der Fundstellen einher. Dabei soll weniger auf die Intensität der Obsidiannutzung im Jungneolithikum hingewiesen werden, als vielmehr das fast völlige Fehlen mittelneolithischen Obsidians auf Korsika.

Die niedrigen jungneolithischen Werte für Mittelitalien und Sizilien können zusammen mit dem für Südfrankreich gesehen werden, wo das Jungneolithikum bislang nur in seinen groben Umrissen bekannt ist. Das heißt, daß man für das Jungneolithikum wie auch das Äneolithikum Siziliens überhöhten Mengenwerte feststellt. Auch halte ich nach den Untersuchungen Perioden mit sehr geringer Obsidiannutzung, die weit unterhalb der Anteile für die folgenden, jüngeren Perioden liegen, für wenig wahrscheinlich. Damit sind aber in keiner Weise Schwankungen ausgeschlossen, die allerdings nicht ein extremes Ausmaß wie für das korsische Mittelneolithikum aufweisen sollten.

Einer optimalen zeitlichen Verteilung am nächsten kommt die Verteilungskurve der Obsidianmenge für Süditalien. Einem Anstieg von frühneolithischer Zeit hin zum Mittelneolithikum folgte eine schwankende, aber kontinuierliche Abnahme mehr oder weniger kräftigen Ausmaßes, wobei für die Bronzezeit, insbesondere für die Mittelbronzezeit, eine leichte Zunahme wieder zu verzeichnen ist. Erst im Frühneolithikum und nicht schon in mesolithischer Zeit setzte langsam die Verbreitung des Obsidians ein, die sich zum Mittelneolithikum hin sehr rasch beschleunigte und in dieser Zeit seine maximale Funddichte erreichte. Danach erfolgte eine ständige Abnahme.

Erstmals konnte auch deutlich gemacht werden, daß der Obsidian in der Mittelbronzezeit zwar nicht mengenmäßig, so doch von der Funddichte her noch stark vertreten war und in der Bronzezeit immer noch eine gewisse Bedeutung aufwies, die dann aber sehr rasch erlosch.

7.14 Prozentuale Anteile an Obsidian auf Fundplätzen

Erläuterungen

Als eines der wichtigsten Kriterien, das die Intensität der Obsidiannutzung auf den Siedlungsplätzen widerspiegelt, muß der prozentuale Anteil des Obsidians an der Gesamtartefaktmenge der Geräteindustrie bezeichnet werden. Lesefunde einphasiger, nur über einen relativ kurzen Zeitraum genutzter Siedlungen eigenen sich in optimaler Weise dazu, weil sie eine repräsentative Verteilung von Obsidian und Silex im Fundmaterial gewährleisten.

Grabungen, insbesondere mit kleinen Untersuchungsflächen, bergen die Gefahr, daß siedlungsinterne Fundkonzentrationen erfaßt werden, die keinen repräsentativen Querschnitt des Materials liefern. Doch sollte man den Ausgräbern unterstellen, unterschiedliche Funddichten erkennen zu können und zu vermerken. Vielmehr wird die folgende Untersuchung durch oftmals zu wenige absolute Fundzahlen beeinträchtigt.

7.14.1 Anteile je Schicht, gemessen an der Gesamtmenge an Obsidian

Eine Reihe mehrphasiger Siedlungsplätze bietet die Möglichkeit, den Grad der Nutzung von Obsidian in ihrer zeitlicher Abfolge zu begutachten (Abb. 47).

Die zwölf datierbaren Schichten des südkorsischen Basi (Kat.-Nr. 6) lieferten 1843 Artefakte aus Obsidian. Das Frühneolithikum ist nur mit 0,5% am Gesamtobsidian vertreten, während die Angaben für die jungneolithischen Schichten zwischen 6,1% und 32,1% schwanken, wobei die zwei Maxima in einer unteren und mittleren Schicht auftreten. Mit dem Ende des Jungneolithikums ist ein gleichmäßiger Rückgang von 10,9% auf 0,2% in der Bronzezeit zu verzeichnen.

An der ligurischen Küste enthalten die vier Kulturschichten des Fundplatzes von Arene Candide (Kat.-Nr. 567) 31 Objekten aus Obsidian. Früh- und Mittelneolithikum entsprechen sich in ihren Anteilen. Das Jungneolithikum erreicht mit 48,6% mehr als das Doppelte der vorhergehenden Perioden. Das Äneolithikum ist nicht vertreten, so daß die Frühbronzezeit mit 6,5% als niedrigsten Anteil die Verteilungsskala abschließt.

Romita di Asciano (Kat.-Nr. 846) in der Nordtoskana weist mit nur zehn Artefakten das Maximum für das Jungneolithikum auf. Obsidian ist mehr als doppelt so viel vorhanden wie in der darunter- und darüberliegenden Schicht. Die geringe Anzahl schränkt die Interpretation zwar ein, doch wird der steile und stetige Abfall der Werte vom Jungneolithikum zum Äneolithikum hin deutlich.

Auf dem lombardischen Isolino di Varese (Kat.-Nr. 583) verteilen sich nur zwölf Funde aus Obsidian auf fünf Straten und erschweren die Interpretation. Erkennbar ist aber ein steiler Anstieg vom Früh- zum Mittelneolithikum und ein flacherer Abfall vom Mittel- über das Jungneolithikum

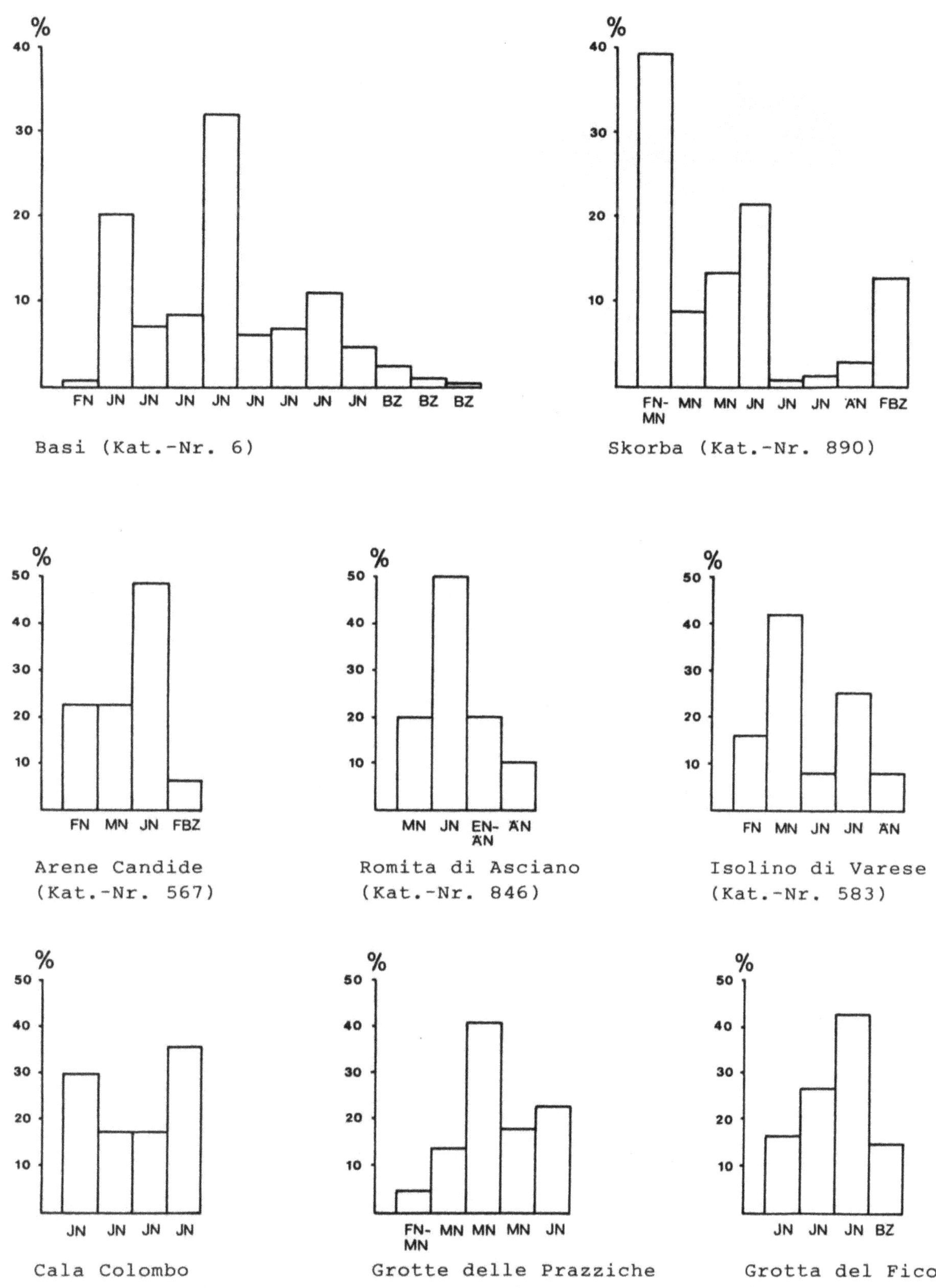

Abb. 47 Anteil an Obsidian je Schicht am Gesamtobsidian des Fundplatzes

zum Äneolithikum. Obwohl das Maximum in mittelneolithischer Zeit liegt, verläuft die Abnahme zum Jungneolithikum hin wesentlich flacher als der Anstieg vom Früh- zum Mittelneolithikum.

Weitere Fundorte liegen an der Küste Südapuliens. Im Falle von Cala Colombo (Kat.-Nr. 201) mit seinen 84 Objekten in vier jungneolithischen Kulturschichten schwankt der Anteil zwischen 17,9% und 34,5%. Insgesamt gesehen machen sich in dieser Zeit keine gravierenden Änderungen bemerkbar, da mit der ältesten und jüngsten Schicht jeweils ein Maximum vorliegt. Bei den 56 Artefakte in Grotta del Fico (Kat.-Nr. 292) steigen die jungneolithischen Anteile kontinuierlich bis auf 42,9% an, um in der Bronzezeit auf 14,3% zurückzufallen. Bei Grotta delle Prazziche (Kat.-Nr. 294) verteilen sich 22 Fundstücke aus Obsidian vom Früh-/Mittelneolithikum bis in das Jungneolithikum. Zu vermerken ist eine beträchtliche Zunahme vom Früh-/Mittelneolithikum zur mittleren jungneolithischen Schicht. Der danach zu beobachtende Abfall der Anteile zum Jungneolithikum hin erfolgt abgeschwächt und verbleibt auf höherem Niveau.

Ein gänzlich anderes Bild bietet Skorba auf Malta (Kat.-Nr. 890), das abseits des Kulturkreises der italienischen Halbinsel und seines Umfeldes liegt und eine eigenständige kulturelle Entwicklung trotz starker Einflüsse aus Sizilien vollzogen hat. Das nahe gelegene Vorkommen von Pantelleria war sicherlich für die Rohstoffversorgung von großer Bedeutung. Ebenso bedeutsam war aber auch der Obsidian von Lipari, der in beträchtlichem Umfange nachgewiesen wurde. Diese Faktoren mögen bedingen, daß Obsidian in den verschiedenen Perioden immer in größerer Menge vorhanden war, so daß Anteilsmaxima im Früh-/Mittelneolithikum, Jungneolithikum und in der Frühbronzezeit auftreten. Eine generelle Abnahme im Verlauf der Perioden ist erkennbar, die sich auf die Verteilung von 298 Artefakten stützt.

7.14.2 Anteile an Obsidian je Schicht, gemessen an der Gesamtartefaktmenge

Von den mehrphasigen Fundplätzen lassen sich in Basi (Kat.-Nr. 6), Isolino di Varese (Kat.-Nr. 583) und Grotta delle Prazziche (Kat.-Nr. 294) die prozentualen Anteile an Obsidian an der gesamten Artefaktmenge der Schlagindustrie in den einzelnen Siedlungsschichten darstellen (Abb. 48).

Im obsidianreichen Korsika klettern die Werte im Falle von Basi bis auf 82,1% im Jungneolithikum, nachdem für die frühneolithische Zeit ein Anteil von nur 3,5% ermittelt wurde. Schon im Verlauf des Jungneolithikums ist eine Abnahme erkennbar, wenngleich Obsidian immer noch in einer Größenordnung von mehr als 50% vorhanden ist. Eine beträchtliche Verminderung ist dann für das Äneolithikum und die Bronzezeit zu verzeichnen. Trotz des Fehlens von Angaben zum Mittelneolithikum entspricht die Nutzung dem bekannten zeitlichen Verlauf für Korsika.Im norditalienischen Isolino di Varese bleiben die Werte immer unter 2%. Von 0,5% für das Frühneolithikum erhöht er sich auf 1,9% in der jüngsten jungneolithischen Schicht, um im Äneolithikum immer noch einen Anteil von 1,2% zu halten. Das Auftreten des Obsidians in so geringen Mengen entspricht den Erkenntnissen, wie sie für den norditalienischen Raum herausgestellt werden konnten. Die Differenz der Anteile in den einzelnen Kulturschichten bleibt aber zu gering, als daß sie in eigenständiger Weise als Gradmesser der Obsidiannutzung dienen könnte.

Anders dagegen liegen die Verhältnisse auf dem südapulischen Fundplatz Grotta delle Prazziche. Nach dem Ergebnis aus Kalabrien würde man höhere Werte erwarten. Dort ist eine entfernungsbezogene Abnahme von Werten mit mehr als 80% in der Acconia-Ebene zur 50-150km weiter östlich gelegenen Region von Crotone auf weniger als 40% zu verzeichnen. Anscheinend setzt sich diese Verringerung kontinuierlich auf den nochmals ca. 150km weiter östlich, am Golf von Tarent gelegenen Platz Grotta delle Prazziche auf 5% und weniger fort. Ansonsten entspricht der Nutzungsgrad in den Schichten dem üblichen Verlauf in Süditalien mit einem Ansteigen zum Mittelneolithikum und einem ähnlich hohen Anteil im Jungneolithikum.

Zusammenfassung

Aus dieser Zusammenstellung wird ersichtlich, daß die intensivste Obsidiannutzung generell für das Mittel- und Jungneolithikum zu beobachten ist. Die Entwicklung beginnt langsam mit dem Frühneolithikum und steigt in den folgenden neolithischen Perioden. Für das Äneolithikum und die Bronzezeit ist die Abnahme eindeutig sichtbar.

Beträchtlich sind auch die Unterschiede der Anteile des Obsidians an der gesamten Geräteindustrie. Auf vorkommensnahen Plätzen erreichen sie Werte bis 80%, während diese mit zunehmender Entfernung rapide auf weit unter 10% absinken. Eine exponentielle Abnahme der Obsidianmenge mit zunehmender Entfernung deutet sich damit an.

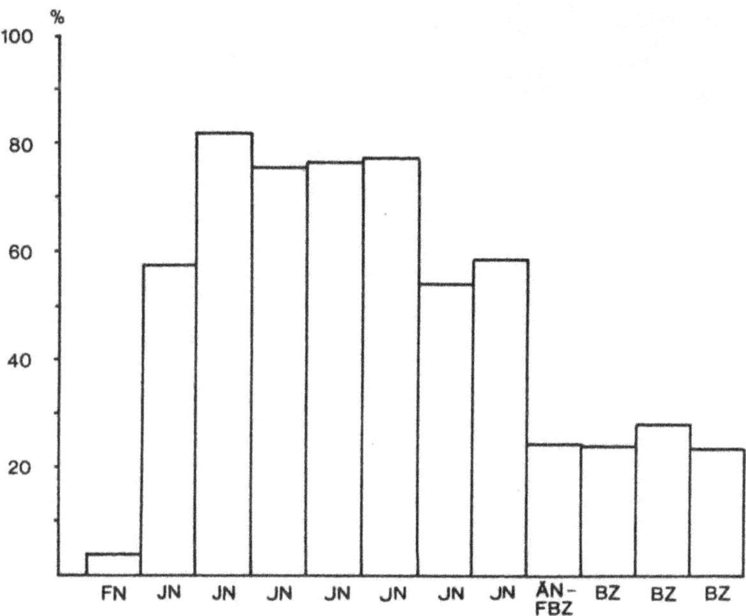

Basi (Kat.-Nr. 6)

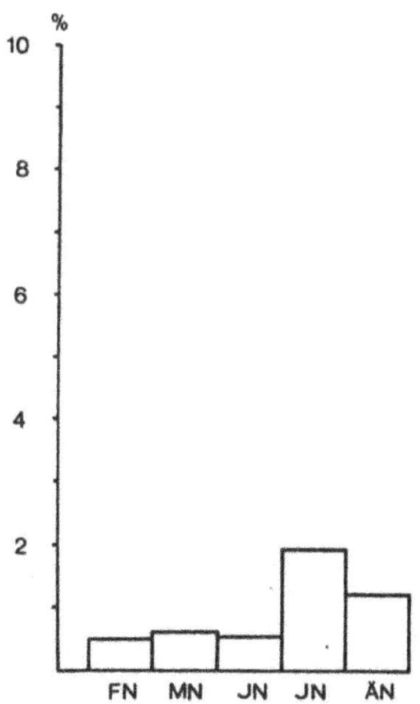

Isolino di Varese (Kat.-Nr. 583)

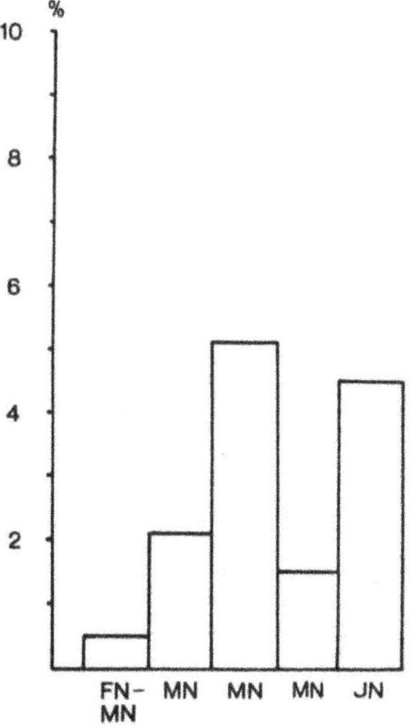

Grotta delle Prazziche (Kat.-Nr. 294)

Abb. 48 Anteil an Obsidian an der Gesamtartefaktmenge je Schicht

7.14.3 Anteile an Obsidian in den Zeitstufen

Frühneolithikum
Für diesen Zeitraum stehen nicht genügend Daten zur Verfügung. Generell ist anzumerken, daß der Anteil an Obsidian, auch in absoluten Zahlen gesehen, in dieser Zeit sehr gering und zumeist weit unter 1% anzusetzen ist.

Mittelneolithikum
Anders präsentiert sich dagegen das Mittelneolithikum. Aus Südfrankreich und Italien liegen zahlreiche Angaben vor, die sich im wesentlichen auf das Chasséen, das VBQ, das Ripoli und auf die bemalte süditalienische Keramik beziehen (Tafel 106).

In Südfrankreich und Norditalien bleiben die Werte weit unter 10%, doch bei mehr als der Hälfte der Fälle über 1,1%. Für Mittelitalien steigt der Wert generell weit über 1,1%. Es treten erstmals zwei Fundstellen im Bereich von 10,1% bis 25,0% auf. Höhere Anteile werden nur noch auf Plätzen in Süditalien, vornehmlich in der Acconia-Ebene, erreicht.

Insgesamt erkennbar wird ein prozentualer Mengenzuwachs von Norden nach Süden. Da für die begutachteten Fundstellen eine geologische Zuweisung des Obsidians nicht möglich ist, kann auf ortsspezifische Veränderungen in Südfrankreich und Norditalien nicht eingegangen werden. Das Material in Mittel- und Süditalien darf den Analysen zufolge zum größten Teil dem Lipari-Vorkommen zugerechnet werden. In diesen Gebieten ist eine anteilsmäßige Abnahme mit zunehmender Entfernung vom Vorkommen ersichtlich.

Jungneolithikum
Für diese Zeit mangelt es wieder an Angaben. In Südkorsika und Kalabrien erreicht Obsidian Werte zwischen 50,1% und 100%. In den Schichten der norditalienischen Siedlung Isolino di Varese (Kat.-Nr. 583) übersteigt sein Anteil nicht die 2%-Marke, womit sich für diese Siedlung die Situation ähnlich wie im Mittelneolithikum darstellt.

Äneolithikum
Im Äneolithikum, für das ein starker Rückgang in der Nutzung nachgewiesen wurde, sind aber zwei Fundplätze mit mehr als 25,1% bekannt. Auch sonst folgen noch drei weitere im Bereich zwischen 1,1% und 10%. Diese Befunde stehen damit im Widerspruch zur dargestellten Reduzierung. Eine Erklärung bietet sicherlich die ingesamt geringe Artefaktmenge auf den betroffenden Fundplätzen. Weitere Forschungen müssen klären, ob dies ein siedlungs-, material- oder forschungsspezifisches Phänomen ist. Das bedeutet, der Frage nachzugehen, ob auf Siedlungen oder auch nur auf bestimmten Plätzen mit überdurchschnittlich viel Obsidian gerechnet werden muß und welchen Einfluß die Entfernung zu einem Vorkommen darauf hatte.

Bronzezeit
Für diesen Zeitraum konnten wieder vermehrt Angaben herangezogen werden (Tafel 107). Fundstellen auf Korsika und je eine in Kampanien und auf Sizilien, welche in relativer Nähe zu den Vorkommen liegen, weisen mehr als 25,1% Obsidian auf. Die übrigen Befunde, wie in Norditalien und dem Triester Raum, kommen immer noch auf mehr als 1,1% Obsidian. Zwar geht im Verlauf der Bronzezeit die Nutzung des Silex und anderer Materialien durch den zunehmenden Gebrauch der Bronze immer mehr zurück, dennoch bleibt der relativ hohe Anteil an Obsidian bemerkenswert. Wegen fehlender Daten ist nicht zu überprüfen, ob die Konzentration bronzezeitlicher Fundstellen mit Obsidian auf der tyrrhenischen Landseite auch mit einem höheren Obsidiananteil als auf der adriatischen Seite einhergeht.

Zusammenfassung
Trotz der manchmal mageren Datengrundlage stimmen viele Aussagen mit den bisher erarbeiteten Ergebnissen überein, während andere, und da sei auf den verhältnismäßig hohen äneolithischen Anteil hingewiesen, im Gegensatz dazu stehen. Mit zunehmend besseren Materialkenntnissen muß diesen Fragen in Zukunft nachgegangen werden.

Das Frühneolithikum weist weit geringere Anteile an Obsidian als das Mittel- oder Jungneolithikum auf. Der Rückgang in den nachneolithischen Perioden belegt die sinkende Bedeutung des Obsidians. Aufgrund der wenigen Plätze mit absoluten Mengenangaben für die Geräteindustrie in den Fundschichten kann keine Entscheidung darüber gefällt werden, ob nun das Mittel- oder Jungneolithikum die Zeit der intensivsten Nutzung darstellt. Eine derartige Differenzierung wurde mittels anderer Methoden durchgeführt. Bedeutsam ist, daß die aufgezeigte Verteilung im wesentlichen den schon ermittelten Verlauf der Nutzung für die betroffenen Regionen widerspiegelt. Weiterhin kommt dem Hinweis große Bedeutung zu, daß eine kontinuierliche Abnahme des Obsidiananteiles mit zunehmender Entfernung von Westkalabrien nach Südapulien vorliegt.

Auf den regionalen Nutzungsgrad des Obsidians in einem Zeitabschnitt oder einer Kulturgruppe bezogen, heißt dies, daß z.B. nicht nur die Anzahl von Obsidianfundstellen von Interesse ist, sondern auch die an Fundplätzen ohne Obsidian, also ihre Gesamtzahl. Eine derartige Gegenkartierung, müßte sie vorgenommen werden, würde aber bei weitem den Rahmen dieser Arbeit sprengen. Ein Rückgriff auf vorhandene Gesamtaufnahmen von entsprechenden, regionalen Kartierungen samt ihren Daten scheint mir die einzige Möglichkeit zu sein, um dennoch in dieser Vorgehensweise zu verwertbaren Ergebnissen zu gelangen.

Für den nordwestmediterranen Raum gibt es hierfür zwei geeignete Regionen. Dabei kommt der Größe der untersuchten Gebiete weniger Bedeutung zu als vielmehr der Intensität, mit der die Fundstellen untersucht wurden.

7.15 Fallstudie Südfrankreich und Kalabrien

Südfrankreich
Patricia Phillips hat 1982 für 21 südfranzösiche Départements die Chasséen-Fundstellen zusammengestellt. Die Auflistung gibt im wesentlichen den Forschungsstand zu Beginn der 70er Jahre wieder. Sie beschreibt 137 Fundplätze im einzelnen und erwähnt kurz weitere mehr als 60 Fundstellen.

Unter den mehr als 197 Fundorten werden 16 mit Obsidian genannt, was auf einen Anteil von 8,1% hinausläuft. Noch mindestens neun weitere Fundstellen, für die sie in ihrem Katalog keinen Obsidian erwähnt, werden aber in der Literatur von vor 1970 mit Obsidian aufgeführt. Rechnet man diese hinzu, beliefe sich der Anteil auf jetzt 12,7%.

Eine zweite Schätzung läßt sich mit den 405 Chasséen-Fundstellen durchführen, die sie zusammen mit denen anderer Autoren aufzählt [235]. Ihnen werden die 38 bis Ende der 70er Jahre bekannten Obsidianfundstellen gegenübergestellt. 9,4% aller Chasséen-Fundplätze in Südfrankreich weisen danach Obsidian auf.

Acconia-Ebene (Kalabrien)
Als zweites Beispiel wird die Arbeit von A.J. Ammerman in Kalabrien herangezogen, wo er seit Mitte der 70er Jahre durch intensive Feldforschungen in einem kleinräumigen Gebiet zahlreiche Fundstellen ausfindig machte. Das Material wurde ausschließlich als Lesefunde gewonnen.

Eine kulturelle oder zeitliche Einordnung konnte wegen der oftmals fehlenden charakteristischen Funde, wie z.B. Keramik, nur in wenigen Fällen vorgenommen werden. Die Fundstellen lassen sich anhand der Keramik als prähistorisch beschreiben, womit die neolithischen und bronzezeitlichen Befunde gemeint sind. Der Schwerpunkt liegt auf den neolithischen Fundstellen.

62 der 75 Fundstellen haben Obsidian in unterschiedlicher Menge erbracht. Der Anteil der obsidianführenden Fundplätze liegt somit generell bei ca. 83%. Bei einer Differenzierung in neolithische und jüngere Fundorte treten 21 neolithische und 21 nachneolithische Fundstellen auf. Die Angaben beinhalten sieben Fundstellen mit Material beider Perioden, die im folgenden ausgeschlossen werden, da nicht sicher ist, ob nicht eine der infrage kommenden Perioden auf den betreffenden Plätzen ohne Obsidian ist.

So treten auf 13 (92,9%) der 14 neolithischen und auf elf (78,6%) der 14 nachneolithischen Fundstellen Obsidianartefakte auf (Abb. 49). Da es sich nicht immer um umfangreiche Inventare handelt, bleibt naturgemäß ein Unsicherheitsfaktor bestehen. Doch zeigen insbesondere die neolithischen Fundmengen einen Obsidiananteil, der mehr als zwei Drittel der Gesamtartefaktmenge umfaßt. Im Gegensatz dazu stehen die Obsidiananteile im französischen Chasséen, die sich zwischen 0,03% und 4,5% mit einem Mittel von etwa 1,1%-1,6% bewegen.

Vergleichende Bewertung
Beide Regionen stehen sich im Grad der Obsidiannutzung diagonal gegenüber. Neolithische Fundstellen an der tyrrhenischen Küste Kalabriens weisen nach A.J. Ammerman[236] in der Regel mehr als 80% Obsidian im Geräteinventar auf. Sie können damit als direkt versorgte Siedlungen angesprochen werden. Demgegenüber steht Südfrankreich mit 1,1% bis 1,6% Obsidian am anderen Ende der Skala. Trotz zahlreicher Chasséen-Siedlungen mit Obsidian bleibt der entsprechende Anteil sehr gering, so daß in Südfrankreich auch geographisch der Endpunkt der Obsidianweitergabe zu sehen ist, wobei sich mit zunehmender Distanz von den Vorkommen die Obsidianmenge verringert. Auch der Anteil obsidianführender Fundstellen, gemessen an der Zahl bekannter Plätze, zielt direkt in diese Richtung. Den 8,1% bis 12,7% für das Chasséen stehen in Kalabrien mehr als 80% gegenüber. An diesem Ergebnis wird sich wenig ändern, wenn für die Acconia-Ebene eine verfeinerte Chronologie zur Verfügung steht.

Nicht nur die Entfernung vom Vorkommen scheint dabei von Bedeutung zu sein, sondern auch die verkehrsgeographische Lage. In Südfrankreich wird dieser Faktor nicht sichtbar. Die dortige Verteilung kann als relativ gleichmäßig angesehen werden, auch wenn sich die Tendenz zeigt, daß östlich der Rhône mit etwas höheren Obsidiananteilen zu rechnen ist.

Für Kalabrien selbst konnte wiederum diese Einflußnahme bestätigt werden. Neolithische Siedlungsstellen der Stilo-Region in der Nähe von Crotone am Ionischen Meer weisen weniger als 40% Obsidian auf, obwohl sie nur 50-150km weiter östlich als die Fundplätze der Acconia-Ebene liegen, wo z.B. 75% der Stentinello-Siedlungen Obsidian

Anteil an Obsidian auf den Acconia-Siedlungen					
Neolithikum			Bronzezeit		
Nr.	Kat.-Nr.	% Obsidian	Nr.	Kat.-Nr.	% Obsidian
1	379	100,0	9	384	100,0
13	388	100,0	16	391	100,0
56	422	100,0	17	392	100,0
68	433	99,0	20	394	100,0
67	432	98,3	22	396	100,0
15	390	95,3	40	409	100,0
7	383	94,1	60	425	100,0
63	428	92,6	27	401	100,0
64	429	90,4	26	400	83,3
10	385	83,3	37	406	75,0
14	389	81,8	21	395	66,7
24	398	72,7			
46	412	66,7			

Abb. 49 Obsidian-Anteil auf den Acconia-Fundstellen

führen. Da der kalabrische Raum als kulturell einheitliches Gebilde aufgefaßt werden kann, können kulturelle Grenzen keine Rolle gespielt haben. Eher sind geographische Barrieren dafür verantwortlich zu machen, wie das beide Regionen trennende Gebirge, das einen Landtransport erheblich beeinträchtigt haben dürfte. Der Transport über See wird durch die Tatsache bestätigt, daß die höchsten Obsidiananteile auf Siedlungen in unmittelbarer Küstennähe nachgewiesen wurden[237].

Da der Lipari-Obsidian über den Seeweg herangeschafft werden mußte und dies wahrscheinlich durch Küstenschifffahrt geschah, lagen die tyrrhenischen Küstensiedlungen auf dem direkten Weg vom Vorkommen. Der Seetransport zu den abseitig gelegenen kalabrischen Küstenplätzen ging über eine größere Distanz und erforderte einen höheren Zeit- und Kostenaufwand. Niederschlag fand die trotz der Küstenlage verkehrsungünstigere Lage in einem erheblich geringeren Anteil an Obsidian.

8. Obsidian als Artefakt

Erläuterungen

Die Eigenschaften des Obsidians sind im wesentlichen identisch mit denen des Feuersteines. Im Hinblick auf Bearbeitung und Geräteverhalten entspricht er ebenfalls dem Flint, wenn er auch etwas spröder ist und schärfere Kanten aufweist. Aus mineralogischer Sicht liegt daher kaum ein Grund einer Bevorzugung oder Benachteiligung des Obsidians im Gebrauch dem Flint gegenüber vor. So mag ihn gelegentlich seine intensivere Färbung und seine "exotische" Herkunft von anderen Rohmaterialien abgehoben haben. Die Entfernung, über die er herantransportiert werden mußte, erklärt seinen oftmals sehr geringen Anteil an der gesamten Geräteindustrie, deren Material zumeist aus lokalen oder regionalen Vorkommen beschafft wurde.

Dabei ist es von Interesse, ob sich in den Artefakt- und Geräteformen Unterschiede zum übrigen Silexmaterial nachweisen lassen. Eine Abweichung von der Norm könnte auf eine Sonderstellung des Obsidians hinweisen.

Bei der Bestimmung und Zusammenstellung der Artefakte auf der Basis einer einheitlichen, typologischen Einordnung ergaben sich Schwierigkeiten, wie sie in der Natur einer Literaturarbeit liegen. Obsidian wie Silex werden sehr häufig nur unter dem Begriff Artefakt zusammengefaßt. Eine einheitliche Nomenklatur der Begriffe für Geräte und Formen ist insbesondere bei älteren Arbeiten nicht gegeben. So werden Klingen häufig als Messer oder Sicheleinsätze bezeichnet, ohne daß diese Begriffe von den Autoren in definierter und einheitlicher Weise benutzt werden. Außerdem wurden früher nur grobe Klassifikationen vorgenommen, wenn nicht gar der Einfachheit halber von Geräten gesprochen wurde. Beispielsweise Mehrfachgeräte an einem Artefakt wurden kaum unterschieden. Dies änderte sich erst mit Beginn der 60er Jahre, als von G. Laplace eine detaillierte Klassifizierung und Definition aller Geräteformen anhand ihrer Charakteristika vorgenommen wurde. Sie findet in den letzten Jahren, besonders bei groß angelegten Materialaufnahmen, immer mehr Anwendung. Eine Vereinheitlichung der Artefaktbeschreibung ist somit erst jüngst zu verzeichnen.

Aus den genannten Gründen muß auf eine detaillierte Analyse zu bestimmten Aspekten in fundortspezifischer Weise anhand vergleichender Zusammen- und Gegenüberstellungen verzichtet werden. An ihre Stelle tritt eine generalisierende Durchsicht des Fundmaterials, mit der durchaus viele Fragen zu dieser Problematik beantwortet werden können.

8.1 Formen- und Gerätespektrum

Trotz der so unterschiedlich gehandhabten Nomenklatur konnte eine einheitliche Einteilung der Artefakte erstellt werden, in die Obsidian gleichermaßen wie Silex eingeordnet wurden. Es handelt sich dabei um folgende Gruppen:

- Klingen und Klingenfragmente,
- Geräte,
- Pfeilspitzen,
- Artefakte,
- Kernsteine,
- Abschläge,
- Abfallstücke,
- Handstücke,
- Fragmente.

Hierzu seien noch einige kurze Erläuterungen gegeben. Unter die Bezeichnung Geräte fallen z.B. Kratzer, Schaber, Stichel, Bohrer, geometrische Geräte u.ä.. Eine feinere Gliederung dieser Gruppe ist nicht sinnvoll, da sehr häufig von den Bearbeitern des Materials nur von Artefakten oder von Geräten ohne weitere Differenzierung gesprochen wird.

Aus einem ähnlichen Grund mußte der Begriff Artefakte verwendet werden. In der Literatur werden Funde häufig nur als Artefakte bezeichnet, insbesondere wenn es sich um ältere Grabungsberichte, Lesefunde und Vorberichte handelt. In anderen Fällen werden die Geräte differenziert und alle übrigen oben genannten Formen unter dem Namen Artefakt zusammengefaßt.

Ebenfalls des öfteren werden Abschläge, Abfallstücke und Fragmente nicht im einzelnen aufgelistet und, sofern sie in einigen Fällen nicht gänzlich ungenannt bzw. ungezählt bleiben, in der Rubrik Artefakte zusammengefaßt. So darf nicht übersehen werden, daß nur für einen Teil der Artefakte überhaupt absolute Zahlen genannt werden.

Da sich dennoch aus dem Fundmaterial unter Berücksichtigung der genannten Einschränkungen eine Reihe von Schlußfolgerungen ziehen lassen, sollen an dieser Stelle die Artefakttypen summarisch für die einzelnen Regionen näher untersucht werden. Dabei möchte ich nochmals betonen, daß die ermittelten Zahlenangaben aufgrund des Aufarbeitungs- und Publikationsstandes nur dazu dienen können, eine Reihe von Aspekten und Tendenzen zu verdeutlichen, die trotz aller Einschränkungen am Fundmaterial abzulesen sind.

Gesamtmenge in den Regionen

Die Summe der in der Literatur angegebenen Anzahl an Obsidian für jede Region kann mit zwei Einschränkungen durchaus als Maßstab für den Zustrom dieses Rohstoffes angesehen werden (Abb. 50). Die Einwände betreffen Norditalien und Sizilien. In Norditalien repräsentiert allein der Fundplatz Pescale (Kat.-Nr. 355) 950 Artefakte. Bei ihrer Berücksichtigung würde Norditalien in der Summe der Obsidianartefakte einen Platz zwischen Südfrankreich und Mittelitalien einnehmen. Im Bezug auf Sizilien wird die Obsidianmenge vom desolaten Forschungsstand und der hohen Zahl an Fundstellen mit unbekannter Zahl an Artefakten völlig verzerrt. Real dürfte ein Anteil anzunehmen sein, der zumindest dem Süditaliens entspricht, wahrscheinlich aber noch darüber liegen dürfte.

Klingen und Klingenfragmente

Abgesehen von Dalmatien sind es gerade die vom Vorkommen entfernt gelegenen Regionen Südfrankreich und Norditalien, die einen Klingenanteil von 55,3% und 75,6% aufweisen, während für Sizilien, Korsika und Süditalien die entsprechenden Zahlen auf 27,2%, 21,7% und gar 14,2% absinken. Es kann nicht damit zusammenhängen, daß beide Gebiete zu den am besten dokumentierten Räumen hinsichtlich der Artefaktaufnahme zählen oder daß Abschläge und Abfallstücke in der Dokumentation fehlen könnten. Ein Vergleich mit der Aufnahme von Silex auf denselben Fundstellen belegt, daß Abschläge und Abfallstücke ebenfalls dokumentiert wurden.

Es besteht vielmehr Grund zur Annahme, daß die Werte für die übrigen Regionen zu niedrig liegen. Denn gerade sie weisen in der Rubrik "Artefakte" zum Teil sehr hohe Anteile von bis zu 55% für Süditalien und 49,2% für Korsika auf. Schon die Fundaufnahme ergab, daß oftmals keine Differenzierung vorgenommen wurde, sondern nur die Angabe "Artefakt" vorhanden war. So werden sich unter diesem Begriff zahlreiche Klingen- und Klingenfragmente wie auch andere Formen verbergen.

Abschläge und Abfallstücke

Eine entgegengesetzte Tendenz zeichnet sich bei den Abschlägen und Abfallstücken ab. Bemerkenswert konstant zwischen 10% und 14% liegt der Wert für Abschläge in Norditalien, Südfrankreich, Korsika und Mittelitalien. Für Süditalien und Sizilien steigt er hingegen auf 25,3% und 38,9%. Verantwortlich für den niedrigen dalmatischen Wert kann der hohe Anteil der nur als Artefakte angesprochenen Funde sein. Die Verteilung könnte für Süditalien und Sizilien die Vermutung bestärken, daß in vorkommensnahen Regionen aufgrund der größeren, zur Verfügung stehenden Obsidianmenge eine intensivere Verarbeitung vorgenommen wurde.

Der Eindruck verstärkt sich noch, zieht man zu den Abschlägen noch die Abfallstücke hinzu, da in zahlreichen Materialbeschreibungen eine Unterscheidung zwischen diesen beiden Artefaktformen nicht getroffen wird. Für Südfrankreich und Norditalien ändert sich daraufhin der Anteil von 13,6% und 10,5% nicht bzw. unwesentlich. Korsika als obsidianreiche Region setzt sich mit 22,7% zahlenmäßig von den beiden Regionen in Richtung Süditalien und Sizilien ab. Die geringe Fundzahl an der östlichen Ardiaküste behindert eine Interpretation ebenso wie die 46,9% für Mittelitalien einen überdurchschnittlichen Anteil kennzeichnen. Nicht zu vergessen ist der Gewichtsaspekt, da bei der Herstellung zwar zahlreiche Abschläge und Abfallstücke anfallen, die aber gewichtsmäßig nur einen Bruchteil des Materials ausmachen.

Wegen der unzureichenden Materialdifferenzierung kann an dieser Stelle nicht auf wünschenswerte Details eingegangen werden. Es ist aber festzuhalten, daß sich die obsidianarmen Regionen Südfrankreich und Norditalien durch einen sehr hohen Anteil an Klingen/Klingenfragmenten sowie einem niedrigen Anteil an Abschlägen/Abfallstücken von den obsidianreichen Regionen Süditalien, Sizilien und Korsika absetzen, wobei eine gewisse Angleichung bei den Klingen/Klingenfragmenten auch durch eine Aufschlüsselung der Rubrik "Artefakte" erreicht werden könnte.

Fragmente

Die Gruppe der Fragmente bleibt indifferent, da es sich sowohl um Bruchstücke von Geräten als auch von Abschlägen/Abfallstücken handelt, die daher kaum zu Aussagen herangezogen werden können. Sie sind eher unabsichtlich auf zu Bruch gegangene Werkzeuge und auf die Fragmentierung bei der Bodenlagerung bzw. -umlagerung zurückzuführen. Bis auf Mittelitalien mit 9,5% übersteigt ihr Anteil nicht 2,6%.

Kernsteine

Kernsteine gehören zu den Artefakten, die bei einer Materialdifferenzierung zumeist einzeln aufgeführt werden. Nicht immer kann dagegen sichergestellt werden, ob sich unter den Abfallstücken und Fragmenten nicht auch die Reste verbrauchter Kernsteine befinden. Trotzdem dürfte der Anteil der Kernsteine als repräsentativ angesehen werden.

Bis auf Mittelitalien mit 4,3% überschreitet ihr Anteil in keiner anderen Region die Marke von 2,5%. Auf Korsika ist von sogar nur 0,7% auszugehen. Ein Aspekt muß aber wegen fehlender Angaben unberücksichtigt bleiben: das Gewicht. Bei den Kernsteinen handelt es sich in der Regel um die schwersten Artefakte, insbesondere im Gegensatz zu Abschlägen und Abfallstücken, die am anderen Ende der Gewichteskala stehen.

Handstücke

Als Handstücke werden Objekte bezeichnet, die keine oder kaum Bearbeitungsspuren aufweisen und die noch immer ihre natürliche Oberfläche besitzen oder aus einem größeren Block herausgeschlagen wurden. Sie bilden die Vorstufe der Kernsteinpräparation. Im Fundmaterial kommen sie immer als Einzelstücke vor, was selbst für die 17 Handstücke aus Korsika zutrifft. In der Gesamtsumme tauchen

Formenspektrum der Obsidianartefakte								
	Südfrankreich	Korsika	Norditalien	östl. Adriaküste	Mittelitalien	Süditalien	Sizilien	Summe % Angabe
Klingen	126 55,3%	1978 21,7%	883 75,6%	21 23,3%	297 16,1%	762 14,2%	408 27,2%	4475 23,1%
Pfeilspitzen	6 2,6%	43 0,5%	2 0,2%	1 1,1%	10 0,5%	3 0,1%	16 1,0%	81 0,4%
Geräte	6 2,6%	238 2,6%	25 2,1%	2 2,2%	11 0,6%	140 2,6%	134 9,0%	556 2,9%
Artefakte	50 21,9%	4502 49,2%	100 8,6%	46 51,1%	402 21,9%	2956 55,0%	292 19,5%	8348 43,2%
Kernsteine	3 1,3%	61 0,7%	28 2,4%	1 1,1%	79 4,3%	62 1,2%	37 2,5%	271 1,4%
Abschläge	31 13,6%	1267 13,9%	121 10,4%	5 5,6%	205 11,1%	1359 25,3%	583 38,9%	3571 18,5%
Abfallstücke	- -	804 8,8%	1 0,1%	14 15,6%	658 35,8%	3 0,1%	- -	1480 7,7%
Handstücke	- -	17 0,2%	1 0,1%	- -	3 0,2%	2 0,1%	1 0,1%	24 0,1%
Fragmente	6 2,6%	234 2,6%	7 0,6%	- -	175 9,5%	87 1,6%	27 1,8%	536 2,8%
Summe % Angabe	228 100%	9144 100%	1168 100%	90 100%	1840 100%	5374 100%	1498 100%	19342 100%

Abb. 50 Regionale Verteilung der Artefaktformen

sie nur mit 0,2% auf. Im Vergleich dazu finden sich Kernsteine um mehr als das Zehnfache häufiger vor.

Artefakte

Die Rubrik "Artefakte" verdankt ihre Existenz ausschließlich der unbefriedigenden Materialaufarbeitung und kann als Kriterium für die Qualität der Materialvorlage dienen. Ihnen zugeordnet werden Funde, die nicht in die verschiedenen Artefaktformen eingeteilt wurden.

Für Südfrankreich und Norditalien sowie in einem gewissen Sinne für Sizilien liegen zufriedenstellende Aufarbeitungen vor. Dabei ist anzumerken, daß die 50 südfranzösischen Artefakte ausschließlich vom Fundplatz Giribaldi (Kat.-Nr. 126) stammen, über deren jüngste Ausgrabung nur ein Kurzbericht informiert.

In Norditalien verteilen sich 90 der 100 "Artefakte" auf die beiden Fundorte Servirola (Kat.-Nr. 367) und Isolino di Varese (Kat.-Nr. 583). In Regionen mit einer Vielzahl an Befunden, wie Korsika und Süditalien, summiert sich die hohe Zahl der "Artefakte" aus einer großen Anzahl an Fundstellen.

Zwar werden manchmal nur Teile des Fundmaterials als "Artefakte" bezeichnet, während das übrige aufgeschlüsselt wird. Doch kann von der Regel ausgegangen werden, daß dann zumeist alle Objekte eines Befundes als "Artefakte" aufgeführt werden. Da bei ihnen im Mittel ebenfalls von einer Normalverteilung betreffs der Formen, wie bei den aufgeschlüsselten Fundkomplexen, ausgegangen werden kann, sind die Auswirkungen auf die Interpretation der Artefaktformen geringer, als zunächst angenommen.

Geräte

Faßt man alle Geräte mit Ausnahme von Klingen bzw. Klingenfragmenten und Pfeilspitzen zusammen, ergibt sich ein recht einheitliches Spektrum mit Anteilen von 2,1% bis 2,6%, von dem nur Mittelitalien mit 0,6% und Sizilien mit 9,0% in gravierender Weise abweichen, ohne dafür einen anderen Grund als den des Forschungsstandes nennen zu können. So gesehen nehmen Geräte unter den Obsidianartefakten einen zahlenmäßig geringen Stellenwert ein.

Pfeilspitzen

Die Pfeilspitzen werden gesondert betrachtet, da es sich um eine Gruppe von Geräten mit einer besonderen Funktion handelt, bei der wegen der etwas höheren Schärfe und Glätte im Vergleich zum Silex an eine bevorzugte Nutzung des Obsidians gedacht werden könnte. Doch liegt der Anteil an Pfeilspitzen, von Südfrankreich abgesehen, generell unter 1,1%, wobei dieses in den obsidianreichen Regionen mit besonderer Deutlichkeit ins Auge sticht.

Auch wenn das südfranzösische Material 2,6% Pfeilspitzen aufweist, muß der Vermutung, daß Obsidian in den entfernten Regionen eine intensivere Gerätenutzung mit geringeren Abfallmengen erfahren hätte, der Hinweis auf die nur 0,2% der vergleichbaren Region Norditalien entgegengehalten werden.

Zusammenfassung

Aus dem Fundmaterial lassen sich trotz der genannten Vorbehalte anhand der Gruppe der "Artefakte" eine Reihe von Schlußfolgerungen ziehen.

Der Klingenanteil übersteigt in den vorkommensfernen Regionen Südfrankreich und Norditalien bei weitem die 50%, während er in den vorkommensnahen Gebieten weit unter 30% liegt. Der Anteil an Abschlägen und Abfallstükken scheint dagegen in obsidianreichen Räumen höher zu sein als in den ärmeren. Gewichtsmäßig stellen sie aber nur einen kleinen Teil der Gesamtmenge dar. Die Anzahl der Kernsteine bleibt zwar gering, doch darf nicht vergessen werden, daß aus einem Kernstein zahlreiche Klingen und Geräte hergestellt werden können.

Geräte, z.B. Pfeilspitzen, repräsentieren einen relativ geringen Teil der Artefakte, obwohl man erwarten würde, daß gerade der "auswärtige" Obsidian zu speziellen Geräten verarbeitet worden wäre, was aber nicht der Fall zu sein scheint. Das bedeutet aber noch nicht den Ausschluß spezifischer Funktionen, die aber nur mit der Gebrauchsspurenanalyse zu ermitteln sind. Sie steckt aber für den Obsidian noch in den Anfängen, auch wenn zahlreiche Vergleiche mit dem Flint möglich sind. Eine detaillierte Differenzierung der Geräte ist notwendig. Es mag angemerkt werden, daß sich nach den bisherigen Erkenntnissen, die sich vorwiegend auf Mittel- und Nordamerika beziehen, eine funktionale Trennung von Obsidian- und Silexgeräten nicht festgestellt wurde.

8.2 Verteilung der Artefaktformen von Obsidian und Silex

Ein Vergleich der Artefaktformen von Obsidian und Silex auf den Fundstellen dürfte von großer Bedeutung sein, sofern einige Rahmenbedingungen erfüllt sind. Es müssen umfangreiche Fundinventare mit Obsidian gleicher Zeitstellung vorliegen, die nach einem einheitlichen Formenschlüssel spezifiziert werden.

Diese Forderungen können für den nordwestmediterranen Raum nicht erfüllt werden, da für eine vertretbare Interpretation eine akzeptable Grundlage nicht vorliegt. Neben der uneinheitlichen Materialvorlage sind von vielen Fundstellen nur wenige Artefakte aus Obsidian geborgen worden. Weiterhin verteilen sich die Siedlungen über große geographische und zeitliche Räume. Notwendig sind aber Gruppen von Befunden in regionaler und zeitgleicher Konzentration, um interne Vergleiche und auch solche der Gruppen untereinander durchführen zu können. Überregionale Vergleiche sind erst dann von Nutzen, wenn man sich über regionale Strukturen Klarheit verschafft hat. Daher müssen kleinräumige Untersuchungen in den Vordergrund treten, da in jedem Zeithorizont regional weitgehend ähnliche Bedingungen im Grad der Versorgung, im Formenspektrum und des kulturellen wie wirtschaftlichen Milieus vorliegen, die eine gemeinsame Grundlage für Vergleiche überhaupt erst schaffen.

Aus den genannten Gründen führt beim jetzigen Stand der Materialvorlage ein formenkundlicher, fundstellenspezifischer Vergleich von Obsidian und Silex zu keinen akzeptablen und vertretbaren Aussagen. Deswegen sei nur auf die Ausführungen im Kapitel "8.1 Formen- und Gerätespektrum", S. 87, verwiesen, wo eine allgemeine formenkundliche Analyse durchgeführt und gleichzeitig die u.a. materialbedingten Grenzen einer Interpretation aufgezeigt wurden.

8.3 Gewichtsspektrum der Artefakte

Untersuchungen zu Größe und Gewicht erscheinen dann sinnvoll, wenn der Obsidian in größerer Menge und nicht als Einzelfunde im Fundmaterial auftritt. Im Rahmen des Acconia-Projektes wurde für einige kalabrische Plätze das Durchschnittsgewicht der Obsidianartefakte berechnet[238]:

- Platz 039-03 0,8g je Artefakt bei 116 Objekten,
- Platz 031-01 1,0g je Artefakt bei 138 Objekten,
- Platz 032-02 1,2g je Artefakt bei 134 Objekten.

Außerhalb von Kalabrien lassen sich von einer Reihe von Fundorten Gewichtsangaben zu Obsidianinventaren zusammenstellen (Abb. 51).

Eine Differenzierung der Gewichtsangaben nach Formen konnte nicht vorgenommen werden. Weitere bearbeitungstechnische Aspekte, auf die an dieser Stelle nicht eingegangen werden kann, finden sich in der Arbeit von A.J. Ammerman u.a.[239]. Das Fundmaterial setzt sich aus einem Formenspektrum zusammen, das von kleinen Abschlägen bis hin zu Kernsteinen variiert.

Das durchschnittliche Gewicht der einzelnen Artefakte reicht demnach von 1,36g bis 0,45g, während in der Acconia-Region Werte von 0,8g, 1,0g und 1,2g ermittelt wurden. Das Durchschnittsgewicht liegt höher als bei den außerkalabrischen. Doch muß beachtet werden, daß bis auf Combes (Kat.-Nr. 159), Menglon (Kat.-Nr. 168) und Pescale (Kat.-Nr. 355) alle in Abb. 51 dargestellten Werte korsische Fundstellen betreffen, die keinesfalls schlechter als die kalabrischen mit Obsidian versorgt wurden. So reicht denn auch das Gewichtsspektrum für korsische Artefakte von 0,46g bis 1,36g.

Da sich die Fundkomplexe zum Teil aus Hunderten von Artefakten zusammensetzen, kann ihren Aussagen ein großes Maß an Zuverlässigkeit anheimgestellt werden. Dazu trägt auch bei, daß die leichten, kleinen Artefakte, wie Abschläge und Abfallstücke, sich insgesamt gewichtsmäßig die Waage halten mit den wenigen, aber relativ schweren Kernsteinen. Klingen und aus ihnen gefertigte Geräte, die

Kat.-Nr.	Datierung	Anzahl	Gewicht in g	je Artefakt
355	VBQ-Lagozza	950	431	0,45
9	mittelneol.-jungneol.	110	50	0,46
53	jungneolithisch	259	120	0,46
22	mittelneol.-jungneol.	252	140	0,56
21	mittelneol.-jungneol.	106	60	0,57
35	jungneolithisch	767	520	0,68
68	mittelneol.-jungneol.	161	120	0,75
159	----- ? -----	7	5,8	0,83
168	Chasséen	25	21	0,84
36	jungneolithisch	1153	1240	1,08
54	jungneolithisch	221	300	1,36

Abb. 51 Durchschnittsgewicht von Obsidianartefakten

den größten Teil der Artefakte darstellen und in der Mitte der Gewichtsskala stehen, erhalten mit den errechneten Durchschnittswerten einen durchaus repräsentativen Charakter[240].

Der Kernbereich der ermittelten Gewichtsangaben reicht von 0,45g bis 0,84g. Er liegt damit etwas niedriger als die kalabrischen Werte, ohne daß die Differenz viel Spielraum für weiterführende Schlüsse zuließe.

Leider kann für die genannten Fundorte ein Vergleich mit entsprechenden Angaben des Silex nicht erfolgen. Eine große Bedeutung kommt den Werten bei Fragen zum Transport zu, da neben der Form, in der der Rohstoff weitergegeben wurde, auch sein Gewicht eventuell von Bedeutung war. Im besonderen hängt die Größe der Artefakte von der Art des Obsidians in der Lagerstätte ab.

Genau genommen ist es hinsichtlich des Transportgewichtes unwichtig, ob der Obsidian in der Transportform als Kernstein oder Gerät bzw. als Klinge vorlag, da sich aus Kernsteinen eine entsprechend hohe Anzahl an Klingen bzw. Klingen- und Abschlaggeräten herstellen ließ. Im prozentualen Vergleich mit Silex auf den Fundplätzen, welche weit entfernt von den Obsidianvorkommen liegen, läßt sich erkennen, welchen geringen Anteil Obsidian am Material der Geräteindustrie insgesamt aufweist.

8.4 Verarbeitung und Artefaktform des verhandelten Obsidians

Im folgenden soll anhand des vorliegenden Fundmaterials der Frage nachgegangen werden, ob und in welcher Form Obsidian für die Weitergabe präpariert wurde. Dazu werden Schlagplätze, fundortspezifische Materialkonzentrationen und verschiedene Artefaktformen in ihrer mengenmäßigen und geographischen Verbreitung herangezogen. Wie weit man mit der Interpretation gehen kann, ist naturgemäß abhängig von den vorgelegten, publizierten Fundinventaren. Daher können in manchen Fällen die Möglichkeiten, die das Material an sich bietet, nicht im vollen Maße ausgeschöpft werden. Doch dürften sich, wie ich meine, zahlreiche neue Hinweise zu dieser Fragestellung ergeben und sich gangbare Wege zu weiterführenden Interpretationen abzeichnen.

8.4.1 Kernsteine

Mit Fragen zum Artefakttyp Kernstein wird ein zentraler Punkt angesprochen: In welcher Form wurde Obsidian weitergeben? Dies kann in vier Formen geschehen sein:
- Rohblock (Handstück),
- präparierter Kernstein,
- Klinge,
- Gerät.

Im ersten Fall müßte relativ wertloser Abfall wie Rindenstücke, der bei der Präparierung immer anfällt, mittransportiert werden. Der letzte Fall stellt zwar den gewichtsmäßig günstigsten Fall dar. Es ist aber nicht sichergestellt, sofern es sich nicht bei den mit der Beschaffung vom Vorkommen befaßten Personen um die Endverbraucher selbst handelte, daß die Geräte auch den Vorstellungen des Endabnehmers entsprachen. Die günstigsten Varianten bieten Klingen oder präparierte Kernsteine. Auf Letztere trifft dies im besonderen Maße zu, da von ihnen alle weiteren Bearbeitungsschritte zum Gerät hin ausgehen.

Für eine Klärung dieser Fragen sind folgende Kriterien von Bedeutung:
- Verbreitung und Anzahl von Handstücken und Kernsteinen,
- Depotfunde,
- Analyse des Materials von Werkplätzen aus der unmittelbaren Umgebung der Vorkommen,
- Analyse der Abfallstücke auf Fundplätzen,
- Erkenntnisse zu diesen Fragen aus benachbarten Obsidianprovinzen.

8.4.2 Verbreitung von Kernsteinen und Handstücken

Zum Vergleich werden Kernsteine und Handstücke aus Obsidian denen aus Flint gegenübergestellt. Fundinventare ohne Obsidian werden nicht herangezogen, da der Vergleich fundplatzspezifisch mit beiden Materialgruppen durchgeführt wird. Eine darüber hinausgehende Auseinandersetzung mit der Verteilung der Artefaktformen und Gerätetypen beim Silex kann im Rahmen dieser Arbeit nicht erfolgen. Von der Interpretation ausgenommen werden Inventare mit sehr geringen Obsidianmengen, um eine Verfälschung der Ergebnisse durch ein oder zwei Kernsteine zu verhindern. Desweiteren werden nur Fundkomplexe datierbarer Art herangezogen.

<u>Südfrankreich</u>
Alle Befunde gehören dem Chasséen an (Abb. 52). Handstücke treten nicht auf. Obsidiankernsteine sind in zwei Fällen mit je einem Objekt auf sieben bzw. 25 Artefakte vertreten, so daß ihre Anteile mit 4,0% und 14,3% als nicht repräsentativ angesehen werden müssen. Anders verhält es sich beim Flint mit Fundmengen von Hunderten und Tausenden von Artefakten. Der Anteil an Kernsteinen liegt im wesentlichen zwischen 1,1% und 3,6% und damit im einem akzeptabelen Rahmen.

<u>Korsika</u>
Dort bietet sich ein bei weitem differenzierteres Bild. Das Material ordnet sich im wesentlichen in das Mittel-/Jung- und Jungneolithikum ein. Nur auf Vascolaccio (Kat.-Nr. 74) finden sich zwei jungneolithische Handstücke (Abb. 52). Der Prozentsatz an Obsidiankernsteinen liegt zumeist unter 1%. Höhere Werte, wie bei Foce 2 (Kat.-Nr. 36), mit 1,9% müssen ebenfalls beachtet werden, da sie sich auf ein umfangreiches Fundgut mit 1153 Artefakten stützen. Ein Wert von 6,7% auf einer Grundlage von nur 15 Artefakten ist mit Vorsicht zu behandeln. Die Prozentsätze an Kernsteinen aus Silex und Obsidian halten sich in etwa die Waage, wenn auch in der Tendenz mehr Obsidiankernsteine vorhanden sind. Obsidian und Silex dürften demnach in gleicher Weise als Rohmaterial verwendet worden sein.

<u>Norditalien</u>
Dort liegen in sechs datierten Befunden Kernsteine vor (Abb. 52). Handstücke fehlen völlig. Während Kernsteine aus Flint Werte von 2,3% und 2,6% erreichen, fallen die des Obsidians fast gänzlich aus dem Rahmen. Zwei Fundstellen weisen nur geringe Mengen an Obsidian auf. Auf den Siedlungen Servirola (Kat.-Nr. 367) und Arene Candide (Kat.-Nr. 567) finden sich unter 40 bzw. 15 Artefakten 5,0% bzw. 6,7% Kernsteine. Diese Werte liegen wahrscheinlich viel zu hoch. Das dürfte auch auf Villa Persolini

Kernsteine und Handstücke									
Kat.-Nr.	Datierung	Obsidian				Silex u.ä.			
		Anzahl	Kernsteine	% Kernsteine	Handstücke	Anzahl	Kernsteine	% Kernsteine	Handstücke
Südfrankreich									
112	Chasséen	1	-	-	-	3585	52	1,5%	-
113	Chasséen	3	-	-	-	3042	96	3,2%	-
135	Chasséen	12	-	-	-	782	28	3,6%	-
158	Chasséen	7	1	14,3%	-	-	-	-	-
163	Chasséen	3	-	-	-	181	2	1,1%	-
167	Chasséen	4	-	-	-	259	5	1,9%	-
168	Chasséen	25	1	4,0%	-	-	-	-	-
133	Epi-Chasséen	4	-	-	-	352	1	0,3%	-
Korsika									
6	Impresso	10	-	-	-	279	1	0,4%	-
9	mittel.-jungneol.	110	1	0,9%	-	-	-	-	-
21	mittel.-jungneol.	106	1	0,9%	-	-	-	-	-
22	mittel.-jungneol.	252	2	0,8%	-	-	-	-	-
68	mittel.-jungneol.	165	4	2,5%	-	-	-	-	-
6	jungneolithisch	111	1	0,9%	-	33	-	-	-
6	jungneolithisch	128	1	0,8%	-	28	-	-	-
6	jungneolithisch	154	1	0,7%	-	50	-	-	-
6	jungneolithisch	200	1	0,5%	-	142	-	-	-
6	jungneolithisch	376	-	-	-	278	1	0,4%	-
35	jungneolithisch	767	6	0,8%	-	169	2	1,2%	-
36	jungneolithisch	1153	22	1,9%	-	808	2	0,3%	-
53	jungneolithisch	259	3	1,2%	-	64	1	1,6%	-
62	jungneolithisch	15	1	6,7%	-	-	-	-	-
74	jungneolithisch	3	-	-	2	-	-	-	-
27	frühbronzezeitl.	570	4	0,7%	-	-	-	-	-
6	bronzezeitlich	42	-	-	-	130	5	3,9%	-

Abb. 52 Anteile an Kernsteinen und Handstücken

(Kat.-Nr. 362) zutreffen, wo zehn von mindestens 20 Artefakten Kernsteine sind. An dieser Stelle muß die Frage gestellt werden, ob die Bergung des Fundmaterials z.B. als Lesefunde nicht schon eine unbewußte Auswahl zu großen Objekten hin darstellt.

Mittelitalien
Trotz einer großen Zahl von Fundstellen mit Kernsteinen, aber ohne Handstücke eignet sich das Fundmaterial wegen seiner geringen Menge kaum für eine Analyse. Allenfalls den Anteil aus Grotta all'Onda (Kat.-Nr. 840) mit 1,9% halte ich für akzeptabel (Abb. 53). Selbst beim Flint liegen die Angaben in der Regel unter 10%, wie dies besonders bei Fundmengen mit über einhundert Objekten der Fall ist. Von allen Fundstellen mit Kernsteinen hebt sich La Botte (Kat.-Nr. 518) mit 49 Kernsteinen unter 898 Artefakten hervor, so daß der Anteil bei 5,5% liegt. Leider läßt sich dieser Fundplatz mit seinen Lesenfunden zeitlich nicht einbinden. Andere Fundstellen hingegen zeigen den niedrigen Kernsteinanteil auf:

- Cellitto (Kat.-Nr. 172) mit einem (3,6%) Kernstein unter 28 Artefakten,
- Grotta all'Onda (Kat.-Nr. 840) mit einem (1,9%) Kernstein unter 53 Artefakten.

Handstücke aus Obsidian sind nur mit drei Beispielen von zwei Plätzen bekannt[241].

Es ist sicherlich auf die höhere Fundzahl beim Flint zurückzuführen, daß sein Kernsteinanteil geringe Werte von zum Teil unter 10% erreicht. Der extrem hohe Anteil von 29,4% auf dem sasso-fiorano-zeitlichen Siedlungsplatz von Grotta dell'Orso di Sarteano (Kat.-Nr. 852) darf als Ausnahmeerscheinung bezeichnet werden, sofern es sich nicht um einen Werkplatz handelt. Ein spezifischer Wert für die Zeit- und Kulturstufen läßt sich nicht ablesen.

Süditalien
Aussagekraft haben vor allem folgende Fundorte:

- Masseria S. Gaetano (Kat.-Nr. 297) mit 0,6% Kernsteinen,
- Passo di Corvo (Kat.-Nr. 273) mit 2,0% Kernsteinen,
- Curinga (Kat.-Nr. 444) mit 6,8% Kernsteinen.

Bei Kernsteinen aus Flint ergeben sich etwas höhere Werte, die aber 10% selten überschreiten, wobei große Fundmengen die Anteilswerte absichern (Abb. 53). Die Situation in Süditalien muß anders interpretiert werden, da einige Fundplätze hohe Artefaktmengen mit Kernsteinanteilen von mehreren Prozent aufweisen, nennt man die Beispiele Passo di Corvo (Kat.-Nr. 273) mit vier Kernsteinen auf 199 Objekten und Curinga (Kat.-Nr. 444) mit 34 Kernsteinen auf 500 Artefakte. So fließen hier, wie schon A.J. Ammerman

Kernsteine und Handstücke									
Kat.-Nr.	Datierung	Obsidian				Silex u.ä.			
		Anzahl	Kernsteine	% Kernsteine	Handstücke	Anzahl	Kernsteine	% Kernsteine	Handstücke
Norditalien									
360	VBQ	1	-	-	-	355	9	2,3%	-
367	Chiozza	40	2	5,0%	-	-	-	-	-
567	Lagozza	15	1	6,7%	-	-	-	-	-
362	äneol.-frühbronz.	20	10	50,0%	-	-	-	-	-
363	Terramare	1	-	-	-	39	1	2,6%	-
351	Apenninikum	3	3	100%	-	116	-	-	-
Mittelitalien									
185	Impresso	4	-	-	-	354	15	4,2%	-
852	Sasso-Fiorano	6	1	16,7%	-	68	20	29,4%	-
175	Ripoli	1	-	-	-	8	1	12,5%	-
185	Ripoli	32	-	-	-	2471	116	4,7%	-
195	Ripoli	6	-	-	-	73	9	12,3%	-
187	Ripoli	13	-	-	-	663	48	7,3%	-
585	mittelneolithisch	11	1	9,1%	-	784	30	3,8%	-
563	mittelneol.-jungneol.	3	1	33,3%	-	-	-	-	-
588	mittelneol.-jungneol.	3	2	66,7%	-	-	-	-	-
844	endneol.-jungäneol.	2	-	-	-	127	2	1,6%	-
180	Ortucchio	6	1	16,7%	-	1764	28	1,6%	-
840	äneolithisch	53	1	1,9%	-	93	-	-	-
529	Appenninikum	10	1	10,0%	-	-	-	-	-

Abb. 53 Anteile an Kernsteinen und Handstücken

näher ausführte, die Nähe der Vorkommen und der daraus resultierende Obsidianreichtum mit in die Berechnung ein.

Ob es allerdings angemessen ist, bei einer Lesefundmenge von 17 Kernsteinen vom Siedlungsplatz Acconia 3 (Kat.-Nr. 380) schon von einer aktiven Rolle im Austausch oder Handel mit Obsidian zu sprechen, muß dahingestellt bleiben[242]. Dagegen bieten die 19 Kernsteine vom Fundplatz Acconia 15 (Kat.-Nr. 390), die alle auf einer Fläche von 15m Durchmesser gefunden wurden, eine Vorgabe zur Interpretation.

Die Werte für den Flint reichen von einigen Prozent bis hinauf zu 12%. Erstmals tauchen auch zwei Handstücke aus Feuerstein auf nicht genau datierten Plätzen auf.

Sizilien

Auf den Fundplätzen Siziliens wurde von einer Vielzahl von Kernsteinen berichtet. In nur wenigen Fällen aber werden absolute Zahlenangaben genannt (Abb. 54). Nur drei Befunde enthalten eine große Anzahl an Obsidian. Im Falle von Valdesi (Kat.-Nr. 706) kommen die Kernsteine aus dem Bereich neolithischer Gräber und nicht aus einer Siedlung. In den beiden Siedlungsschichten von Riparo della Sperlinga (Kat.-Nr. 664) liegt der Kernsteinanteil bei 1,5% und 4,9%. In diesen Bereich fallen auch die Werte für Kernsteine aus Flint. Eine Interpretation ist auf dieser schmalen Grundlage nicht möglich.

8.4.3 Gesamtverbreitung und Mengenverteilung

Die Zusammenstellung in (Tafel 108) belegt den dominierenden Prozentsatz von etwa 90% der Fundstellen mit maximal vier Kernsteinen. Als wichtige Faktoren gehen dabei sicherlich auch der Forschungsstand und der geringe Obsidiananteil in großer Entfernung zu den Vorkommen in die Berechnung ein. Außerdem muß beachtet werden, daß vollständig aufgearbeitete Kernsteine nur noch in Resten und in Trümmern vorliegen und, wenn sie nicht doch noch

Kernsteine und Handstücke									
Kat.-Nr.	Datierung	Obsidian				Silex u.ä.			
		Anzahl	Kernsteine	% Kernsteine	Handstücke	Anzahl	Kernsteine	% Kernsteine	Handstücke
Süditalien									
294	frühneol.-mittelneol.	1	-	-	-	186	16	8,6%	-
276	Guadone-Passo di Corvo	1	-	-	-	270	19	7,0%	-
279	Masseria di Quercia	2	-	-	-	210	11	5,2%	-
273	Passo di Corvo	199	4	2,0%	-	-	-	-	-
242	Scaloria-Ripoli-Diana	41	3	7,3%	-	-	-	-	1
334	Serra d'Alto	84	1	1,2%	-	136	1	0,7%	-
444	Stentinello	500	34	6,8%	-	8	1	12,5%	-
247	mittelneolithisch	5	-	-	-	180	1	0,6%	-
294	mittelneolithisch	3	-	-	-	141	6	4,3%	-
294	mittelneolithisch	4	-	-	-	264	25	9,5%	-
294	mittelneolithisch	9	-	-	-	169	19	11,2%	-
297	mittelneol.-jungneol.	173	1	0,6%	-	293	13	4,4%	-
453	Lagozza-Piano Conte	4	1	25,0%	-	-	-	-	-
292	jungneolithisch	24	1	4,2%	-	-	-	-	-
294	jungneolithisch	5	-	-	-	107	13	12,2%	-
330	frühäneolithisch	10	-	-	-	19	1	5,3%	-
467	Rinaldone	5	1	20,0%	-	-	-	-	-
494	mittelbronzezeitlich	1	-	-	-	30	1	3,3%	1
214	mittelbronzezeitlich	2	-	-	-	47	1	2,1%	-
292	bronzezeitlich	8	1	12,5%	-	-	-	-	-
214	eisenzeitlich	5	-	-	-	58	1	1,7%	-
Sizilien									
664	Diana-Piano Conte	481	7	1,5%	-	384	7	1,8%	-
687	Diana-Malpasso	8	1	12,5%	-	25	1	4,0%	-
670	Conca d'Oro	3	1	33,3%	-	-	-	-	-
706	Conca d'Oro	130	6	4,6%	-	-	-	-	-
664	frühbronzezeitlich	224	11	4,9%	-	136	3	2,2%	-
717	bronzezeitlich	9	1	11,1%	-	-	-	-	-

Abb. 54 Anteile an Kernsteinen und Handstücken

zu Geräten weiterverarbeitet wurden, oftmals übersehen oder zu dem Abfallstücken gezählt wurden. Da in der Aufstellung aber auch die obsidianreichen Regionen wie Korsika, Süditalien und Sizilien enthalten sind, tritt trotzdem deutlich die Tatsache hervor, daß sich nur zehn Fundorte im Arbeitsgebiet im Mengenbereich von 6-49 Kernsteine vorfinden. Mit 49 Kernsteinen auf 898 Artefakte und einem Anteil von 5,5% treten in La Botte (Kat.-Nr. 518) die meisten Kernsteine auf. Nur ist das Material dieses Fundplatzes leider nicht datiert. Auch sei darauf hingewiesen, daß der Obsidian aufgrund fehlender Absolutwerte von den großen Siedlungen der Insel Lipari, wo Obsidian zentnerweise aus den Kulturschichten geborgen wurde, nicht mit aufgenommen werden konnten.

Die geographische Verteilung zeigt keine Fundschwerpunkte (Tafel 109). Selbst die Plätze mit mehr als fünf Kernsteinen verteilen sich regellos über die italienische Halbinsel und Sizilien. Somit ergeben sich aus dem Charakter der Verteilung, gemessen am regionalen Obsidianreichtum, zum einen keine Hinweise auf Schlagplätze und belegen zum anderen keine kanalisierte Weitergabe von Kernsteinen.

8.4.4 Klingen, Geräte, Abschläge, Abfallstücke und Handstücke

Eine weitere Form, in der Obsidian weitergegeben sein könnte, ist als Klinge oder gar als Gerät. Im Fundmaterial überwiegt der Anteil der Klingen auch aus dem Grunde, da auf ihnen die Geräteherstellung aufbaut. Dazu sollen folgende Überlegungen angestellt werden:

Die relativ gleichmäßige Verteilung von Kernsteinen im nordwestmediterranen Raum belegt zumindest ein Nebeneinander von Klingen und Kernsteinen. Klingendepots oder besonders große Klingen, wie im Fall des Silex von Grand Pressigny, bleiben die Ausnahme[243]. Bei der Verarbeitung von Kernsteinen und Klingen stehen noch viele Möglichkeiten der Gerätegestaltung offen.

Werkplätze in Siedlungen, wie sie von paläolithischen und mesolithischen Stationen und von neolithischen Plätzen her bekannt sind, werden in der Literatur nicht genannt. Zu Siedlungsplätzen mit besonders umfangreicher Obsidianmenge, wie Pescale (Kat.-Nr. 355) und La Botte (Kat.-Nr. 518), können keine näheren Aussagen getroffen werden.

Die bislang bekannten, aber noch nicht weiter untersuchten Werkplätze (Schlagplätze) in der Nähe der Vorkommen bieten ein widersprüchliches Bild. Insbesondere auf den sardischen Fundstellen, auf denen auch Geräte in größerer Zahl vorgefunden wurden, muß von einer Geräteproduktion zumindest für den Eigenbedarf der lokalen Bevölkerung ausgegangen werden.

Abschläge und Abfallstücke fallen in jeder Phase der Bearbeitung in größerer Zahl an, so daß ihr Vorhandensein auf Siedlungen schon ein Hinweis auf Weiterverarbeitung darstellt. Sie finden sich, den Grabungsberichten zufolge, nicht auf bestimmten Plätze konzentriert vor, die als Werk- oder Schlagplätze angesprochen werden könnten. Selbst dann wäre ohne nähere Untersuchung noch nicht sichergestellt, welches Stadium der Artefaktbearbeitung vorliegt.

Schon wegen ihrer geringen Zahl kann den Handstücken keine Bedeutung zugemessen werden. Da diese aber auch weitgehend durch die Verarbeitung aufgebraucht sein dürften, ließen sich darüber genauere Vorstellungen ermitteln, wenn Abschläge und Abfallstücke auf Rindenteile, die bei der Kernsteinpräparation immer anfallen, untersucht werden würden.

8.4.5 Schlagplätze

Eine andere Möglichkeit besteht darin, erst einmal Plätze mit außergewöhnlich großen Obsidianmengen in der unmittelbaren Umgebung der Vorkommen zu suchen und ihre Artefaktvielfalt zu analysieren. Der Literatur sind drei Beispiele zu entnehmen:

Monte Arci auf Sardinien
Aus der unmittelbaren Umgebung der dortigen Vorkommen berichtete C. Puxeddu (1955-1957) von zahlreichen Plätzen, die er als "officina di lavorazione" bezeichnet. Die großen Materialmengen bestehen nicht nur aus Obsidian, sondern auch aus Flint. Neben zahllosen Abfallstücken und Kernsteinen finden sich auch Geräte wie Klingen, Pfeilspitzen, Schaber u.a.. Die Datierung bleibt unklar. Zahlreiche Keramikscherben können nur in den Zeitraum des Neolithikums bis der Frühbronzezeit gestellt werden. Einige Plätze liegen in auffälliger Weise in der Nähe von Nuraghen.

Parate auf Capri
G. Nicolucci beschrieb in den 70er Jahren des vorigen Jahrhunderts den undatierten Fundort von Parate (Kat.-Nr. 485), der 1800 Oberflächenfunde aus Obsidian, bestehend aus 800 Abschlägen und 1000 weiteren Artefakten, erbrachte. Die Funddichte und wohl auch das Fehlen von Keramik veranlaßte ihn zu der Aussage eines Schlagplatzes für Obsidian.

Contrada Papesca auf Lipari
Auf dieser Fundstelle dominieren eindeutig Abfälle und Abschläge. Geräte sind relativ selten, die, wenn vorhanden, zumeist aus Klingen bestehen und in seltenen Fällen vollständig sind. Kernsteine fand G. Buchner (1949) ebenso wie Keramik nicht vor. Angaben zum Umfang des Materials werden nicht gegeben. Sie fehlen leider auch für die großen Siedlungen auf Lipari, in denen Obsidian zentnerweise geborgen wurde.

Zu einem Vergleich läßt sich nur das Vorkommen auf Melos heranziehen, das von R. Torrence (1979) detailliert untersucht wurde. In der Nähe fanden sich großflächige Schlagplätze. Aus der Analyse der Abfallstücke ergab sich, daß Obsidian zu präparierten Kernsteinen verarbeitet wurde. Mißratene Kernsteinvorarbeiten wurden unter den Trümmern nur zu einem sehr geringen Prozentsatz gefunden. Die Untersuchungen ergaben weiter, daß sich bei einer Nutzungsdauer der beiden Vorkommen von ca. 3000 Jahren das Gewicht der präparierten Kernsteine auf 1200 Tonnen summiert[244]. Weitere Berechnungen führen sie zur These, daß auf Melos eine geringe Anzahl von Personen nur eine Reihe von Tagen im Jahr zu arbeiten brauchte, um sich mit Kernsteinen entsprechend einzudecken. Stationäre Siedlungen waren nicht notwendig. Sie sind auch erst mit dem Ende des Neolithikums bekannt.

Zusammenfassung
Zur Klärung der Frage, in welcher Form Obsidian weitergegeben wurde, lassen sich eine Reihe von Kriterien unterschiedlichen Stellenwertes heranziehen.

Schlagplätze aus der Umgebung der Vorkommen sind bekannt, aber kaum ausgewertet. Auf ihnen wurde Obsidian im großen Stil verarbeitet. Vergleiche mit der Ägäis bestätigen dies.

Verarbeitungsplätze in Siedlungen sind nicht bekannt. Das Vorhandensein von Abschlägen und Abfallstücken weist aber auf eine Bearbeitung des Materials hin. Unter den Artefaktformen auf den Siedlungen im nordwestmediterranen Raum sind Klingen und Kernsteine hervorzuheben. Die gleichmäßige Verteilung von Kernsteinen, sei sie auch zahlenmäßig gering, läßt auf eine Verarbeitung in den Siedlungen selbst schließen. Der Anteil an Kernsteinen aus Flint liegt nur wenig höher.

Von überaus großem Interesse wäre die Vorlage genauer Angaben zum Obsidianinventar auf den Siedlungen von Lipari, da diese mit großer Wahrscheinlichkeit eine Schlüsselposition bei der Weitergabe des Obsidians bzw. beim Handel mit Obsidian innehatten.

Die Untersuchungen könnten dahingehend zusammengefaßt werden, daß Obsidian in der Nähe der Vorkommen zu Kernsteinen vorgearbeitet wurden, die dann weitergegeben wurden, um in den Siedlungen zu Klingen und Geräten verarbeitet zu werden.

9. Wege der Verbreitung

9.1 Prähistorische Transportmöglichkeiten

Erläuterungen
Jedesmal wenn archäologische Funde weit außerhalb ihres eigentlichen Verbreitungsgebietes entdeckt werden, stellt sich die Frage nicht nur nach den Mechanismen der Verbreitung, sondern auch nach der technischen Durchführung, d.h. nach der Art der Weitergabe und des Transportes.

Sicherlich wurde vieles als Tragelast im weitesten Sinne durch die menschliche Kraft selbst transportiert. Doch schon in neolithischer Zeit haben dem Menschen technische Hilfsmittel zum Transport von Lasten über größere Entfernungen zur Verfügung gestanden. Ihr Einsatz war in einem starken Maße abhängig von der topographischen Gestalt des zu bewältigenden Geländes.

Auf das Arbeitsgebiet bezogen heißt dies, daß die lange Küstenlinie und die vielen Inseln einer See- oder zumindest Küstenschiffahrt gute Voraussetzungen geboten haben. Flußschiffahrt war möglich im Einzugsgebiet großer Flüsse, wie der Rhône und dem Po. Andererseits schlossen die gebirgige Struktur der italienischen Halbinsel und die fehlenden befahrbaren Flüsse diese Transportmöglichkeit oftmals aus. Die Gebirge dürften dem Landtransport ebenfalls zahlreiche Hindernisse in den Weg gelegt und ihn mancherorts ausgeschlossen haben.

Bestes Transportmittel war der Mensch selbst, der die Lasten hierzu in Beuteln oder Körben verstaute. Zur Leistungsfähigkeit geben die ethnographischen Untersuchungen von G. Kenntner detaillierten Aufschluß[245]. Die Bewohner der Anden und des Himalayas tragen Lasten von 40-45kg Gewicht mit einer Marschgeschwindigkeit von 4-5km/h tagelang über weite Entfernungen. Das Gewicht der Lasten kann dabei sogar in einem Verhältnis von 1:1 zum Körpergewicht stehen.

Unter dem Aspekt des Kosten-Nutzen-Verhältnisses hat R.D. Drennan Transportleistung und -kosten für das vorspanische Mittelamerika ermittelt[246]. Dabei geht er von 30kg Traglast und 36km Tagesleistung auf ebenem Gelände aus. Aufgrund der Berechnung zum Verbrauch der körpereigenen Energie (Kalorien) hält er den Landtransport von Nahrungsmitteln nur bis zu 275km Entfernung für kostengünstig und im großen Maßstabe durchführbar.

Diese Angaben dürfen nicht auf den Transport "wertvoller" Güter, wie Schmuck, Keramik und verschiedener Rohmaterialien bezogen werden. M. Korfmann führt dies an einem konkreten Beispiel aus, bei dem es sich um die Weitergabe präparierter Kernsteine für die Klingenherstellung im vorderasiatischen Raum handelt[247]. Die im Museum Van lagernden 3037 Obsidianklingen wiegen insgesamt ca. 22,6kg, was einem Durchschnittsgewicht von 7,3g pro Klinge entspricht. An Rohmaterial würden also 25kg präparierter Kernsteine für die Herstellung von mindestens 3000 Klingen ausreichen.

Die Obsidianartefakte im nordwestmediterranen Raum weisen zumeist ein erheblich geringeres Gewicht auf, das aber dann mit der Größe der Kernsteine korrelieren würde. Somit könnten schon mit wenigen Traglasten die zwar zahlen-, selten aber gewichtsmäßig umfangreichen Obsidianmengen bewältigt werden. Obsidian war aber bei weitem nicht das einzige Transportgut und darf den Blick nicht auf weitaus schwergewichtigere Artefakte, wie z.B. Flint- und Steinbeile, verstellen, deren Rohmaterialien zum Teil über Hunderte von Kilometern herantransportiert wurden. Hierzu standen sicherlich auch andere Transportmittel als nur der Mensch als das flexibelste von allen zur Verfügung.

9.1.1 Transport über Land

Landtransport konnte mit Tieren, Schleppen und Wagen durchgeführt werden. Bis auf die Schleppe (Schlitten) bedingen sie alle das Vorhandensein von Zugtieren, wie Rindern, Eseln, Maultieren, Kamelen oder Pferden, die aber erst zu verschiedenen Zeiten der Vorgeschichte verfügbar waren.

Das Rind dürfte spätestens im 7.Jt. v. Chr. in Westasien und Südosteuropa domestiziert worden sein[248]. Aus dem europäischen Frühneolithikum ist es aus vielen Regionen bekannt. Der Onager ist im Frühneolithikum des Nahen Osten weit verbreitet und tritt in Europa in der frühbronzezeitlichen Madarovce- und Otomani-Kultur in Erscheinung. Der Esel dagegen beschränkt sich hauptsächlich auf den Vorderen Orient, wo er in Ägypten seit dem 3. Jt. gehalten wurde. Der Griff eines Tongefäßes aus Zypern ist geformt in Gestalt eines Esels mit zwei Tragekörben[249].

Das Kamel bleibt auf den Vorderen Orient beschränkt, wo es seit dem 3. Jt. bekannt ist. Aller Wahrscheinlichkeit nach hat die Domestizierung des Pferdes in der südrussischen Steppe stattgefunden. Aus dem mittleren Djnepr-Gebiet sind Pferdeknochen aus der Zeit Tripolje B bekannt. In der 2. Hälfte des 4. Jt. erreichte es Südosteuropa[250]. Die frühesten westeuropäischen Belege stammen dagegen erst vom glockenbecherzeitlichen Fundplatz Roucadour in Südfrankreich[251]. Nach S. Bökonyi kam das Pferd als Zugtier erst im Äneolithikum und in der Frühbronzezeit zum Einsatz.

Als Zuggerät ist der Schlitten aus dem Mesolithikum Finnlands bekannt, während aus späterer Zeit Modelle aus dem Tripolje des 3. Jt. und Piktogramme von Tontafeln der Schicht Uruk IVa am Ende des 4. Jt. vorliegen[252].

Tonmodelle vierrädiger Kastenwagen tauchen erstmals im 4. Jt. in Südosteuropa in der Zeit des Gumelnitza A2-A3, des Cucuteni A und später der Badener Kultur auf[253]. Dort sowie in der Kugelamphoren-Kultur deuten Gräber mit paarweiser Rinderbestattung auf die Funktion der Tiere als Zugtiere hin. Die Darstellung eines vierrädigen Wagens für das 3. Jt. findet sich auf einem Tongefäß der Trichterbecherkultur aus Bronocice (Polen) und im besonderen auf der Standarte aus Ur (Mesopotamien), während zweirädige, von Rindern gezogene Wagen, z.B. auf einem Stein des

Galeriegrabes von Züschen (BRD) dargestellt sind[254]. So belegen Felsritzungen aus dem Südalpenraum den Wagen ebenfalls seit dieser Zeit.

Reste oder Teile von Wagen, speziell von Rädern, finden sich in der südrussischen Grubengrab- und Katakombengrab-Kultur[255]. In Südeuropa wurden sie im jung- und spätneolithischen Kontext entdeckt: die Wagenreste von Veselinovo (Ostbulgarien) aus dem Spät-Vinca[256], die Wagendeichsel von Klosterlund (Dänemark)[257], Radreste aus Holland[258] sowie aus der Schnurkeramik der Schweiz von Zürich-Pressehaus[259]. In Italien selbst kennt man sie aus dem Polada; sie dürften aber schon früher aufgetreten sein[260].

So gesehen gibt es in Europa bisher noch keine archäologischen Hinweise auf vortrichterbecherzeitliche Wagen. Zu dem gleichen Schluß kommt auch E. Woytowitch, während er für den Vorderen Orient und Mittelasien auf das Ende des 4. Jt. verweist[261].

Das Gewicht solcher Wagen schätzt S. Piggott für die kaukasischen Modelle auf 700kg[262], was aber bedeutet, daß solche Wagen nur auf festem und relativ ebenem Boden fahren konnten.

Bei feuchtem Gelände konnten Knüppeldämme Abhilfe schaffen, die seit dem Neolithikum in Norddeutschland[263] und England belegt sind[264]. Umfangreiche Wegesysteme vermutet J.A. Bakker im Verbreitungsgebiet der Nord- und Westgruppe der Trichterbecher-Kultur im nördlichen Mitteleuropa[265]. Er führt damit die Vorstellungen von S. Müller fort, der die Anlage von Hügelgräbergruppen entlang von Wegetrassen annahm und mit Beispielen der Anordnung von Grabhügeln unter Einschluß der Topographie zu untermauern suchte[266].

Die technischen Möglichkeiten des Landtransportes standen spätestens seit dem Jungneolithikum und vielleicht schon früher zur Verfügung. Ihre Nutzung war von der Topographie stark abhängig, was die Wagenfunde in den Ebenen Südrusslands und Danubiens erklärt. Unter nicht so günstigen Verhältnissen dürften Wagen sicherlich zum Transport in der näheren Umgebung der Siedlungen und von einer Siedlung zur nächsten eingesetzt worden sein.

9.1.2 Transport über See

Eine andere Möglichkeit der Warenweitergabe bestand in der See-, Küsten- und Flußschiffahrt. Die archäologischen Nachweise gestalten sich allerdings erheblich schwieriger als bei Landfahrzeugen. Im Gegensatz zu Holzbooten konnten prähistorische Boote aus Häuten bisher noch nicht vorgelegt werden. Der älteste bekannte Einbaum stammt aus Pesse (Niederlande) und wird unkalibriert auf ca. 6300 b.c. ^{14}C-datiert. In die Frühphase der Trichterbecher-Kultur datiert das nächste Beispiel, während man aus der dänischen Ganggrabzeit mit dem Fund von Amose erstmals einen Einbaum mit eingesetztem Spiegelheck und zusätzlich aufgesetztem Plankengang vorweisen kann[267]. Damit ist das Stadium in der Entwicklung vom Einbaum zum Plankenboot schon im Spätneolithikum erreicht.

Einbäume sind aus Italien[268] und Frankreich[269] bekannt. Dort wurde der Fund von La Paladru bei Charavines nach ^{14}C-Bestimmung unkalibriert um 2240 ± 150 b.c. fixiert. Meistens sind sie nicht datiert oder gehören der Bronzezeit und jüngeren Perioden an.

Im mediterranen Raum datieren die Bleimodelle der griechischen Insel Naxos in die kykladische Epoche. In einer Felszeichnung (Abb. 55), ebenfalls von der Insel Naxos, ist

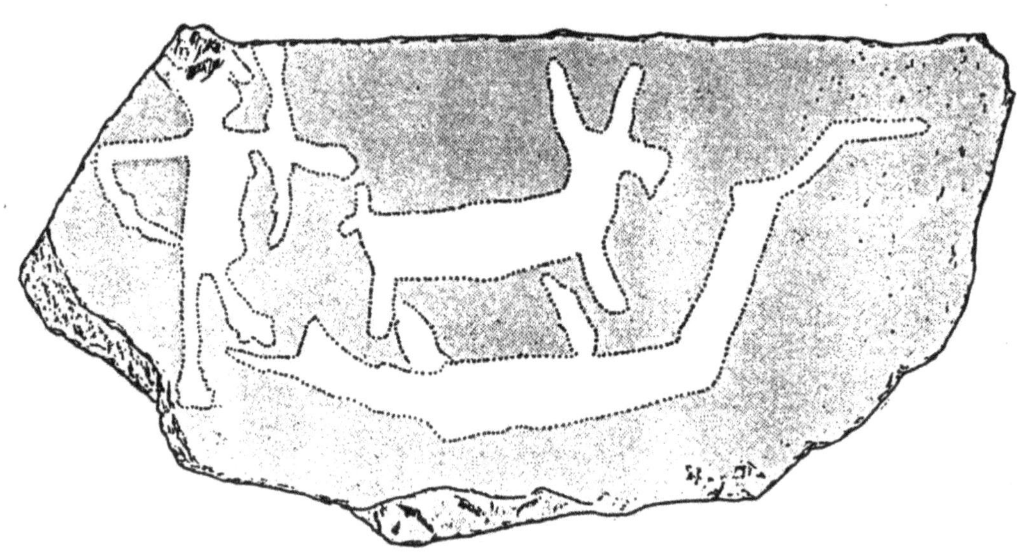

Abb. 55 Äneolithische Felszeichnung aus der Ägäis (C. Doumas 1965, fig. 4)

der Transport von Großvieh in einem solchen Boot festgehalten[270]. Schiffe mit Masten und vielleicht schon im Plankenbau zieren kretische Siegel seit dem späten 3. Jt.[271]. Für die folgende Bronzezeit lassen sich zahlreiche Beispiele von Booten aus Europa und dem Vorderen Orient anführen. Dennoch ist für die die Zeit des Neolithikums, und womöglich schon viel früher, mit einer intensiven Küstenschiffahrt zu rechnen. Denn wie sonst sollten die ägäischen Inseln, Zypern, Kreta, Sizilien, Sardinien und Korsika von den frühneolithischen Menschen des 7. und 6. Jt. erreicht worden sein. Auch mußten domestizierte Tiere, wie Rinder und Schafe/Ziegen erstmalig dorthin gebracht werden. Die genannten Regionen des Mittelmeeres eigneten sich im besonderen Maße für eine Küstenschiffahrt bzw. Seefahrt in Sichtweite des Festlandes, da nur wenige zentrale Regionen des Mittelmeeres keine Landsicht zuließen[272] (Abb. 56).

Die blühenden Siedlungen auf Lipari und den Tremiti-Inseln der Adria unterscheiden sich nicht wesentlich in ihrer materiellen Hinterlassenschaft von den zeitgleichen Siedlungen Siziliens, Mittel- und Süditaliens. Desweiteren bezeugt das Vorhandensein verschiedener Keramiktypen weitab von ihrem ursprünglichen Verbreitungsgebiet den engen Kontakt untereinander.

Allein schon der Obsidian, sei es ägäischer oder nordwestmediterraner, mußte in einer ersten Etappe über das Meer transportiert werden. Die wenigen mesolithischen Obsidianfunde in Italien und Griechenland deuten auf entsprechende technische Möglichkeiten, die aber sicherlich nicht mit denen des Neolithikums zu vergleichen sind. Die Beschaffung von Obsidian im Mesolithikum im nordwestmediterranen Raum halte ich für ausgesprochene Einzelfälle. Verschiedentlich bot die Lage von Inseln im nordwestmediterranen Raum günstige Fahrtlinien an:

a) von Sardinien über Korsika nach Südfrankreich oder Ligurien mit ca. 180km Seeweg,
b) von Sardinien über Korsika und Elba nach Mittelitalien mit ca. 80km Seeweg,
c) von Lipari an Sizilien vorbei nach Kalabrien mit ca. 70km Seeweg
d) oder von Foggia über die Tremiti-, Pianosa- und Palagruza-Insel nach Dalmatien mit ca. 250km Seeweg.

Die Verbreitung verschiedener Artefakte und Formen ist auch nur denkbar infolge der Seefahrt. Dies trifft auf das Äneolithikum und die Bronzezeit im besonderen Maße zu, wie Funde des mykenischen Kulturkreises auf Sizilien und in Mittel- und Süditalien belegen. Doch darf für das Neolithikum wegen der unzureichenden Quellenlage eine intensive Seefahrt, zumindest eine entsprechende Küstenschiffahrt nicht ausgeschlossen werden. Daher müssen dazu die vielen indirekten Hinweise auf diese Transportmöglichkeit ausgewertet werden.

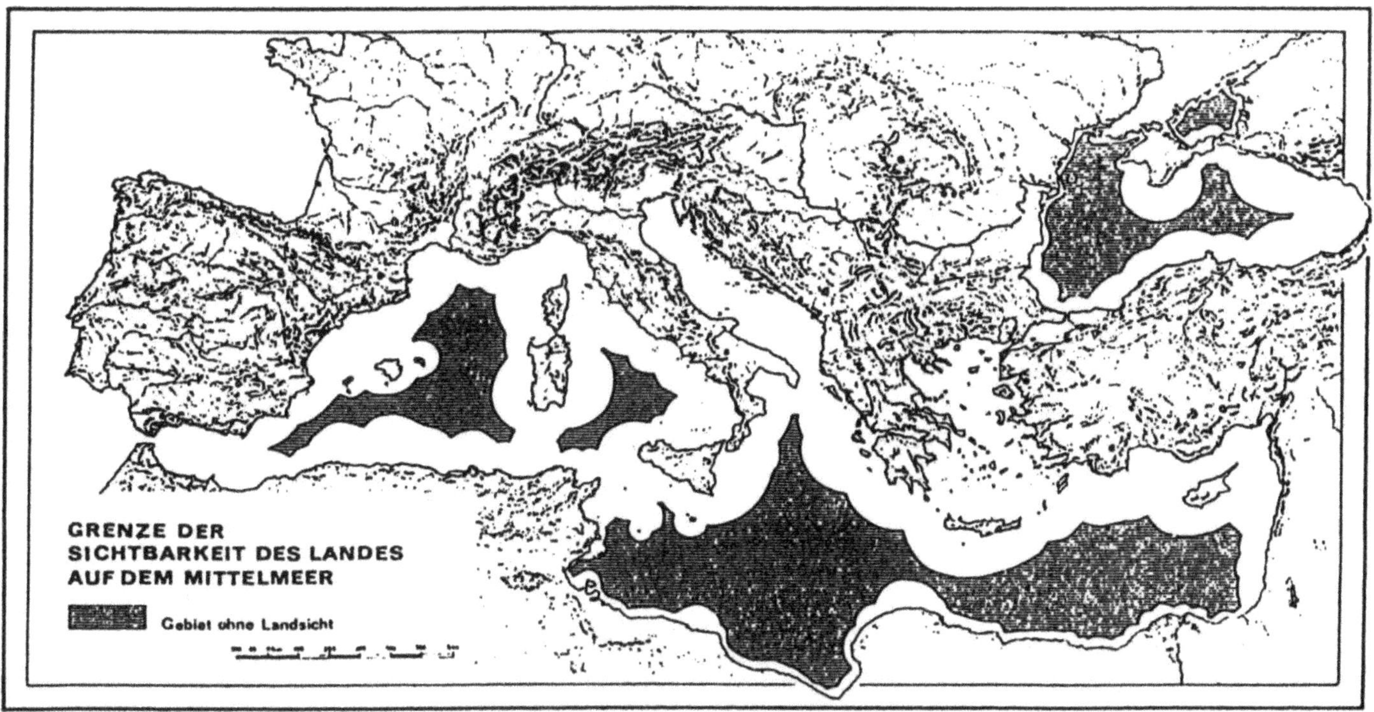

Abb. 56 Gebiete mit Landsicht unter optimalen Wetterbedingungen (W. Schüle 1969 (1970), fig. 1)

9.2 Versorgungsgebiete und -wege des nordwestmediterranen Obsidians

9.2.1 Versorgungsgebiete

Aufgrund einer Vielzahl naturwissenschaftlicher Analysen von Obsidianartefakten können spezifische Verbreitungsmuster der einzelnen Obsidianvarietäten herausgestellt werden. Ihre Verbreitung gibt Auskunft über die Wege und die Richtung des Obsidiantransportes (Tafel 110).

Wenige Analysen liegen für das Frühneolithikum vor (Tafel 111). Dennoch lassen sich erste Ansätze der spezifischen Verbreitung erkennen. Sardischer Obsidian wurde für Korsika und Ligurien nachgewiesen, während der von Palmarola an der Küste Latiums festgestellt werden konnte. Dagegen streut Lipari-Obsidian schon weit über den nordwestmediterranen Raum. Die nördlichsten Fundpunkte liegen in Ligurien und Mittelitalien. Obsidian wurde schon mit Beginn des Frühneolithikums über weite Entfernungen transportiert, wobei seine frühe Verbreitung im besonderen Maße mit dem Impresso zusammenhängt. In der Folge wird eine sich langsam steigernde Intensität der Obsidiannutzung erkennbar.

Im Mittelneolithikum wurden dem Obsidianhandel weite Gebiete erschlossen (Tafel 112). Sardischer Obsidian erreichte in großer Zahl Südfrankreich und findet sich in Ligurien wie auch in Norditalien. Der Rohstoff aus Palmarola wurde nicht nur bis Nordapulien weitergegeben, sondern auch nach Ligurien, während sich Pantelleria-Obsidian nur auf Nordsizilien und Malta nachweisen läßt. Nordafrika dürfte ihn sicherlich auch erhalten haben. Lipari-Obsidian kam auf dem Höhepunkt seiner Nutzung nordwärts bis Südfrankreich, Norditalien und in den Triester Raum. Nur in Südfrankreich und Norditalien stand er in starker Konkurrenz mit dem sardischen Material. Trotz einiger anderer Funde dominiert er in Süditalien und auf Sizilien eindeutig.

Die wenigen Analysen für das Jungneolithikum geben nur darüber Auskunft, daß Sardinien-Obsidian außer auf Korsika in Norditalien genutzt wurde. Aus Ligurien liegen Artefakte von Lipari-Obsidian ebenso wie von Malta vor.

Nachneolithischer Obsidian wurde bislang nur in wenigen Fällen analysiert. Es kann aber festgestellt werden, daß sich der sardische Obsidian weiterhin im nördlichen Mittelitalien vorfindet. Dies könnte auch für Palmarola- und Lipari-Obsidian gelten. Letzterer ist aus dem Äneolithikum des Triester Karstes bekannt. Eine Besonderheit stellt Pantelleria-Obsidian aus äneolithischem Kontext in Südfrankreich dar, der über mehrere tausend Kilometer nordwärts weitergegeben worden sein muß.

9.2.2 Verbreitungswege

Für die Weitergabe des Obsidians im Neolithikum können mehrere Transportwege als wahrscheinliche Routen herausgestellt werden (Abb. 57).

Der Haupttransportweg war von Süden nach Norden entlang der tyrrhenischen Küste gerichtet, ohne daß eine Umkehrung dieser Richtung erkennbar wäre. Ausgangspunkt war Lipari, dessen Rohstoff an die kalabrische Küste und von dort aus weiter nordwärts sowie in das Binnenland hinein weitertransportiert wurde. Entlang der Küste erreichte er Norditalien und Südfrankreich, wobei er aber nicht nach Korsika weitergegeben wurde. Über die nördliche Toskana gelangte der Obsidian nach Norditalien. Dieser nordwärts der Küste führende Weg kann auch für den Palmarola-Obsidian in Anspruch genommen werden. Ob er bis Südfrankreich kam, da er sich schon in Ligurien vorfindet, konnte bisher noch nicht nachgewiesen werden.

Obsidian von Lipari und vielleicht auch von Palmarola erreichte Dalmatien und den Triester Raum über Nordapulien und die Tremiti-Inseln und dann weiter entlang der dalmatischen Küste. Die vielfältigen Beziehungen zwischen Süditalien und Dalmatien unterstreichen die Bedeutung dieses Verkehrsweges. Es ist davon auszugehen, daß der Lipari-Obsidian seinen Weg in das südöstliche Süditalien entlang der Küste Kalabriens und Apuliens fand, ebenso wie er südwärts nach Sizilien, Malta und westwärts nach Nordafrika verschifft wurde. In diesen Gebieten traf er auf den Pantelleria-Obsidian, womit der Radius dessen Verbreitung schon genannt ist.

Sardischer Obsidian nahm einen teilweise anderen Weg. Südfrankreich und die italienische Küste erreichte er über Korsika, wobei die toskanischen Inseln sicherlich als Zwischenstationen genutzt wurden. Aller Wahrscheinlichkeit nach wurde er nach Norditalien durch das nordwestliche Mittelitalien transportiert. Dabei ist der überaus wichtige Umstand zu berücksichtigen, daß weder Sardinien- noch Palmarola-Obsidian nach Süden weitergegeben wurde. Außerdem scheint nach den vorliegenden Analysen nur ausschließlich sardischer Obsidian auf Korsika und Sardinien genutzt worden zu sein. So bestand zwar eine von Korsika auf das italienische Festland gerichtete Weitergabe, aber anscheinend keine in entgegengesetzter Richtung.

Der Transport des Materials mußte über weite Strecken mit Booten bewältigt werden. Eine ausgeprägte Schiffahrt, zumindest eine Küstenschiffahrt in Sichtweite des Landes, die spätestens seit der frühneolithischen Besiedlung der Inseln bestanden haben muß, war auch eine der Voraussetzungen für die weite Verbreitung des Obsidians. Die Schiffahrt hat wahrscheinlich immer in Sichtweite von Inseln und vom Festland stattgefunden, so daß verschiedenen Inselgruppen, wie z.B. den Tremiti-Inseln in der Adria, eine wichtige Rolle als Vermittler zugekommen war. Eine besondere Bedeutung wird den Siedlungen auf der Insel Lipari zuzumessen sein. Ihr materieller Reichtum war sicherlich eine Folge der großen Nachfrage nach Lipari-Obsidian, auch wenn noch nicht geklärt werden konnte, inwieweit die dortige Bevölkerung die Ausbeutung der Vorkommen und die Weitergabe des Rohstoffes kontrollierte.

In vielen Fällen war so ein direkter Transport zum Festland sichergestellt. Das Fehlen von Landsicht bietet aber auch eine Erklärung für das Fehlen von Obsidian in anderen Gebieten. Sardischer Obsidian gelangte weder an die spanische Küste noch auf die Balearen oder nach Nordafrika. Dies trifft auch auf den Rohstoff von Palmarola und teilweise auf den von Lipari zu. An der nordafrikanischen Küste findet sich Obsidian bis nach Pic de la Vierge (Kat.-Nr. 905) an der westalgerischen Küste. Während der Obsidian von Pantelleria aus direkt seinen Weg nach Nordafrika nahm, wurde der von Lipari zuerst entlang der nordsizilianischen Küste verfrachtet.

Für das Neolithikum im nordwestmediterranen Raum kann daher ein ausgeprägtes Netz an Transportwegen angenommen werden. Das Charakteristikum des tyrrhenischen Handelsweges besteht in seiner Ausrichtung von Süden nach Norden, ohne daß eine Umkehrung der Richtung erkennbar wäre.

9.3 Verbreitung weiterer Materialien

Nur kurz erwähnt werden soll, daß eine vergleichbare Nutzungsintensität des Obsidians auch für die ägäischen, balkanischen und vorderasiatischen Obsidianvarietäten zutrifft. Im Unterschied zum nordwestmediterranen Obsidian fand der des Balkans und Vorderasiens schon seit mittelpaläolithischer Zeit eine weite Verbreitung, da diese Vorkommen auf dem Landwege zugänglich waren. Daneben sind noch weitere Rohstoffe bzw. Güter über weite Entfernungen hinweg ausgetauscht worden.

Ägäischer Obsidian

Von den ägäischen Vorkommen auf Giali, Antiparos und Melos besaß letzteres die weitaus größte Bedeutung. Obsidian findet sich schon in den spätpaläolithischen Schichten der Franchthi-Höhle auf dem Peloponnes[273]. Verarbeitet wurde das vulkanische Glas bis in die Antike hinein, besonders der Schneeflocken-Obsidian von Giali, zu Kunstwerken oder Teilen von solchen. Melischer Obsidian wurde während des Neolithikums und der Bronzezeit in der gesamten Ägäis, auf dem griechischen Festland und im Küstengebiet der Westtürkei genutzt[274].

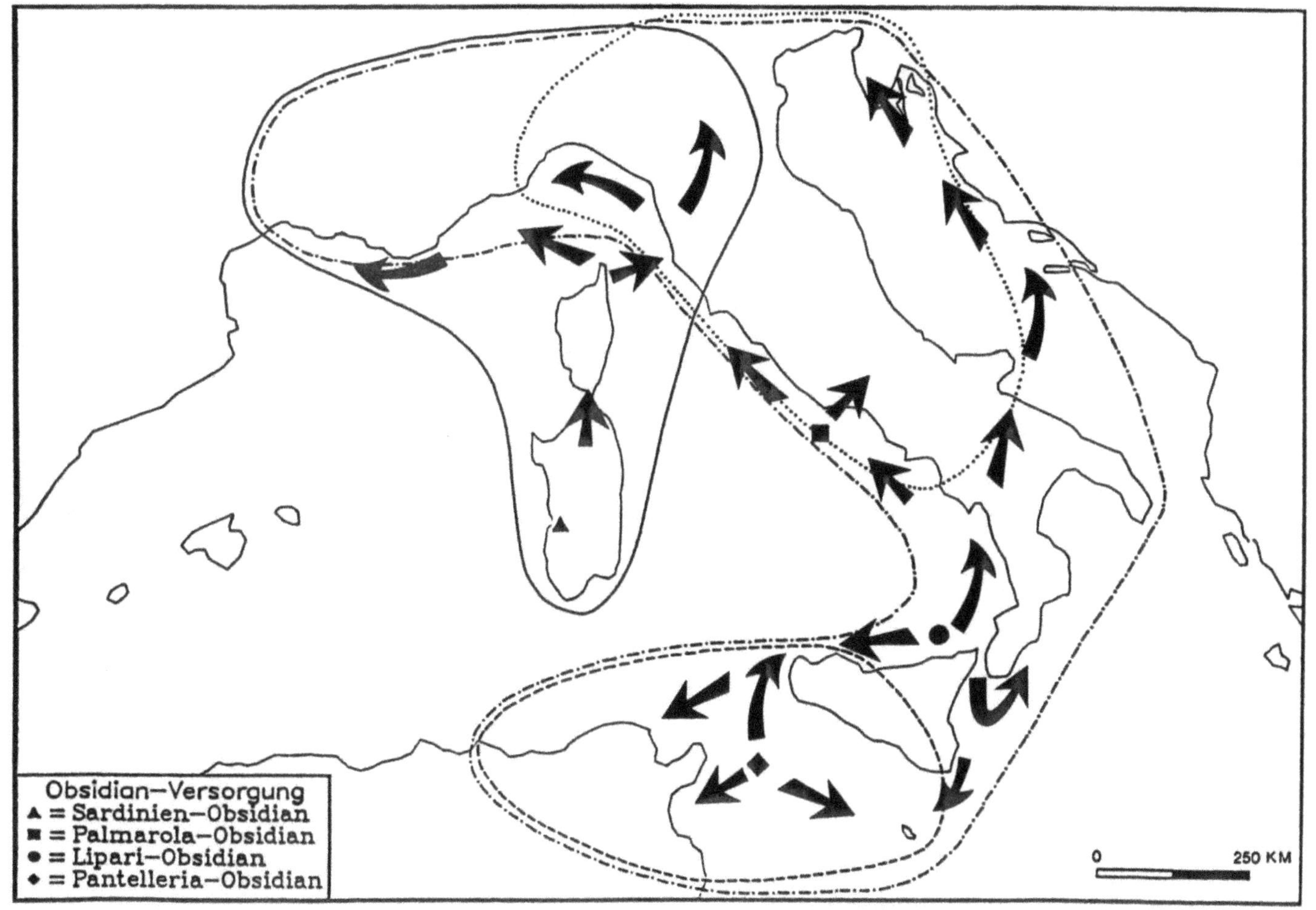

Abb. 57 Transportwege des nordwestmediterranen Obsidians

Ähnlich wie im nordwestmediterranen Raum mußte der ägäische Obsidian mit Booten von den Vorkommen geholt werden. Die Besiedlung und die kulturellen Kontakte in der Ägäis waren sowieso von der Schiffahrt abhängig. Wegen der gebirgigen Struktur Griechenlands dürfte der Landtransport über große Entfernungen ausscheiden.

Im Gegensatz zur Insel Lipari, auf der spätestens vom ausgehenden Frühneolithikum bis in die Bronzezeit hinein eine dichte Besiedlung bezeugt ist, fehlen auf Melos neolithische Siedlungen. Das bedeutet, daß die beiden melischen Vorkommen frei zugänglich gewesen sein dürften, da keine einheimische Bevölkerung Kontrolle ausüben konnte. Vom liparischen Vorkommen kann weder dieses noch das Gegenteil belegt werden.

Wie von R. Torrence nachgewiesen werden wurde, weisen großflächige Schlagplätze auf die Verarbeitung des Obsidians zu präparierten Kernsteinen hin. Noch nicht umfassend geklärt ist bislang, welchen Stellenwert Obsidian auf den neolithischen und bronzezeitlichen Siedlungen des ägäischen Raumes im Bezug auf andere Materialien innehatte.

Balkanischer Obsidian

Aus dem Bereich des westlichen Karpathenbogens sind eine Reihe von Obsidianvorkommen bekannt, deren Nutzung vom Mittelpaläolithikum bis in die Bronzezeit hinein belegt ist[275]. Fundplätze mit Obsidian finden sich Hunderte von Kilometern von den Vorkommen entfernt.

In der näheren Umgebung der Lagerstätten stellt der Obsidian mehr als 50% der Gesamtartefakte an der Geräteindustrie. Außerhalb dieses Kreises sinkt sein Anteil rapide ab. Ohne im Detail auf die zeitliche und mengenmäßige Verteilung näher einzugehen, möchte ich mich auf Aussagen zu seiner geographischen Verbreitung beschränken.

Anders als im nordwestmediterranen und ägäischen Raum wurde der Obsidian im Paläolithikum und Mesolithikum in großer Zahl genutzt. Er wurde dabei über vergleichbare Entfernung wie im Neolithikum transportiert. Daraus kann zum einen geschlossen werden, daß für die Zeit des Paläolithikums im Mittelmeer einschließlich der Ägäis seegängige Transportmittel nicht vorhanden waren. Zum anderen stellte der Landtransport über große Distanzen ebenso wenig ein Problem wie im Neolithikum dar.

Die großen Ebenen und die zahlreichen Flüsse boten, anders als auf der italienischen Halbinsel oder in Griechenland, gute Voraussetzungen für den neolithischen und bronzezeitlichen Land- wie Flußverkehr. Ebenso sind vom Balkan eine Reihe von Obsidiandepots bekannt[276], die als Indiz für einen Obsidianhandel anzusprechen sind.

Süditalienische Figulina-Keramik

Die zahlreichen Stile der süditalienischen Feinkeramik (Figulina) neben der üblichen Grobkeramik sind nicht als Kennzeichen kultureller Gruppen zu definieren. Auf der Grundlage der Arbeit von D.L. Clarke legte C. Malone ihre Sicht zu dieser Problematik dar[277].

Die Feinkeramik, deren Ausgangspunkte in Süditalien und teilweise auf Sizilien liegen, setzte mit dem späten Frühneolithikum ein und reichte mit der Diana-Keramik bis an das Ende des Jungneolithikums. In ihrer Qualität und weitgehend standardisierten Form war die Figulina-Keramik nicht so sehr für den Hausgebrauch gefertigt, als vielmehr als Grabbeigabe und Opfergabe, wie es C. Malone anhand ihrer Verteilungen darstellt. Außerdem finden sich auf vielen Fundplätzen oftmals mehrere Keramikstile vor.

In ihrer Verbreitung ging die Feinkeramik weit über ihr Ursprungsgebiet hinaus und erreichte noch Norditalien[278]. Auch aus anderen Regionen gelangte Keramik bis nach Italien. Auf den Tremiti-Inseln wurde neben Scaloria-Ware ostadriatische Keramik vorgefunden. So tauchten auf Lipari dalmatische Danilo-Gefäße auf.

Zwischen der Verbreitung von Feinkeramik und Obsidian dürfte ein enger Zusammenhang bestehen. Die Siedlungsfunde auf Lipari sind von einer besonderen Reichhaltigkeit an Keramik geprägt, die nicht nur die Stellung der dortigen Siedlung, sondern auch die Intensität dieses Handels kennzeichnet. Denn gerade im Mittel- und Jungneolithikum liegt das Maximum der Obsidianverbreitung und -nutzung.

Spondylus-Muscheln

Vom Frühneolithikum bis zum Äneolithikum stellte die Spondylus-Muschel ein begehrtes Schmuckmaterial dar, dessen Verbreitung sich von der Ägäis und der westlichen Schwarzmeerküste über den Einzugsbereich der Donau bis nach Westfrankreich erstreckte. Sie ist dabei in einem besonderen Maße mit der Bandkeramik verbunden. Italien und die Inseln Sardinien und Korsika wurden in einem erheblich größeren Ausmaß mit Spondylus-Muscheln versorgt, als es die Verbreitungskarte in der Studie von Chr. Willms deutlich macht[279].

Unberührt von der Frage ihrer Herkunft, wenn auch sehr viel für die Ägäis spricht, wurde sie über Hunderte von Kilometern landeinwärts transportiert. Wahrscheinlich stellte die Donau mit seinen Nebenflüssen einen der Hauptverkehrswege dar.

Anders als beim Silex oder bei den Felsgesteingeräten dürfte ihr Gewicht für den Transport nur von geringer Bedeutung gewesen sein. Die Weitergabe wird sicherlich über zahlreiche Zwischenstationen vor sich gegangen sein, so daß berechtigter Weise von einem neolithischen Handel gesprochen werden kann. Er erfaßte schon im Frühneolithikum ein weitaus größeres Gebiet als der nordwestmediterrane Obsidian.

Grand Pressigny-Flint

Wichtigstes Werkzeugmaterial im Neolithikum war der Silex. Ein solches Material von guter Qualität, das im spezialisierten Bergbauverfahren abgebaut wurde, wurde oftmals weit verhandelt, wie im Falle des Feuersteins von Krzemionik in Polen, Grime's Graves in England, Ryckholt in den Niederlanden und Spiennes in Belgien, um nur einige der bekannteren zu nennen.

Eine besonders weite Verbreitung fand am Ende des Jungneolithikums der Silex von Grand Pressigny (Départ. Indre-et-Loire) in Form von großen Kernsteinen (livres de beurre), aus denen sich sehr lange Klingen, die sog. Spandolche, herstellen ließen[280].

Zahlreiche Objekte sind außerhalb von Frankreich und der Schweiz aus Norditalien, Süd- und Westdeutschland bekannt. Ausläufer erreichten gar Böhmen, die Norddeutsche Tiefebene und Schleswig-Holstein.

Der Grand Pressigny-Flint bietet ein gutes Beispiel dafür, wie weit ein Rohstoff von guter Qualität trotz der starken Konkurrenz zahlreicher anderer Silexarten verhandelt werden konnte. Depotfunde, ob vom Grand Pressigny-Flint oder anderen Silexarten, unterstreichen die Bedeutung und den Umfang des Handels mit diesem Rohstoff.

Zusammenfassung

Schon diese wenigen Beispiele belegen die Intensität des neolithischen Warenaustausches mit teilweise sich überlappenden Verbreitungsgebieten. Dabei ist nur ein geringer Teil der materiellen Hinterlassenschaft archäologisch erfaßbar, da sich organische Materialien in den meisten Fällen nicht erhalten haben und für eine direkte archäologische Untersuchung entfallen.

10. Zusammenfassung

Die Bestandsaufnahme an Fundstellen mit Obsidian hat deutlich gemacht, daß dieser vulkanische Rohstoff intensiver genutzt wurde, als bislang angenommen worden ist. Nicht nur die Zahl der Fundstellen, sondern auch der mengenmäßige Anteil an Obsidian vervielfachte sich. Zwar behinderte manchmal der Forschungsstand die Ausführungen, doch konnte für alle Regionen ein detailliertes Bild der Obsidianverbreitung und -nutzung im zeitlichen und kulturellen Umfeld erarbeitet werden.

Die Zahl der Befunde und die Fundmenge führen zu einer Zweiteilung des nordwestmediterranen Raumes in obsidianreiche und -arme Regionen. Als obsidianreich müssen nicht nur die in unmittelbarer Nähe der Vorkommen gelegenen Gebiete bezeichnet werden, sondern auch entferntere, wie Apulien und in einem gewissen Sinne der Triester Karst. Die verkehrsgünstige Lage und enge kulturelle Verbindungen spielten bei der Weitergabe des Obsidians eine große Rolle. Am Beispiel Kalabriens und Apuliens kann dieses nachvollzogen werden.

Die allgemeine Nutzung des Obsidians setzte im Frühneolithikum ein. Entscheidend hierfür war, daß der Mensch erst zu diesem Zeitpunkt über die technischen Möglichkeiten verfügte, den Transport des Obsidians von den Inseln über das Meer routinemäßig zu bewerkstelligen. Anfangs wurde der Rohstoff, verglichen mit dem Mittel- und Jungneolithikum, nur in einem bescheidenen Umfang verwendet. In der Folge setzte eine rapide Steigerung der Nutzung ein, die mit dem Mittelneolithikum und teilweise erst mit dem Jungneolithikum ihren Höhepunkt fand. Danach erfolgte eine rasche Abnahme. Das Ende des Obsidiangebrauchs fällt aber nicht mit dem Ende des Neolithikums zusammen, sondern liegt für einige Regionen erst mit der mittleren bzw. jüngeren Bronzezeit vor. Überrascht hat, daß für den relativ kurzen Zeitraum der Bronzezeit, gemessen am Neolithikum, sehr viele Fundstellen mit Obsidian ermittelt wurden, wenn auch mit einer geringen Fundmenge. Trotz der Einführung der Bronze wurden Obsidian wie Silex im bedeutenden Umfang weiterhin genutzt.

Der Anteil an Obsidian auf mehrschichtigen Siedlungsplätzen entspricht im wesentlichen der Nutzungsintensität in den entsprechenden Zeitabschnitten der Regionen. Sein Anteil an der gesamten Geräteindustrie einer Fundstelle ist von der geographischen Lage in deutlicher Weise abhängig. Fundkomplexe aus der näheren Umgebung der Vorkommen oder auf dem direkten Transportweg des Materials können, wie in Kalabrien, Anteile von mehr als 80% erreichen, während geographische Barrieren den Prozentsatz schon auf kurzer Entfernung erheblich reduzieren, auch wenn noch Werte von mehr als 20% erreicht werden. In den obsidianarmen Regionen Südfrankreich und Norditalien bleibt sein Anteil, von einigen Ausnahmen abgesehen, immer weit unter 5%.

Wegen der sehr häufig fehlenden Aufschlüsselung des Fundmaterials in die Artefaktformen und Geräte konnte die typologische Analyse des Obsidians, aber auch des Silex auf den betreffenden Fundplätzen nicht in befriedigender Weise durchgeführt werden. Dennoch ließen sich eine Reihe von Aussagen treffen. So konnte in keiner Region eine spezielle Nutzung des Obsidians für bestimmte Geräte oder Funktionen festgestellt werden. Nach dem Formen- und Gerätespektrum entspricht sie der des Silex. Nähere Aufschlüsse können nur kleinräumige Studien am vollständigen Artefaktmaterial von Fundstellen erbringen, obwohl ich der Meinung bin, daß sich dadurch am Gesamtbild wenig ändern wird.

Besser konnte die Frage nach der Form des verhandelten Obsidians beantwortet werden. Die Analyse der bekannten Schlagplätze, die Verbreitung und die Anteile von Kernsteinen, Klingen, Abschlägen und Abfallstücken auf den Siedlungen stützt die These, daß der Obsidian in Form präparierter Kernsteine transportiert wurde.

Die naturwissenschaftlichen Verfahren zur Bestimmung der geologischen Herkunft der Obsidianartefakte ermöglichten die Rekonstruktion von Versorgungswegen und -gebieten für die einzelnen Obsidianvarietäten. Dabei stellte sich eine von Süden nach Norden verlaufende Transportrichtung mit Abzweigungen nach Osten sowie nach Westen im Falle von Südfrankreich heraus, ohne daß ein entgegengesetzter Transport an Obsidian zu verzeichnen ist. Hierzu zählt nicht das südlich von Sizilien gelegene Malta oder Nordafrika, das seinen Obsidian von Lipari erhielt.

So wurde sardischer Obsidian über Korsika und die toskanische Inselgruppe nach Südfrankreich, Ligurien und Norditalien sowie in das nördliche Mittelitalien weitergegeben. Auf Korsika wurde bislang nur sardischer Obsidian festgestellt, so daß die Insel nicht als Empfänger anderen Obsidianvarietäten in Frage zu kommen scheint.

Palmarola-Obsidian findet sich außerhalb Kampaniens und Nordapuliens in Mittel- und Norditalien bis in den Triester Raum. Er wurde aber weder in Südfrankreich noch im weiteren Süditalien und Sizilien vorgefunden.

Hinsichtlich des Pantelleria-Obsidians wurde lange Zeit eine nur sehr begrenzte Verbreitung angenommen, die sich auf Nordafrika und den Inseln südlich von Sizilien zu beschränken schien. Doch liegt er nach neuesten Forschungen auch in einem erheblichen Umfang von der sizilianischen Nordküste vor. Sogar in Südfrankreich sind zwei Artefakte aus äneolithischem Kontext bekannt, ohne daß sich bisher zwischen dieser Fundstelle und Sizilien weiterer Pantelleria-Obsidian findet.

Die größte Bedeutung kommt ohne Zweifel dem Lipari-Obsidian zu, der sich bis auf Korsika und Sardinien im gesamten Verbreitungsgebiet des nordwestmediterranen Obsidians findet. Nur in Südfrankreich und Norditalien steht er anteilsmäßig hinter dem sardischen Obsidian zurück. Auch Nordafrika gehört seinem Einzugsbereich an. Süditalien und im wesentlichen auch Sizilien können als Domäne des Lipari-Obsidians bezeichnet werden.

Die weite Verbreitung des Obsidians in allen neolithischen Zeitabschnitten belegt zum einen eine intensive Schiffahrt, da alle Vorkommen auf Inseln liegen und zum anderen ein ausgeprägtes Netz der Weitergabe, will man nicht schon gleich von Handel sprechen.

Denn Obsidian war nicht das einzige Material, das über weite Entfernungen transportiert wurde, wie Beispiele aus dem europäischen und mediterranen Raum zur Genüge belegen. Dazu zählen süditalienische bemalte Feinkeramik, ägäischer und balkanischer Obsidian, Spondylus-Muscheln, Grand-Pressigny-Flint und andere Silices sowie bretonische und englische Felsgesteinbeile, um nur die bekanntesten Beispiele für die überegionale Weitergabe zu nennen. Es darf dabei nicht übersehen werden, daß es sich um Materialien handelt, die sich erhalten haben, während Produkte aus organischem Material in der Regel vergangen sind.

Aus der Summe von lokaler, regionaler und überregionaler Weitergabe ergibt sich ein dichtes und weit gespanntes Netz der Kommunikation und der Weitergabe von Gütern, die schon für das Neolithikum einen ausgeprägten Handel belegen.

11. Riassunto italiano

L'inventario dei ritrovamenti di ossidiana ha dimostrato chiaramente che essa venne utilizzata più di quanto sinora ritenuto. Si è moltiplicato non soltanto il numero dei ritrovamenti ma anche la quantità del materiale rinvenuto. Sebbene a volte lo stato delle ricerche impedisca la definizione di un quadro esauriente, è comunque possibile elaborare per ogni regione un'immagine dettagliata dell'utilizzazione e diffusione dell'ossidiana relativamente ad un determinato contesto temporale e culturale.

Sia il numero dei ritrovamenti che la quantità del materiale consentono una bipartizione dell'ambito nordoccidentale del Mediterraneo in regioni ricche o povere di ossidiana. Come zone "ricche" debbono intendersi non soltanto le aree immediatamente a contatto di un giacimento ma anche zone più lontane da questo, come la Puglia e in un certo senso il Carso triestino. Sia la posizione favorevole per i traffici che gli stretti contatti culturali svolgono un ruolo importante nella diffusione dell'ossidiana, come ad esempio per la Calabria e la Puglia.

L'uso generalizzato dell'ossidiana comincia nel Neolitico antico, in seguito all'affermarsi di capacità tecniche che permisero un trasporto di routine dell'ossidiana dalle isole attraverso il mare. Inizialmente l'ossidiana, rispetto al Neolitico medio e recente, fu utilizzata in un ambito ristretto. A ciò fece seguito un rapido aumento della quantità di materiale utilizzato, che raggiunse l'acmè durante il Neolitico medio ed in parte del recente; dopo questo periodo si assiste ad una netta diminuizione dell'ossidiana. Ma la fine del suo utilizzo non coincide con quella del Neolitico, attardandosi in alcune regioni sino al Bronzo Medio e Recente.

E' sorprendente come siano numerosi i ritrovamenti di ossidiana, anche se poveri per quantità di materiale, nel relativamente breve periodo - rispetto al neolitico - dell'età del bronzo. Si deduce quindi che anche dopo l'introduzione del bronzo sia l'ossidiana che la selce furono utilizzate ancora in notevole quantità.

La percentuale di ossidiana in insediamenti con più fasi può indicare grossomodo l'intensità con cui essa venne utilizzata in una regione nei corrispondenti periodi. La sua percentuale di impiego per la realizzazione dei manufatti litici ritrovati in una determinata località è significativamente dipendente dalla collacazione geografica. I ritrovamenti di materiale situato nelle immediate vicinanze del luogo di estrazione o dalla via diretta di trasporto possono raggiungere l'80% dell'industria litica - come in Calabria -, mentre le barriere geografiche riducono notevolmente la percentuale anche su brevi distanze, anche se vengono raggiunti valori del 20%. Nelle regioni "povere" del sud della Francia e dell'Italia settentrionale, la presenza di ossidiana - tranne rare eccezioni - rimane sempre sotto il 5%.

A causa della prevalente imcompletezza degli oggetti rinvenuti, non è possibile effettuare soddisfacenti analisi tipologiche sia dell'ossidiana che della selce. E' comunque possibile trarre delle conclusioni: si può notare come in nessuna regione l'ossidiana sia stata impiegata specificatamente per determinati utensili o funzioni particolari. Lo spettro di forme e utensili d'ossidiana corrisponde a quello della selce. Maggiori chiarimenti potranno essere apportati solo da studi specifici relativi a oggetti integri, anche se, molto probabilmente, il quadro generale muterebbe di poco.

Si può invece rispondere meglio agli interrogativi relativi al livello di lavorazione dell'ossidiana. Lo studio dei luoghi di produzione noti, la diffusione e la percentuale dei nuclei, le lame, gli scarti e il materiale di risulta, suffragano la tesi che vuole l'ossidiana trasportata in forma di nuclei già sbozzati.

Le metodologie d'indagine delle scienze naturali volte alla determinazione della provenienza geologica degli oggetti di ossidiana, confermano la ricostruzione delle vie e dei luoghi di approvvigionamento dei vari tipi di ossidiana. Nel caso della Francia meridionale si evidenzia una via di trasporto da sud a nord e con diramazioni estovest, senza invece che venga confermato un itinerario opposto.

Cosi l'ossidiana sarda venne trasportata attraverso la Corsica e le isole toscane verso la Francia meridionale, la Liguria e l'Italia settentrionale e centrosettentrionale. In Corsica si è rinvenuta sinora soltanto ossidiana sarda; l'isola non sembra dunque da considerarsi come destinataria di altre varità.

L'ossidiana di Palmarola è presente, al di fuori della Campania e della Puglia settentrionale, in Italia centrosettentrionale sino alla zona triestina, in Italia meridionale e in Sicilia.

Riguardo l'ossidiana di Pantelleria, questa ha avuto una diffusione a lungo limitata e circoscritta tra il nordafrica e le isole a sud della Sicilia. Recenti ricerche la attestano anche in quantità notevole nella costa siciliana settentrionale. Anche nella Francia meridionale si conoscono due oggetti provenienti da contesti eneolitici, senza che sinora tra questo ritrovamento e la Sicilia sia stata rinvenuta altra ossidiana di Pantelleria.

La più grande importanza è senz'altro da attribuirsi all'ossidiana di Lipari, che si ritrova in tutta l'area di diffusione del Mediterraneo nord occidentale ad eccezione della Corsica e della Sardegna. Solo in Francia meridionale e Italia settentrionale essa è, in proporzione, seconda all'ossidiana sarda. Anche l'Africa del nord, l'Italia meridionale e sostanzialmente anche la Sicilia sono da considerarsi come "dominii" dell'ossidiana liparese.

La notevole diffusione dell'ossidiana in tutti i contesti neolitici testimonia da un lato un'intensa navigazione - giacchè tutti i giacimenti si trovano su isole -, dall'altro un'elaborata rete di diffusione, se non si vuole già parlare di commercio.

L'ossidiana non fu il solo materiale ad essere trasportata per grandi distanze, come documentano ampiamente esempi di oggetti provenienti da ambiti europei e mediterranei. Tra questi si annóverano, per menzionare soltanto il più noti esempi di esportazione extraregionale, ceramica depurata decorata dall'Italia meridionale, ossidiana egea e balcanica, conchiglie Spondylus, selci Grand-Pressigny e asce litiche. Non si deve peraltro dimenticare che si tratta di materiale indeperibile, mentre dei manufatti di natura organica non resta di solito traccia.

Dall'insieme della diffusione locale, regionale ed extraregionale si evince, già nel Neolitico, una fitta ed estesa rete di comunicazioni, commercio e traffico di beni.

Übersetzung Francesca Ceci, Rom

12. English summary

The inventory of the discovery places proves, that the volcanic raw material obsidian was used more intensivly, than known so far. Not only the number of discovery places but also the quantitative part of obsidian has duplicated. The state of research sometimes delayed the prosecution but it was still possible to work out a detailed conception of the expansion and use of obsidian within a temporal and cultural environment.

The amount of findings and the mass of finds separate the Northwest-Mediterranean region into obsidian-rich and -poor regions. Not only regions nearby the forthcoming are considered to be obsidian-rich, also areas further away like Apulia and in a sense the chalk formation of Triest.

The common use of obsidian began at the early neolithic period. Only since then man disposed of technical possibilities to realize the transportation of obsidian from the islands and across the ocean. At the beginning, the raw material - compared to the middle- and late neolithic - was only used in small quantities. But a fast increase of use followed and reached its highest level at the middle neolithic-, partly at the late neolithic period. Hereafter followed a rapid decrease. The end of the use of obsidian did not correspond with the end of the neolithic period but ends in some regions during the middle, respectively the late bronze age. During this short period of time an amazing large number - compared to the neolithic period - of obsidian containing places was discovered, though with small amounts of finds. This leads to the conclusion, that - dispite of the introduction of bronze - the use of obsidian as well as silex was still very important.

The amount of obsidian found at multi-layered settlements corresponds mainly with the intensity of use according to the time periods of the regions. Its proportion of the complete tool-industry of a discovery place depends clearly on the geographical location. Complexes of findings close to the forthcoming or on the direct transportation route can reach a share of more than 80% - like in Calabria -, while geographical barriers even on short distances reduce the percentage, but still reach rates of more than 20%. In the obsidian-poor regions in South France and North Italy the percentage stays - except for some cases - always below 50%.

Very often the classification of the material concerning artefacts and tools was too vage and led to an unsatisfying typological analysis of obsidian and silex from the discovery places. But in spite of this, several assertions could still be made. For instance in none of the regions a special use of obsidian for certain tools or functions could be defined. According to the spectrum of forms and tools, the use corresponds with the one of silex. More precise results can only be reached by a detailed study of the complete artefact material of a discovery place, whereby in my opinion the general impression will not change much.

The question about the shape of the traded obsidian could not be answered any better. The analysis of the known cutting places, the spreading and amount of cores, blades, flakes and scraps within the settlements supports the thesis of transporting prepared cores.

Scientific proceedings to determine the geological sources of the obsidian artefacts made it possible to reconstruct the supply lines and -regions for several varieties of obsidian. This was the case in South France, where a transporting direction from south to east turned out, with bifurcations to the east and west, but without any traces of obsidian transmission in return. Malta and North Africa, located south of Sicily, were not concerned, because they received their obsidian from Lipari.

In this manner Sardinian obsidian was transferred from Corsica and the Toscanian group of islands to South France, Liguria and North Italy as well as to the northern part of Middle Italy. Corsica does not seem to have received other varieties, because only Sardinian obsidian was identified.

Palmarola-obsidian is found outside of Campania and North Apulia in Middle- and North Italy as far as to the regions of Triest. But it was neither found in South France nor in the further South Italy and Sicily.

For a long time a limited expansion of Pantelleria-obsidian was concidered and seemed to have been restricted only to North Africa and the islands south of Sicily. As a result of recent researches, now it is also found in large quantities on the north coast of Sicily. Even in South France two artefacts of aneolithic context are known, although there are no other Pantelleria-obsidian findings between this discovery place and Sicily.

Without any doubt Lipari-obsidian is the most important one and found in the complete spreading region of Northwestmediterranean obsidian, excluding Corsica and Sardinia. Only in South France and North Italy it is proportional placed behind the Sardinian obsidian. South Italy and mainly Sicily can be called the domain of Lipari-obsidian.

The wide spreading of obsidian in all neolithic time periods proves intensive shipping and also a distinctive network of transmission, if not to speak of trade.

For obsidian was not the only material transported across long distances, like samples from the European and Mediterranean areas prove well enough. Also South Italian painted fineceramics, Aegean and Balkanian obsidian, Spondylus-Shells, Grand-Pressigny-Flint and other silexes as well as Bretonic and English stone-axes - just to name the most important samples - were delivered this way. One has to realize, that these products were made of remaining material while others of organic material generally were not preserved.

A compact and wide spread of communication and transport of products results from the amount of local, regional and supra-regional transmission and proves a distinctive trade during the neolithic period.

Übersetzung Rita Veale, Bielefeld

13. Liste der Fundorte mit Obsidian

Spanien
1. Bobila Padro (Ripollet, Barcelona)

Frankreich
2. Villeneuve-sur-Lot (Lot-et-Garonne)
3. Apazzu (Sarténe, Corse-du-Sud)
4. Araguina-Sennola (Bonifacio, Corse-du-Sud)
5. Arasu (Cirendinu, Corse-du-Sud)
6. Basi (Serra-di-Ferra, Corse-du-Sud)
7. Benedettu (Cala Rossa, Corse-du-Sud)
8. Bonifacio sud (Bonifacio, Corse-du-Sud)
9. Brellinga (Ste.-Trinité, Corse-du-Sud)
10. Bulgaredo (Figari, Corse-du-Sud)
11. Butte nord du Stagnolu (Ste.-Trinité, Corse-du-Sud)
12. Cala Barbarina (Sarténe, Corse-du-Sud)
13. Cala di Greco (Ile Cavallo, Corse-du-Sud)
14. Cala di Lazarina (Ile Lavezzi, Corse-du-Sud)
15. Capo Pertusato (Bonifacio, Corse-du-Sud)
16. Cardiccioli (Ste. Trinité, Corse-du-Sud)
17. Castellu de Capula (Levie, Corse-du-Sud)
18. Castellucio (Pila-Canale, Corse-du-Sud)
19. Castidacciu (Sarténe, Corse-du-Sud)
20. Chemin de Vallicone (San Ciprianu, Corse-du-Sud)
21. Cirendinu 1 (Corse-du-Sud)
22. Cirendinu 2 (Corse-du-Sud)
23. Cirendinu 3 (Corse-du-Sud)
24. Coffre de Poggiareale 1 (Sotta, Corse-du-Sud)
25. Coffres de Basi (Serra-de-Ferra, Corse-du-Sud)
26. Coffres de Tivolaggio (Sarténe, Corse-du-Sud)
27. Coffres de Vascolacio (Figari, Corse-du-Sud)
28. Coffres de Vascolacio SW (Figari, Corse-du-Sud)
29. Compolaggia (Santa Lucia di Tallano, Corse-du-Sud)
30. Cozza Torta (Porto Vecchio, Corse-du-Sud)
31. Cucuruzzu (Levie, Corse-du-Sud)
32. Curacchiaghiu (Levie, Corse-du-Sud)
33. Eboulis sud-est (Zonza, Corse-du-Sud)
34. Filitosa (Sollacro, Corse-du-Sud)
35. Foce 1 (Cirendinu, Corse-du-Sud)
36. Foce 2 (Cirendinu, Corse-du-Sud)
37. Fond de Cabane B (Zonza, Corse-du-Sud)
38. Grossa (Corse-du-Sud)
39. Grotta Campu du Consule (Bonifacio, Corse-du-Sud)
40. I Calanchi (Sollacro, Corse-du-Sud)
41. I Caselli 1 (Bacca, Corse-du-Sud)
42. I Caselli 2 (Bacca, Corse-du-Sud)
43. I Caselli 3 (Bacca, Corse-du-Sud)
44. I Caselli 4 (Bacca, Corse-du-Sud)
45. I Caselli 5 (Bacca, Corse-du-Sud)
46. La Villata (Cirendinu, Corse-du-Sud)
47. Le Pighiole (Sarténe, Corse-du-Sud)
48. Monte Lazzo (Casaglione, Corse-du-Sud)
49. Monument de Foce (Argiusta-Moriccio, Corse-du-Sud)
50. Nulachiu (Porto-Vecchio, Corse-du-Sud)
51. Ortale (Zonza, Corse-du-Sud)
52. Palavesa (Ste.-Trinité, Corse-du-Sud)
53. Petra Robbia 1 (Pinarellu, Corse-du-Sud)
54. Petra Robbia 2 (Pinarellu, Corse-du-Sud)
55. Pezza Cardu (Ste.-Trinité, Corse-du-Sud)
56. Piana Grossa (Sotta, Corse-du-Sud)
57. Pozzu Neru (Cirendinu, Corse-du-Sud)
58. Punta Capicciola (Cirendinu, Corse-du-Sud)
59. Punta di Carpalone (Ste.-Trinité, Corse-du-Sud)
60. Rinaiu-Scagliu (Sarténe, Corse-du-Sud)
61. Rue du Portone (Bonifacio, Corse-du-Sud)
62. S. Ciprianu (Corse-du-Sud)
63. Salavona (Grossa, Corse-du-Sud)
64. Sapara Alta (Paccionitoli, Corse-du-Sud)
65. Sarténe (Corse-du-Sud)
66. Secteur A (Zonza, Corse-du-Sud)
67. Sotta-Figari (Figari, Corse-du-Sud)
68. Strappazzola (Zonza, Corse-du-Sud)
69. Terrasse sous Menhir (Zonza, Corse-du-Sud)
70. Terrasse sud-ouest (Zonza, Corse-du-Sud)
71. Tivolaggiu (Sarténe, Corse-du-Sud)
72. Tozze Bianche (Zonza, Corse-du-Sud)
73. Vacil Vecchio (Sarténe, Corse-du-Sud)
74. Vascolaccio (Figari, Corse-du-Sud)
75. Abri de Silogna (Vizzavona, Haute Corse)
76. Albertini (Albertacce, Haute Corse)
77. Balchidia (Bastia, Haute Corse)
78. Campi di Pietra all'Altare (Mutola, Haute Corse)
79. Cap Gros (Aleria, Haute Corse)
80. Carco (Catteri, Haute Corse)
81. Castellare (Piedicorte di Gaggio, Haute Corse)
82. Castellari (Rapale, Haute Corse)
83. Castellu de Marze (Calacuccia, Haute Corse)
84. Cavaroz (Barbaggio, Haute Corse)
85. Dolmen de Silogna (Vizzavona, Haute Corse)
86. Fontanaccio (Aleria, Haute Corse)
87. Grotte Southwell (Vizzavona, Haute Corse)
88. Monte Grosso (Biguglia, Haute Corse)
89. Piedivesco 1 (Aleria, Haute Corse)
90. Piedivesco 2 (Aleria, Haute Corse)
91. Pietra Major (Calvi, Haute Corse)
92. Pietra all'Altare (Mutola, Haute Corse)
93. Punta Castellare (Piedicorte di Gaggio, Haute Corse)
94. Saint Florent (Haute Corse)
95. Scaffa Piana (Saint-Florent, Haute Corse)
96. Strette (Barbaggiu, Haute Corse)
97. Terrina 1 (Aleria, Haute Corse)
98. Terrina 3 (Aleria, Haute Corse)
99. Terrina 4 (Aleria, Haute Corse)
100. Tesoro (Brando, Haute Corse)
101. Vizzavona (Vizzavona, Haute Corse)
102. Aussieres (Bizanet, Aude)
103. Carcassone (Aude)
104. Ouveillan (Narbonne, Aude)
105. Camp Puget (Manduel, Gard)
106. Grotte Nicolas (Ste.-Anastasie, Gard)
107. Malcastel Superieure (Parignargues, Gard)
108. Puech de la Fontaine (Congenies, Gard)
109. Siroque (St.-Laurent-des-Arbres, Gard)
110. Uzes (Gard)
111. Grotte de Labeil (Hérault)
112. La Condaime (Saint-Aunes, Hérault)
113. Les Faysses (Cres, Hérault)
114. Mas Rouge (Perols, Hérault)
115. Oppidum Lattes (Lattes, Hérault)
116. Peiro Signado (Portiragnes, Hérault)
117. Serre Pointu (Fraissinet-de-Fourques, Lozere)
118. Blayac (Sévérac-le-Chateau, Aveyron)
119. Maluserne (La Bastide-Pradines, Aveyron)
120. Condom (Gers)
121. St. Michel-du-Touch (Toulouse, Haute-Garonne)
122. Capdenac-le-Haut (Lot)
123. Abri Pendimoun (Castellar, Alpes Maritimes)

124. Beaulieu (Nizza, Alpes Marittimes)
125. Caucade (Alpes Marittimes)
126. Giribaldi (Nizza, Alpes Marittimes)
127. Pioulier (Vence, Alpes Marittimes)
128. Le Vieux Carniol (Vacheres, Basses Alpes)
129. Aix-en-Provence (Bouches-du-Rhone)
130. Beaumajour (Grans, Bouches-du-Rhone)
131. Galiniere (Mimet, Bouches-du-Rhone)
132. Grande Baume (Gémenos, Bouches-du-Rhone)
133. Miouvin (Istres, Bouches-du-Rhone)
134. Ribassieres (Vernegues, Bouches-du-Rhone)
135. Ste. Catherine (Trets, Bouches-du-Rhone)
136. Ste. Victoire (Aix-en-Provence, Bouches-du-Rhone)
137. Col des Tourrettes (Montmorin, Hautes Alpes)
138. Garrigues (Bersac, Hautes Alpes)
139. Quartier du Guire (Serres, Hautes Alpes)
140. Saléon (Hautes Alpes)
141. Serre-Muret (Bersac, Hautes Alpes)
142. Agay (St. Raphael, Var)
143. Camp Plan (Cabannes, Var)
144. Capon B (St. Tropez, Var)
145. Castellet (Villecroze, Var)
146. Font-Marthe (Villecroze, Var)
147. Grotte Eglise supérieure (Baudinard, Var)
148. Grotte de la Ferrage (Varages, Var)
149. Londe des Maures (Var)
150. Marres (Ramatuelle, Var)
151. S. Sebastien, Dolmen 2 (Ste. Maxime, Var)
152. Salinettes (St. Tropez, Var)
153. Sellettes (Ramateulle, Var)
154. St. Jean (Villecroze, Var)
155. Toutour (Var)
156. Tusele (Cabasse, Var)
157. Vallon de la Fey (Villecroze, Var)
158. Bonnefont (Malemort-du-Comtat, Vaucluse)
159. Combes (Piolenc, Vaucluse)
160. La Bertaude (Orange, Vaucluse)
161. Mont Piéry (Bollene-Mondragon, Vaucluse)
162. Oppidum des Roches (Piolenc, Vaucluse)
163. Piolenc (Vaucluse)
164. Pierre Chatel (Belley, Ain)
165. Grotte Marquis (Lagorce, Ardeche)
166. Ranc d'Aven, Dolmen 1 (Grospierre, Ardeche)
167. Beauvallon (Vallence, Drome)
168. Menglon (Drome)
169. Oppidum de Ste. Luce (Vercoiran, Drome)

<u>Italien</u>

170. Fonti Rossi (Maiella, Chieti)
171. Fossacesia (Chieti)
172. Cellitto (Paterno, L'Aquila)
173. Colle del Macchione (S. Demetrio, L'Aquila)
174. Grotta Cola 2 (Cappadocia, L'Aquila)
175. Grotta La Punta (Trasacco, L'Aquila)
176. Grotta Maritza (Trasacco, L'Aquila)
177. Grotta Riparo Continenza (Trasacco, L'Aquila)
178. Grotta S. Nicola (Trasacco, L'Aquila)
179. Grotta delle Marmitte (Ofena, L'Aquila)
180. Ortucchio (L'Aquila)
181. Quarto Grande (Pescocostanzo, L'Aquila)
182. Venere (Pescina, L'Aquila)
183. Catignano (La Stepara, Pescara)
184. Colle del Telegrafo (Pescara, Pescara)
185. Grotta dei Piccioni (Bolognano, Pescara)
186. Piano d'Orte (Torre de Passeri, Pescara)
187. S. Agnese (Citta di Sant'Angelo, Pescara)
188. Villa Badessa (Rosciana, Pescara)
189. Castagna (Corropoli, Teramo)
190. Ferrari (Corropoli, Teramo)
191. Garrufo (Acarano, Teramo)
192. Grotta Sant'Angelo (Civitella del Tronto, Teramo)
193. Mindoli (Corropoli, Teramo)
194. Paterno (Corropoli, Teramo)
195. Pianaccio (Tortoreto, Teramo)
196. Ripoli (Corropoli, Teramo)
197. Altamura (Bari)
198. Andria (Bari)
199. Bari (Bari)
200. Bisceglie (Bari)
201. Cala Colombo (Torre Mare, Bari)
202. Canosa (Bari)
203. Casa S. Paolo (Gravina, Bari)
204. Cave Mastrodon (Bisceglie, Bari)
205. Fontana Adogna 81 (Gravina, Bari)
206. Fontana S. Paolo (Gravina, Bari)
207. Gioia del Colle (Bari)
208. Gravina (Bari)
209. Grotta S. Croce (Bisceglie, Bari)
210. Grotta delle Mura (Monopoli, Bari)
211. Hill 403 (Gravina, Bari)
212. Lama Maràngia (Minervino Murge, Bari)
213. Monteverde (Terlizzi, Bari)
214. Pulo di Altamura Grotta 1 (Altamura, Bari)
215. Pulo e Campo di Molfetta (Bari)
216. Ruvo (Bari)
217. Termizzi (Terlizzi, Bari)
218. Canale Reale (Oria, Brindisi)
219. Casa Rossa di Torre Testa (Brindisi, Brindisi)
220. Cellino S. Marco (Brindisi, Brindisi)
221. Fontanelle (Ostuni, Brindisi)
222. Forcatella (Fasano, Brindisi)
223. Francavilla Fontana (Brindisi)
224. Grotta Morelli (Ostuni, Brindisi)
225. Grotta di S. Angelo di Ostuni (Ostuni, Brindisi)
226. Lamaforca (Ostuni, Brindisi)
227. Masseria Guidone (Torre S. Susanna, Brindisi)
228. Monticello di Ostuni (Ostuni, Brindisi)
229. Morelli B (Ostuni, Brindisi)
230. Papalucio (Oria, Brindisi)
231. Pappada (Oria, Brindisi)
232. Parco Trumpagno (Fasano, Brindisi)
233. Porto Fetente (Ostuni, Brindisi)
234. Rissieddi (Ostuni, Brindisi)
235. S. Giovanni La Parete (Oria, Brindisi)
236. Torre Bianca (Fasano, Brindisi)
237. Torre Canne (Fasano, Brindisi)
238. Torre S. Sabina (Carovigno, Brindisi)
239. Alma Dannata (Stazione di Candide, Foggia)
240. Boschetto (San Severo, Foggia)
241. Cala dei Inglesi (isola S. Domino, Tremiti, Foggia)
242. Cala di Tramontana (is. S. Domino, Tremiti, Foggia)
243. Camerata (Lago di Lesina, Foggia)
244. Cas. Imperati (San Severo, Foggia)
245. Casalorda (San Severo, Foggia)
246. Casino S. Matteo (Serracapriola, Foggia)
247. Casone (San Severo, Foggia)
248. Coppa d'Ovidio (San Severo, Foggia)
249. Foce del Torrente Romandato (Rodi Garganico, Foggia)
250. Fontanarosa Ferrara (Manfredonia, Foggia)

251. Gorgoglione (Villaggio Amendola, Foggia)
252. Grotta Scaloria (Manfredonia, Foggia)
253. Isola Caprara (isole di Tremiti, Foggia)
254. Isola del Cretaccio (isole di Tremiti, Foggia)
255. Isola S. Domino (isole di Tremiti, Foggia)
256. Isola di S. Nicola (isole di Tremiti, Foggia)
257. La Panetteria (Lucera, Foggia)
258. Lucera Castello (Lucera, Foggia)
259. Masseria Belvedere 2 (Manfredonia, Foggia)
260. Masseria Candelaro (Manfredonia, Foggia)
261. Masseria Capo di Lupo (San Marco di Lamis, Foggia)
262. Masseria Centonze (San Marco in Lamis, Foggia)
263. Masseria Mischitelli (San Marco in Lamis, Foggia)
264. Masseria Pedone (San Marco in Lamis, Foggia)
265. Masseria Posta D'Innanzi (S. Marco in Lamis, Foggia)
266. Masseria S. Chirico (San Marco in Lamis, Foggia)
267. Masseria Tecchia (Manfredonia, Foggia)
268. Masseria Valente (Manfredonia, Foggia)
269. Masseria dell'Ischia (Serracapriola, Foggia)
270. Matteo-Chiantinello-Cesine Superiori (Serracapriola)
271. Monte Aquilone (Manfredonia, Foggia)
272. Oliveto Masselli (San Severo, Foggia)
273. Passo di Corvo B (Foggia, Foggia)
274. Pezza della Fontana (San Severo, Foggia)
275. Pian Devoto (Castelnuovo della Daunia, Foggia)
276. Ponte Ciccalento (Rignano Garganico, Foggia)
277. Portata Casone (San Severo, Foggia)
278. Reinella (San Severo, Foggia)
279. Scaramella S. Vito (S. Vito, Foggia)
280. Versentino 1 (Borgo Mezzanone, Foggia)
281. Villa Comunale (Foggia, Foggia)
282. Zuccaro (San Severo, Foggia)
283. Campi Latini (Galatone, Lecce)
284. Campo Belmonte Cesario (Otranto, Lecce)
285. Campo Belmonte Domenico (Otranto, Lecce)
286. Canale Samari (Gallipoli, Lecce)
287. Grotta Cipolliane (Corsano, Lecce)
288. Grotta Marisa (Otranto, Lecce)
289. Grotta Zinzulusa (Castro di Marina, Lecce)
290. Grotta dei Diavoli (Badisco, Lecce)
291. Grotta del Diavolo (Capo di Leuca, Lecce)
292. Grotta del Fico (Santa Maria al Bagno, Lecce)
293. Grotta della Trinita (Ruffano, Lecce)
294. Grotta delle Prazziche (Novaglie, Lecce)
295. Il Ponticella (Gallipoli, Torre Sabea, Lecce)
296. Marina di Mancaversa (Taviano, Lecce)
297. Masseria S. Gaetano (Guagnano, Lecce)
298. Porto Badisco (Otranto, Lecce)
299. S. Foca (Lecce)
300. Serra d'Alta dell'Lido (Galatone, Lecce)
301. Ugento (Lecce)
302. Barbuzzi (Monteparano, Tarent)
303. Caverna dell'Erba (Avetrana, Tarent)
304. Chidro 2 (Manduria, Tarent)
305. Cimino (Tarent, Tarent)
306. Grotta di S. Angelo di Statte (Statte, Tarent)
307. Laterza (Tarent)
308. Le Conche 1 (Lizzano, Tarent)
309. Le Conche 2 (Lizzano, Tarent)
310. Masseria Campanella (Manduria, Tarent)
311. Masseria Cotugno (Torricella, Tarent)
312. Monticello di Martina Franca (Martina Franca,Tarent)
313. Porto Perone (Leporano, Tarent)
314. Punta Tonno (Tarent,Tarent)
315. Torre Borraco (Manduria, Tarent)
316. Cetrangolo (Montalbano Ionico, Matera)
317. Grotta Funeraria (Matera, Matera)
318. Grotta dei Pipistrelli (Matera, Matera)
319. La Martella (Matera)
320. Lamia vecchia (Matera, Parco di Lamaia, Matera)
321. Madonelle (Montalbano Ionico, Matera)
322. Matinelle 1 (Matera, Matera)
323. Matinelle 2 (Matera, Matera)
324. Murgecchia (Matera, Matera)
325. Murgia Timone 1 (Matera, Matera)
326. Murgia Timone 2 (Matera, Matera)
327. Piano del Pirazetto 1 (Policoro, Matera)
328. Piano del Pirazetto 2 (Policoro, Matera)
329. Picciano-Malvezzi (Matera, Matera)
330. Pizzica Pantanello (Metapont, Matera)
331. S. Marco (Metapont, Matera)
332. S. Martino 1 (Borgo La Martella, Matera)
333. S. Martino 2 (Borgo La Martella, Matera)
334. Saldone (Metapont, Matera)
335. Serra d'Alto (Matera, Matera)
336. Setteponti (Matera, Matera)
337. Tirlecchia (Matera, Matera)
338. Trasano (Matera, Matera)
339. Tre Ponti-Trasano (Trasano, Matera)
340. Villa Comunale (Garaguso, Matera)
341. Capo la Timpa (Maratea, Potenza)
342. Coste del Noce (Rivello, Potenza)
343. Grotta 1 di Latronico (Latronico, Potenza)
344. Grotta 2 di Latronico (Latronico, Potenza)
345. Grotta 3 di Latronico (Latronico, Potenza)
346. Masseria Leonessa (Melfi, Potenza)
347. S. Evrasa (Castelluccio, Potenza)
348. Bazzano (Bologna)
349. Grotta Farneto (S. Lorenzo di Savena, Bologna)
350. Rocca Corneta (Lizzana, Bologna)
351. Bertarina (Vecchiazzano, Forli)
352. Misano Adriatico (Riccione, Forli)
353. Cava Cuoghi (Fiorano Modenese, Modena)
354. Cava Nuova (Fiorano, Modena)
355. Pescale (Prignano sul Secchia, Modena)
356. S. Cesario sul Panaro 3 (Modena)
357. S. Cesario sul Panaro 5 (Modena)
358. Savignano sul Panaro (Modena)
359. Villa Agazzotti (Formigine, Modena)
360. Travo (Piacenza, Piacenza)
361. S. Giovanni in Misileo (Casola Valensio, Ravenna)
362. Villa Persolini (Faenza, Ravenna)
363. Castetto (Viano, Reggio Emilia)
364. Chiozza (Scandiano, Reggio Emilia)
365. Ciano d'Enza Luceria (S. Polo d'Enza,Reggio Emilia)
366. Razza di Campegine (Campegine, Reggio Emilia)
367. Servirola (San Polo d'Enza, Reggio Emilia)
368. Dolina Monrupino/Fernetta (bei Monrupino, Triest)
369. Grotta Lonza (Monrupino, Triest)
370. Grotta Pogrize (San Michel del Carso, Triest)
371. Grotta degli Zingari (Sgonico, Triest)
372. Grotta dell'Ansa (Duino Aurisina, Triest)
373. Grotta dell'Orso di Gabrovizza (Sgonico, Triest)
374. Grotta della Tartaruga (Sgonico, Triest)
375. Jama ne Dolech (Nabresina, Triest)
376. Riparo di Monrupino (Monrupino, Triest)
377. S. Quirino (Triest)
378. Vlasca Jama (Triest, Triest)
379. Acconia 01 (Acconia, Catanzaro)
380. Acconia 03 (Acconia, Catanzaro)

381. Acconia 04 (Acconia, Catanzaro)
382. Acconia 06 (Acconia, Catanzaro)
383. Acconia 08 (Acconia, Catanzaro)
384. Acconia 09 (Acconia, Catanzaro)
385. Acconia 10 (Acconia, Catanzaro)
386. Acconia 11 (Acconia, Catanzaro)
387. Acconia 12 (Acconia, Catanzaro)
388. Acconia 13 (Acconia, Catanzaro)
389. Acconia 14 (Acconia, Catanzaro)
390. Acconia 15 (Acconia, Catanzaro)
391. Acconia 16 (Acconia, Catanzaro)
392. Acconia 17 (Acconia, Catanzaro)
393. Acconia 19 (Acconia, Catanzaro)
394. Acconia 20 (Acconia, Catanzaro)
395. Acconia 21 (Acconia, Catanzaro)
396. Acconia 22 (Acconia, Catanzaro)
397. Acconia 23 (Acconia, Catanzaro)
398. Acconia 24 (Acconia, Catanzaro)
399. Acconia 25 (Acconia, Catanzaro)
400. Acconia 26 (Acconia, Catanzaro)
401. Acconia 27 (Acconia, Catanzaro)
402. Acconia 28 (Acconia, Catanzaro)
403. Acconia 29 (Acconia, Catanzaro)
404. Acconia 30 (Acconia, Catanzaro)
405. Acconia 32 (Acconia, Catanzaro)
406. Acconia 37 (Acconia, Catanzaro)
407. Acconia 38 (Acconia, Catanzaro)
408. Acconia 39 (Acconia, Catanzaro)
409. Acconia 40 (Acconia, Catanzaro)
410. Acconia 41 (Acconia, Catanzaro)
411. Acconia 43 (Acconia, Catanzaro)
412. Acconia 46 (Acconia, Catanzaro)
413. Acconia 47 (Acconia, Catanzaro)
414. Acconia 48 (Acconia, Catanzaro)
415. Acconia 49 (Acconia, Catanzaro)
416. Acconia 50 (Acconia, Catanzaro)
417. Acconia 51 (Acconia, Catanzaro)
418. Acconia 52 (Acconia, Catanzaro)
419. Acconia 53 (Acconia, Catanzaro)
420. Acconia 54 (Acconia, Catanzaro)
421. Acconia 55 (Acconia, Catanzaro)
422. Acconia 56 (Acconia, Catanzaro)
423. Acconia 57 (Acconia, Catanzaro)
424. Acconia 59 (Acconia, Catanzaro)
425. Acconia 60 (Acconia, Catanzaro)
426. Acconia 61 (Acconia, Catanzaro)
427. Acconia 62 (Acconia, Catanzaro)
428. Acconia 63 (Acconia, Catanzaro)
429. Acconia 64 (Acconia, Catanzaro)
430. Acconia 65 (Acconia, Catanzaro)
431. Acconia 66 (Acconia, Catanzaro)
432. Acconia 67 (Acconia, Catanzaro)
433. Acconia 68 (Acconia, Catanzaro)
434. Acconia 69 (Acconia, Catanzaro)
435. Acconia 70 (Acconia, Catanzaro)
436. Acconia 71 (Acconia, Catanzaro)
437. Acconia 72 (Acconia, Catanzaro)
438. Acconia 74 (Acconia, Catanzaro)
439. Acconia 75 (Acconia, Catanzaro)
440. Acconia-Analysen 1-46 (Acconia, Catanzaro)
441. Capo Alfiere (Crotone, Catanzaro)
442. Casella (Maida, Catanzaro)
443. Cotura (Terme, Catanzaro)
444. Curinga (Catanzaro)
445. Ferraiulo (Curinga, Catanzaro)
446. Giardini di Renda (Terme, Catanzaro)
447. Prato Sant'Irene (Ebene von Lamezia, Catanzaro)
448. Quarto (Curinga, Catanzaro)
449. S. Elio (Ciro, Catanzaro)
450. Zupello (Terme, Catanzaro)
451. Grotta del Romito (Papasidero, Cosenza)
452. Grotta della Madonna (Praia a Mare, Cosenza)
453. Grotta di S. Angelo 3 (Cassano Ionio, Cosenza)
454. Arno (Reggio di Calabria, Reggio di Calabria)
455. Bagaladi (Reggio di Calabria)
456. Bosco Amatello (Reggio di Calabria)
457. Calopinace (Reggio di Calabria, Reggio di Calabria)
458. Gallina (Reggio di Calabria, Reggio di Calabria)
459. Misorofa (Reggio di Calabria)
460. Orti (Orti, Reggio di Calabria)
461. Piani della Melia (Scilla, Reggio di Calabria)
462. Prestarona (Canolo, Reggio di Calabria)
463. Ravagnese (Reggio di Calabria, Reggio di Calabria)
464. Reggio di Calabria (Reggio di Calabria)
465. Salto di Vecchia (Melito, Reggio di Calabria)
466. Sinopoli (Reggio di Calabria)
467. La Starza (Adriano Irpino, Avellino)
468. Monte Castello (Savignano Irpino, Avellino)
469. S. Maria dei Bossi (Casalbore, Avellino)
470. La Palmenta (Vitulano, Benevent)
471. Limatola (S. Lorenzo Maggiore, Benevent)
472. Montesarchio (Benevent)
473. La Costa (Calvi Risorta, Caserata)
474. Piedimonte Massicano (Sessa Aurunca, Caserata)
475. Bellavista (Monte Procida, Neapel)
476. Citara (isola d'Ischia, Neapel)
477. Grotta Nicolucci (Sorrento, Neapel)
478. Grotta delle Felci (isola di Capri, Neapel)
479. Grotticelle (isola di Zannone, Neapel)
480. Isola di Capri (Neapel)
481. Isola di Palmarola (Neapel)
482. Isola di Ponza (Neapel)
483. Isola di Zannone (Neapel)
484. Mezzavia (isola di Ischia, Neapel)
485. Parate (isola di Capri, Neapel)
486. Punta d'Alca (isola di Vivara, Neapel)
487. Punta del Fieno (isola di Ponza, Neapel)
488. Punta di Mezzogiorno (isola di Ischia, Neapel)
489. S. Alessandro (isola di Ischia, Neapel)
490. S. Michele (isola di Capri, Neapel)
491. S. Restituta (isola di Ischia, Neapel)
492. Chiusa della Mammolessa (Stio, Salerno)
493. Gaudo (Paestum, Salerno)
494. Grotta del Noglio (Marina di Camerota, Salerno)
495. Grotta del Zachito (Caggiano, Salerno)
496. Grotta dell'Ausino (Castelcivita, Salerno)
497. Grotta della Cala (Camerota, Salerno)
498. Grotta di Castelcivita (Monte Alburno, Salerno)
499. Grotta di Nardantuono (Olevano, Salerno)
500. Paestum (Salerno)
501. S. Giovanni (Laurino, Salerno)
502. Tufariello (Buccino, Salerno)
503. Vignali degli Olivi (Ascea, Salerno)
504. Borgo Sant'Angelo (Ceccano, Frosinone)
505. Castelluccio di Sora (Sora, Frosinone)
506. Collina di Moncisterno (Arpino, Frosinone)
507. Fiuggi (Frosinone)
508. Isola di Liri (Frosinone)
509. Mola S. Maria (Anagni, Frosinone)
510. S. Giuseppe (Ceccano, Frosinone)

511. Selva dei Muli (Tomacella, Frosinone)
512. Sora (Frosinone)
513. Batteria (Monte Circeo, Latina)
514. Campo Mezzomonte (Latina)
515. Cisterna di Latina (Latina)
516. Fonte di Lucullo (Sabaudia, Latina)
517. Grotta dei Muracci (Cisterna, Latina)
518. La Botte (Sabaudia, Latina)
519. Piscina del Lepre (San Felice Circio, Latina)
520. Riparo Blanc (Monte Circeo, Latina)
521. Roccagorga (Latina)
522. Petescia (Cittaducale, Valle Ottara, Rieti)
523. Valle Ottara (Cittaducale, Rieti)
524. Casalaccio-Quota 77 (Civitavecchia, Rom)
525. Casale De Luca 5 (Rom, Rom)
526. Casale Torre Spaccata 18 (Rom, Rom)
527. Casali (Sgurgola, Rom)
528. Codata delle Macine (Civitavecchia, Rom)
529. Caverna di Montecelio (Tivoli, Rom)
530. Colle S. Angeletto (Tiudi, Rom)
531. Di Nardo (Lido di Lavina, Rom)
532. Fosso della Torre 10 (Rom, Rom)
533. Grotta Polesina (Tivoli, Rom)
534. Le Volpelle (Civitavecchia, Rom)
535. Malpasso (Civitavecchia, Rom)
536. Marangone (Civitavecchia, Rom)
537. Martignano 5 (Cesano, Rom)
538. Monte Mastacchio 38 (Rom, Rom)
539. Monti della Caccia 16 (Rom, Rom)
540. Palidora (Rom, Rom)
541. Pantano (Lido di Lavina, Rom)
542. Piscina di Torrespaccata (Rom, Rom)
543. Ripa Maiale (Allumiere, Rom)
544. Riserva Capanna Murata 3 (Rom, Rom)
545. Riserva dell'Ara 43 (Rom, Rom)
546. S. Cosimato (Licenza, Rom)
547. S. Maria 7 (Rom, Rom)
548. Setteville (Tivoli, Rom)
549. Solfarate (Mazzano Romano, Rom)
550. Tenuta della Perna 10 (Rom, Rom)
551. Tenuta di Torre Nuova 22 (Rom, Rom)
552. Torre Spaccata (Rom, Rom)
553. Unita Anagnina 28 (Rom, Rom)
554. Valle Cancella 18 (Cesano, Rom)
555. Valle Maggio (Lido di Lavina, Rom)
556. Via Ardeatina km 9 (Lido di Lavina, Rom)
557. Via Valeria km 118 (Rom)
558. Zolforata (Rom, Rom)
559. Casale di Monte Salario (Fabrica di Roma, Viterbo)
560. Castell'Araldo (Marta, Viterbo)
561. Crostoletto di Lamone (Ischia di Castro, Viterbo)
562. Grotta Misa (Ischia di Castro, Viterbo)
563. Grotta del Vannaro (Corchiano, Viterbo)
564. Lagaccione (Capodimonte, Viterbo)
565. Poggio della Capriola (Bolsena, Viterbo)
566. Sorgenti della Nova (Farnese, Viterbo)
567. Arene Candide (Finale Liguria, Savona)
568. Arma dello Stefanin (Borghetto d'Arrosa, Savona)
569. Arma di Nasino (Nasino, Savona)
570. Caverna dell'Aqua o Anime (Finale Liguria, Savona)
571. Grotta Marina (Bergeggi, Savona)
572. Grotta Pollera (Finale Liguria, Savona)
573. Grotta dell'Edera (Savona)
574. Monte Covolo (Villanuova sul Clisi, Brescia)
575. Polada (Lonato, Brescia)
576. Rocca di Manerba (Manerba, Brescia)
577. Sasso di Manerba (Manerba, Brescia)
578. Campo Balano (Spineda, Cremona)
579. Fondo Santo e Corte Casotta (Casalmaggiore,Cremona)
580. Campo Pegoroni (Rivarolo Mantovano, Mantua)
581. Casatico di Marcaria (Marcaria, Mantua)
582. Fondo Bragazza (Rivarolo Mantovano, Mantua)
583. Isolino di Varese (Varese)
584. Jesi (Ancona)
585. Ripabianca di Monterado (Monterado, Ancona)
586. Montetinello (Acquaviva Picena, Ascoli Piceno)
587. Maddalena di Muccia (Camerino, Macerata)
588. S. Maria in Selva (Treia, Macerata)
589. Monte Rossano (Urbino, Pesaro e Urbino)
590. S. Antonio (Mondolfo, Pesaro e Urbino)
591. Alba (Cuneo)
592. Crabi (Villaperuccio, Cagliari)
593. Tortoli (Ogliastra, Nuoro)
594. Cannas (Roja, Oristano)
595. Conca Illonis (Cabras, Oristano)
596. Monte Arci (Oristano)
597. Puisteris (Mogoro, Oristano)
598. Ile Monica (&i3.le Monica, Sassari)
599. Monte d'Accodi (Sassari, Sassari)
600. Cala Pisana (isola di Lampedusa, Agrigent)
601. Cannatello (Girgenti, Agrigent)
602. Casalicchio-Agnone (Licata, Agrigent)
603. Cozzo Busoné (Raffadali, Agrigent)
604. Grotta Infame Diavolo 1 (Palma di Montechiaro,Agr.)
605. Grotta Infame Diavolo 2 (Palma di Montechiaro,Agr.)
606. Grotta di Pietrarossa (Campobello, Agrigent)
607. Isola di Linosa (Agrigent)
608. Marignani o Maraani (Porto Empedocle, Agrigent)
609. Pizzo Caduto (Licata, Agrigent)
610. Rocca Daparo (Cammarata, Agrigent)
611. Saladino (Santa Margherita Belice, Agrigent)
612. Serraferlicchio (Agrigent, Agrigent)
613. Castellazzo (Marianopoli, Caltanisetta)
614. Montelungo (Gela, Caltanisetta)
615. Sette Tarine (Gela, Caltanisetta)
616. Zinghilino (Gela, Caltanisetta)
617. Carruba (Catania)
618. Filozingaro (Licodia Eubea, Catania)
619. Grotta Capitano (Caltagirone, Catania)
620. Grotta S. Giorgio (Palagonia, Catania)
621. Le Pille (Caltagirone, Catania)
622. Marmo (Paterno, Catania)
623. Pietrabutera (Licodia Eubea, Catania)
624. Poggio Rosso (Paterno, Catania)
625. S. Cono 1 (Licodia Eubea, Catania)
626. S. Cono 2 (Licodia Eubea, Catania)
627. S. Ippolito (Caltagirone, Catania)
628. S. Pietro (Caltagirone, Catania)
629. Sarpellizza (Licodia Eubea, Catania)
630. Scirarone Castello (Belpasso, Catania)
631. Sferro 2 (Paterno, Catania)
632. Torricella (Ramacca, Catania)
633. Tre Fontane (Paterno, Catania)
634. Vaccarizzo (Santo Pietro, Catania)
635. Valsavoia (Lentini, Catania)
636. Bersaglio (Caltagirone, Enna)
637. Cuba-Muglia (Centuripe, Enna)
638. Cala Giovanna (is. Panarea, isole d'Eolie, Messina)
639. Calcara (isola di Panarea, isole d'Eolie, Messina)
640. Capo Graziano (is. Filicudi,isole d'Eolie, Messina)

641. Castellaro Vecchio (Lipari, isole d'Eolie, Messina)
642. Forgia Vecchia (is. Lipari,isole d'Eolie, Messina)
643. Funtana o Funacu (Basico, Messina)
644. Ganzirri (Ganzirri, Messina)
645. Isola di Basiluzzo (isole d'Eolie, Messina)
646. Isola di Filicudi (isole d'Eolie, Messina)
647. Isola di Lipari (isole d'Eolie, Messina)
648. Isola di Panarea (isole d'Eolie, Messina)
649. Limina (Barcellona, Messina)
650. Lipari Castello (is. Lipari,isole d'Eolie, Messina)
651. Malfa (isola di Salina, isole d'Eolie, Messina)
652. Miaido (Pettino, Messina)
653. Milazzese (isola Panarea, isole d'Eolie, Messina)
654. Monte Sant'Onofrio (Barcellona, Messina)
655. Papesca (isola di Lipari, isole d'Eolie, Messina).
656. Piana di Drauto (is. Panarea,isole d'Eolie,Messina)
657. Pianicelli (is. Stromboli, isole d'Eolie, Messina)
658. Piano Conte (is. di Lipari, isole d'Eolie, Messina)
659. Piano Ilaria (Castroreale, Messina)
660. Piano Quartara (is. Panarea,isole d'Eolie, Messina)
661. Pietro Pallio (Castroreale, Messina)
662. Punta di Peppa Maria (Panarea,is. d'Eolie, Messina)
663. Quattrofinaite di M. Pito (Basico, Messina)
664. Riparo della Sperlinga (Novara di Sicilia, Messina)
665. Rocca S. Marco (Ucria, Messina)
666. Tripi (Messina)
667. Abate in Baida (Boccadifalco, Palermo)
668. Acqua dei Corsari (Palermo, Palermo)
669. Buffa 2 (Villafrati, Palermo)
670. Caccamo (Palermo)
671. Calabro (Geraci Siculo, Palermo)
672. Carini (Capaci, Palermo)
673. Castellaccio (Termini Imerese, Palermo)
674. Cefalu (Palermo)
675. Congliera (Boccadifalco, Palermo)
676. Cozzo di Quadararu (Collesano, Palermo)
677. Faraglioni (isola d'Ustica, Palermo)
678. Fico (Isnello, Palermo)
679. Foresta (Carini, Palermo)
680. Grotta Geraci (Termini Imerese, Palermo)
681. Grotta Porcospina (Villafrati, Palermo)
682. Grotta Puleri (Termini Imerese, Palermo)
683. Grotta Regina (Palermo, Palermo)
684. Grotta dei Chiusilla (Isnello, Palermo)
685. Grotta dei Puntali (Carini, Palermo)
686. Grotta del Drago (Termini Imerese, Palermo)
687. Grotta del Vecchiuzza (Petralia Sottana, Palermo)
688. Guglimmorta (Geraci-Siculo, Palermo)
689. Isnello (Palermo)
690. Isola d'Ustica (Palermo)
691. Liccia (Castelbuono, Palermo)
692. Margiazzo (Castelbuono, Palermo)
693. Montagnola della Rocca (Isnello, Palermo)
694. Monte Chiarastella (Villafrati, Palermo)
695. Passo del Rignano (Palermo, Palermo)
696. Pedagne (Collesano, Palermo)
697. Piano della Torre di Chiachi (Palermo, Palermo)
698. Piano di S. Paolo (Castelbuono, Palermo)
699. Pontesecco (Castelbuono, Palermo)
700. Recattivo (Resuttano, Palermo)
701. Ricovero (Termini Imerese, Palermo)
702. S. Anastasia (Castelbuono, Palermo)
703. S. Foca di Castelbuono (Castelbuono, Palermo)
704. S. Isidoro (Boccadifalco, Palermo)
705. Tabarano (Collesano, Palermo)
706. Valdesi (Palermo, Palermo)
707. Calaforno (Monterosso Almo, Ragusa)
708. Caverna di Lazzaro (Ispica, Ragusa)
709. Monte Salia (Ragusa, Ragusa)
710. Pantano in Sizilien (Santa Croce Camerina, Ragusa)
711. Vignazza (Modica, Ragusa)
712. Agnetta-Reale (Syrakus, Syrakus)
713. Arenella (Syrakus, Syrakus)
714. Bigeni (Syrakus, Syrakus)
715. Cassibile (Syrakus, Syrakus)
716. Castelluccio (Rosolini, Syrakus)
717. Cava Cana Barbara (Agnone, Syrakus)
718. Cozzo del Pantano (Syrakus, Syrakus)
719. Grotta Calafarina (Pachino, Syrakus)
720. Grotta Caprara (Palazzolo Acreide, Syrakus)
721. Grotta Due Paperi (Syrakus, Syrakus)
722. Grotta La Scorosa (Syrakus, Syrakus)
723. Grotta La Sedia (Syrakus, Syrakus)
724. Grotta La Seggia (Syrakus, Syrakus)
725. Grotta Molinari (Syrakus, Syrakus)
726. Grotta Oscuroza (Syrakus, Syrakus)
727. Grotta Skuzaria (Syrakus, Syrakus)
728. Grotta della Chiusazza (Syrakus, Syrakus)
729. Grotta di Corruggi (Pachino, Syrakus)
730. Isola di Ognina (Syrakus)
731. Massolivieri (Syrakus, Syrakus)
732. Matrensa o Milocca 1 (Syrakus, Syrakus)
733. Matrensa o Milocca 2 (Syrakus, Syrakus)
734. Megara Hyblaea (Syrakus, Syrakus)
735. Monasteri di Sopra (Florida, Syrakus)
736. Ortygia (Syrakus, Syrakus)
737. Palazzolo Acreide (Palazzolo Acreide, Syrakus)
738. Petraro (Melilli, Syrakus)
739. Plemmirio (Syrakus, Syrakus)
740. S. Panagia (Syrakus, Syrakus)
741. Stentinello (Syrakus, Syrakus)
742. Thapsos (Melilli, Syrakus)
743. Timpa Casone (Syrakus, Syrakus)
744. Campi al Capoluogo (isola di Pantelleria, Trapani)
745. Castello dei Bigini (Selinunte, Trapani)
746. Castello del Balio (Erice, Trapani)
747. Castelluzzo (Mazara del Vallo, Trapani)
748. Caverna di Levanzo (Levanzo,isole d'Egadi,Trapani)
749. Cimitiero nuovo (isola di Pantelleria, Trapani)
750. Citta di Pantelleria (is. di Pantelleria, Trapani)
751. Conca alla Favara Grande (is. Pantelleria, Trapani)
752. Contrada Cimilla (isola di Pantelleria, Trapani)
753. Contrada Khaddiuggia (is. di Pantelleria, Trapani)
754. Contrada Mursia (isola di Pantelleria, Trapani)
755. Contrada Roncone (isola di Pantelleria, Trapani)
756. Contrada Suachi (isola di Pantelleria, Trapani)
757. Contrada Zuebe (isola di Pantelleria, Trapani)
759. Giammarinaro (Paceo, Trapani)
759. Grotta Crollata (isola di Levanzo, Trapani)
760. Grotta Giunta (isola di Favignana, Trapani)
761. Grotta del Brigante (isola di Pantelleria, Trapani)
762. Grotta delle Pecore (isola di Favignana, Trapani)
763. Grotta di Cala Genovesi (isola Levanzo, Trapani)
764. Grotta di S. Francesco (Trapani, Trapani)
765. I Cannona a Capo Fram (is. di Pantelleria, Trapani)
766. Isola di Pantelleria (Trapani)
767. Monte Faraglione (isola di Favignana, Trapani)
768. Motya (Trapani)
769. Mozia (isola di S. Pantaleo, Trapani)
770. Mursia (isola di Pantelleria, Trapani)

771. Paceo (Trapani)
772. Rakkale (isola di Pantelleria, Trapani)
773. Roccia Canalozzo (isola di Favignana, Trapani)
774. Roccia Minguddu (isola di Favignana, Trapani)
775. Sesi (isola di Pantelleria, Trapani)
776. Tre Pini (is. di S. Maria, isole d'Egadi, Trapani)
777. Ulina (Poggioreale, Trapani)
778. Uzzo (San Vito Lo Capo, Trapani)
779. Olmo (Arezzo, Arezzo)
780. La Romola (Lastra, Florenz)
781. Querciola (Sesto Fiorentino, Florenz)
782. S. Maria a Marciola (Florenz, Florenz)
783. Campo a Poggio Polveriera (M. Argentario, Grosseto)
784. Capo d'Uomo (Monte Argentario, Grosseto)
785. Cave di Casella (Casteldelpiano, Grosseto)
786. Costa delle Olive (Monte Argentario, Grosseto)
787. Fattoria Terrarossa (Monte Argentario, Grosseto)
788. Grotta Officina litica (Massa Marittima,Grosseto)
789. Grotta del Fontino (Montepescali, Grosseto)
790. Grotta delle Capre (isola di Giannutri, Grosseto)
791. Grotta dello Scoglietto (Alberese, Grosseto)
792. Grotta di Cala dei Santi (Porto Ercole, Grosseto)
793. Isola di Giannutri (Grosseto)
794. Le Piane alla Casetta dei Frati (M. Argentario,Gr)
795. Le Piane alla Teva (Monte Argentario, Grosseto)
796. Le Tane (Massa Marittima, Grosseto)
797. Monte Argentario (Grosseto)
798. Monte Rozzi 1 (bei Vulci, Grosseto)
799. Monte Rozzi 2 (bei Vulci, Grosseto)
800. Monte Rozzi 4 (bei Vulci, Grosseto)
801. Pelagone Aldi (Manciano, Grosseto)
802. Poggio delle Piane (Monte Argentario, Grosseto)
803. Punta del Pane (Monte Argentario, Grosseto)
804. Punta del Pianone (Monte Argentario, Grosseto)
805. Scarceta (Manciano, Grosseto)
806. Scogli del Bagno Santo (Saturnia, Grosseto)
807. Terrarossa (Monte Argentario, Grosseto)
808. Torraccia della Peschiera (M. Argentario, Grosseto)
809. Torre Crognola 2 (bei Vulci, Grosseto)
810. Torre Crognola 3 (bei Vulci, Grosseto)
811. Torre delle Cannelle (Monte Argentario, Grosseto)
812. Torre di Cala Piatti (Monte Argentario, Grosseto)
813. Val Berretta (Castiglione della Pescia, Grosseto)
814. Valle degli Acquastrini (Monte Argentario,Grosseto)
815. Vascasio (Pitigliano, Grosseto)
816. Vigna Vecchia (isola di Giannutri, Grosseto)
817. Villa Sanminiatelli (Orbetello, Grosseto)
818. Botro ai Marmi (San Vincenzo, Livorno)
819. Campo Fave e Valle Melo (Piombino, Livorno)
820. Capo di Bove (isola d'Elba, Livorno)
821. Capoliveri (isola d'Elba, Livorno)
822. Casa Rossa (Piombino, Livorno)
823. Fosso del Pino (isola d'Elba, Livorno)
824. Grotta Cala Giovanni (isola di Pianosa, Livorno)
825. Isola Capraia (Livorno)
826. Isola d'Elba (Livorno)
827. Isola di Pianosa (Livorno)
828. Lacona (isola d'Elba, Livorno)
829. Laconella (isola d'Elba, Livorno)
830. Monterotondo (Livorno, Livorno)
831. Piscina degli Olmi (Piombino, Livorno)
832. Podere Pellegrino (San Vincenzo, Livorno)
833. Podere Uliveto (Livorno, Livorno)
834. Poggio Caselle (Piombino, Livorno)
835. Poggio Gian Filippo (isola di Pianosa, Livorno)
836. Poggio Martelloni (Suvereto, Livorno)
837. Procchio (isola d'Elba, Livorno)
838. Villa del Barone (Piombino, Livorno)
839. Buca delle Fate Sud (Viareggio, Lucca)
840. Grotta all'Onda (Camajore, Lucca)
841. Grotta della Penna (Cardosa, Lucca)
842. Isola di Bientina (Capannori, Lucca)
843. Grotta del Leone (Agnano, Pisa)
844. Podere Casanuova (Pontedera, Pisa)
845. Poggio di Mezzo (San Rossore, Pisa)
846. Romita di Asciano (Asciano, Pisa)
847. Buca di S. Antimo (Montalcino, Siena)
848. Case S. Antonio (Monteriggioni, Siena)
849. Gabbra (Casole d'Elsa, Siena)
850. Grotta Lattaia (Cetona, Siena)
851. Grotta del Beato Benincasa (Pienza, Siena)
852. Grotta dell'Orso di Sarteano (Sarteano, Siena)
853. Grotta di S. Francesco (Cetona, Siena)
854. Marroneta della Porcareccia (Vivo d'Orcia, Siena)
855. Montagnola senese (Siena, Siena)
856. Noce/Fedele (Cetona, Siena)
857. Petrolo di Chianti (Petroio, Siena)
858. Pienza (Pienza, Siena)
859. Pietrineri di Bagni S. Filippo (Castiglion d'Orcia)
860. Valli del Merse e Farma (Castel di Tocchi, Siena)
861. Casa Carletti (Belverde, Perugia)
862. Chiesa della Madonna Rosario (Norcia, Perugia)
863. Tane del Diavolo (Parrano, Perugia)
864. Grotta Bella (Montecastrilli, Terni)
865. Le Selve (Çitta della Pieve, Terni)
866. Bellori (Grezzana, Verona)
867. Venera (Verona)
868. Grotta G. Perin (Longare, Vicenza)

Bosnien
869. Debelo brdo (Sarajevo)
870. Obre 1 (Raskrsce)
871. Obre 2 (Raskrsce)
872. Sobunar (Sarajevo)

Kroatien
873. Bribir (Krivace)
874. Danilo Bitinj (Sibenik)
875. Grapceva Spilja (Insel Hvar)
876. Markova Spilja (Insel Hvar)
877. Pokrivenik (Insel Hvar)
878. Radosic (Sinj)
879. Smilicic (Smilicic)
880. Spilja sv Nedilja (Insel Hvar)
881. Vela Jama (Insel Hvar)
882. Vorganska Pec (Insel Krk)

Slowenien
883. Betalova spodmola (Postojna)
884. Predjama (Postojna)

Albanien
885. Buthrotum (Sarande)
886. Feniki (Vlore)

Griechenland
887. Chirospilia-Grotte (Insel Leukas)

Malta
888. Ja Hagret
889. Malta
890. Skorba
891. Tarxien-Tempel

Tunesien
892. Ain Djantoura (Jendouba)
893. Bizerte 1 (Bizerte)
894. Bizerte 2 (Bizerte)
895. Djebel ed Dib 1 (Bizerte)
896. Djebel ed Dib 2 (Bizerte)
897. Kef Hamda (bei Maktar)
898. Korba (Nabeul am Cap Bon)
899. La Galite (Insel an der Nordküste)
900. Sebkha el Melah (Zarzis)
901. Sebkhat et Menzel (Hergla)
902. Ras el Koran

Algerien
903. Ain Khiar (Annaba)
904. La Marsa (Skikda)
905. Pic de la Vierge (Archipel Habibas, Oran)
906. Tebessa (Tebessa)

14. Abkürzungsverzeichnis

ÄN Äneolithikum

BAR-I.S. British archaeological reports - international series

BPI Bullettino di paletnologia italiana

BSPF Bulletin de la Société Préhistorique Francaise

BZ Bronzezeit

cer. dip. ceramica dipinta

EZ Eisenzeit

FBZ Frühbronzezeit

FN Frühneolithikum

I.I.P.P. Istituto Italiano di Preistoria e Protostoria

JBZ Jungbronzezeit

JN Jungneolithikum

Kat.-Nr. Katalog-Nummer

MBZ Mittelbronzezeit

MN Mittelneolithikum

PPS Proceedings of the Prehistoric Society

VBQ Vasi a Bocca Quadrata-Kultur

vh. vorhanden

15. Literaturverzeichnis

Agosti, F., Biagi, P., Castelletti, L., Cremaschi, M. und Germani, F. 1980 - La Grotta Rifugio di Oliena (Nuoro): caverna ossario neolitica. *RSP* 35 1980, 75-124.

Ahmad, S.A., Chaudhary, M.S. und Qureshi, I.H. 1981 - Instrumental neutron activation analysis of obsidian rock. *Journal of radioanalytical chemistry* 67 1981, 119-125.

Ambert, P. 1981 (1982) - Essai sur l'étude de l'évolution des paysages languedociens au néolithique ancien. In: J. Bousquet (Hrsg.): *Le néolithique ancien méditerranéen*. Actes du Colloque International de Préhistoire. Montpellier 1981. Archéologie en Languedoc - No. Special 1982, 229-236.

Ambrose, W.R., Bird, J.R. und Duerden, P. 1981a - The imperance of obsidian sources in Melanesia. In: B.F. Leach und J. Davidson (Hrsg.): *Archaeological studies of pacific stone resources*. BAR - I.S. 104 1981, 1-19.

Ambrose, W.R., Duerden, P. und Bird, J.R. 1981b - An archaeological application of pixe-pigme analysis to Admiralty Islands obsidians. *Nuclear instruments and methods* 191 1981, 397-402.

Ammerman, A.J. 1979 - A study of obsidian exchange networks in Calabria. *World archaeology* 11 1979, 95-110.

Ammerman, A.J. 1985a - *The Acconia Survey: neolithic settlement and obsidian exchange*. London 1985.

Ammerman, A.J. 1985b - Anthropology and the study of neolithic exchange systems in Calabria. *Dialoghi di archeologia N.S.* 1 1985, 25-33.

Ammerman, A.J., Diamond, G.P. und Aldridge, D.D. 1978a - Un insediamento neolitico presso Curinga (Catanzaro). *Rivista di scienze preistoriche* 33 1978, 161-185.

Ammerman, A.J., Matessi, C. und Cavalli-Sforza, L.L. 1978b - Some new approaches to the study of the obsidian trade in the Mediterranean and adjacent areas. In: I. Hodder (Hrsg.): *The spatial organization of culture*. London 1978, 179-196.

Ammerman, A.J. und Andrefsky, W.Jr. 1982 - Reduction sequences and the exchange of obsidian in neolithic Calabria. In: J.E. Ericson und T.K. Earle (Hrsg.): *Contexts of prehistoric exchange*. London 1982, 149-172.

Armitage, G.C., Reeves, R.D. und Bellwood, P. 1972 - Source identification of archaeological obsidian in New Zealand. *New Zealand journal of science* 15 1972, 408-420.

Arnal, G.B. 1984 - Le néolithique ancien du Languedoc. In: W.H. Waldren u.a. (Hrsg.): *The Deya Conference of Prehistory*. BAR - I.S. 229 1984, 313-335.

Asaro, F., Michel, H.V., Sidrys, R. und Stross, F. 1978 - High precision chemical characterization of major obsidian sources in Guatemala. *American antiquity* 43 1978, 436-443.

Aspinal, A. und Feather, S.W. 1978 - Neutron activation analysis of aegean obsidian. In: Chr. Doumas (Hrsg.): *Thera and the Aegean World*. Act of the international Scientific Congress on the Volcano of Thera. Vol. 1. London 1978, 517-521.

Atzeni, E. 1966 - L'abri sous roche D du village préhistorique de Filitosa (Sollacaro-Corse). *Congrès Préhistoriques de France*, 18e session, Ajacco 1966, 169-192.

Atzeni, E. 1978 - *La Dea Madre nelle culture prenuragiche*. Sassari 1978.

Bagolini, B. 1980 - *Introduzione al neolitico dell'Italia settentrionale*. Pordenone 180.

Bagolini, B. 1981a - I processi neolitizzatori nell'Italia settentrionale nel quadro di una problematica generale. *Dialoghi di archeologia N.S.* 3 1981, 1-12.

Bagolini, B. 1981b - *Il neolitico e l'età del rame. Ricerche e scavi a Spilamberto S. Cesario 1978-1980*. Bologna 1981.

Bagolini, B. 1984 - Alcuni aspetti dell'età del rame dell'Italia settentrionale. In: W.H. Waldren u.a. (Hrsg.): *The Deya Conference of Prehistory*. BAR - I.S. 229 1984, 437-464.

Bagolini, B. und Biagi, P. 1972-1974 - La cultura della ceramica impressa nel neolitico inferiore della regione padana. *BPI* 23 N.S. 81 1972-1974, 81-112.

Bagolini, B. und Biagi, P. 1973 - Influssi della cultura di Fiorano nel neolitico della Liguria. *Preistoria alpina* 9 1973, 69-90.

Bagolini, B. und Biagi, P. 1975 - L'insediamento di Garniga (Trento) e considerazioni sul neolitico della Valle dell'Adige nell'ambito dell'Italia settentrionale. *Preistoria alpina* 11 1975, 7-24.

Bagolini, B. und Biagi, P. 1975-1977 - Il carso e il Friuli nell'ambito del neolitico dell'Italia settentrionale e dell'area balcano-adriatica. *Atti della Società per la Preistoria e Protostoria della Regione Friuli-Venezia Giulia* 3 1975-1977, 187-205.

Bagolini, B. und Biagi, P. 1975 (1976) - Introduzione al neolitico dell'Emilia e Romagna. *Atti della XIX riunione scientifica dell'I.I.P.P.* 1975. Firenze 1976, 76-136.

Bagolini, B. und von Eles, P. 1978 - L'insediamento neolitico di Imola e la corrente culturale della ceramica impressa nel medio e alto Adriatico. *Preistoria alpina* 14 1978, 33-63.

Bagolini, B. und Dal Ri, L. 1983-1984 - Die Neolithisierung des Etsch-Tales. Festschrift für Hans-Georg Bandi zum 65. Geburtstag. Jagen und Sammeln. *Jahrbuch des Bernischen Historischen Museums* 63-64 1983-1984, 31-41.

Bailloud, G. 1969 - Fouille d'un habitat néolithique et torréen à Basi (serra-di-Ferro-Corse). *BSPF* 66 1969, 367-384.

Bakker, J.A. 1976 - On the possibility of reconstructing roads from the TRB-period. *Berichten van de Rijksdienst voor het Oudheidkundig Bodemonderzoek* 26 1976, 63-91.

Barfield, L.H. 1971 (1973) - The square-mouthed pottery culture in the Veneto and its adriatic connections. *VIII. Internationaler Kongreß für Vor- und Frühgeschichte*. Belgrad 1971 (1973), 393-398.

Barfield, L.H. 1972 - The first neolithic cultures of north east Italy. In: H. Schwabedissen (Hrsg.): *Die Anfänge des Neolithikums vom Orient bis Nordeuropa. Reihe A, Teil VII, Band III*, Köln 1972, 182-216.

Barfield, L.H. 1974 (1976) - The cultural affinities of Bell-Beakers in Italy and Sicily. In: J.N. Lanting und J.D. Van der Waals (Hrsg.): *Glockenbecher-Symposium*. Oberried 1974, Bussum 1976, 307-322.

Barfield, L.H. 1977 - The beaker culture in Italy. In: R. Mercer (Hrsg.): *Beakers in Britain and Europe: Four studies*. Contribution to a symposium organised by the Munro Lectureship Committee, Edinburgh University. BAR - supplement series 26 1977, 27-49.

Barfield, L.H. 1981a - L'eneolitico e l'antica età del bronzo in Lombardia. *Atti del I Convegno Archeologico Regionale di Milano*. Brescia 1981, 139-165.

Barfield, L.H. 1981b - Patterns of north italian trade 5000 - 2000 b.c.. In: G. Barker und R. Hodges (Hrsg.): *Archaeology and italian society - Prehistory, roman and medieval studies. Papers in italian archaeology II*. BAR - I.S. 102 1981, 27-51.

Barfield, L.H. 1985 - Burials and boundaries in chalcolithic Italy. In: C. Malone und S. Stoddart (Hrsg.): *Papers in italian archaeology IV: The Cambridge Conference. Part 2 - Prehistory*. BAR - I.S. 244 1985, 152-176.

Barfield, L.H. und Fasani, L. 1972 - Bemerkungen zum späten Neolithikum und zum Beginn der Bronzezeit in Norditalien. *Musaica* 23 1972, 45-63.

Barker, G. 1981 - *Landscape and society. Prehistoric central Italy*. London 1981.

Batović, Š. 1971 (1973) - Le néolithique moyen dans le balkans du nord-ouest et ses relations avec les régions voisines. *VIII. Internationaler Kongreß für Vor- und Frühgeschichte*. Belgrad 1971 (1973), Band 2, 398-415.

Batović, Š. 1973 - Die Beziehungen des adriatischen Küstenlandes zum Gebiet der südöstlichen Alpen im Neolithikum und Äneolithikum. *Arheoloski vestnik* 24 1973, 62-127.

Batović, Š. 1978 - Origines du néolithique à l'Adriatique et les rapports avec la Méditerranée occidentale. *Godisnjak Akademija Nauk i Umjetnosti Bosne e Hercegovine* 16 1978, 45-60.

Belluomini, G. und Taddeucci, A. 1970 - Studi sulle ossidiane italiane I - Contenuto e composizione isotopica dell'uranico e del torio. *Periodico di mineralogia* 39 1970, 387-395.

Belluomini, G., Discendenti, A., Malpieri, L. und Nicoletti, M. 1970 - Studi sulle ossidiane italiane II - Contenuto in 40Ar radiogenico e possibilità di datazione. *Periodico di mineralogia* 39 1970, 469-479.

Belluomini, G. und Taddeucci, A. 1971 - Studi sulle ossidiane italiane III - Elementi minori. *Periodico di mineralogia* 40 1971, 11-40.

Benac, A. 1977 - Kulturbeziehungen des nordwestlichen Balkans zu den Nachbargebieten während der Jungsteinzeit. Festschrift zum 75jährigen Bestehen der RGK. *Beiheft zum Bericht der Römisch-Germanischen Kommission* 58 1977, 35-62.

Benac, A. 1981 - Some problems of the western Balkans: The beginnings of indo-europeanization in the coastal zone of Yugoslavia and Albania. *Journal of Indo-European studies* 9 1981, 15-31.

Benac, A. 1983 - La desintegration des cultures néolithiques et la formation des nouveaux groupes culturels dans le Balkans du nord-ouest. *Godisnjak Akademija Nauk i Umjetnosti Bosne e Hercegovine* 21 1983, 37-46.

Bennett, R.B. und D'Auria, J.M. 1974 - The application of energy dispersive x-ray fluorescence spectroscopy to determining the provenience of obsidian. *International journal of applied radiation and isotopes* 25 1974, 361-371.

Bernabò Brea, L. und Cavalier, M. 1980 - *Meligunìs Lipára. Vol. IV. L'acropoli di Lipari nella preistoria*. Palermo 1980.

Bernardini, E. 1979 - *Sardegna antica - guida archeologica dalla preistoria all'età romana*. Firenze 1979.

Bernardini, E. 1982 - *Toscana antica*. Genova 1982.

Biagi, P. 1978 (1980) - La Grotta Rifugio di Oliena. Sardegna centro-orientale dal neolitico alla fine del mondo antico. *Mostra in occasione della XXII riunione scientifica dell'I.I.P.P.*, Sassari 1978, Firenze 1980, 11-16.

Biagi, P. 1980 - Some aspects of the prehistory of northern Italy from the final paleolithic to the middle neolithic: a reconsideration on the evidence available to date. *PPS* 46 1980, 9-18.

Biagi, P. 1981 - *Preistoria nel Cremonese e nel Mantovano. Culture e stazioni dal paleolitico all'età del rame*. Brescia 1981.

Biagi, P. 1985 - Neue Aspekte zur Neolithisierung Norditaliens. *Zeitschrift für Archäologie* 19 1985, 11-22.

Biagi, P. und Cremonesi, M. 1978 (1980) - Scavi nella Grotta Rifugio di Oliena (Nuoro), 1977-1978. Caverna sepolcrale della cultura di Bonu Ighinu - nota preliminare. *Atti della XXII riunione scientifica dell'I.I.P.P.* 1978, Firenze 1980, 95-114.

Bietti Sestieri, A.M. 1980-1981 - La Sicilia e le isole Eolie e i loro rapporti con le regione tirreniche dell'Italia continentale dal neolitico alla colonizzazione greca. *Kokalos* 26-27 1980-1981, 8-79.

Bigazzi, G., Bonadonna, F.P., Belluomini, G. und Malpieri, L. 1971 - Studi sulle ossidiane italiane IV. Datazione con il metodo delle tracce di fissione. *Bollettino della Società Geologica Italiana* 90 1971, 469-480.

Bigazzi, G. und Bonadonna, F. 1973 - Fission track dating of the obsidian of Lipari Island (Italy). *Nature* 242 1973, 322-333.

Bigazzi, G. und Radi, G. 1981 - Datazione con le tracce di fissione per l'identificazione della provenienza dei manufatti di ossidiana. *Rivista di scienze preistoriche* 36 1981, 223-250.

Bird, J.R., Russel, L.H., Scott, M.D. und Ambrose, W.R. 1978 -

Obsidian characterization with elemental analysis by proton induced x-ray emission. *Analytical chemistry* 50 1978, 2082-2084.

Böknyi, S. 1980 - The importance of horse domestication in economy and transport. In: P. Sörbom (Hrsg.): *Transport, technology and social change*. Stockholm 1980, 15-22.

Bosanquet, R.C. 1904 - The obsidian trade. In: T.D. Atkinson u.a. (Hrsg.): *Excavation at Phylakopi in Melos*. Society for the Promotion of Hellenic Studies 4 1904, 216-233.

Bowman, H.R. 1973 - On the uniformity of composition in obsidian and evidence for magnetic mixing. *Journal of geology* 81 1973, 312-327.

Bowman, H.R., Asaro, F. und Perlman, I. 1973 - Composition variations in obsidian sources and the archaeological implications. *Archaeometry* 15 1973, 123-127.

Boyer, W.W. und Robinson, P. 1956 - Obsidian artifacts of northwestern New Mexico and their correlation with source material. *El Palacio* 1956, 333-345.

Braidwood, L.S. 1951 - Preliminary notes on the Jarmo flint and obsidian industry. *Sumer* 7 1951, 105-106.

Bruckner, B. 1977 - Boundary line between west-mediterranean and balkan-anatolian complex. *Balcanica* 8 1977, 17-24.

Buchner, G. 1949 - Ricerche sui giacimenti e sulle industrie di ossidiana in Italia I. *Rivista di scienze preistoriche* 4 1949, 162-186.

Burger, R.L. und Asaro, F. 1977 - Analisis de rasgos significativos en la obsidiana de los Andes centrales. *Rivista del Museo nacional* 43 1977, 218-325.

Camps, G. 1964 - Notes de protohistoire Nord-Africaine. *Libyca* 12 1964, 293-297.

Cann, J.R. und Renfrew, C. 1964 - The characterization of obsidian and its application to the mediterranean region. *PPS* 30 1964, 111-133.

Cann, J.R., Dixon, J.E. und Renfrew, C. 1971 - Obsidian analysis and the obsidian trade. In: D. Brothwell und E.S. Higgs (Hrsg.): *Science in archaeology. A survey of progress and research.* London 1971, 578-591.

Cazzella, A. 1972 - Considerazioni sul alcuni aspetti eneolitici dell'Italia meridionale e della Sicilia. *Origini* 6 1972, 171-299.

Cazzella, A. und Moscoloni, M. 1976 - Un contributo allo studio del neolitico dell'Italia centrale: La Grotta del Vannaro (Corchiano). *Origini* 10 1976, 135-174.

Ceccanti, M. 1980 - Contatti culturali tra Puglia, Sicilia ed il Mediterraneo orientale in epoca premicenea (età del rame). In *Interaction and acculturation in the Mediterranean*. Proceedings of the 2nd International Congress of Mediterranean Pre- and Protohistory. Amsterdam 1980. Publication of the H. Frankfort Foundation 6 1980, 37-47.

Ceccanti, M. 1981 - La stazione neolitica della Grotta del Guardiano - materiali conservati al Museo Fiorentino di Preistoria. *Atti e memorie dell'Academia Toscana di Scienze e Lettere. "La Colombaria"* 46 N.S. 32 1981, 1-30.

Chapman, J.C. 1981 - The value of dalmatian museum collections to settlement pattern studies. *Annals of New York Academy of Sciences* 376 1981, 529-555.

Cherry, J.F. 1984 - The initial colonisation of the west Mediterranean islands in the light of island biogeography and palaeogeography. In W.H. Waldren u.a. (Hrsg.): *The Deya Conference of Prehistory*. BAR-I.S. 229 1984, 7-27.

Cherry, J.F. 1985 - Islands out of the stream: isolation and interaction in the early eastern mediterranean insular prehistory. In: A.B. Knapp und T. Stech (Hrsg.): *Prehistoric production and exchange. The Aegean and Eastern Mediterranean.* Monograph 25, Institute of Archaeology, University of California, Los Angeles 1985, 12-29.

Chevalier, Y. 1986 - L'architecture des dolmes du Sud de la France. In: J.P. Demoule und J. Guilaine (Hrsg.): *Le néolithique de la France*. Hommage à G. Bailloud. Paris 1986, 359-377.

Cocchi Genick, D. 1982 - Considerazioni sull'eneolitico della Toscana nord-occidentale e della Liguria orientale. *Rivista di studi liguri* 48 1982, 91-110.

Constantini, G. 1984 - Le néolithique et le chalcolithique des Grands Causses. *Gallia préhistoire* 27 1984, 121-210.

Coote, G.E., Whitehead, N.E. und McGallum, G.J. 1972 - A rapid method of obsidian characterization by inelastic scattering of protons. *Journal of radioanalytical chemistry* 12 1972, 491-496.

Cornaggio Castiglioni, O. 1967 - Le piroghe preistoriche italiane - problemica ed inventario dei reperti. *Natura. Rivista di scienze naturali* 58 1967, 5-48.

Cornaggio Castiglioni, O. und Calegari, G. 1978 - Le ruote preistoriche italiane a disco legneo - problematica ed inventario dei reperti. *Rivista archeologica dell'antica provincia e diocesi di Como* 160, 1978, 5-65.

Cornaggio Castiglioni, O., Fussi, F. und D'Agnola, G. 1962-1963 - Indagini sulla provenienza dell'ossidiana utilizzato nelle industrie del mediterraneo occidentale. *Atti della Società Italiana di Scienze Naturali e del Museo civico di Storia Naturale* 52 1962-1963, 12-19.

Coudrot, J. 1976 - Répartition de la céramique cardiale dans le bassin occidentale de la Méditerranée. *Cahiers d'archéologie du Nord-Est* 19 1976.

Coulon, C. 1971 - La génèse du massif rhyolithique de Mont-Traessu (Sardaigne septentrionale): évolution de son dynamisme volcanique. *Bollettino della Società di Geologia Italiana* 90 1971, 73-90.

Courtin, J. 1967 - Le problème de l'obsidienne dans le néolithique du Midi de la France. *Rivista di studi liguri* 33 1967, 93-109.

Courtin, J. 1974 - *Le néolithique de la Provence*. Mémoires de la Société Préhistorique Francaise 11. Paris 1974.

Courtin, J. 1976 - La navigation en France au néolithique et à l'âge du bronze. In: J. Guilaine (Hrsg.): *La préhistoire francaise*. Vol. II, Paris 1976, 192-201.

Courtis, M. de 1865 - Note relative à la fabrication des couteaux azteques en obsidienne. *Archives de la Commission Scientifique du Mexique* 1 1865, 452-453.

Crabtree, D.E. 1968 - Mesoamerican polyhedral cores and prismatic blades. *Americanantiquity* 33 1968, 446-478.

Cremonesi, G. 1965 - Il villaggio di Ripoli alla luce dei recenti scavi. *Rivista di scienze preistoriche* 20 1965, 85-155.

Cremonesi, G. 1971-1973 - Osservazioni sulla cultura di Ripoli. Annali dell'Università di Lecce. *Facoltà di Lettere e Filosofia* 6 1971-1973, 81-103.

Cremonesi, G. 1976 (1978) - L'eneolitico e l'età del bronzo in Basilicata. *Atti della XX riunione scientifica dell'I.I.P.P.* 1976, Firenze 1978, 63-86.

Cremonesi, G. 1977 - La cultura del neolitico e dell'eneolitico lungo il versante adriatico in Italia. *Abruzzo. Rivista dell'Istituto di Studi Abruzzesi* 15 1977, 21-39.

Cremonesi, G. 1979 - Il neolitico e l'inizio dell'età dei metalli nel Salento. In: C.D. Fonseca (Hrsg.): *La Puglia dal paleolitico al tardoromano. Civiltà e culture in Puglia.* Milano 1979, 94-121.

David, N.C. 1958-1959 - Alcune osservazioni sull'ossidiana e sulla selce degli strati neolitici dei giacimenti preistorici di Lipari. *BPI* 67/68 N.S. 12 1958-1959, 205-211.

Davis, R.S. und Dupree, L. 1977 - Prehistoric survey in central Afghanistan. *Journal of field archaeology* 4 1977, 139-148.

Delbrias, G., Guillier, T.-M., Evin, J., Thommeret, J. und Y. 1976 - Datations absolues des dépôts post-glaciares et des gisements pré- et protohistoriques par la méthode du Carbone 14. In: J. Guilaine (Hrsg.): *La préhistoire francaise.* Vol. II. Civilisations néolithiques et protohistoriques, Nice 1976, 859-899.

Dinu, M. 1981 - Clay models of wheels discovered in copper age cultures of Old Europe mid-fifth millenium B.C.. *Journal of Indo-European studies* 9 1981, 1-14.

Doelter, C. 1876 - Die Vulkangruppe der Pontinischen Inseln. *Denkschriften der Kaiserlichen Akademie der Wissenschaften* 36 1876 Wien.

Doumas, C. 1965 - Korphi t'Aroniou. *Archaiologikon deltion* 20 (A) 1965, 41-64.

Drennan, R.D. 1984a - Long-distance transport costs in pre-hispanic Mesoamerica. *American anthropology* 86 1984, 105-112.

Drennan, R.D. 1984b - Long-distance movement of goods in mesoamerican Formative and Classic. *American antiquity* 49 1984, 27-43.

Duerden, P., Ambrose, W.R. und Leach, B.F. 1979 - Elemental analysis of thick obsidian samples by proton induced x-ray emission spectroscopy. *Analytical chemistry* 51 1979, 2350-2354.

Duerden, P., Bird, J.R., Scott, M.D., Clayton, E., Russel, L.H. und Cohen, D.D. 1980 - PIXE-PIGME studies of artefacts. *Nuclear instruments and methods* 168 1980, 447-452.

Ericson, J.E. 1977 - Egalitarian exchange systems in California: a preliminary view. In: T.K. Earle und J.E. Ericson (Hrsg.): *Exchange systems in prehistory.* New York - San Francisco - London 1977, 109-140.

Ericson, J.E., Mackenzie, J.D. und Berger, R. 1975a - Physics and chemistry of the hydration process in obsidians - part 2 - theoretical implications. In: R.E. Taylor (Hrsg.): *Advances in obsidian glass studies.* Park Ridge, New Jersey 1976, 25-45.

Ericson, J.E., Makishimo, A., Mackenzie, J.D. und Berger R. 1975b - Chemical and physical properties of obsidian. *Journal of non-crystalline solids* 17 1975, 129-142.

Evans, J.D. 1971 - *The prehistoric antiquities of the maltese islands.* London 1971.

Faul, H. und Wagner, G.A. 1971 - Fission track dating. In: H.N. Michael und E.K. Ralph (Hrsg.): *Dating techniques for archaeologist.* Cambridge 1971, 152-156.

Fleischer, R.L., Price, P.B., Walker, R.M. und Leaky, L.S. 1965 - Effects of temperature, pressure and ionization of the formation and stability of fission tracks in minerals and glasses. *Journal of geophysical research* 70 1965, 1497-1502.

Fornaceri, M., Malpieri, L., Palmieri, A.M. und Taddeucci, A. 1975-1977 - Analysis of obsidians from the late chalcolithic levels of Arslantepe (Malatya). *Paléorient* 3 1975-1977, 231-246.

Francavaglia, V. und Piperno, M. 1987 - La répartition et la provenance de l'obsidienne archéologique de la Grotta dell'Uzzo et de Monte Cofano (Sicilie). *Revue d'archéometrie* 11 1987, 31-39.

Frangipane, M. 1975 - Considerazioni sugli aspetti culturali-neolitici a ceramica tricromica dell'Italia meridionale. *Origini* 9 1975, 63-152.

Frankfort, H. 1927 - Appendix II - Obsidian. In: H. Frankfort (Hrsg.): *Studies in early pottery of the Near East.* Occasional Paper of the Royal Anthropological Institute 2 1927, 190-192.

Freises, A. und Montjardin, R. 1981 (1982) - Le néolithique ancien côtièr du Midi de la France. In: J. Bousquet (Hrsg.): *Le néolithique ancien méditerranéen.* Actes du Colloque International de Préhistoire. Montpellier 1981. Archéologie en Languedoc - No Special 1982, 201-228.

Friedman, I. und Smith, R.L. 1960 - A new dating method using obsidian - part 1 - the development of the method. *American antiquity* 25 1960, 476-522.

Friedman, I. und Long, W. 1976 - Hydration rate of obsidian. *Science* 191 1976, 347-352.

Friedman, I. und Trembour, F.W. 1978 - Obsidian: the dating stone. *American scientist* 66 1978, 44-51.

Friz, A. 1982 - *Untersuchung zur Charakterisierung der älteren Obsidiane der Insel Lipari*. Diplomarbeit. Universität Karlsruhe 1982.

Fuller, R.E. 1927 - The mode of origin of the color of certain varicolored obsidians. *Journal of geology* 35 1927, 570-573.

Gale, N.H. 1981 - Mediterranean obsidian source characterization by strontium isotope analysis. *Archaeometry* 23 1981, 41-51.

Gasco, J. und Gutherz, X. 1986 - Origine et structure du néolithique final en Languedoc méditerranéen: la céramique. In: J.P. Demoule und J. Guiaine (Hrsg.): *Le néolithique de la France*. Hommage à G. Bailloud. Paris 1986, 379-390.

Geddes, D.S. 1983 - Neolithic transhumance in the mediterranean Pyrenees. *World archaeology* 15 1983, 51-66.

Geddes, A. 1984 - Settlement and subsistence during the mesolithic and neolithic in the Aude River Valley (France). In: W.H. Waldren u.a. (Hrsg.): *The Deya Conference of Prehistory*. BAR - I.S. 229 1984, 179-192.

Geniola, A. 1979 - Il neolitico nella Puglia settentrionale e centrale. In: C.D. Fonseca (Hrsg.): *La Puglia dal paleolitico al tardoromana. Civiltà e culture in Puglia*. Milano 1979, 52-93.

Georgiadas, A.N. 1956 - Recherches sur les obsidiennes de Grecè. *Praktika tes Akademias Athenon* 31 1956, 150-163.

Goffer, A. 1979 - Radiation-damage dating. In: G.A. Goffer (Hrsg.): *Archaeological chemistry - a source book on the application of chemistry in archaeology*. Chemical analysis 55 1979, 323-330.

Gordus, A.A. 1970 - Neutron activation analysis of archaeological artefacts. *Philosophical transactions of the Royal Society of London* A 269 1970, 165-174.

Gordus, A.A., Fink, W.C., Hill, M.E., Purdy, J.C. und Wilcox, T.R. 1967 - Identification of the geologic origins of archaeological artifacts: an automated method of Na and Mn neutron activation analysis. *Archaeometry* 10 1967, 87-96.

Gordus, A.A., Wright, G.A. und Griffin, J.B. 1968 - Obsidian sources characterized by neutron-activation analysis. *Science* 161 1968, 382-384.

Gordus, A.A., Griffin, J.B. und Wright, G.A. 1971 - Activation analysis identification of geologic origins of prehistoric obsidian artifacts. In: E. Brill (Hrsg.): *Science and archaeology*. Cambridge 1971, 222-234.

Grifoni Cremonesi, R. 1975-1976 - Problemi relativi al neolitico della Toscana. *Giornale storico della Lunigiana e del territorio lucenese N.S.* 26-27 1975-1976, 83-88.

Grimal, J. 1981 (1982) - Le néolithique ancien de la plaine de L'Hérault. In: J. Bousquet (Hrsg.): *Le néolithique ancien méditerranéen*. Actes du Colloque International de Préhistoire. Montpellier 1981. Archéologie en Languedoc - No Spécial 1982, 253-259.

Grosjean, R. 1967 - Classification descriptive du mégalithique corse. Classification typologique et morphologique des menhirs et statues-menhirs de l'île. *BSPF* 64 1967, 707-742.

Guerreschi, G. 1981 - Il neolitico della Lombardia occidentale. *Atti del I Convegno Archeologia Regionale di Milano*. Brescia 1981, 119-136.

Guerreschi, G. 1982 - Dicotomia nella sfera culturale dei "vasi a bocca quadrata" nell'Italia settentrionale. *Preistoria alpina* 18 1982, 33-38.

Guilaine, J. 1972 (1975) - Problèmes de la néolithisation en Méditerranée occidentale. In: *L'epipaléolithique méditerranée*. Colloque Internationale. Aix-en Provence 1972. Paris 1975, 189-196.

Guilaine, J. 1976a - La néolithisation des côtés méditerranéennes de la France et de Espagne. *IX. Internationaler Kongreß für Vor- und Frühgeschichte*. Nizza 1976, 26-57.

Guilaine, J. 1976b - *Premiers bergers et paysans de l'occident méditerranéen*. Civilisations et sociétés 58. Paris 1976.

Guilaine, J. 1976 (1977) - Sur les débuts de l'élevage en méditerranée occidentale. In: *L'élevage méditerranée occidentale*. Actes du Colloque International de l'Institut de Recherches Méditerranéennes. Senanque 1976. Paris 1977, 39-48.

Guilaine, J. 1977 (1980) - *Le groupe de Véraza et la fin des temps néolithiques dans le Sud de la France et la Catalogne*. Actes du Colloque de Narbonne 1977. Paris 1980.

Guilaine, J. 1979 - The earliest neolithic in the West Mediterranean: a new appraisal. *Antiquity* 53 1979, 22-33.

Guilaine, J. 1980 - Problèmes actuels de la néolithisation et du néolithique ancien en méditerranée occidentale. In: *Interaction and acculturation in the Mediterranean*. Proceedings of the 2nd International Congress of Mediterranean Prehistory and Protohistory. Amsterdam 1980. Publication of the H. Frankfort Foundation 6 1980, 3-22.

Guilaine, J. 1984 - La civilisation des gobelets campaniformes dans la France méridionale. In: J. Guilaine (Hrsg.): *L'age du cuivre européen*. Paris 1984, 175-186.

Guilaine, J. 1986 - Le néolithique ancien en Languedoc et Catalogne. In: J.P. Demoule und J. Guilaine (Hrsg.): *Le néolithique de la France*. Hommage à G. Bailloud. Paris 1986, 71-82.

Guilaine, J., Thommeret, J., Thommeret, Y., Vacquer, J. und Barriè, P. 1974 - Stratigraphie et datations C14 d'un gisement néolithique languedocien: L'Abri de Font-Juvenal (Conquès, Aude). *L'Anthropologie* 78 1974, 257-282.

Guilaine, J., Freises, A. und Montjardin, R. 1984 - *Leucate-Corrège - habitat noyé du néolithique cardial*. Toulouse 1984.

Hallam, B.R., Warren, S.E. und Renfrew, C. 1976 - Obsidian in the western Mediterranean: characterisation by neutron activation analysis and optical emission spectroscopy. *PPS* 42 1976, 85-110.

Härke, H. 1978 - Probleme der optischen Emissionsspektralanalyse in der Urgeschichtsforschung. *Prähistorische Zeitschrift* 53 1978, 165-276.

Hayen, H. 1985 - Hölzerne Moorstraßen in Niedersachsens Mooren. Ausgrabungen in Niedersachsen. Archäologische Denkmalpflege 1979-1984. *Berichte zur Denkmalpflege in Niedersachsen. Beiheft 1*, Stuttgart 1985.

Herbold, G. 1986 - *Mineralogische, chemische und physikalische Untersuchungen an den Obsidianen Sardiniens und Palmarolas*. Dissertation, Universität Karlsruhe 1986.

Hierke, O. 1941 - Alcune ossidiane dell'A.O.I.. *Rendiconti della Società Mineralogica Italiana* 1 1941, 107-120.

Hodder, I. und Malone, C. 1984 - Intensive survey of prehistoric sites in the Stilo region, Calabria. *PPS* 50 1984, 121-150.

Holloway, R.R. 1976 - Gaudo and the East. *Journal of field archaeology* 3 1976, 143-158.

Holmes, W.H. 1900 - The obsidian mines at Hidalgo, Mexico. *American anthropologist* 2 1900, 405-416.

Hughes, M.J., Cowell, M.R. und Craddock, P.T. 1976 - Atomic absorption techniques in archaeology. *Archaeometry* 18 1976, 19-37.

Hurtado de Mendoza, L. 1978 - Obsidian sources in Guatemela: a regional approach. *American antiquity* 43 1978, 424-435.

Jansák, St. 1935 - *Praveké sídliská s obsidiánovou industriou na vychodnom slovensku.* (Prähistorische Siedlungen mit Obsidiankultur in der Ostslowakei). Bratislawa 1935.

Johnstone, P. 1980 - *The sea-craft in prehistory*. London 1980.

Kaneoka, I. und Suzuki, M. 1970 - K-Ar and fission track ages of some obsidians from Japan. *Journal of the Geological Society of Japan* 76 1970 - 309-313.

Keeley, L.H. 1974 - Technique and methodology in microwear studies: a critical review. *World archaeology* 5 1974, 323-336.

Keisch, B. 1974 - Mössbauer effect spectroscopy without sampling: application to art and archaeology. In: C.W. Beck (Hrsg.): *Archaeological chemistry*. Advances in chemistry series 138 1974, 186-206.

Kelterborn, P. 1980 - Zur Bedeutung der "livres de beurre". In: Deutsches Bergbau-Museum Bochum (Hrsg.): *5000 Jahre Feuersteinbergbau*. Bochum 1980, 228-232.

Kenntner, G. 1973 - *Gebräuche und Leistungsfähigkeit des Menschen im Tragen von Lasten - eine biogeographische Untersuchung*. Biogeographica 3 1973.

Korfmann, M. 1982 - Tilkitepe. Die ersten Ansätze prähistorischer Forschung in der östlichen Türkei. *Istanbuler Mitteilungen. Beiheft* 26 1982.

Kostrzewski, J. 1930 - Obsidian implements found in Poland. *Man* 77 1930, 95-98.

Laidley, R.A. und McKay, D.S. 1971 - Geochemical examination of obsidians from Newberry Caldera, Oregon. *Contributions to mineralogy and petrology* 30 1971, 336-342.

Laursen, T. und Lanford, W.A. 1978 - Hydration of obsidian. *Nature* 276 1978, 153-156.

Leach, B.F. 1977 - New perspectives on dating obsidian artefacts in New Zealand. *New Zealand journal of science* 20 1977, 123-138.

Leach, B.F., Warren, S.E. und Frankhauser, B. 1978 - Obsidian from the far north of New Zealand: a method of sourcing based on natural radioactive emission. *New Zealand journal of science* 21 1978, 123-128.

Leben, F. 1973 - Die Zeitstellung der neo- und äneolithischen Keramik aus den Karsthöhlen des Südostalpenraumes. *Archeoloski vestnik* 24 1973, 145-160.

Leben, F. 1976 - Ein Abriß der Jungsteinzeit auf dem Karst. *Jahresschrift für mitteldeutsche Vorgeschichte* 60 1976, 23-30.

Lee, R.E., Friedman, I. und Ericson, J.E. 1974 - Obsidian hydration profile measurements using a nuclear reaction technique. *Nature* 250 1974, 44-47.

Les civilisations néolithiques du Midi de la France. Actes du Colloque de Narbonne 1970. Atacina 5 1970.

Lewenstein, S. 1980 - Mesoamerican obsidian blades: an experimental approach to function. *Journal of field archaeology* 8 1981, 175-188.

Longworth, W. und Warren, S.E. 1979 - The application of Mössbauer spectroscopy to the characterisation of western Mediterranean obsidian. *Journal of archaeological science* 6 1979, 179-193.

Loria, R. und Trump, D.H. 1978 - Le scoperte a "Sa 'Ucca de su Tintirriòlu" e il neolitico sardo. *Monumenti antichi della Reale Accademia Nazionale dei Lincei* II 49 1978.

Löwenstein, I. 1843 - *Le Mexique*. Paris 1843.

Lucas, A. 1941 - Obsidian. *Annales du Service des antiquities de l'Egypte* 41 1941, 272-275.

Mackey, M.P. und Warren, S.E. 1982 (1983) - Identification of obsidian sources in the Mount Arci region of Sardinia. *Proceedings of the 22nd International Symposium on Archaeometry*. Bradford 1982 (1983), 420-431.

Malavolti, F. 1948 - Note sull'ossidiana usata dai palafitticoli del Lago di Varese. *Rassegna storico del Seprio* 8 1948, 25-27.

Malavolti, F. 1949-1950 - Manufatti preistorici di ossidiana levigata. *Emilia preromana* 2 1949-1950, 139-141.

Malavolti, F. 1953 - L'ossidiana del Pescale. *Emilia preromana* 3 1953, 127-132.

Malone, C. 1985 - Pots, prestige and ritual in neolithic southern Italy. In: C. Malone und S. Stoddart (Hrsg.): *Papers in italian archaeology IV: The Cambridge Conference. Part 2 - Prehistory*. BAR - I.S. 244 1985, 118-151.

Manfredini, A. 1972 - Il villaggio trincerato di Monte Aquilone nel quadro del neolitico dell'Italia meridionale. *Origini* 6 1972, 29-154.

Marshall, P. 1936-1937 - Geology of Mayor Island. *Transactions of the Royal Society of New Zealand* 66 1936-1937, 337-345.

Maury, J. 1981 (1982) - Le néolithique ancien des Grands Causses dans l'Abri de Combe Grèze (com. de la Cresse - Aveyron). In: J. Bousquet (Hrsg.): *Le néolithique ancien méditerranéen*. Actes du Colloque International de Préhistoire. Montpellier 1981. Archéologie en Languedoc - No spécial 1982, 261-264.

Mayer-Oakes, W.J. 1966 (1968) - Obsidian flake studies. *37. Congreso Internacional de Americanistas*. Buenos Aires 1966 (1968), Vol. III, 261-273.

Mellaart, J. 1958 - The neolithic obsidian industry of Ilicapinar. *Istanbuler Mitteilungen* 8 1958, 82-92.

Merrick, H.V. und Brown, F.H. 1984 - Obsidian sources and patterns of source utilization in Kenya and northern Tanzania: some initial findings. *The African archaeological review* 2 1984, 129-152.

Michels, J.W. 1967 - Archaeology and dating by hydration of obsidian. *Science* 158 1967, 211-214.

Michels, J.W. 1973 - Radiocarbon and obsidian dating: a chronometric framework for Kaminaljuyu. In: J.W. Michels und W.T. Sanders (Hrsg.): *The Pennsylvania State University Kaminaljuyu Project. 1969-1970 seasons. Part 1. Mount Excavations*. Occasional Papers in Anthropology, Department of Anthropology, Pennsylvania State University 9 1973, 21-65.

Michels, J.W. 1982 - Bulk element composition versus trace element composition in the reconstruction of an obsidian source system. *Journal of archaeological science* 9 1982, 113-123.

Michels, J.W., Atzeni, E., Tsong, I.S.T. und Smith, G.A. 1984 - Obsidian hydration dating in Sardinia. In: S. Balmuth und R.J. Rowlands Jr. (Hrsg.): *Studies in sardinian Archaeology*. Ann Arbor Press 1984, 83-113.

Michels, J.W. und Bebrich, C.A. 1971 - Obsidian hydration dating. In: H.N. Michael (Hrsg.): *Dating techniques for the archaeologist*. Cambridge 1971, 164-221.

Michels, J.W. und Sanders, W.T. 1977 - Teotihuacan and Kaminaljuyu. a study of prehistoric culture contact. Appendix I - Obsidian hydration dates. In: K.L. Brown (Hrsg.): *The Valley of Guatemala: a highland port of trade*. Monograph Series on Kaminaljuyu. 1977, 366-370.

Mickey, I.J. 1930 - Über Obsidiane aus dem Kabardino-Balkarischen autonomen Bezirke. *Zentralblatt für Mineralogie, Geologie und Paläontologie, Abteilung A* 1930, 416-428.

Miller, D.S. und Wagner, G.A. 1981 - Fission-track ages applied to obsidian artifacts from south America using the plateau-annealing and the track-size age-correction techniques. *Nuclear tracks* 5 1981, 147-155.

Montanari, G.B. 1977 (1978) - Preistoria e protostoria nell'arco adriatico. Aquileia e Ravenna. *Atti della 8. Settimana di Studi Aquileiesi*. Udine 1977 (1978), 29-44.

Montjardin, R. 1981 (1982) - Les groupes à céramique lissé antérieures au Chasséen du Midi de la France. In: J. Bousquet (Hrsg.): *Le néolithique ancien méditerranéen*. Actes du Colloque International de Préhistoire. Montpellier 1981. Archéologie en Languedoc - No special 1982, 299-310.

Mortillet, A. de 1926 - Le travail de l'obsidienne aux Iles de L'Amirauté. *L'Homme préhistorique* 13 1926, 22-29.

Mosheim, E. 1979 - *Homogenitätsuntersuchungen an Obsidianen. Ein Beitrag zur Erforschung prähistorischer Handelswege.* Diplomarbeit. Universität Karlsruhe 1979.

Mosheim, E. 1984 - *Chemische und physikalische Untersuchungen an geologischen und archäologischen Obsidianen der Ägäis.* Dissertation. Universität Karlsruhe 1984.

Moss, E.H. 1979 - A role for micro-wear analysis in archaeology. Proceedings of the 3nd International Flint Symposium. Maastricht 1979. *Staringa* 6 1979, 88-89.

Müller, H. 1914 - La question de l'obsidienne. *Revue des études anciennes* 16 1914, 91-94.

Müller, S. 1902-1907 - Routes et lieux habités à l'âge de la pierre et à l'âge du bronze. *Mémoires de la Société Royale des Antiquaires du Nord N.S.* 1902-1907, 61-140.

Müller-Karpe, H. 1982 - Zur Seefahrt im 3. und 2. Jahrt. v. Chr.. In: H. Müller-Karpe (Hrsg.): *Zur geschichtlichen Bedeutung der frühen Seefahrt.* Kolloquium zur Allgemeinen und Vergleichenden Archäologie 2 1982, 1-20.

Nelson, D.E., D'Auria, J.M. und Bennett, R.B. 1975 - Characterisation of pacific northeast coast obsidian by x-ray fluorescence analysis. *Archaeometry* 17 1975, 85-97.

Nelson, F.W., Nielson, K.K., Mangelson, N.F., Hill, M.W. und Mathenay, R.T. 1977 - Preliminary studies of the trace element composition of obsidian artifacts from northern Campeche, Mexico. *American antiquity* 42 1977, 209-225.

Nelson, F.W., Sidrys, R.V. und Holmes, R.D. 1978 - Trace element analysis by x-ray fluorescence of obsidian artifacts from Guatemala and Belize. In: G.R. Willey (Hrsg.): *Excavations at Seibal.* Memoirs of the Peabody Museum 14 1978, 153-161.

Nicolucci, G. 1876 - Ancora delle armi e degli utensili di ossidiana. *BPI* 2 1876, 81-84.

Odell, G.H. 1975 - Micro-wear in perspective: a sympathic response to Lawrence H. Keeley. *World archaeology* 7 1975, 226-240.

Palma di Cesnola, A. 1979 - Il Campignano del Gargano. In: C.D. Fonseca (Hrsg.): *La Puglia dal paleolitico al tardoromano. Civilità e culture in Puglia.* Milano 1979, 122-127.

Palma di Cesnola, A. 1985 - Ricerche e studi sul processo di neolitizzazione in Italia. Scavi e ricerche archeologiche negli anni 1976-79. *Quaderni della ricerca scientifica* 2 1985, 50-68.

Palumbo, M. 1875 - Le armi e gli utensili di ossidiana. *BPI* 1 1875, 165-172.

Pape, W. 1982 - Importfeuerstein an Hoch- und Oberrhein. *Archäologische Nachrichten aus Baden* 29 1982, 17-25.

Parks, G.A. 1966 - Identifying the geological source of artefact obsidian. *Nature* 211 1966, 289-290.

Perlès, G. 1979 - Des navigateurs méditerranées il y a 10000 ans. *La Recherche* 10 1979, 82-83.

Phillips, P. 1975 - *Early farmers of west mediterranean Europe - Chasséen farming and culture process.* London 1975.

Phillips, P. 1982 - *The middle neolithic in Southern France.* BAR - I.S. 143 1982.

Piggott, St. 1979 - The first wagons and charts: 25 years later. *Bulletin of the Institute of Archaeology* 16 1979, 3-17.

Piggott, St. 1980 - The earliest wheeled transport: technology & tradition. In: P. Sörbom (Hrsg.): *Transport, technology and social change.* Stockholm 1980, 23-30.

Piggott, St. 1983 - *The earliest wheeled transport. From the atlantic coast to the Caspian Sea.* London 1983.

Pike, G. 1965 - Recent evidence for land transport in Europe outside the Mediterranean area before the late bronze age. *Bulletin of the Institute of Archaeology* 5 1965, 45-60.

Pires-Ferreira, J.W. 1978 - Obsidian exchange networks: inferences and speculations in the development of social organization in formative Mesoamerica. In: D.L. Browman (Hrsg.): *Cultural continuity in Mesoamerica.* Chicago 1978, 49-78.

Puxeddu, C. 1955-1957 - Giacimenti di ossidiana del Monte Arci in Sardegna e sua irradiazione. *Studi sardi* 14-15 1955-1957, 10-66.

Radmilli, A.M. 1954 - Le isole Pontine e il commercio dell'ossidiana nel Continente durante il neo-eneolitico. *Origines. Raccolta in onore di G. Baserga.* Como 1954, 115-129.

Reeves, R.E. und Armitage, G.C. 1973 - Density measurements and chemical analysis in the identification of New Zealand archaeological obsidians. *New Zealand journal of science* 16 1973, 561-572.

Renfrew, C. 1969 - The sources and supply of the Deh Luran obsidian. In: F. Hole, K. Flannery und J.A. Neely (Hrsg.): *Prehistory and human ecology of the Deh Luran Plain. An early village sequence from Khiuistan, Iran.* Memoirs of the Museum of Anthropology of the University of Michigan 1 1969, 74-105 und 429-433.

Renfrew, C. 1977 - The later obsidian of Deh Luran - the evidence of Chagha Sefid. In: F. Hole (Hrsg.): *Studies in the historical history of the Deh Luran Plain (The Excavation of Chagha Sefid).* Memoirs of the Museum of Anthropology of the University of Michigan 9 1977, 298-311.

Renfrew, C., Cann, J.R. und Dixon, J.E. 1965 - Obsidian in the Aegean. *Annual of the British School of Archaeology at Athens* 60 1965, 225-247.

Renfrew, C., Cann, J.R. und Dixon, J.E. 1966 - Obsidian and early cultural contact in the Near East. *PPS* 32 1966, 30-72.

Renfrew, C., Dixon, J.E. und Cann, J.R. 1968 - Further analysis of Near Eastern obsidians. *PPS* 34 1968, 319-331.

Renfrew, C. und Whitehouse, R. 1974 - The copper age of peninsular Italy and the Aegean. *Annual of the British School at Athens* 69 1974, 343-390.

Roudil, J.L. 1973 - Le néolithique d'Italie du Sud et ses affinités avec le Chasséen méridional. *BSPF* 70 1973, 108-111.

Sargent, A. 1985 - The carbon-14 chronology of the early and middle neolithic of Southern Italy. *PPS* 51 1985, 31-40.

Sayre, E.V. 1974 - Activation analysis in art and archaeology. *Advances in analysis* 2 1974, 155-184.

Schousboe, R. 1977 - Microscopic edge structures and microfractures on obsidian. *Lithic technology* 6 1977, 14-21.

Schovsbo, P.O. 1983 - A neolithic vehicle from Klosterlund, central Jutland. *Journal of Danish archaeology* 2 1983, 60-70.

Schüle, W. 1969 (1970) - Navegacion primitiva y visilidad de la tierra en el Mediterraneo. *Cronica del XI Congreso Nacional de Arqueologia.* Merida 1969. Zaragossa 1970, 449-462.

Semenov, S.A. 1957 (1964) - *Prehistoric technology.* London 1964 (1957 auf russisch 1. Auflage).

Shelford, P., Hodson, F., Cosgrove, M.E., Warren, S.E. und Renfrew, C. 1982 - The sources and characterisation of Melian obsidian. In: C. Renfrew und M. Wagstaff (Hrsg.): *An island polity - the archaeology of exploitation in Melos.* Cambridge 1982, 182-192.

Sherrat, A. 1981 - Plough and pastoralism: aspects of the secondary products revolution. In: I. Hodder, G. Isaac und N. Hammond (Hrsg.): *Patterns of the past.* Studies in honour of David Clarke. Cambridge 1981, 261-305.

Sidrys, R.V. 1976 - Classic maya obsidian trade. *American antiquity* 41 1976, 549-564.

Spence, M.W. 1981 - Obsidian production and the state in Teotihuacan. *American antiquity* 46 1981, 769-788.

Stein, R.A. 1979 - *Untersuchungen zur Identifizierung der geologischen Herkunft von prähistorischen Obsidianartefakten.* Diplomarbeit. Universität Karlsruhe 1979.

Sterud, E.L. 1978 - Prehistoric population of the dinaric alps: an investigation of interregional interaction. In: Ch.L. Redman u.a. (Hrsg.): *Social archaeology beyond subsistence and dating.* Studies in archaeology 1978, 381-408.

Storzer, D. und Poupeau, G. 1973 - Ages-plâteaus de minéraux et verres par la méthode des traces de fission. *Comptes rendus hebdomadaires des séances de l'Academie des Sciences, Série D - Sciences naturelles* 276 1973, 137-139.

Suzuki, M. 1973-1974 - Chronology of prehistoric human activity in Kanto, Japan. *Journal of the Faculty of Science, University of Tokyo, Section V*, Vol. 4 1973-1974, 241-318 und 396-469.

Szabó, M. 1867 - A Tokaj - Hegyalja obsidiánjai. *Magyarhoni Földtani Társulat munkálatai*, III. kötet. Budapest 1867, 147-172.

Szabó, M. 1876 - L'obsidienne préhistorique en Hongrie et en Grèce. *Compte-rendu de la 8ieme session à Congrès International d'Anthropologie et d'Archéologie Préhistorique*. Budapest 1876, 96-100.

Szádeczky, G. 1886 - A magyarországi obsidiánok, különös tektintettel geologiai viszonyaikra. *Ertekezeések a természettudományok köréből* 17 1886, 1-64.

Tanda, G. 1981 (1982) - Il neolitico antico della Sardegna. *Actes du Colloque International de Préhistoire. Le néolithique ancien méditerranéen*. Montpellier 1981. Archéologie en Languedoc - No Spécial 1982, 333-338.

Taylor, R.E. 1976 - *Advances in obsidian glass studies - archaeological and geochemical perspectives*. Park Ridge, New Jersey 1976.

Thorpe, O.W., Warren, S.E. und Courtin, J. 1984a - The distribution and sources of archaeological obsidian from southern France. *Journal of archaeological science* 11 1984, 135-146.

Thorpe, O.W., Warren, S.E. und Nandris, J.G. 1984b - The distribution and provenance of archaeological obsidian in central and eastern Europe. *Journal of archaeological science* 11 1984, 183-212.

Tinè, S. 1965 - Gli scavi nella Grotta della Chiusazza. *BPI* 74 N.S. 16 1965, 123-286.

Tinè, S. 1968 (1971) - Lo stile del Kronio in Sicilia, lo stile di Ghar Dalam a Malta e la successione del neolitico nelle due isole. *Atti della XII riunione scientifica dell'I.I.P.P.* 1968, Firenze 1971, 75-88.

Tinè, S. 1976 (1978) - Il neolitico della Basilicata. *Atti della XX riunione scientifica dell'I.I.P.P.* 1976, Firenze 1978, 41-61.

Tinè, S. 1983 - *Passo di Corvo e la civiltà neolitica del Tavoliere*. Genova 1983.

Tomasi, P. 1904 - L'obsidienne en Corse. *L'Homme préhistorique* 2 1904, 327-328.

Torrence, R. 1979 - Macrocore production at the Melos obsidian quarries. *Lithic technology* 4 8 1979, 51-60.

Torrence, R. 1982 - Die Obsidiangewinnung und -bearbeitung auf der griechischen Insel Melos. *Der Anschnitt* 3 1982, 86-103.

Trump, D.H. 1966 - *Skorba and the prehistory of Malta*. Reports of the Research Committee of the Society of Antiquaries of London. 22 1966.

Trump, D.H. 1976-1977 - Contatti siculi-maltesi prima dell'età del bronzo. *Kokalos* 22-23 1976-1977, 23-110.

Tschirwinsky, P. 1931 - Obsidian aus Karatschai- und Kabarda-Balkarien-Autonomiegebieten im nördlichen Kaukasus. *Neues Jahrbuch für Mineralogie, Geologie und Paläontologie. Abteilung A* 64 1931, 649-662.

Tsong, I.S.T., Houser, C.A., Yusef, N.A., Messier, R.F. und White, W.B. 1978 - Obsidian hydration profiles measured by sputter-induced optical emission. *Science* 201 1978, 339-341.

Tusa, S. 1985 - The beginning of farming communities in Sicily: The evidence of Uzzo Cave. In: C. Malone und S. Stoddart (Hrsg.): *Papers in italian archaeology IV, Part 2 - Prehistory*. BAR - I.S. 244 1985, 61-82.

Vacquer, J. 1975 - *La céramique chasséenne du Languedoc*. Carcassone 1975.

Vacquer, J. 1986 - Le Chasséen méridional. In: J.P. Demoule und J. Guilaine (Hrsg.): *Le néolithique de la France*. Hommage à G. Bailloud. Paris 1986, 233-249.

Van der Waals, J.D. 1964 - Neolithic disc wheels in the Netherlands. *Palaeohistoria* 10 1964, 103-146.

Vigliardi, A. 1978 (1980) - Rapporti tra Sardegna e Toscana nell'eneolitico finale-primo bronzo: la Grotta Fontino nel Grossetano. *Atti della XXII riunione scientifica dell'I.I.P.P.* 1978 (1980), 247-288.

Vinson, S.P. 1978 - Neolithic pottery of inland Apulia: field work and speculation. *American Journal of archaeology* 82 1978, 449-455.

Vogt, J.R., Graham, C.C., Glascock, M.D. und Cobean, R.H. 1982 - A study of mesoamerican obsidian sources using activation analysis. *Journal of Radioanalytical chemistry* 69 1982, 271-289.

Volborth, A. 1969 - Elemental analysis in geochemistry. *Methods in geochemistry and geophysics* 8 1969.

Voza, G. 1974 (1975) - Considerazioni su neolitico e sull'eneolitico in Campania. *Atti della XVII riunione scientifica dell'I.I.P.P.* 1974, Firenze 1975, 51-84.

Wagner, G.A. 1978 - Alters- und Herkunftsbestimmung südamerikanischer Obsidianartefakte mittels Spaltspurenanalyse. In: G.W. Hennicke (Hrsg.): *Mineralogische Rohstoffe als kulturhistorische Quelle*. Hagen 1978, 200-205.

Wagner, G.A., Storzer, D. und Keller, J. 1976 - Spaltspurendatierung quartärer Gesteinsgläser aus dem Mittelmeerraum. *Neues Jahrbuch für Mineralogie, Monatshefte* 1976, 84-94.

Warren, S.E. 1981 - Linear exchange mechanisms and obsidian trade. *Revue d'archéometrie. Actes du XXieme International Symposium d'Archéometrie*, Vol. 2, Paris 1981, 167-175.

Warren, S.E., Thorpe, O.W. und Barfield, L.H. 1979 - The sources and distribution of archaeological obsidian in northern Italy. *Preistoria alpina* 15 1979, 73-92.

Washington, H.S. 1913 - Some lavas of Monte Arci, Sardinia. *American journal of science* 186 1913, 577-590.

Washington, H.S. 1920 - The rhyolites of Lipari. *American journal of science* 200 1920, 446-462.

Weaver, J.R. 1965 - Analysis by x-ray fluorescence of some american obsidians. *Contributions of the University of California, Archaeological Research Facility* 1 1965, 89-103.

Weiner, K.L. 1978 - Thermolumineszenz. In: B. Hrouda (Hrsg.): *Methoden der Archäologie*. München 1978, 151-161.

Weiss, M.C. 1979 - Nature et èvolution du néolithique de la Corse. *Annales de la Faculté des Lettres et Sciences Humaines des Nice* 37 1979, 139-148.

Weiss, M.C. und Guilaine, J. 1976 - Les civilisations néolithiques en Corse. In: J. Guilaine (Hrsg.): *La préhistoire francaise*. Tome 2. Les civilisations néolithiques et protostoriques de la France. Paris 1976, 432-442.

Whitehouse, R.D. 1972 - The rock-cut tombs of the central mediterranean. *Antiquity* 46 1972, 275-281.

Whitehouse, R.D. 1978 - Italian prehistory, carbon 14 and the tree-ring calibration. In: Blake, H. McK. u.a. (Hrsg.): *Papers in italian archaeology 1: The Lancaster Seminar*. BAR - supplementary series 41, Part 2 1978, 71-91.

Whitehouse, R.D. 1984 - Social organisation in the neolithic of southeast Italy. In: W.H. Waldren u.a. (Hrsg.): *The Deya Conference of Prehistory*. BAR - I.S. 229 1984, 1109-1137.

Whitehouse, R.D. 1986 - Siticulosa Apulia revisited. *Antiquity* 60 1986, 36-44.

Whitney, N.A. 1980 - *A new neolithic pottery typology for Southern Italy based on technological evidence from Casa San Paolo, Gravina di Puglia (Bari)*. Ann Arbor, Michigan 1980.

Willms, Chr. 1982 - *Zwei Fundplätze der Michelsberger Kultur im westlichen Münsterland, gleichzeitig ein Beitrag zum neolithischen Silexhandel in Mitteleuropa*. Münstersche Beiträge zur Ur- und Frühgeschichte 12, Münster 1982.

Willms, Chr. 1985 - Neolithischer Spondylus-Schmuck. Hundert Jahre Forschung. *Germania* 63 1985, 331-343.

Winter, W. 1976 - Distribution of obsidian among households in two Oaxacan villages. In: K.V. Flannery (Hrsg.): *Early mesoamerican village*. Ann Arbor 1976, 306-311.

Wojciechowski, W. 1981 - Feuersteinversorgung und -verarbeitung in frühneolithischen Siedlungen Südpolens. *Archäologisches Korrespondenzblatt* 11 1981, 79-83.

Woytowitsch, E. 1985 - Die ersten Wagen der Schweiz: die ältesten Europas. *Helvetia archaeologica* 61 1985, 2-45.

16. Anmerkungen

1. Ericson, J.E. u.a. 1975, 130.
2. Michels, J.W. u.a. 1971, 171ff.
3. Ericson, J.E. u.a. 1975, 129-142.
4. Cann, J.R. u.a. 1971, fig. 105.
5. Hallam, B.R. u.a. 1976, 93ff.
6. Coulon, C. 1971, 73ff.
7. Cann, J.R. u.a. 1964, fig. 2.
8. Cann, J.R. u.a. 1971, 589.
9. Belluomini, G. u.a. 1971, 11ff und fig. 1.
10. Belluomini, G. u.a. 1971, fig. 2.
11. Gale, N.H. 1981, 41ff.
12. Hallam, B.R. u.a. 1976, 899 und fig. 3a-b.
13. Warren, S.E. u.a. 1979, 80.
14. Michels, J.W. 1982, 122.
15. Gale, N.H. 1981, 41ff.
16. Warren S.E. u.a. 1979, 73ff und fig. 4.
17. Herbold, G. 1988, 142.
18. Laidley, R.A. u.a. 1971, 336ff.
19. Bowman, H.R. u.a. 1973, 125f.
20. Armitage, G.C. u.a. 1972, 408ff.
21. Gordus, A.A. 1968, 383ff.
22. Bowman, H.R. 1973, 312.
23. Shelford, P. u.a. 1982, 182ff.
    Mosheim, E. 1984, 54ff.
24. Mosheim, E. 1979, 68.
    Stein, R.A. 1979, 78.
25. Herold, G. 1986, 181.
26. Friz, A. 1982, 57.
27. Guilaine, J. 1972 (1975), 189ff.
28. Dabei ist noch nicht einmal sicher zu entscheiden, ob die genannten landwirtschaftlichen Geräte nicht zum Sammeln von Wildpflanzen u.ä. und ihrer Verarbeitung in einer mesolithischen Wirtschaftsweise genutzt wurden.
29. Der Bevölkerungsanstieg muß wahrscheinlich eher als eine Folge der Neolithisierung und nicht als eine ihrer Ursachen betrachtet werden.
30. Man muß sich darüber im klaren sein, daß der Begriff Kultur, wie ihn die Prähistorie vielfach begreift, weitgehend vom archäologischen Fundmaterial bestimmt wird, so daß materielle Formenkreise und nicht so sehr ein Überbau aus geistigen Vorstellungen den archäologischen Kulturbegriff prägen. Archäologische Fundgruppen dürfen daher nicht isoliert voneinander betrachtet werden.
31. Guilaine, J. 1972 (1975), 190.
32. Guilaine, J. 1979, 22f.
33. Es ist zu berücksichtigen, daß die älteren französischen ^{14}C-Datierungen, ebenso wie das ^{14}C-Datum von ca. 6200b.c. von Coppa Nevigata in Süditalien nur eingeschränkt zu benutzen sind.
34. Aus der direkten Übereinanderfolge von Kulturschichten muß sich nicht sofort eine Besiedlungskontinuität folgern lassen. Ein nicht faßbarer stratigraphischer Befund eines Hiatus muß einen Siedlungsbruch nicht ausschließen, wenn man bei Übergängen kurze Zeiträume von hundert oder weniger Jahren berücksichtigt.
35. Guilaine, J. 1976a, 38.
36. Freises, A. u.a. 1981 (1982), 202ff.
37. Guilaine, J. 1972 (1975), 191f.
38. Guilaine, J. 1979, 23f.
39. Guilaine, J. 1972 (1975), 193.
40. Auch in diesem Fall ist eine differenzierte Betrachtung notwendig, wie sie sich in Nordeuropa am Beispiel der Rentiere zeigt. Bei diesen findet eine Auslese statt, wodurch die biologische Entwicklung in eine bestimmte Richtung gedrängt wird, die durchaus mit dem Begriff Tierzucht in Verbindung gebracht werden kann.
41. Guilaine, J. 1976 (1977), 40ff.
42. Guilaine, J. 1972 (1975), 193ff.
43. Guilaine, J. 1976a, 32.
44. Guilaine, J. 1980, 4.
45. Cherry, J.F. 1984, 8f.
46. Sargent, A. 1985, 37.
47. Guilaine, J. 1976a, 37f.
48. Coudrot, J.-L. 1976, 43 und 53.
49. Ambert, P. 1981 (1982), 231 und 233.
50. Grimal, J. 1981 (1982), 254ff.
51. Maury, J. 1981 (1982), 261ff.
52. Guilaine, J. u.a. 1984.
53. Geddes, D.S. 1984, 182f.
54. Freises, A. u.a. 1981 (1982), 222ff.
55. Arnal, G.B. 1984, 314ff.
56. Montjardin, R. 1981 (1982), 308.
57. Vacquer, J. 1986, 233.
58. Guilaine, J. 1986, 74.
59. Roudil, J.L. 1973, 108ff.
60. Guilaine, J. u.a. 1974, 257ff.
    Vacquer, J. 1975, 18ff.
    Vacquer, J. 1986, 233ff.
61. Vacquer, J. 1986, 234.
62. Constantini, G. 1984, 126.
63. Vacquer, J. 1975, 38.
64. Vacquer, J. 1986, 233ff.
65. Phillips, P. 1982, 13.
66. Constantini, G. 1984, 127.
67. Geddes, D.S. 1983, 51ff.
68. Phillips, P. 1982, 37.
    Vacquer, J. 1986, 241.
69. Die zu Beginn der 70er Jahre einsetzende, intensive Diskussion über das südfranzösische Jung- und Endneolithikum/Chalkolithikum läßt sich in dem Sammelband 'Les civilisations néolithiques du Midi de la France. Actes du Colloque de Narbonne, 1970. Atacina 5 1970' gut verfolgen.
70. Guilaine, J. 1976b, 194.
71. Gasco, J. u.a. 1986, 383ff.
72. Guilaine, J. 1977 (1980), 1ff.

73. Gasco, J. u.a. 1986, 383ff.

74. Constantini, G. 1984, 146ff.

75. Courtin, J. 1974.

76. Chevalier, Y. 1986, 359ff.

77. Gasco, J. u.a. 1986, 389.

78. Guilaine, J. 1984, 177ff.

79. Delibrias, G. u.a. 1976, 881.

80. Bailloud, G. 1969, 367ff.

81. Coudrot, J.-L. 1976, 77ff.

82. Atzeni, E. 1966, 169ff.

83. Weiss, M.C. u.a. 1976, 435.

84. Phillips, P. 1975, 58.

85. Weiss, M.C. 1979, 141.

86. Weiss, M.C. 1979, 142.

87. Weiss, M.C. u.a. 1976, 435.

88. Weiss, M.C. u.a. 1976, 435.

89. Weiss, M.C. u.a. 1976, 435ff.

90. Weiss, M.C. u.a. 1976, 437.
Weiss, M.C. 1979, 142f.

91. Grosjean, R. 1967, 709ff.

92. Weiss, M.C. u.a. 1976, 441.

93. Tanda, G. 1981 (1982), 334.

94. Loria, R. u.a. 1978.

95. Biagi, P. 1978 (1980), 11ff.

96. Biagi, P. u.a. 1978 (1980), 108ff.
Agosti, F. u.a. 1980, 94ff.

97. Puxeddu, G. 1955-1957, 50.

98. Bernardini, E. 1979, 22.

99. Bernardini, E. 1979, 25.

100. Atzeni, E. 1978.

101. Barfield, L.H. 1974 (1975), 308.

102. Bagolini, B. u.a. 1972-1974, 105.

103. Bagolini, B. u.a. 1983-1984, 31.

104. Biagi, P. 1985, 15.

105. Bagolini, B. 1980, 100.
Biagi, P. 1980, 12.

106. Bagolini, B. u.a. 1973, 85.

107. Biagi, P. 1985, 19.

108. Biagi, P. 1981, 79ff.

109. Bagolini, B. u.a. 1983-1984, 32.

110. Bagolini, B. u.a. 1983-1984, 31.

111. Bagolini, B. 1980, 112.

112. Biagi, P. 1985, 20.

113. Bagolini, B. 1981, 7.

114. Bagolini, B. u.a. 1973, 85f.
Biagi, P. 1980, 14.

115. Guerreschi, G. 1982, 32.

116. Barfield, L. H. 1971 (1973), 393.

117. Bagolini, B. 1980, 131ff.

118. Guerreschi, G. 1982, 38.

119. Guerreschi, G. 1981, 120.

120. Bagolini, B. u.a. 1975 (1976), 123.

121. Bagolini, B. u.a. 1975, 22.

122. Bagolini, B. 1980, 168f.

123. Barfield, L.H. 1981, 139.

124. Barfield, L.H. u.a. 1972, 46.
Bagolini, B. 1984, 443.

125. Bagolini, B. 1981, 265.

126. Barfield, L.H. 1981, 142.

127. Barfield, L.H. 1974 (1976), 312 und 1977, 32.

128. Die an dieser Stelle behandelte Region umfaßt nicht nur die östliche Adriaküste, sondern auch den Triester Raum.

129. Chapman, J. 1981, 535.

130. Benac, A. 1977, 39.
Bruckner, B. 1977, 18f.

131. Bagolini, B. u.a. 1978, 50ff.
Batović, Š. 1978, 51ff.

132. Batović, Š. 1978, 52f.

133. Bagolini, B. u.a. 1975-1977, 197.

134. Bagolini, B. 1978, 52.

135. Bagolini, B. u.a. 1975-1977, 192.

136. Chapman, J. 1981, 48f.

137. Batović, Š. 1971 (1973), 403.

138. Benac, A. 1977, 46.
Batović, Š. 1978, 52.

139. Batović, Š. 1971 (1973), 404.

140. Bagolini, B. u.a. 1975-1977, 195 und 199.
Montanari, G.B. 1977 (1978), 32.

141. Barfield, L.H. 1972, 201ff.

142. Leben, F. 1976, 26.

143. Batović, Š. 1973, 123.

144. Bagolini, B. u.a. 1975-1977, 195.
Bruckner, B. 1977, 19.

145. Batović, Š. 1971 (1973), 406f.

146. Batović, Š. 1978, 58.

147. Batović, Š. 1978, 60 und 124.

148. Montanari, G.B. 1978, 34.

149. Batović, Š. 1973, 126.

150. Batović, Š. 1978, 59.

151. Sterud, E.L. 1978, 381ff.

152. Chapman, J. 1981, 544ff.

153. Benac, A. 1981, 23f und 1983, 43ff.

154. Batović, Š. 1973, 126.
Leben, F. 1973, 156.

155. Batović, Š. 1973, 126.
Leben, F. 1973, 156.

156. Batović, Š. 1973, 126f.
Benac, A. 1983, 44.

157. Sargent, A. 1985, 33.

158. Bagolini, B. u.a. 1978, 54ff.

159. Cazzella, A. u.a. 1976, 154.

160. Cremonesi, G. 1965, 145ff.

161. Cremonesi, G. 1977, 31.

162. Cremonesi, G. 1971-1973, 89ff.

163. Cremonesi, G. 1977, 32.

164. Renfrew, C. u.a. 1974, 376.

165. Cremonesi, G. 1977, 37.

166. Grifoni Cremonesi, R. 1975-1976, 83f.
Bernardini, E. 1982, 53.

167. Cazzella, A. 1976, 153.

168. Grifoni Cremonesi, R. 1975-1976, 85.
Whitehouse, R.D. 1978, 72.

169. Cocchi Genick, D. 1982, 107f.

170. Vigliardi, A. 1978 (1980), 274ff.

171. Cremonesi, G. 1977, 34.

172. Barker, G. 1981, 81ff.

173. Whitehouse, R. 1978, 73f.

174. Whitehouse, R.D. 1986, 37.

175. Hodder, I. u.a. 1984, 121ff.
Ammerman, A.J. 1985a.

176. Sargent, A. 1985, 33.

177. Geniola, A. 1979, 52.
Ceccanti, M. 1981, 29.

178. Tinè, S. 1983, 167ff.
Sargent, A. 1985, 38ff.

179. Vinson, S. 1978, 450.
Ceccanti, M. 1981, 29.
Tinè, S. 1983, 178.

180. Sargent, A. 1985, 35.

181. Cremonesi, G. 1977, 21f.

182. Tinè, S. 1983, 179.

183. Frangipane, M. 1975, 79.

184. Cremonesi, G. 1977, 23.

185. Tinè, S. 1976 (1978), 42ff.

186. Tinè, S. 1983, 179f.

187. Ammerman, A.J. 1985a, 58.

188. Tinè, S. 1983, 179.

189. Frangipane, M. 1975, 33 und 94.

190. Malone, C. 1985, 127ff.

191. Cremonesi, G. 1977, 31.

192. Whitehouse, R.D. 1986, 38ff.

193. Whitney, N.A. 1980, 258ff.

194. Cremonesi, G. 1977, 22 und 26ff.
Cremonesi, G. 1979, 106.
Tinè, S. 1983, 179.

195. Vinson, S.P. 1978, 455.

196. Manfredini, A. 1972, 145.
Frangipane, M. 1975, 132.
Malone, C. 1985, 124.

197. Geniola, A. 1979, 90.

198. Cremonesi, G. 1979, 115.

199. Bernabò Brea, L. u.a. 1980, 490.

200. Whitehouse, R.D. 1984, 1118.

201. Cazzella, A. 1972, 188.
Voza, G. 1974 (1975), 52f.
Cremonesi, G. 1977, 34.

202. Renfrew, C.A. u.a. 1974, 349.
Holloway, R.R. 1976, 156.

203. Voza, G. 1974 (1975),77.

204. Cazzella, A. 1972, 188.

205. Cazzella, A. 1972, 206.
Cremonesi, G. 1976 (1978), 71.

206. Palma di Cesnalo, A. 1979, 122 und 1985, 57ff.

207. Sargent, A. 1985, 33.

208. Tusa, S. 1985, 66.

209. Tusa, S. 1985, 68 und 73.

210. Malone, C. 1985, 123.

211. Bietti Sestieri, A.M. 1980-1981, 24.

212. Tinè, S. 1965, 181.
Cazzella, A. 1972, 271.

213. Ceccanti, M. 1980, 37ff.

214. Tinè, S. 1965, 173 und 178.

215. Cazzella, A, 1972, 233ff.

216. Barfield, L.H. 1974 (1975), 315ff.

217. Bernabò Brea, L. u.a. 1980, 656ff.

218. Bernabò Brea, L. u.a. 1980, 666 und 678.

219. Bernabò Brea, L. u.a. 1980, 688.

220. Tinè, S. 1968 (1971), 82.

221. Trump, D.H. 1966, 49ff und 1976-1977, 26ff.

222. Whitehouse, R.D. 1972, 277ff.

223. Trump, D.H. 1976-1977, 29.

224. Evans, J.D. 1971, 223.

225. Das südfranzösische Chasséen wird seiner Ausprägung nach auch als 'Chasséen méridional' bezeichnet.

226. Die Fundplätze des Triester Karstes werden im kulturellen Sinne Norditalien nicht zugerechnet. Sie werden im Zusammenhang mit der dalmatischen Adriaküste behandelt.

227. Das Fundmaterial des Triester Raumes weist engere kulturelle Beziehungen mit dem dalmatisch-balkanischen Raum als mit Norditalien auf. Es entwickelte sich sogar eine gewisse Eigenständigkeit. Die Einbeziehung des oben genannten Raumes mit den Funden der dalmatischen Küstenregion erscheint daher relativ unproblematisch, auch wenn eine getrennte Behandlung wünschenswert wäre, die aber zur Zeit an der unzureichenden Datengrundlage scheitert.

228. Hierzu zählen Remedello, Rinaldone, Ortucchio und Laterza.

229. Ammerman, A.J. 1985a.

230. Die Literatur hierzu erschien erst nach Abschluß des Katalogteils.

231. Francaviglia, V. u.a. 1987, 38.

232. Hallam, Br.R. u.a. 1976, 94.

233. Camps, G. 1964, 296 und 1984, 200.

234. Mitteilung von Prof. Dr. Klaus Raddatz, Göttingen 1989.

235. Phillips, P. 1982, 1 und fig. 2.

236. Ammerman, A.J. 1985a, 99 fig. 7.5.

237. Hodder, I. u.a. 1984, 145.

238. Ammerman, A.J. u.a. 1978b, 193.

239. Ammerman, A.J. u.a. 1982, 157ff.

240. Es soll an dieser Stelle nochmals betont werden, daß mit diesen Angaben spezifische, auf das Objekt oder auf den Gerätetyp bezogene Aussagen nicht gemacht werden, sondern nur ein erster Eindruck dazu vermittelt werden soll. Jene können nur durch die Aufarbeitung größerer Fundkomplexe in entsprechender Anzahl erschlossen werden.

241. Hingewiesen werden soll noch auf den völlig ungewöhnlichen Kernstein von Gabbra (Kat.-Nr. 849) mit einem Gewicht von 6,2kg! Dieses ist der absolute Rekord unter allen nordwestmediterranen Obsidianartefakten, die zumeist nur wenige Gramm wiegen.

242. Ammerman, A.J. u.a. 1985a, 61 und 65.

243. Von Fundplätzen der Acconia-Ebene führt A.J. Ammerman 1985a, 65 und 82 einen bzw. zwei Depotfunde an.

244. Torrence 1982, 97f.

245. Kenntner, G. 1973, 77ff, 92 und 121.

246. Drennan, R.D. 1984, 106f.

247. Korfmann, M. 1982, 147.

248. Piggott, S. 1980, 25.

249. Sherrat, A. 1981, 273ff.

250. Bökonyi, S. 1982, 15f.

251. Sherrat, A. 1981, 272f.

252. Piggott, S. 1983, 36ff.

253. Dinu, M. 1981,1ff.

254. Piggott, S. 1983, 41ff.

255. Piggott, S. 1979, 6.

256. Pike, G. 1965, 50.

257. Schovsbo, P.D. 1983, 62.

258. Van der Waals 1964, 111.

259. Piggott, S. 1983, 51.

260. Cornaggio Castiglioni, O. 1978, 30ff.

261. Woytowitch, E. 1985, 40f.

262. Piggott, S. 1980, 28.

263. Hayen, H. 1985, 42.

264. Pike, G. 1965, 55.

265. Bakker, J.A. 1976, 63.

266. Müller, S. 1904, 61ff.

267. Ellmers, D. 1982, 168ff.

268. Cornaggio Castiglioni, O. 1967, 5ff.

269. Courtin, J. 1976, 194.

270. Johnstone, P. 1980, 61ff.

271. Cherry, J.F. 1985, 21.

272. Schüle, W. 1969 (1970), 450.

273. Perlès, C. 1979, 82.

274. Renfrew, C. u.a. 1965, 230.

275. Thorpe, O.W. u.a. 1984b, 184ff.

276. Willms, Chr. 1982, 74.

277. Malone, C. 1985, 118ff.

278. Barfield, L.H. 1981, 31ff.

279. Willms, Chr. 1985, 331ff.

280. Kelterborn, P. 1980, 228ff.

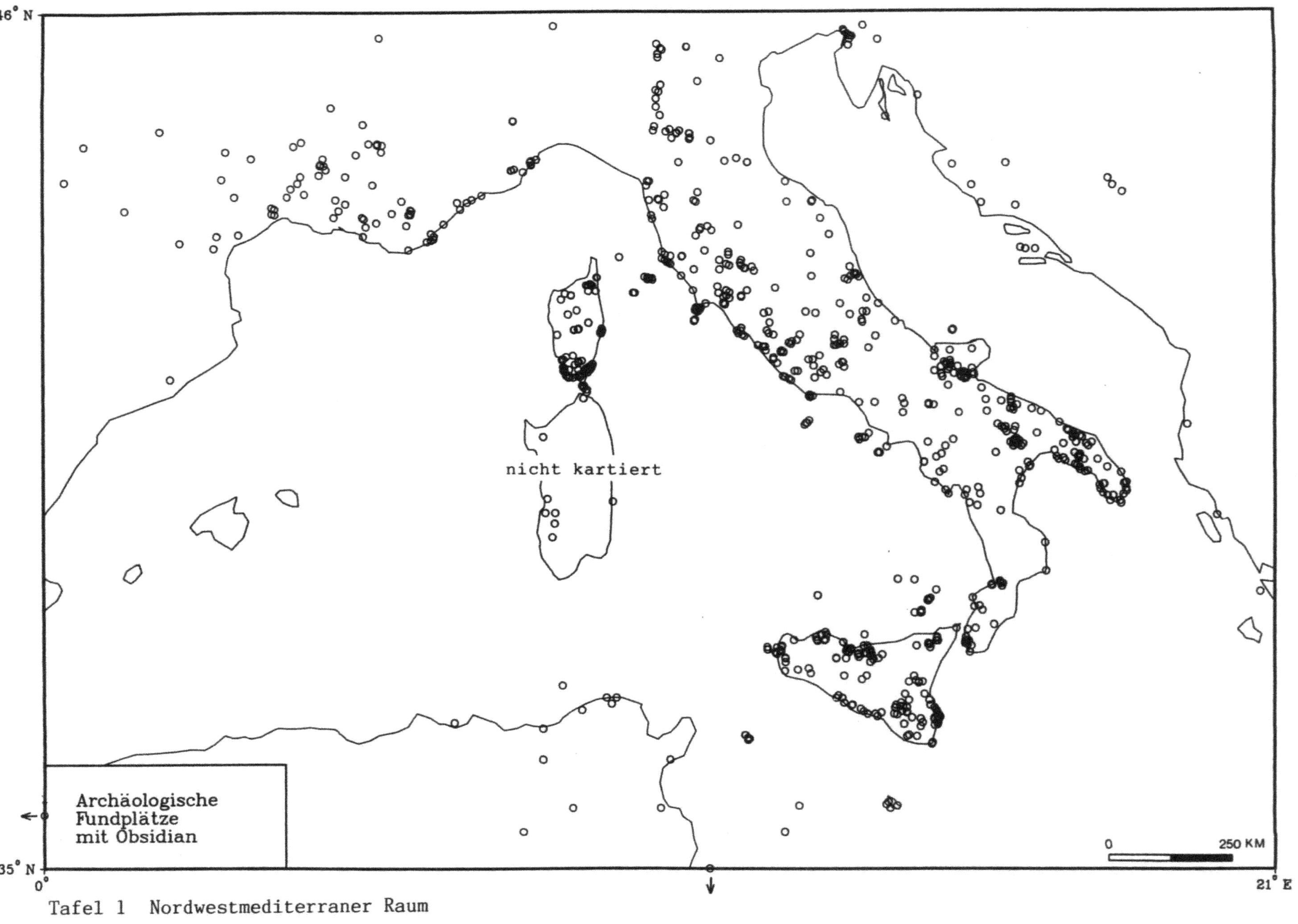

Tafel 1 Nordwestmediterraner Raum

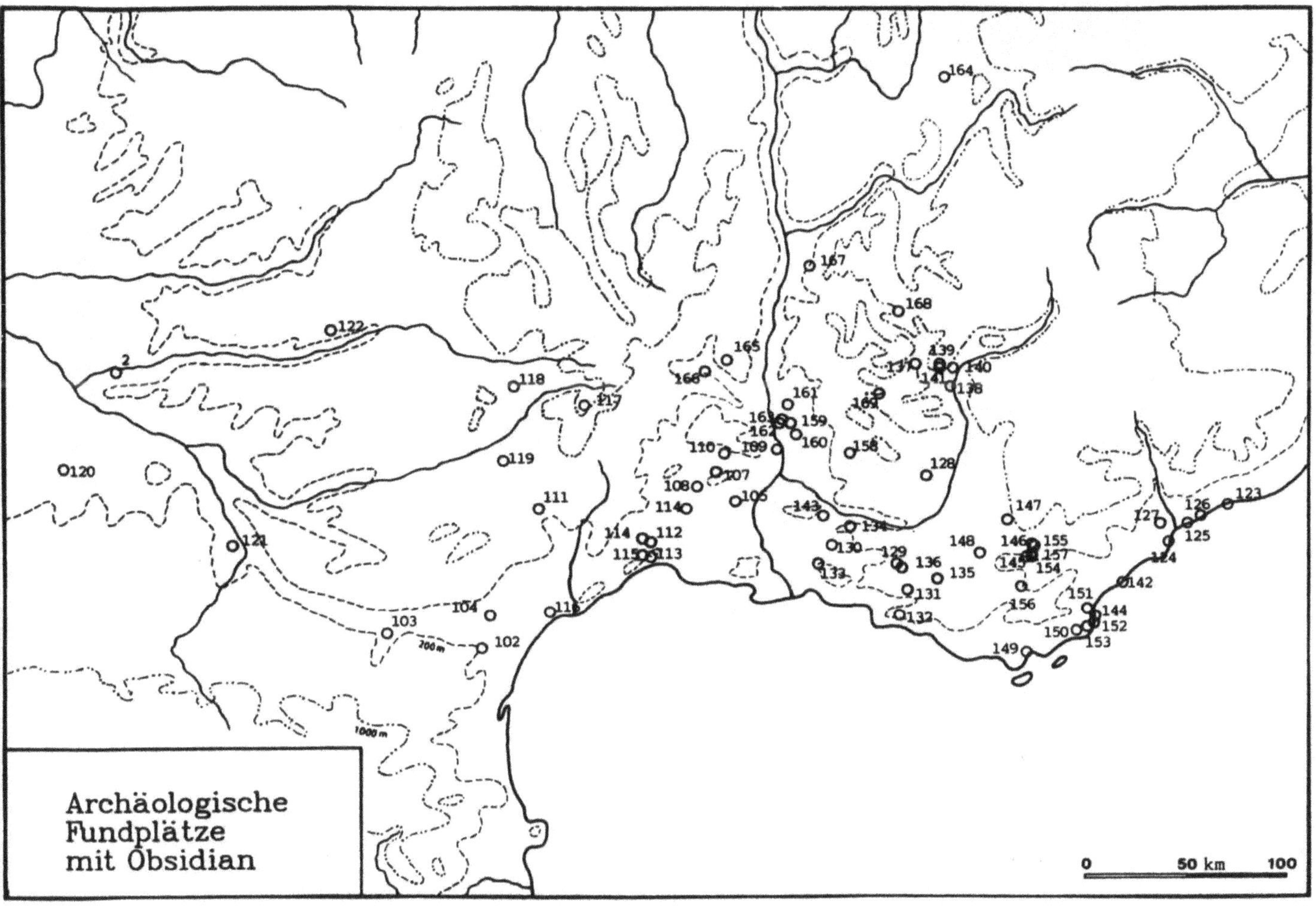

Archäologische
Fundplätze
mit Obsidian

0 50 km 100

Tafel 2 Südfrankreich

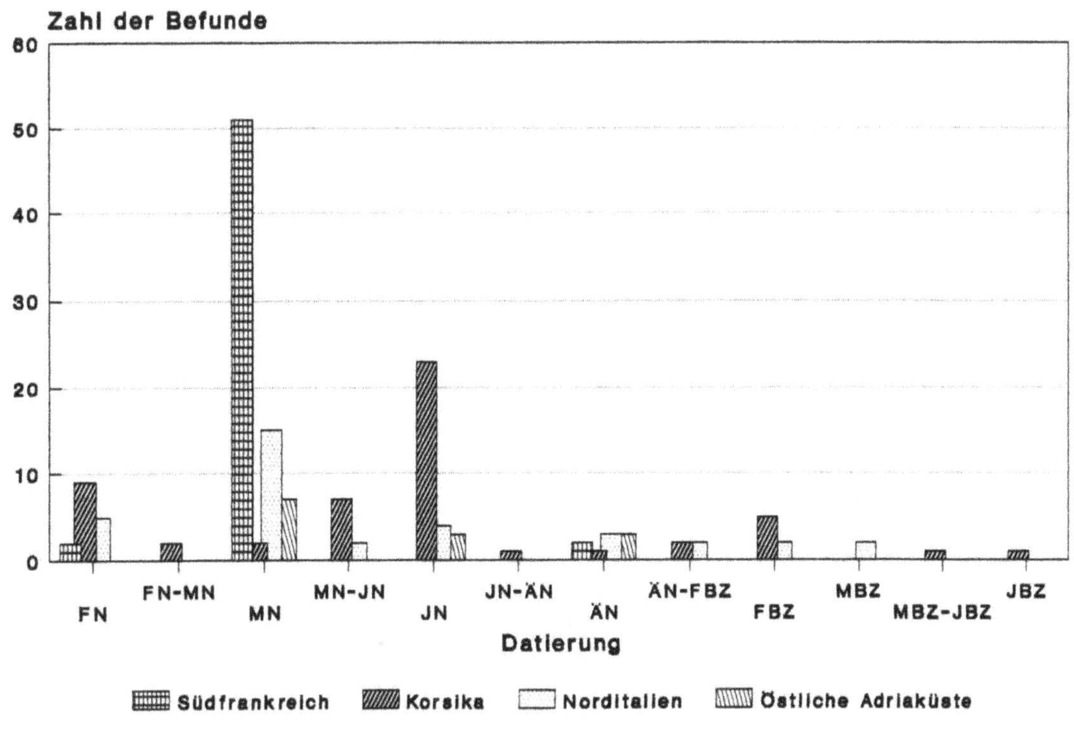

Tafel 3 Nordwestmediterraner Raum

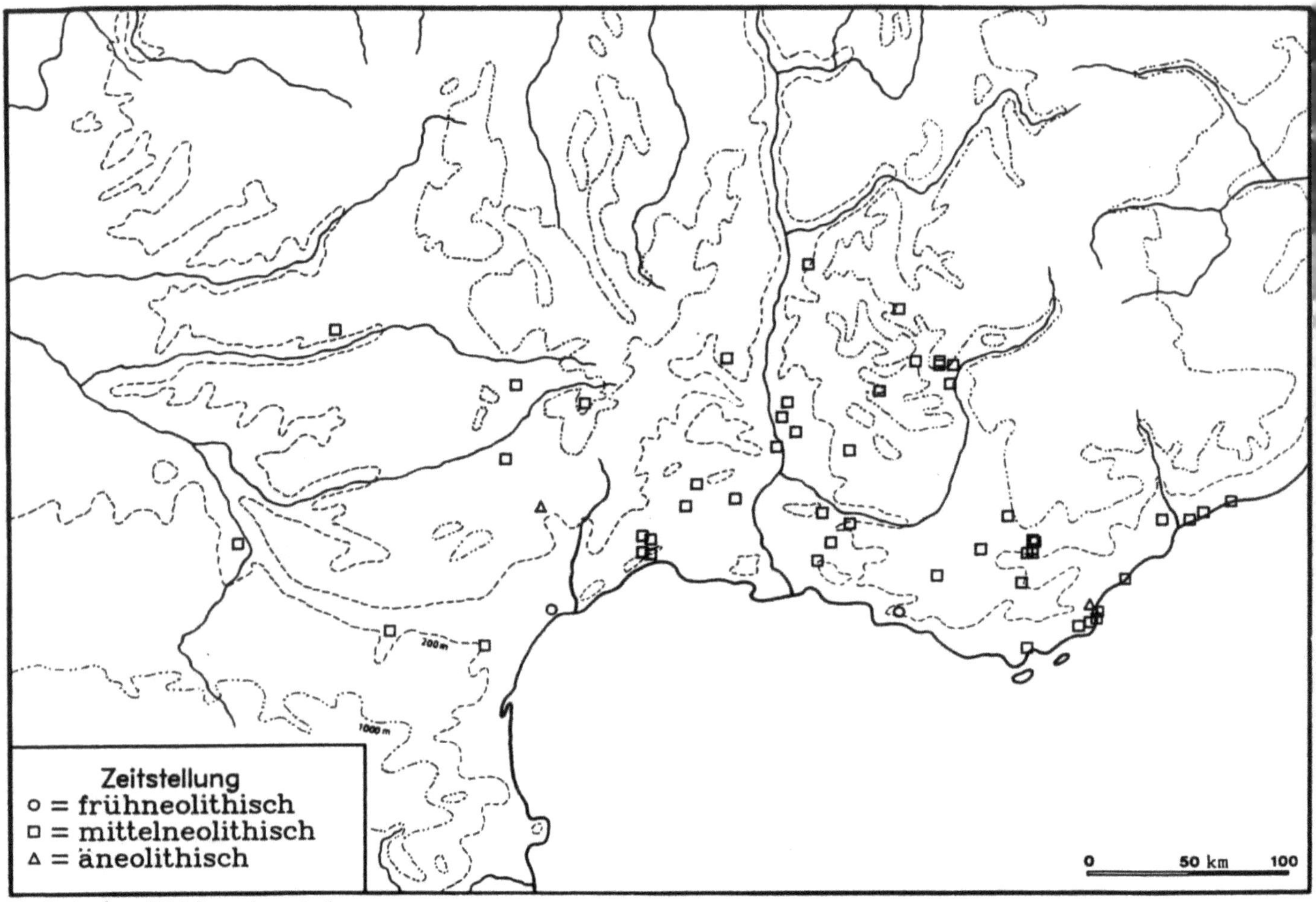

Zeitstellung
○ = frühneolithisch
□ = mittelneolithisch
△ = äneolithisch

0 50 km 100

Tafel 4 Südfrankreich

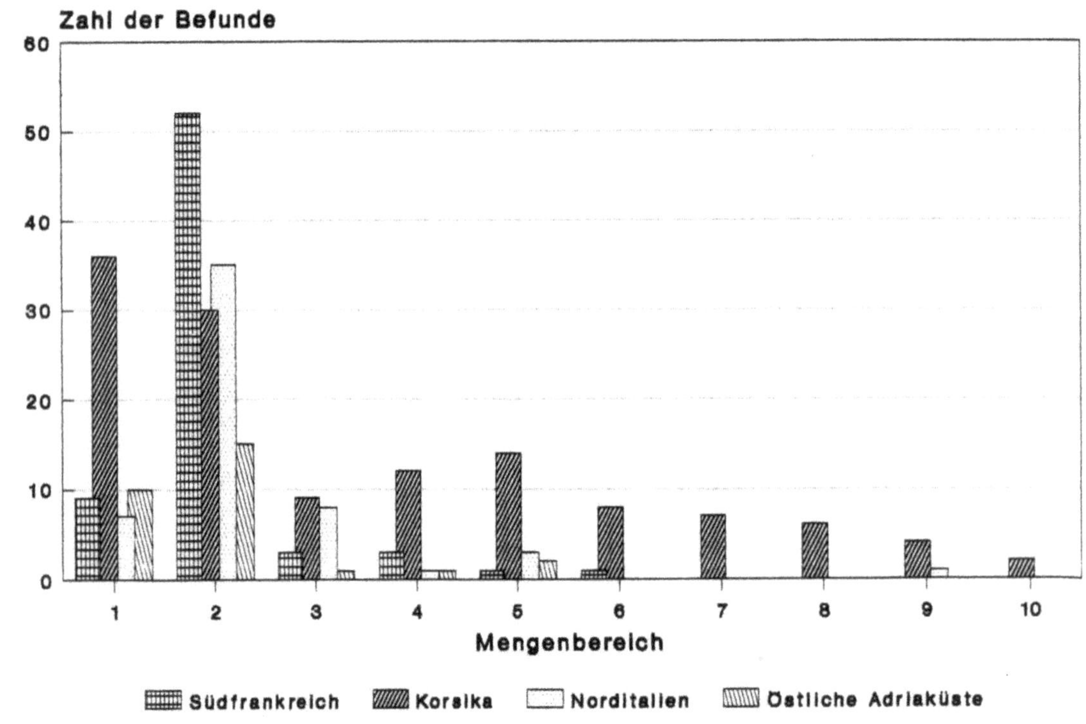

Tafel 5 Nordwestmediterraner Raum

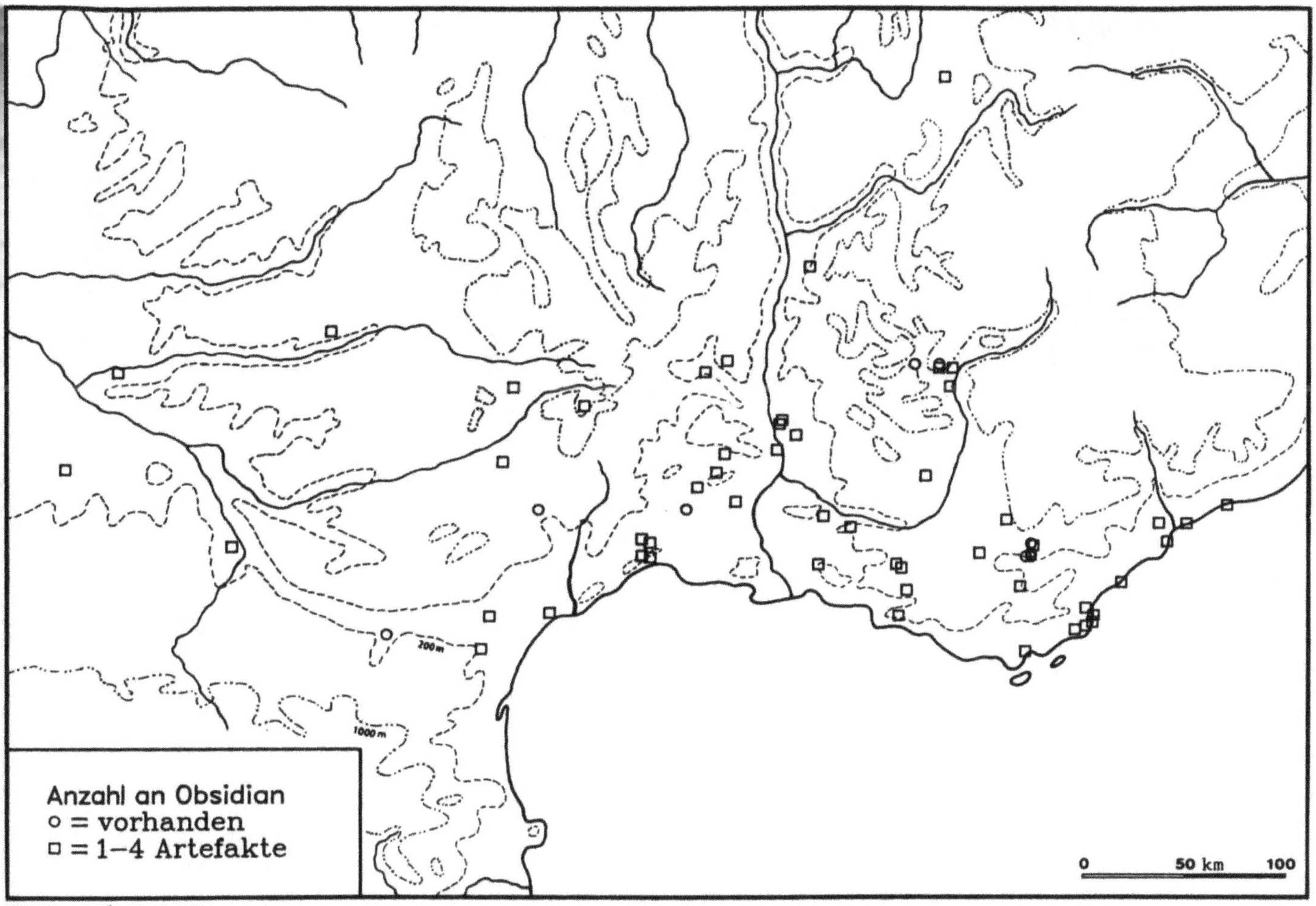

200 m

1000 m

Anzahl an Obsidian
○ = vorhanden
□ = 1–4 Artefakte

0 50 km 100

Tafel 6 Südfrankreich

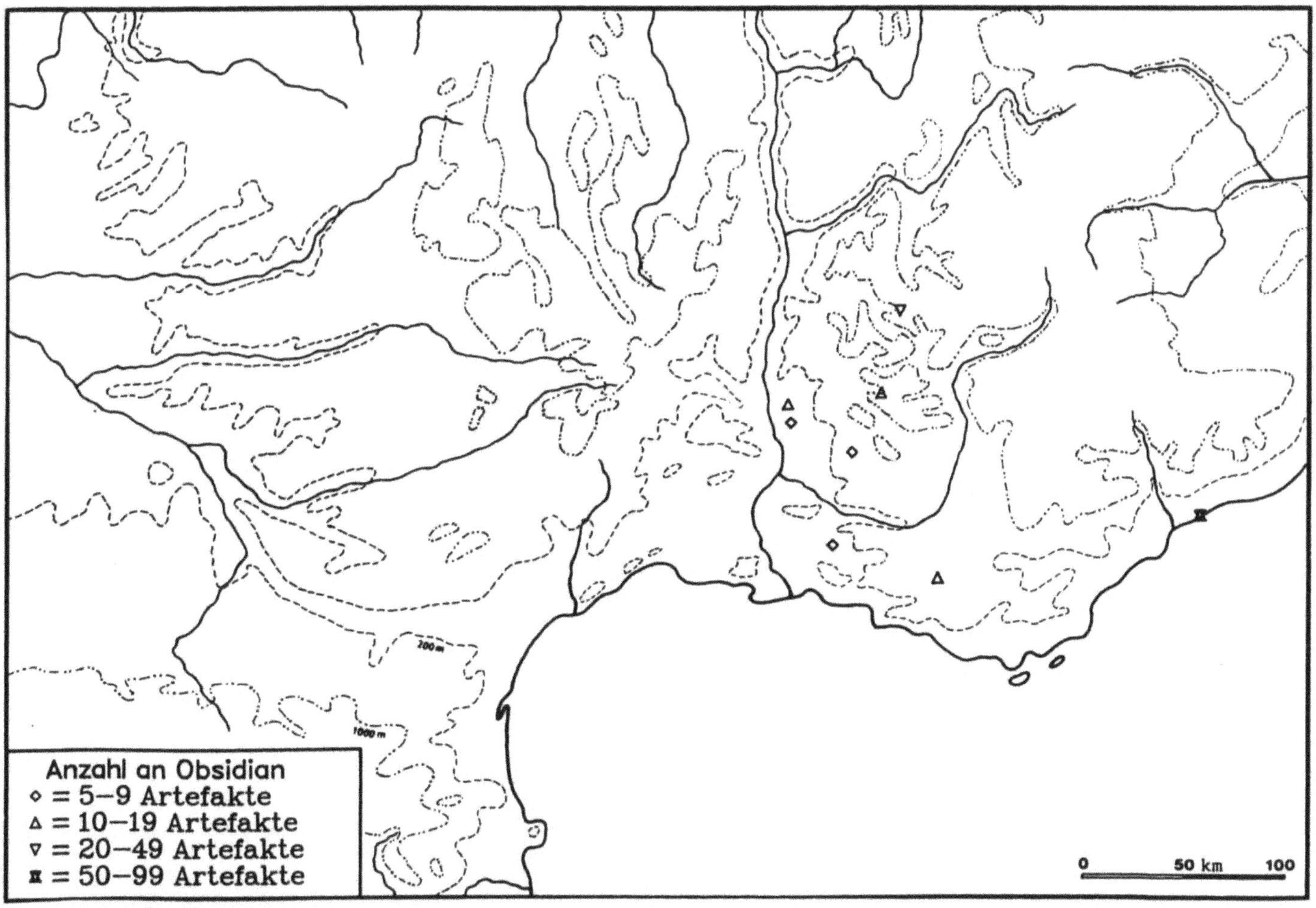

200 m

1000 m

Anzahl an Obsidian
◇ = 5–9 Artefakte
△ = 10–19 Artefakte
▽ = 20–49 Artefakte
⧗ = 50–99 Artefakte

0 50 km 100

Tafel 7 Südfrankreich

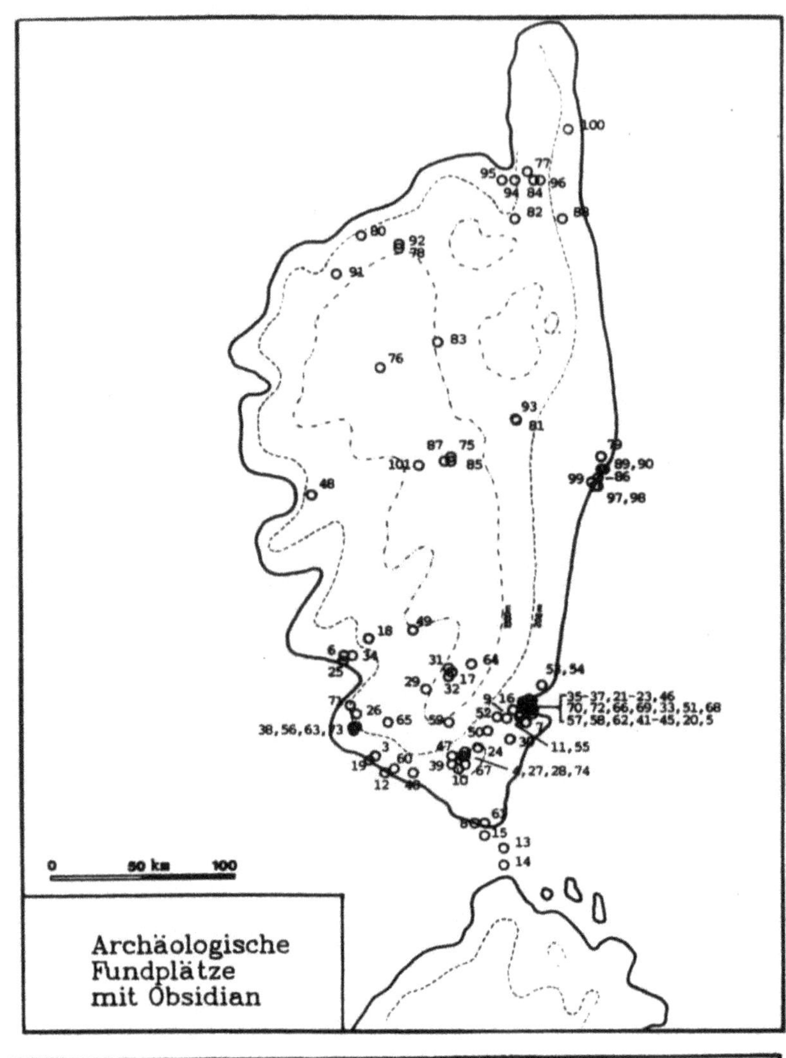

Tafel 8 Korsika

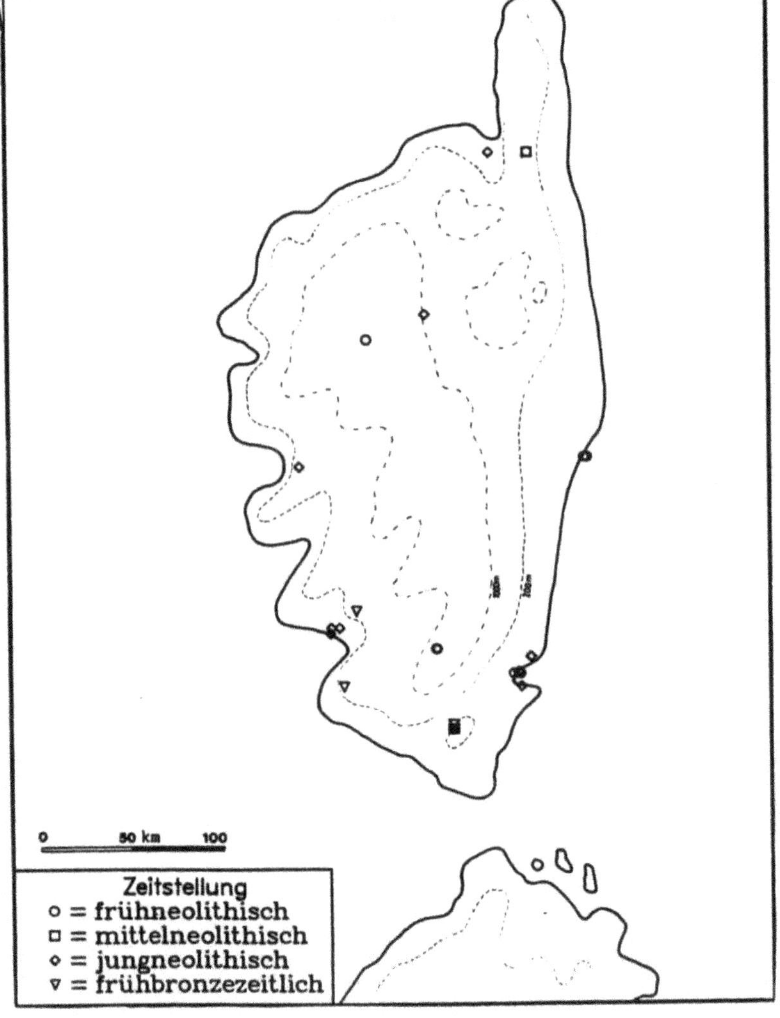

Tafel 9 Korsika

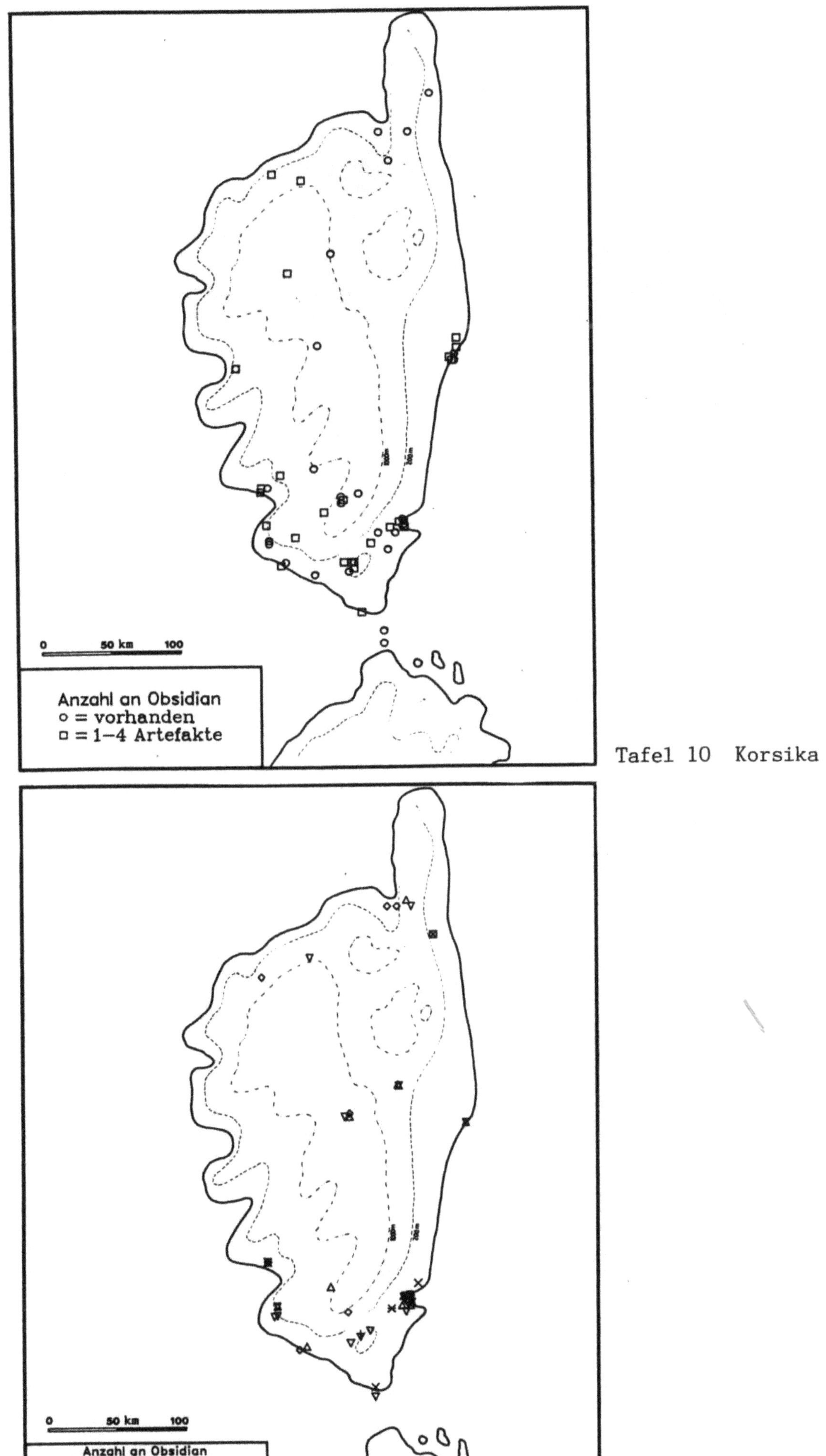

Tafel 10 Korsika

Tafel 11 Korsika

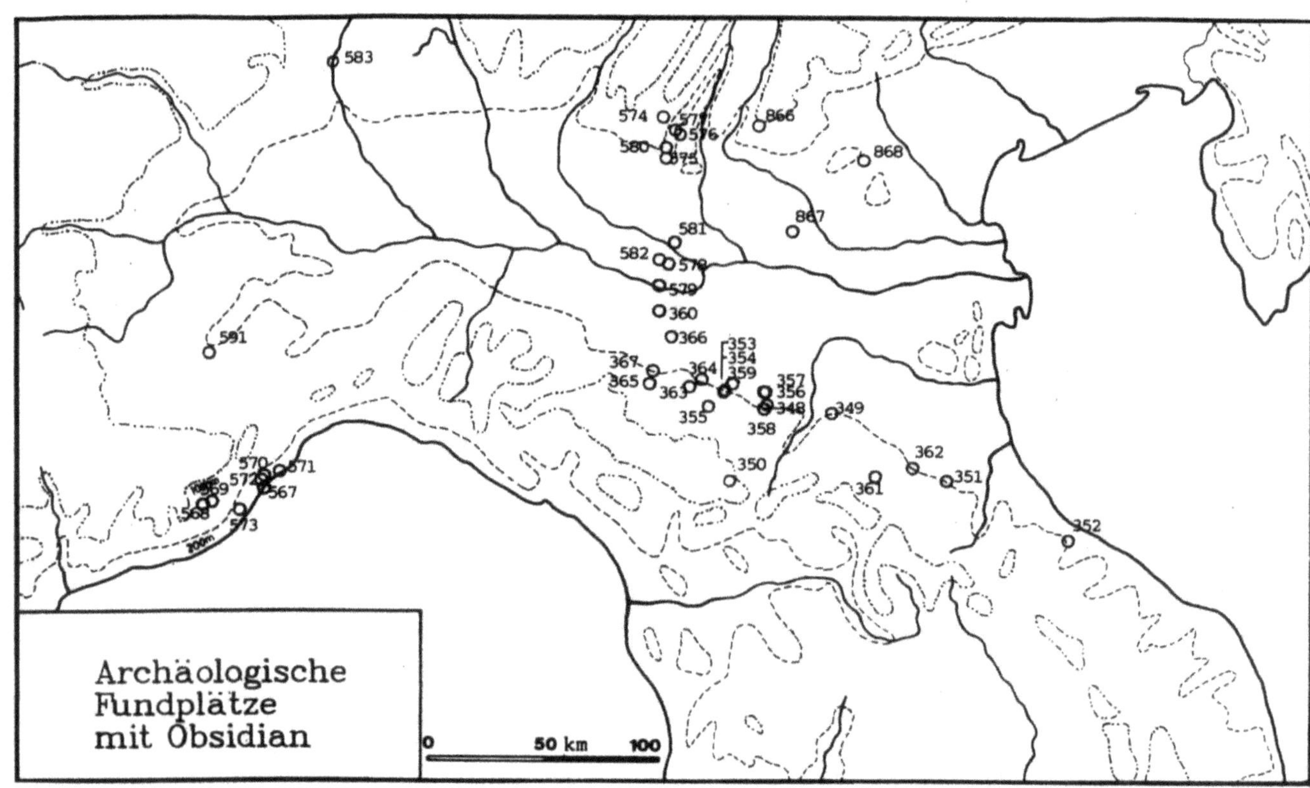

Tafel 12 Norditalien

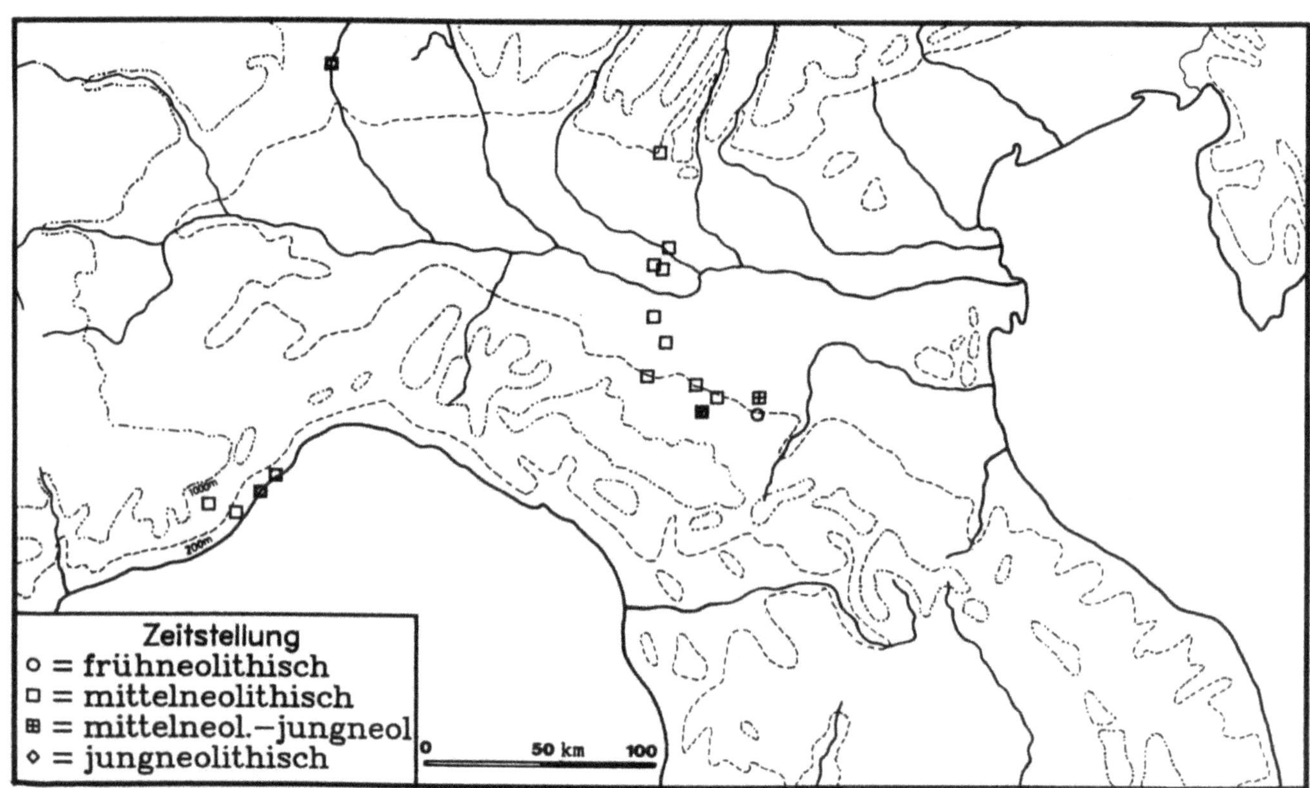

Tafel 13 Norditalien

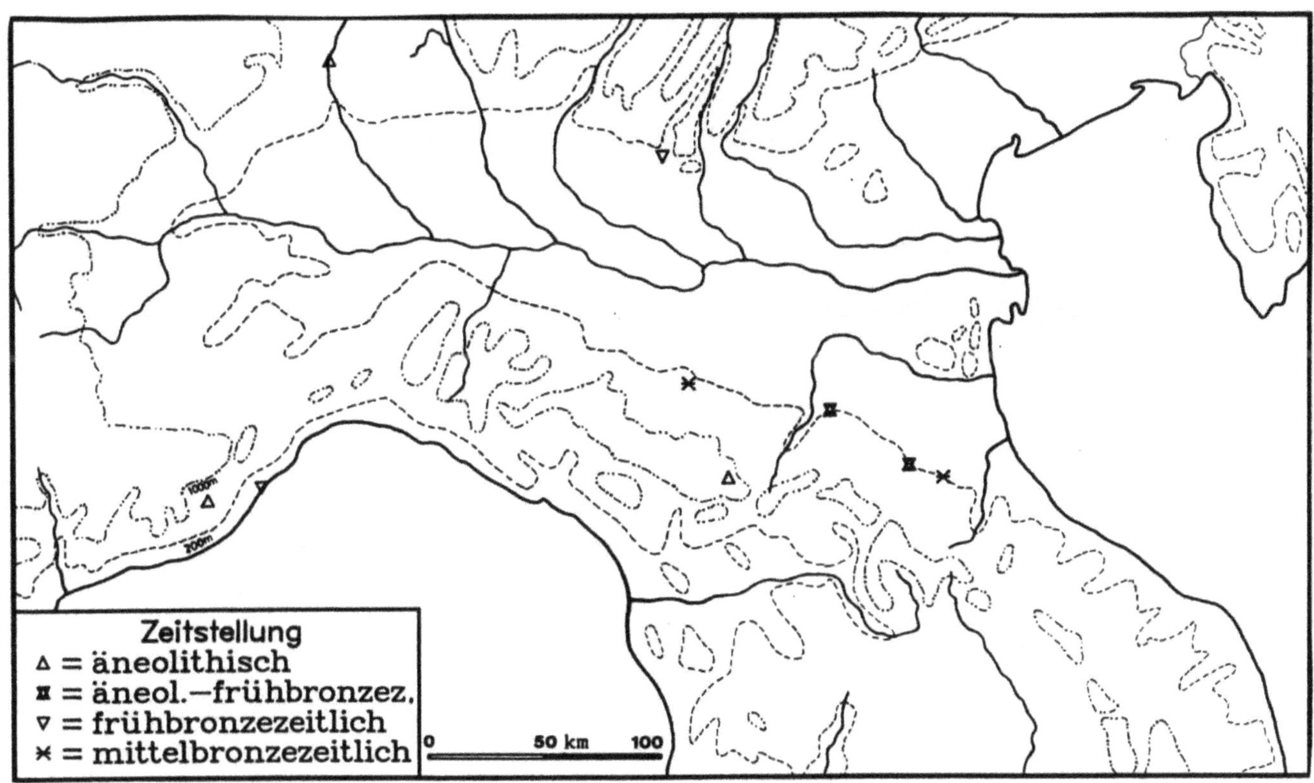

Tafel 14 Norditalien

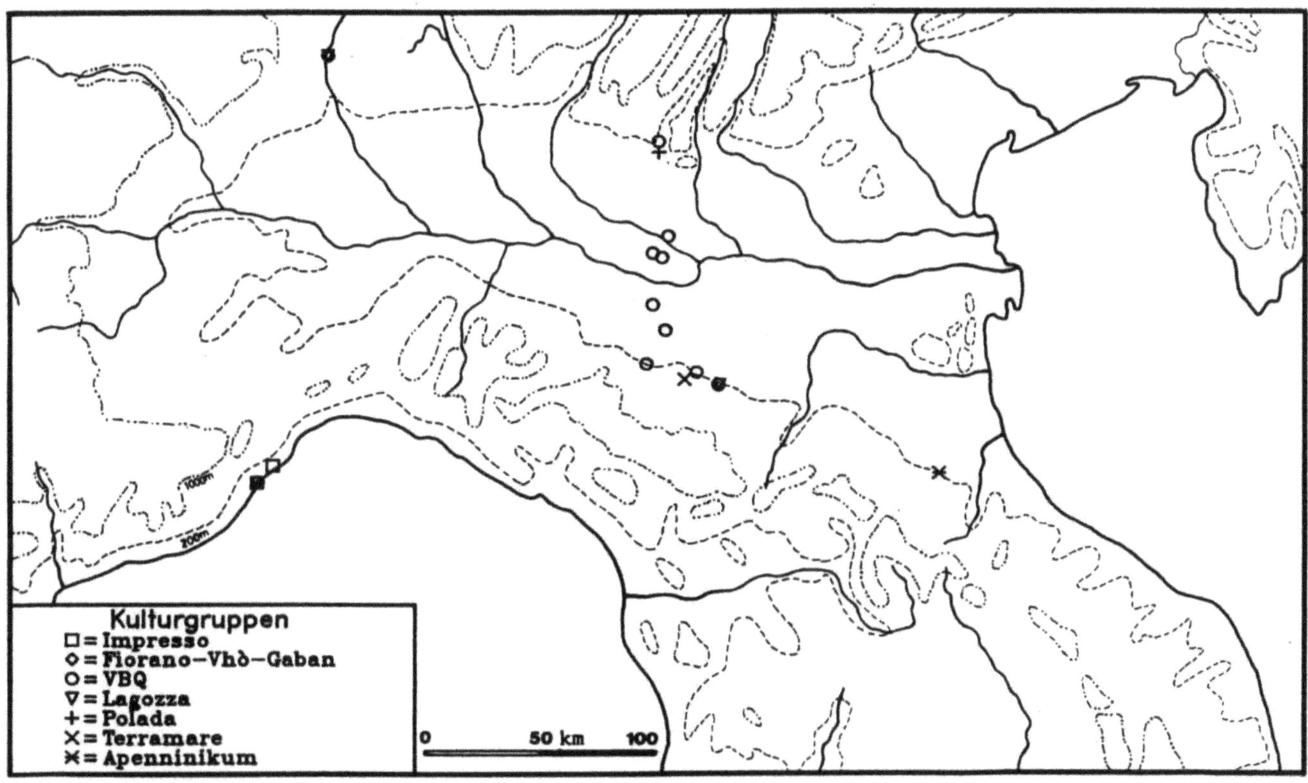

Tafel 15 Norditalien

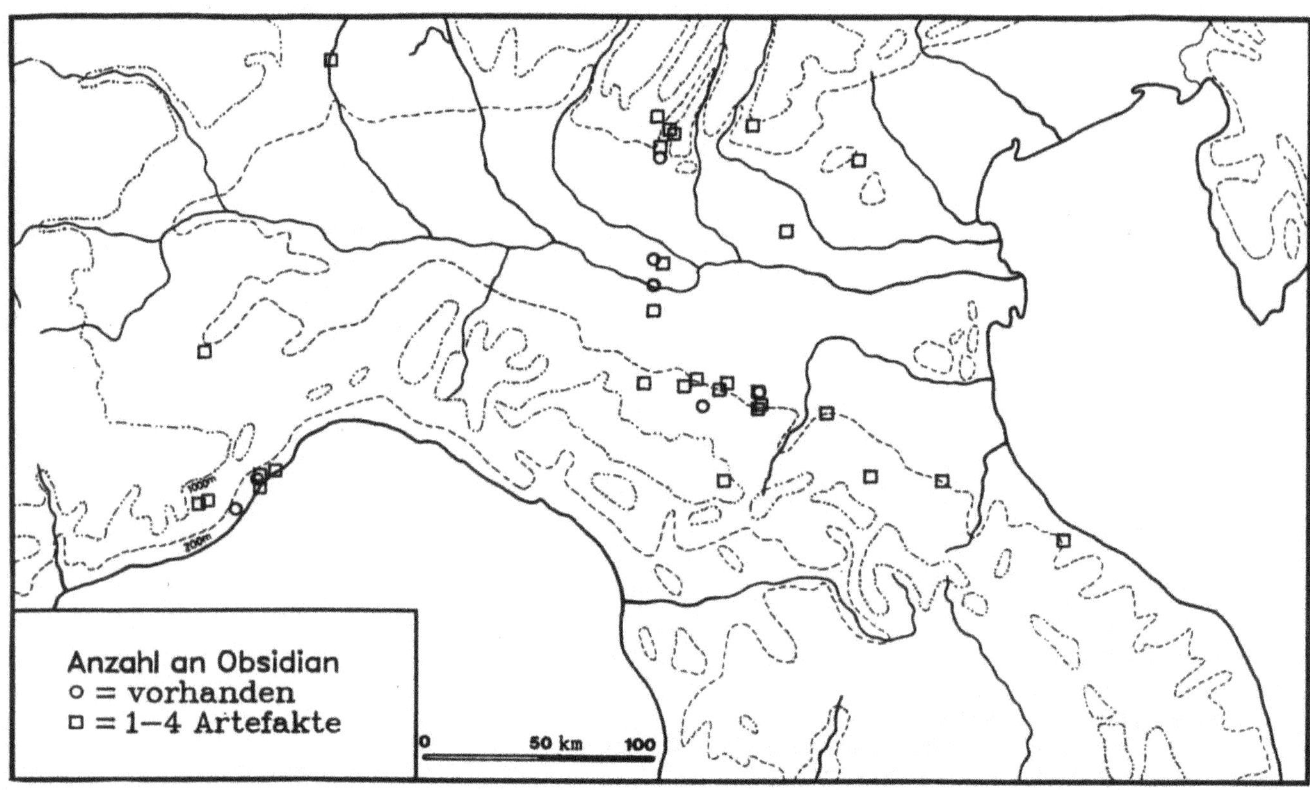

Tafel 16. Norditalien

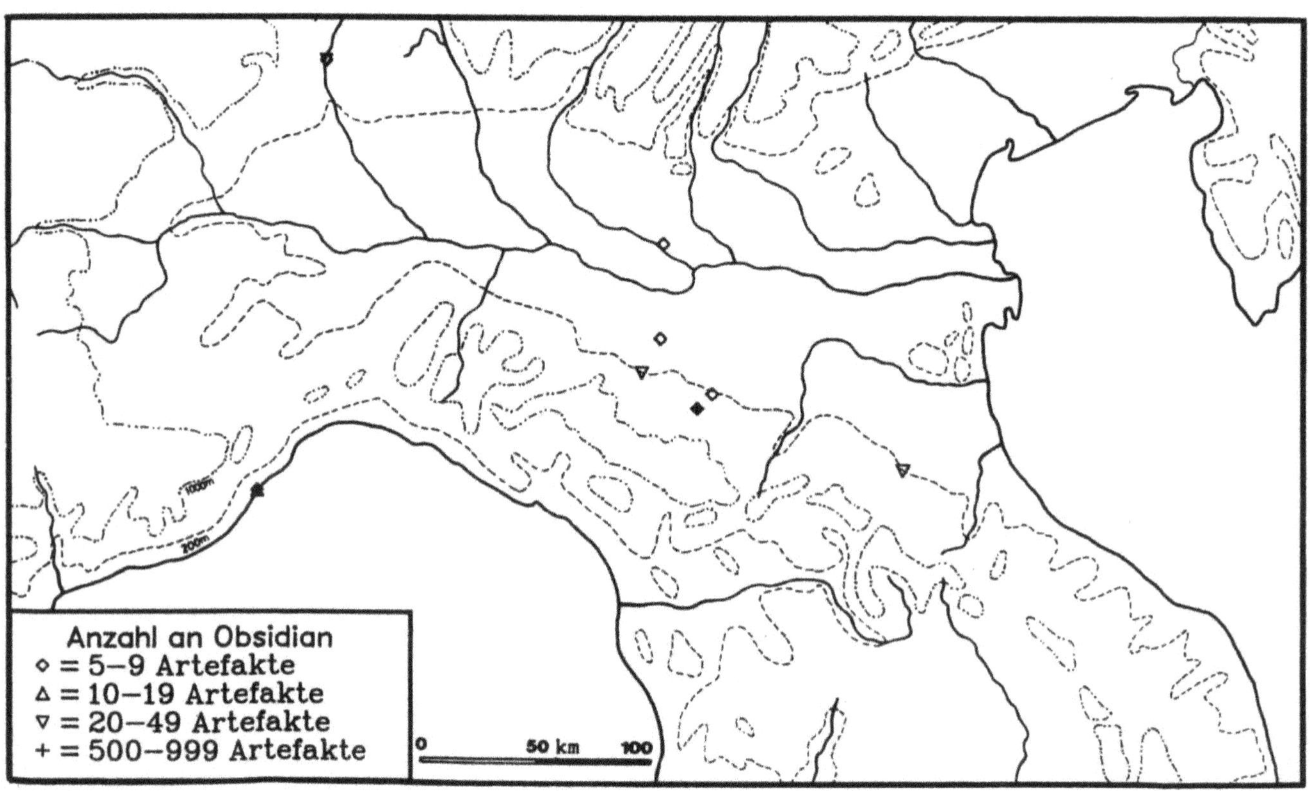

Tafel 17 Norditalien

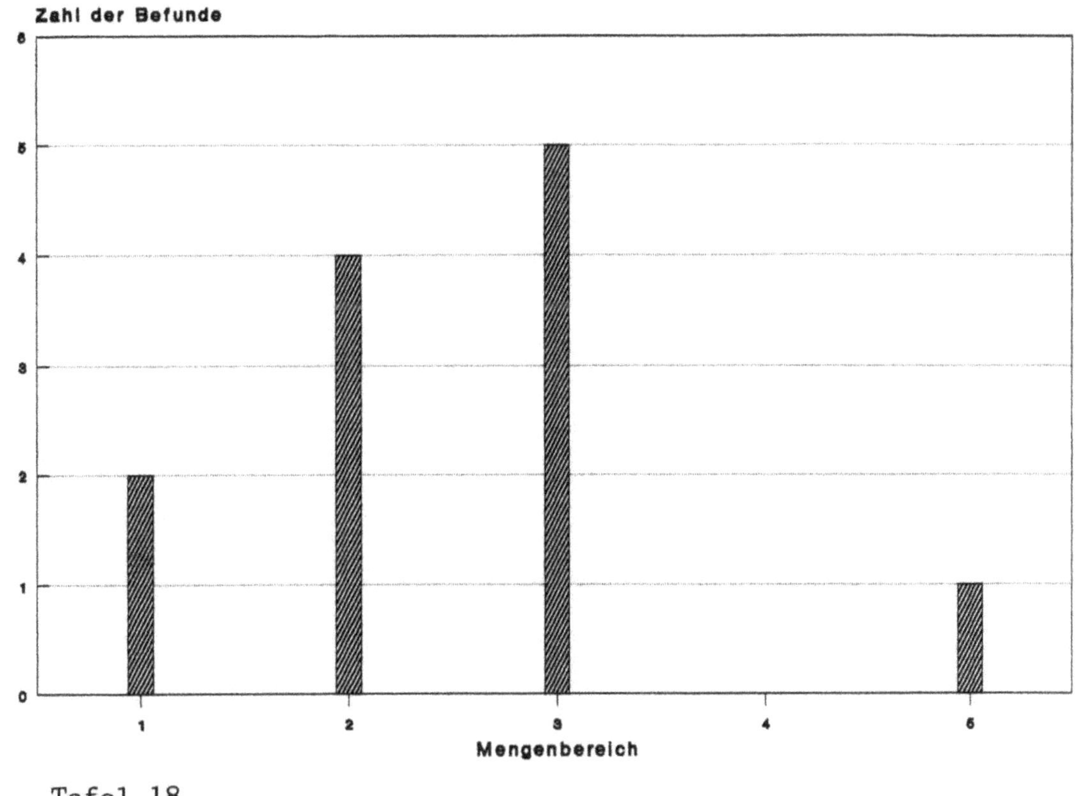

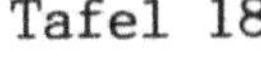

Tafel 18

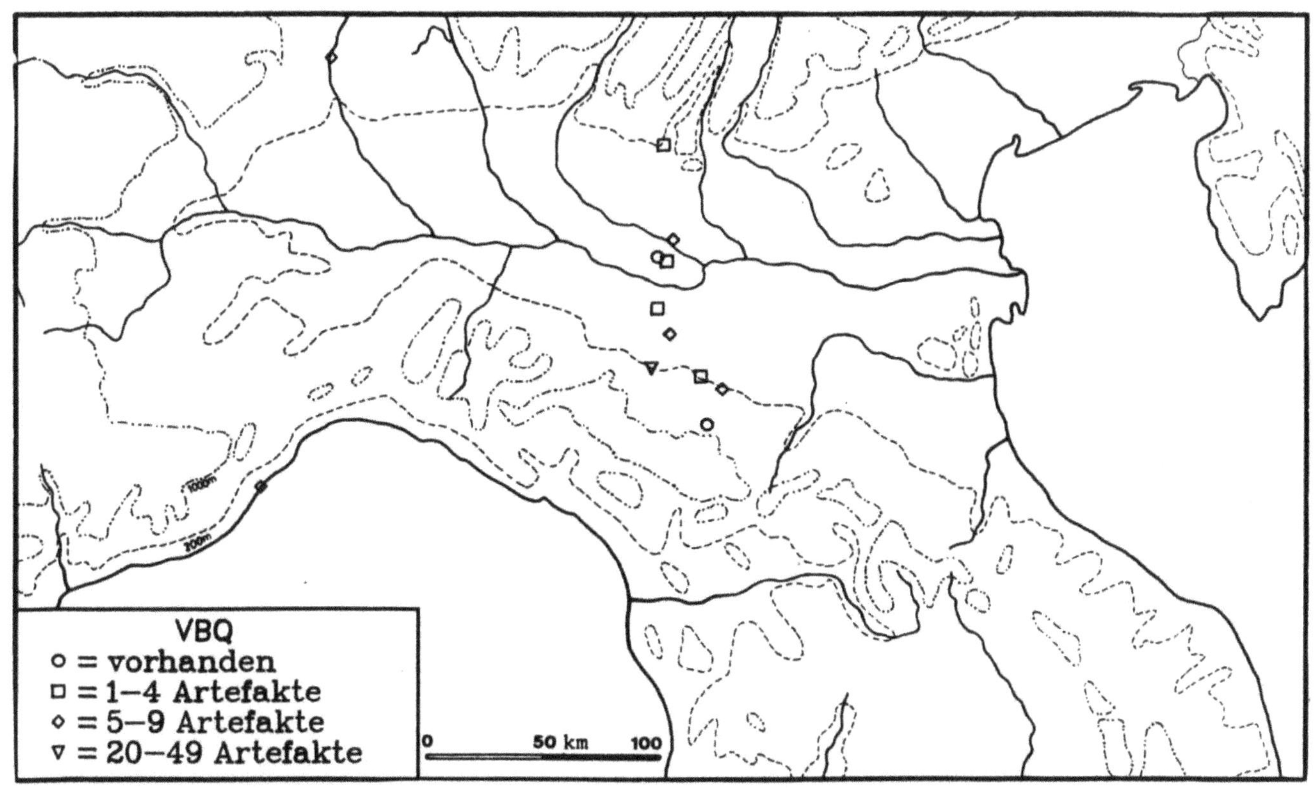

Tafel 19 Norditalien

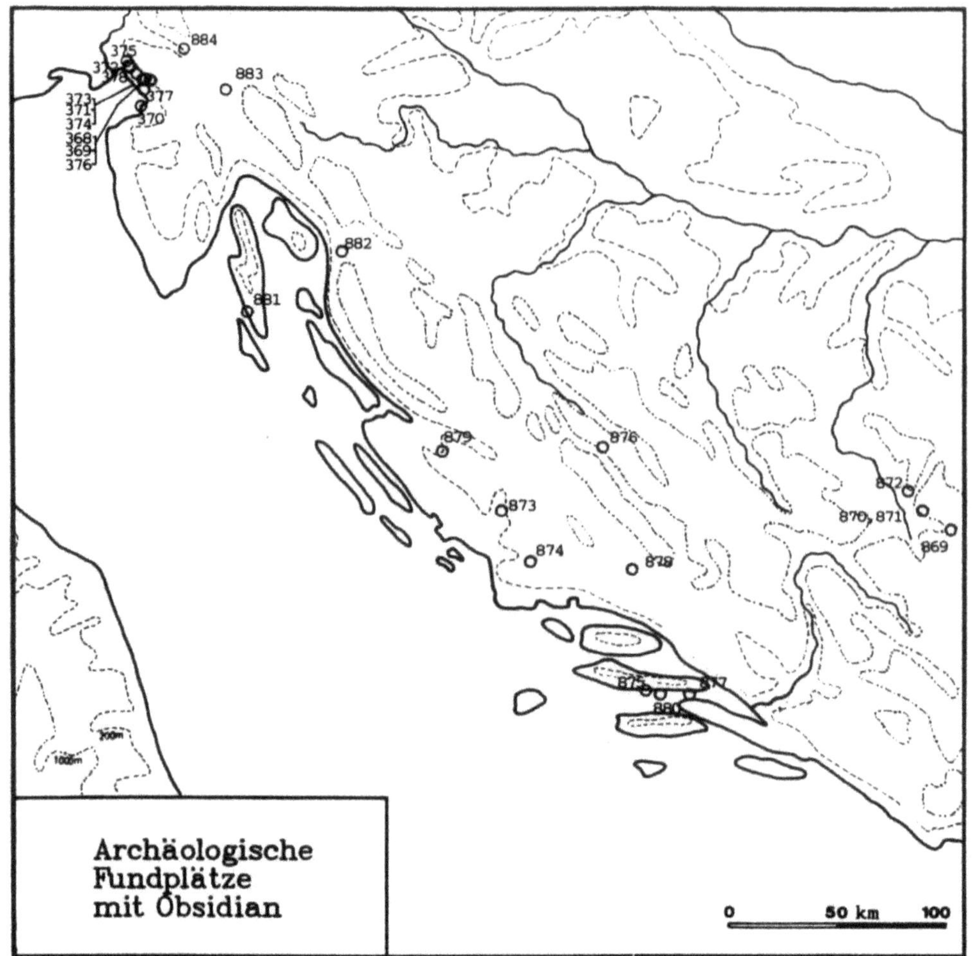

Tafel 20 Östliche Adriaküste

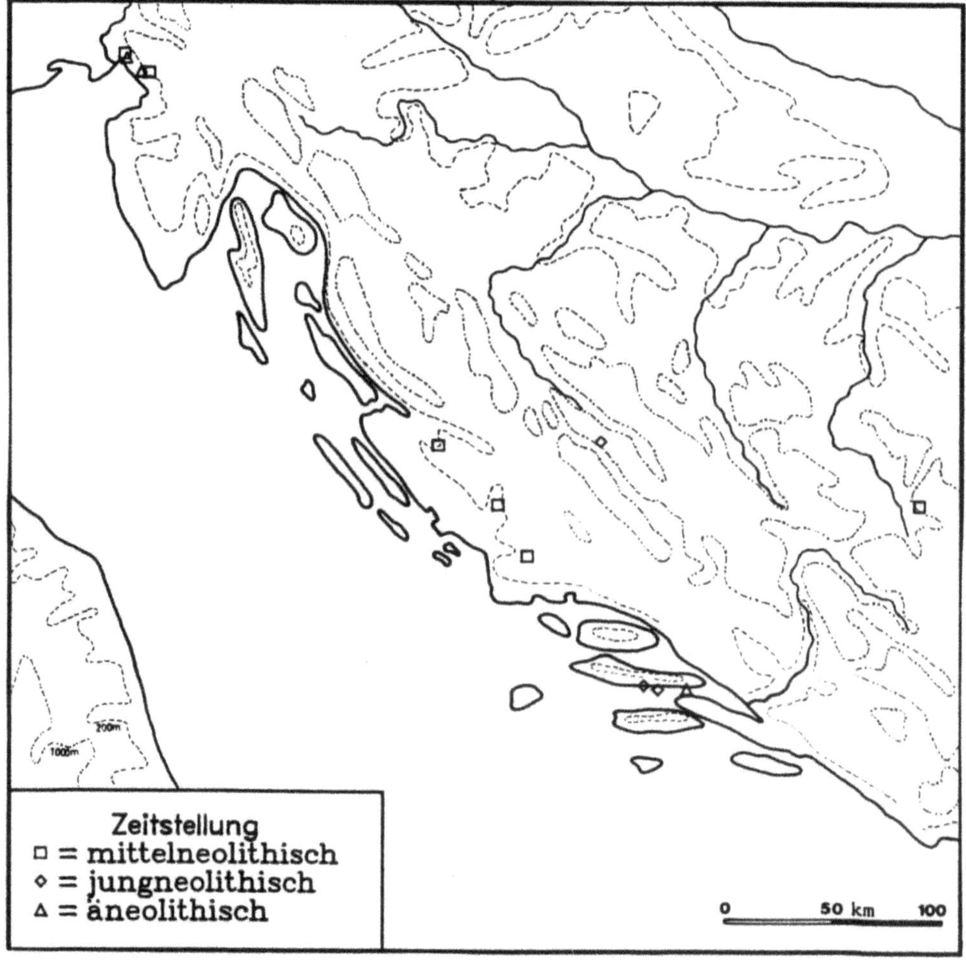

Tafel 21 Östliche Adriaküste

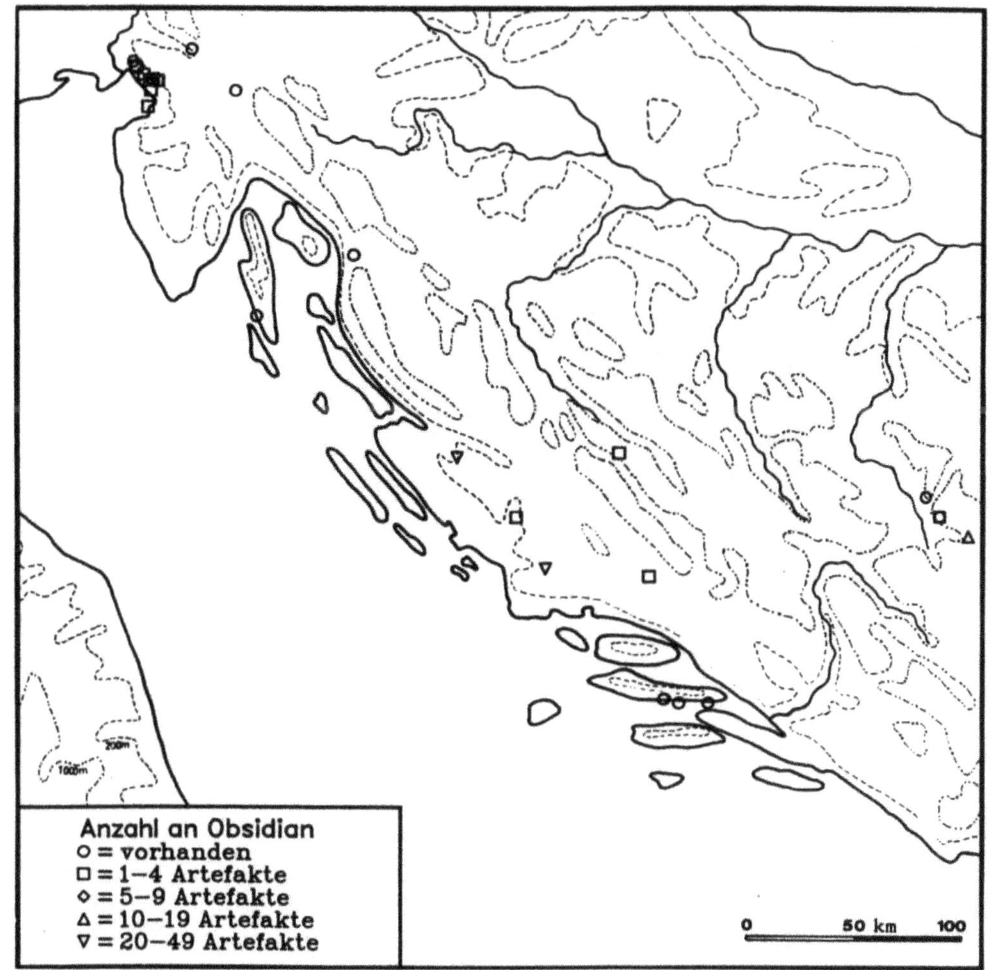

Tafel 22 Östliche Adriaküste

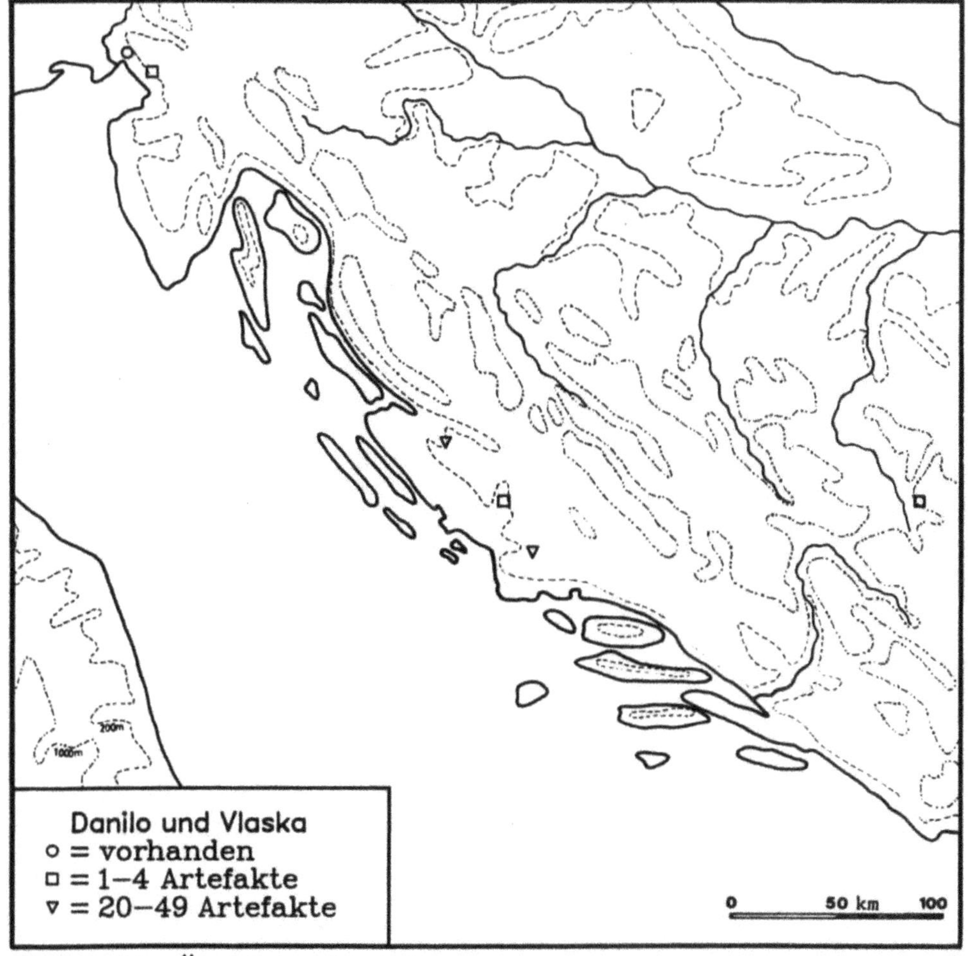

Tafel 23 Östliche Adriaküste

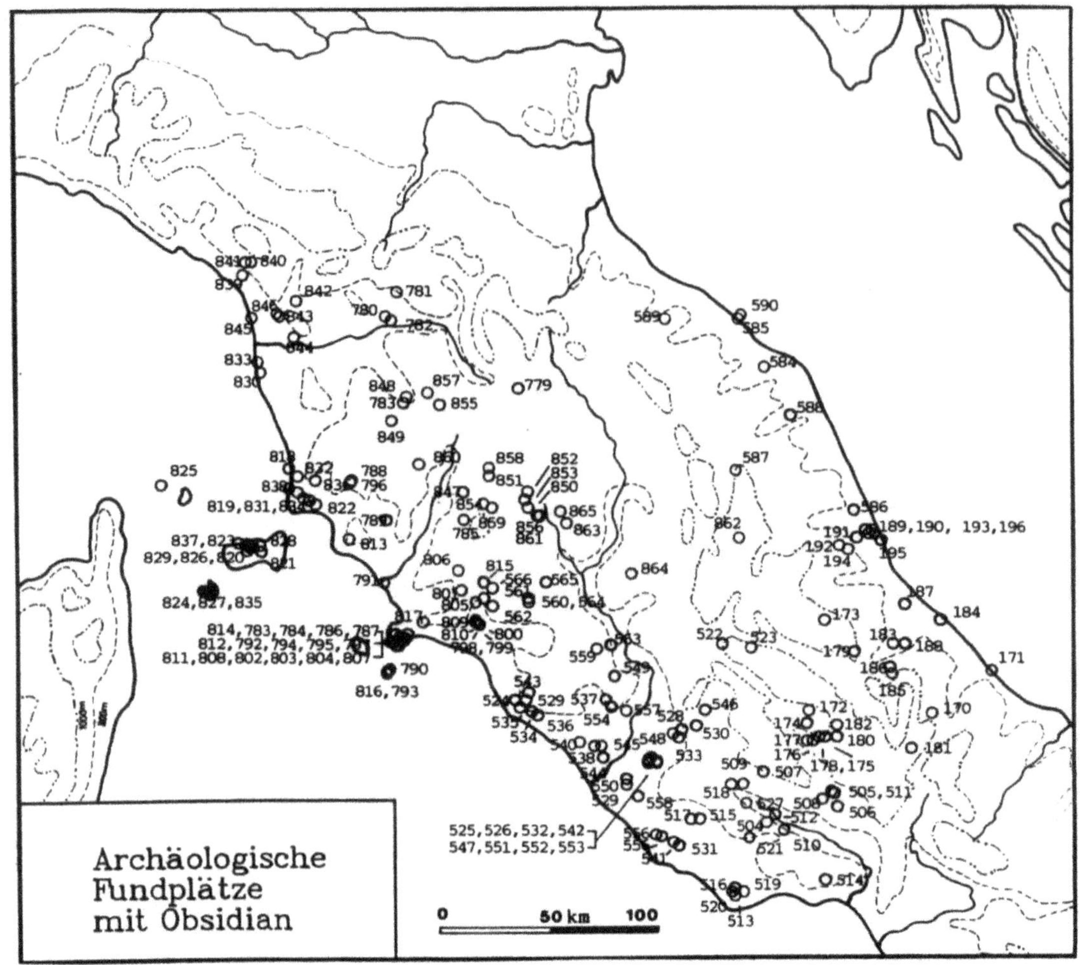

Tafel 24 Mittelitalien

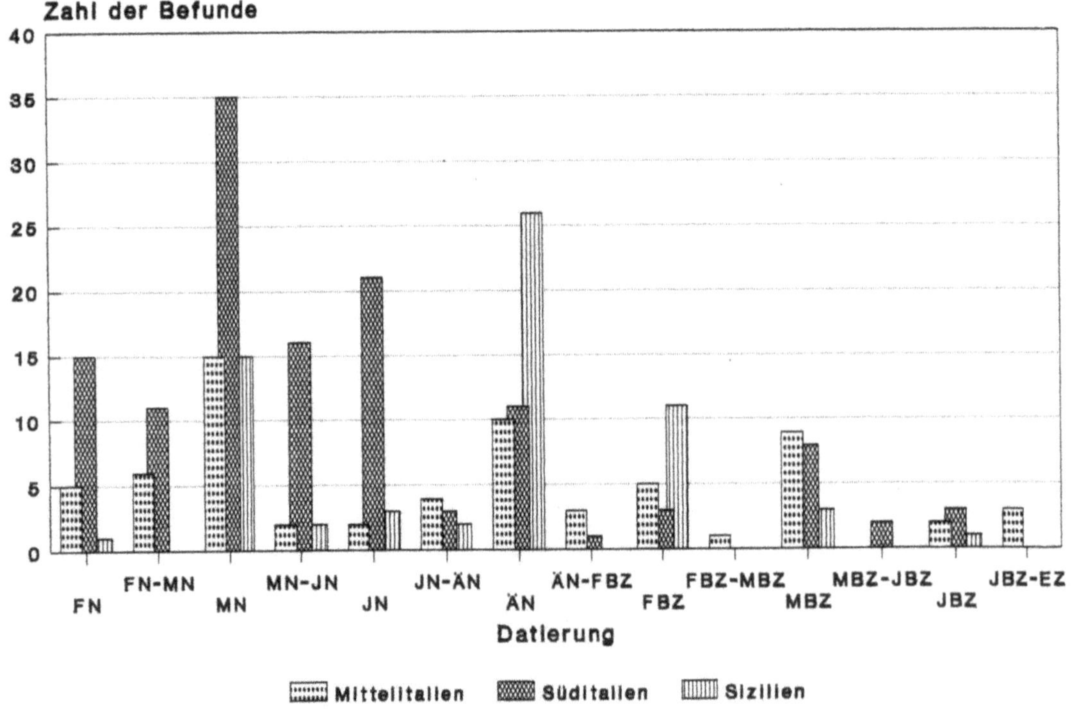

Tafel 25 Nordwestmediterraner Raum

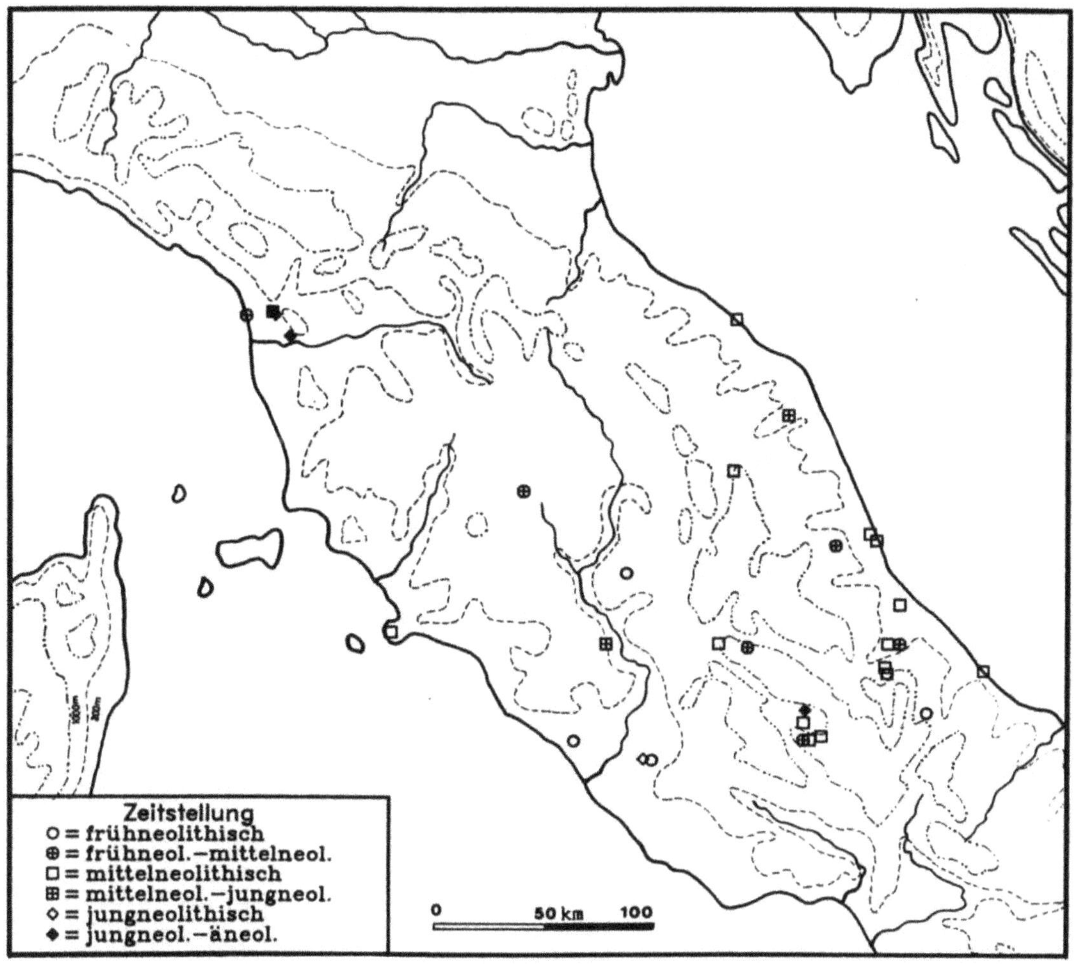

Tafel 26 Mittelitalien

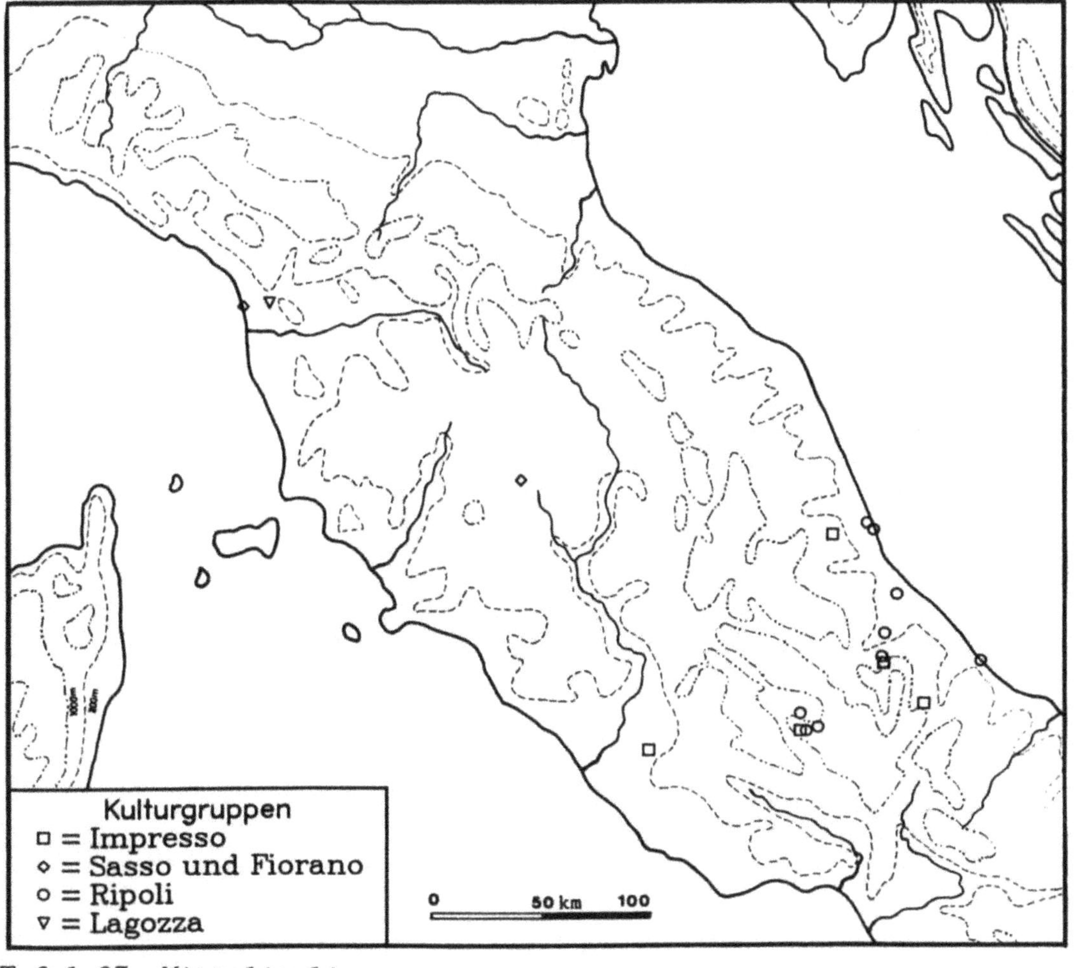

Tafel 27 Mittelitalien

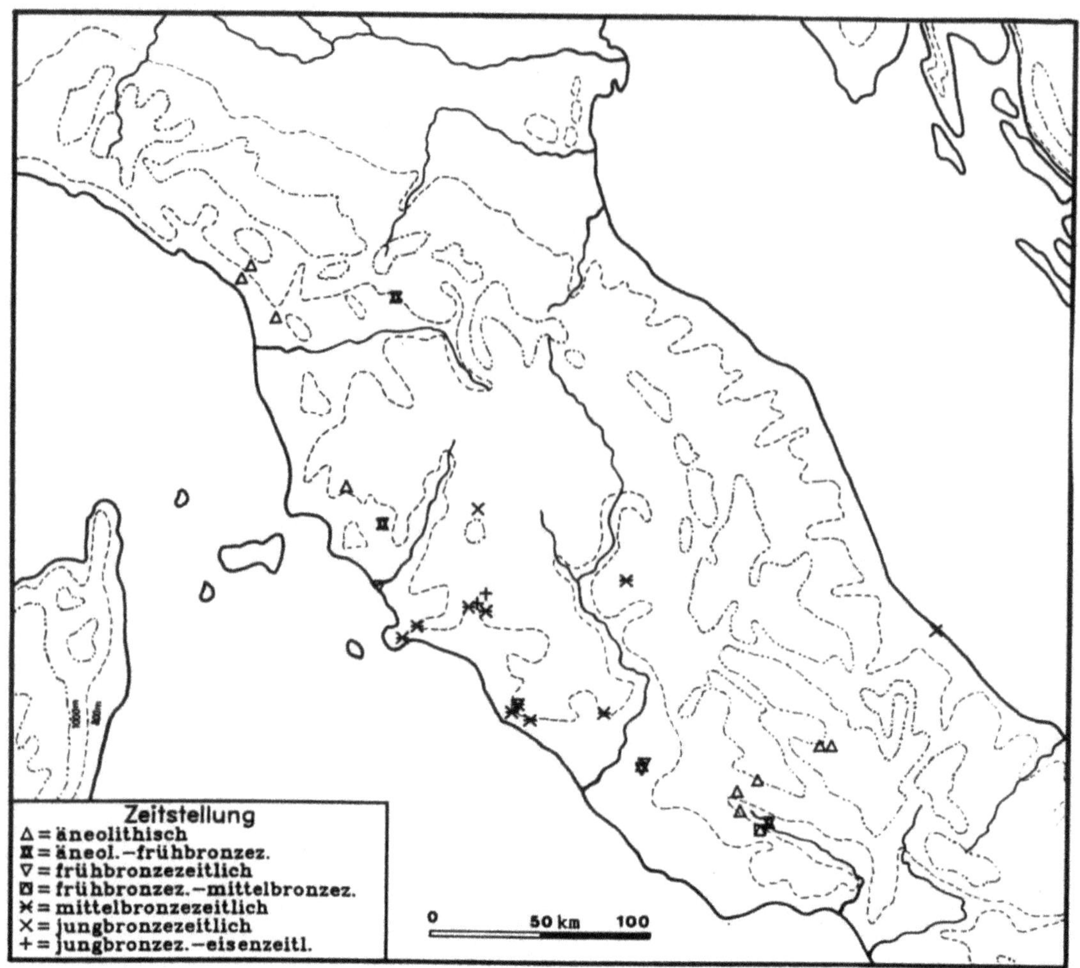

Tafel 28 Mittelitalien

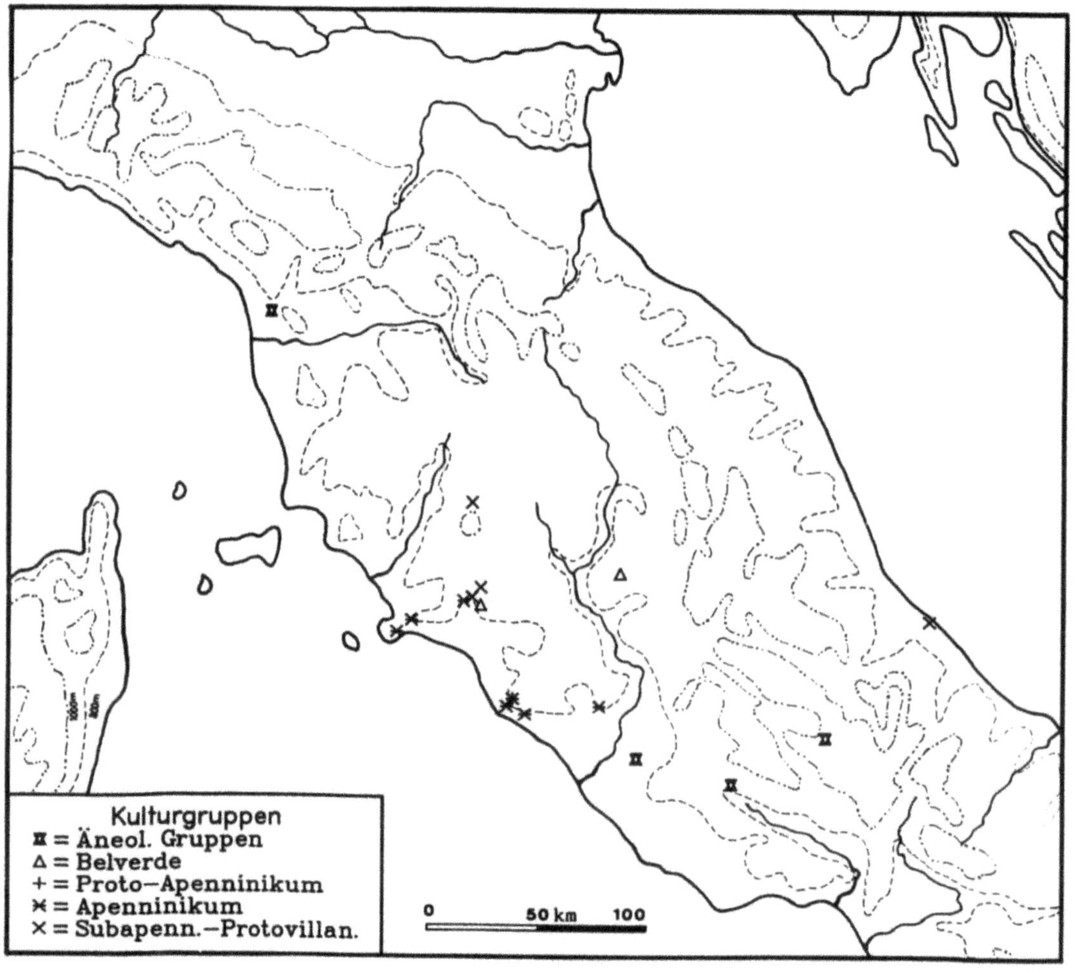

Tafel 29 Mittelitalien

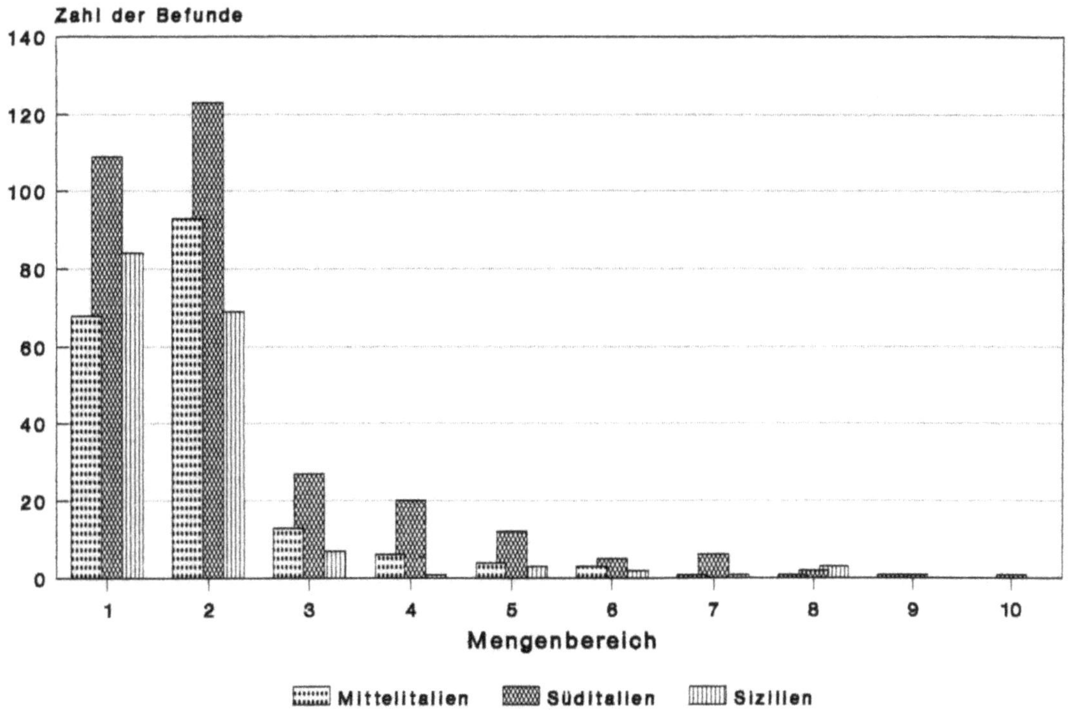

Tafel 30 Nordwestmediterraner Raum

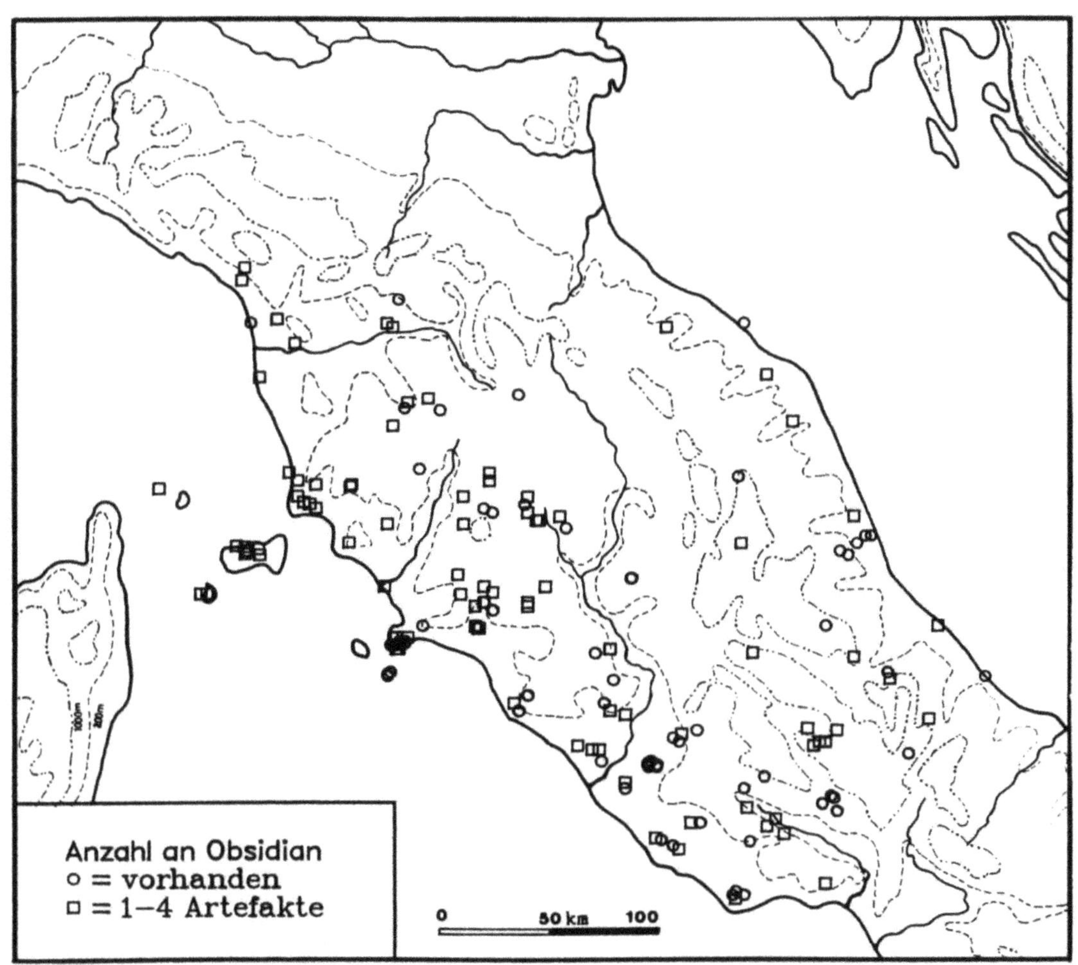

Tafel 31 Mittelitalien

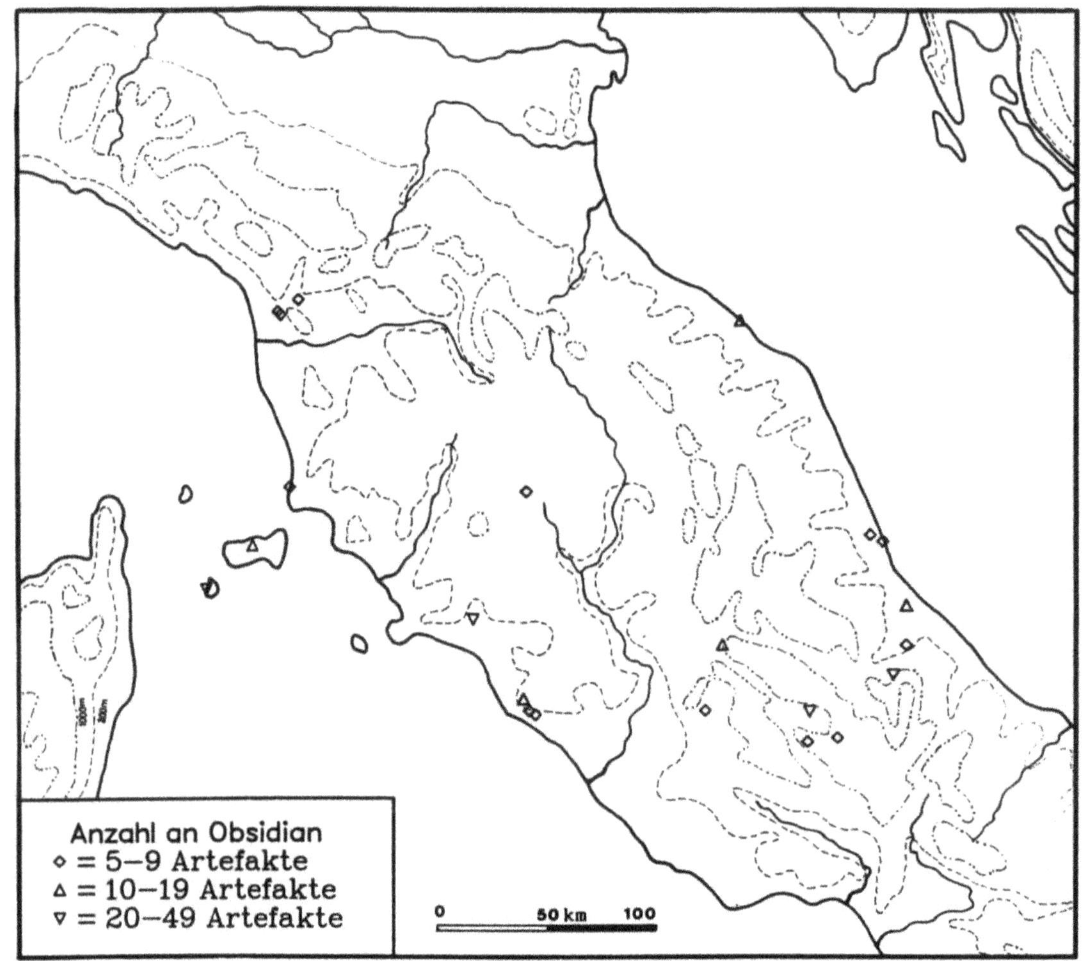

Tafel 32 Mittelitalien

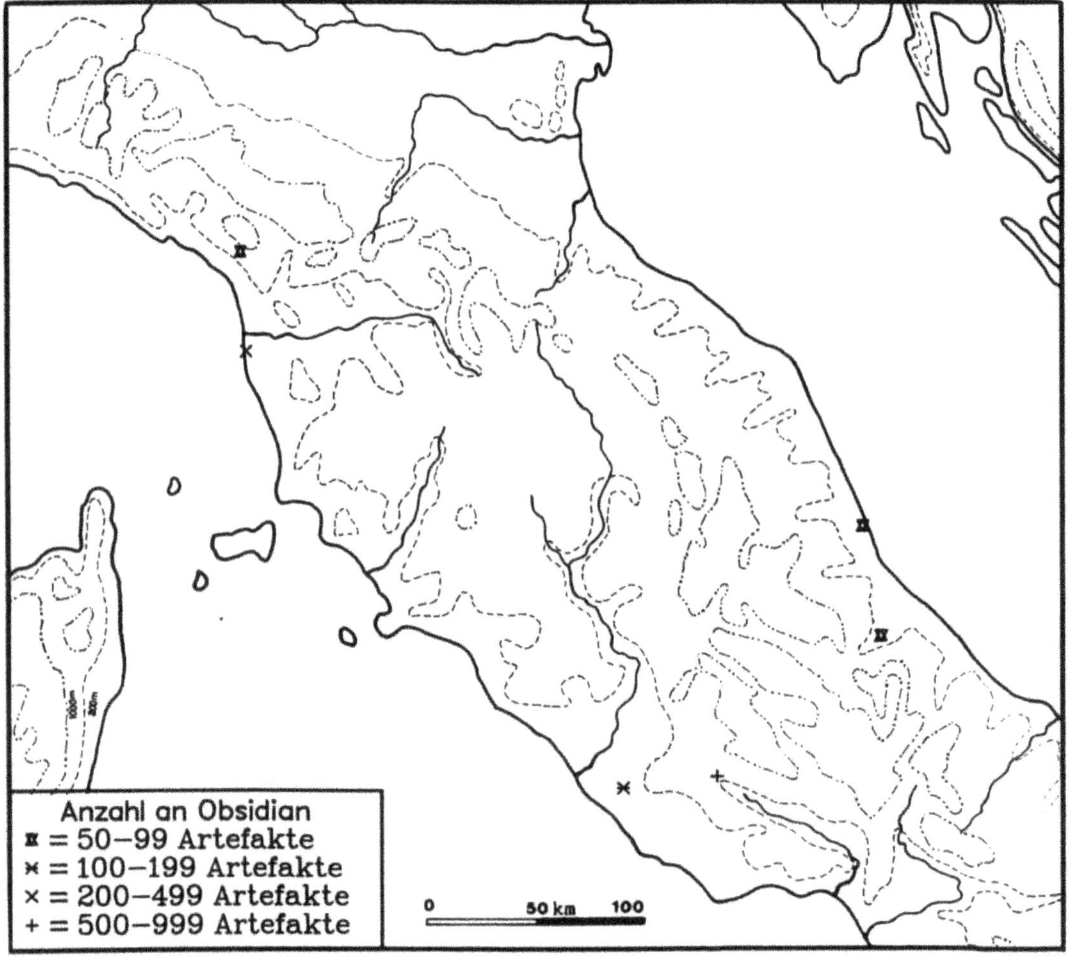

Tafel 33 Mittelitalien

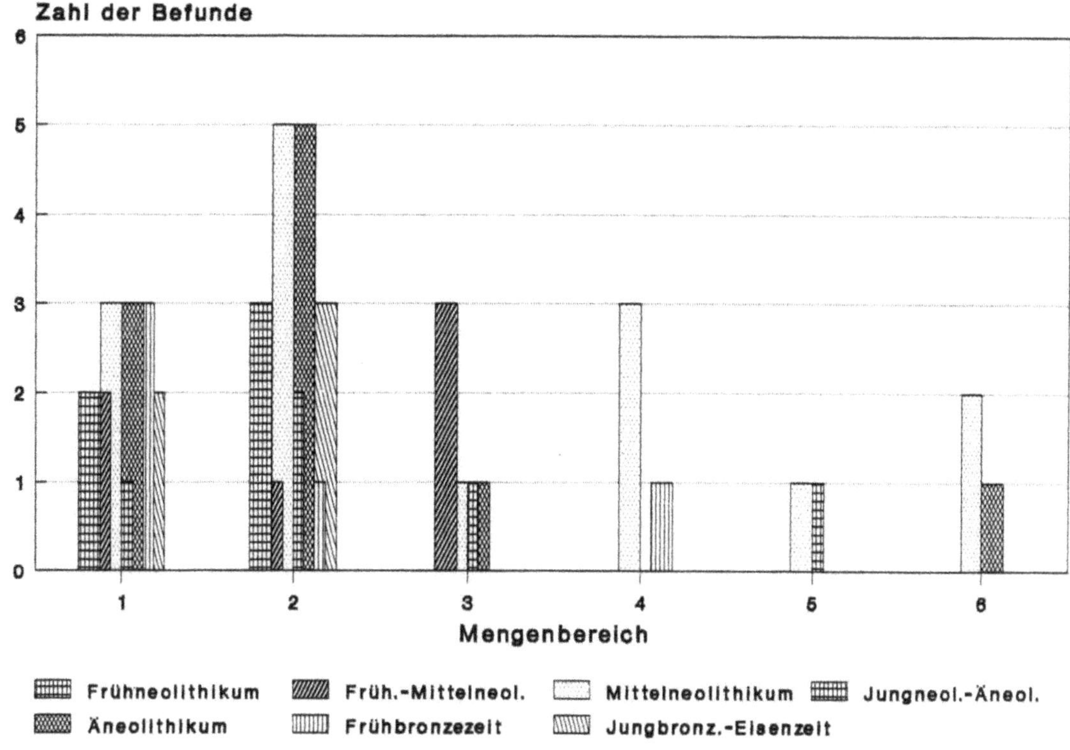

Tafel 34 Mittelitalien

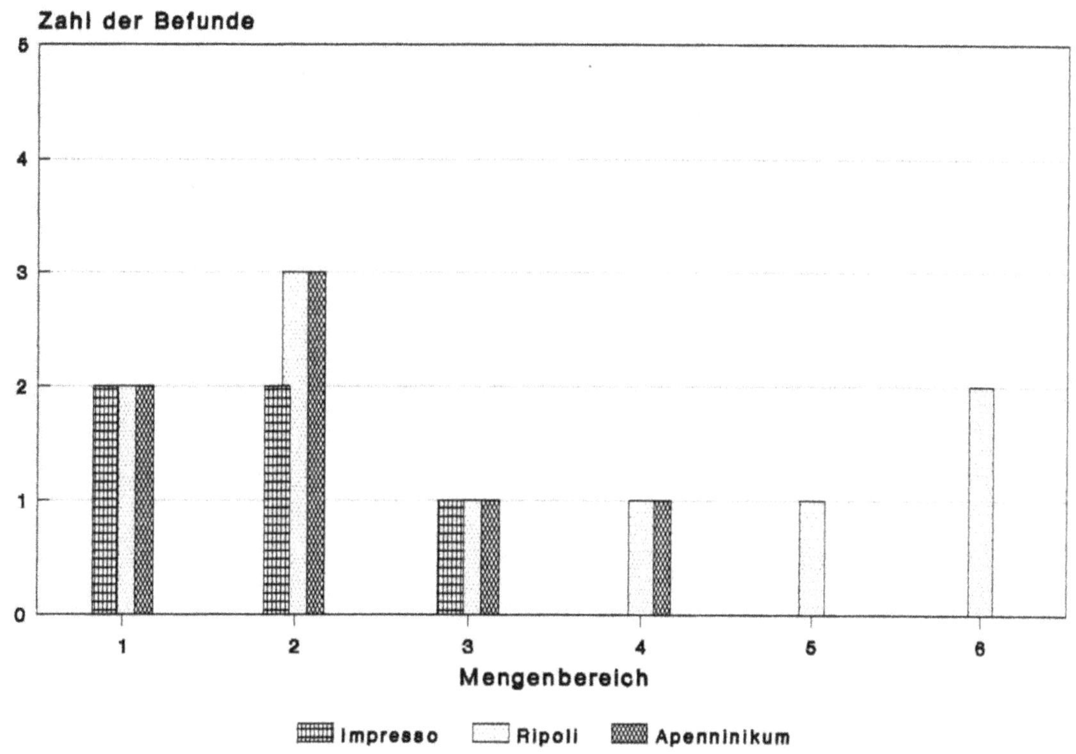

Tafel 35 Mittelitalien

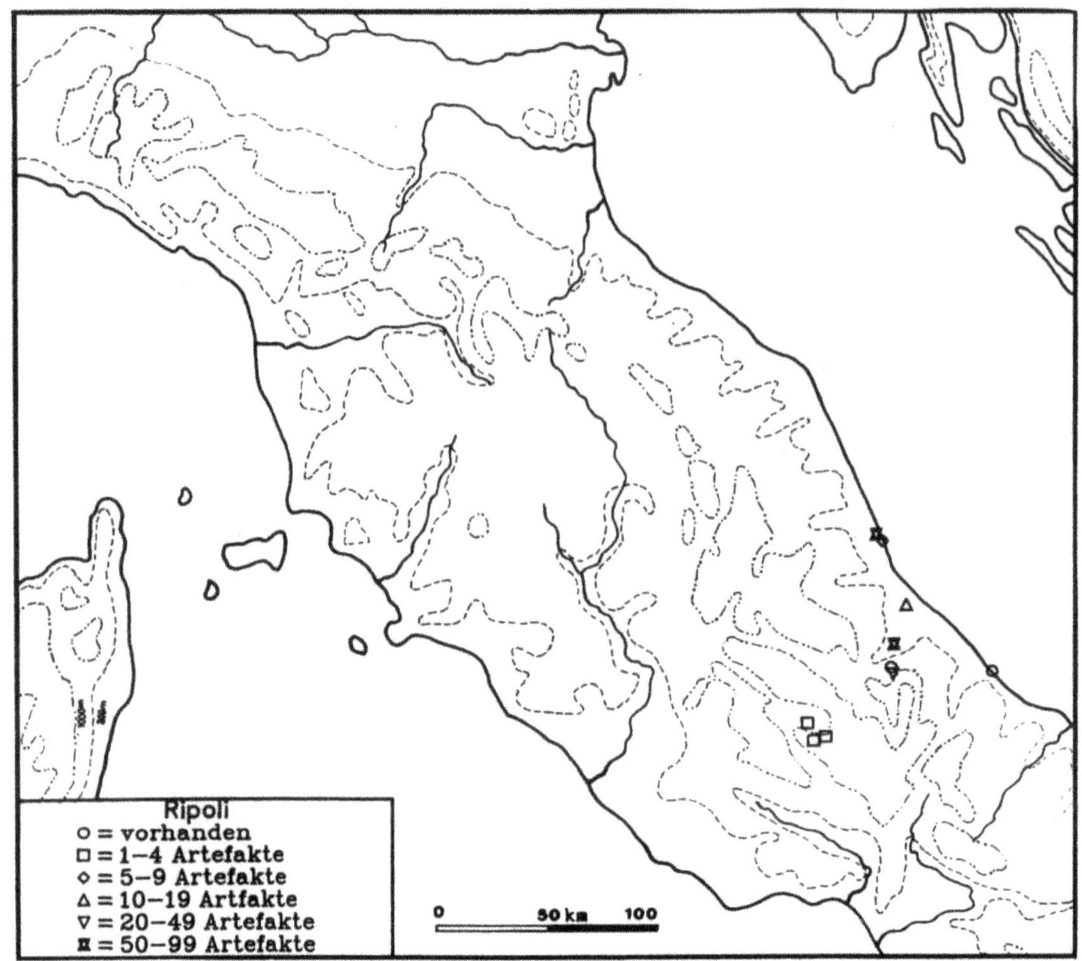

Tafel 36 Mittelitalien

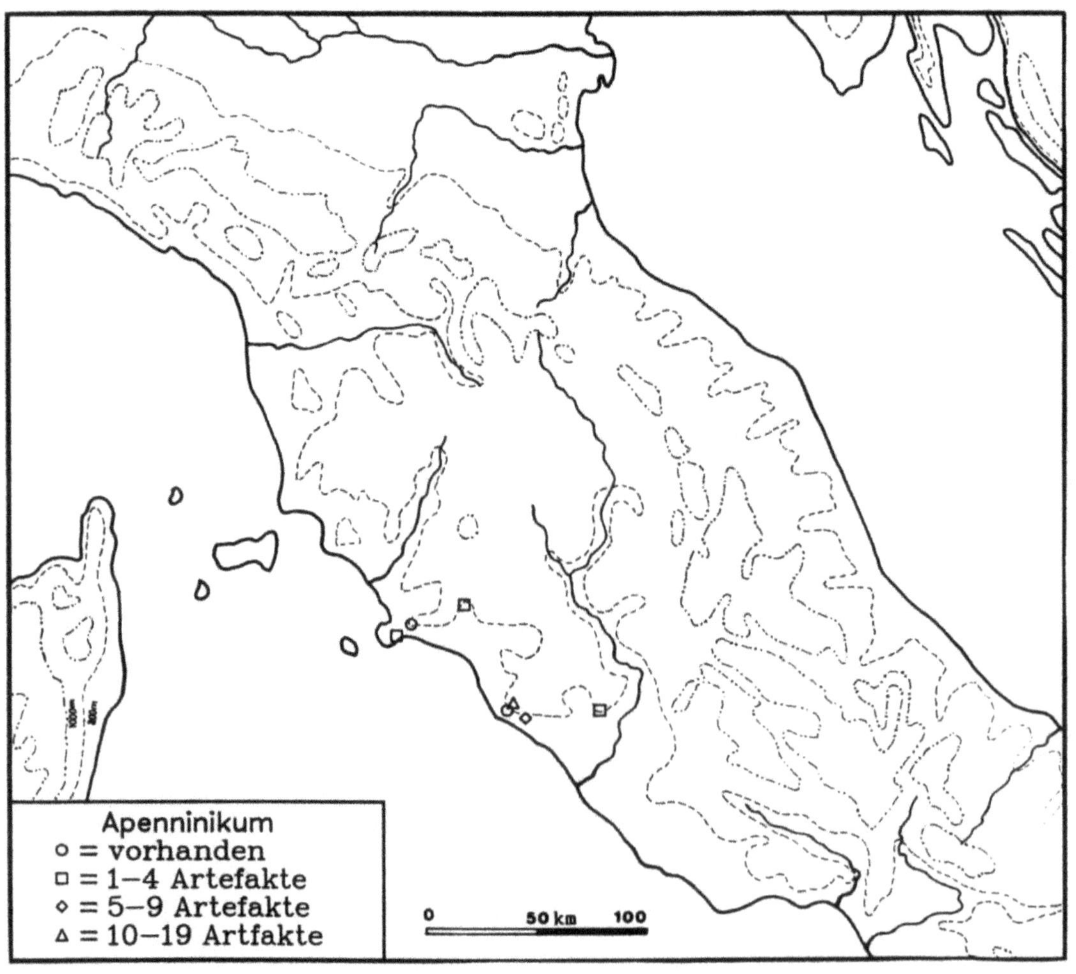

Tafel 37 Mittelitalien

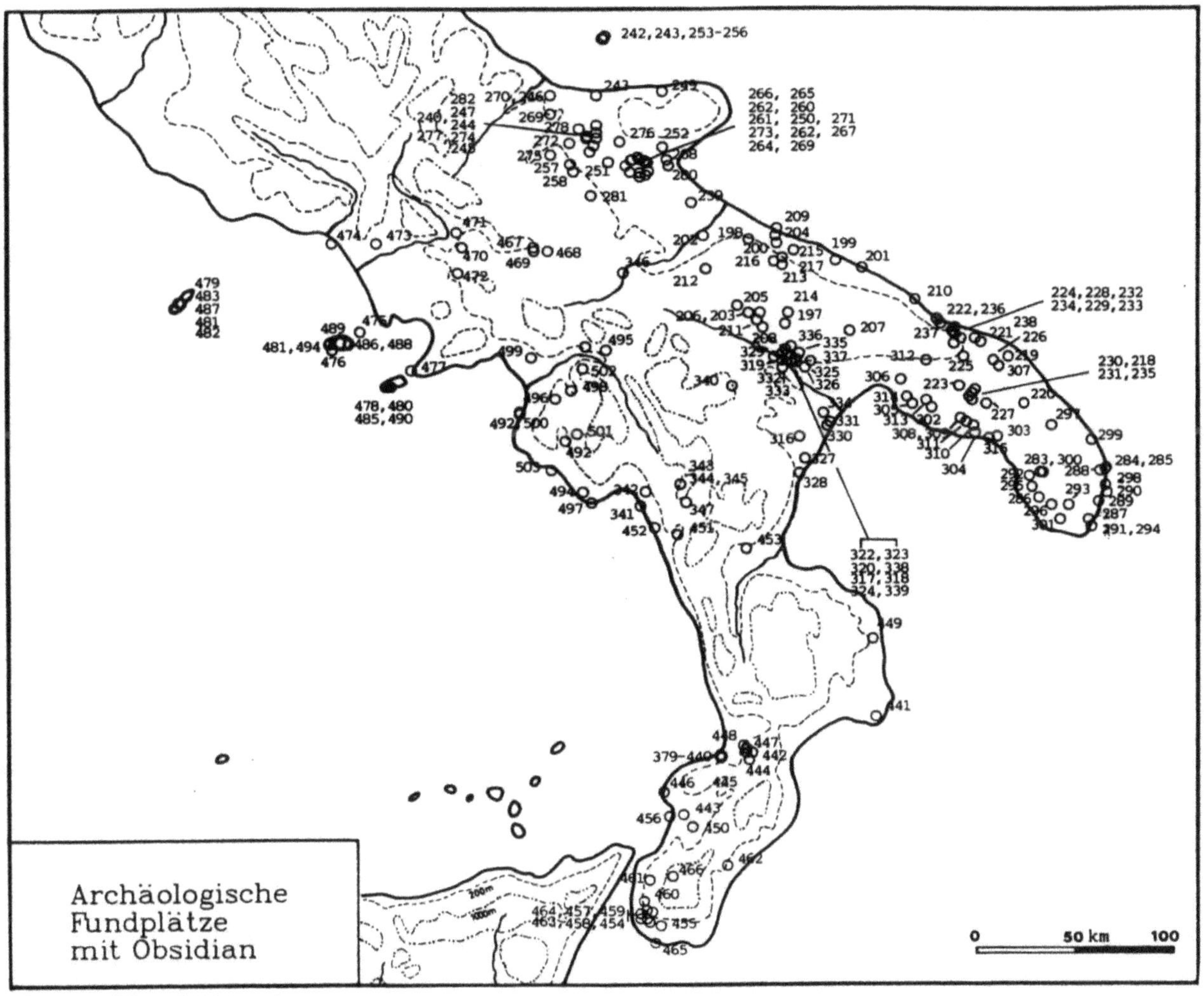

Archäologische
Fundplätze
mit Obsidian
0 50 km 100
Tafel 38 Süditalien

Zeitstellung
○ = frühneolithisch
⊕ = frühneol.–mittelneol.
0 50 km 100
Tafel 39 Süditalien

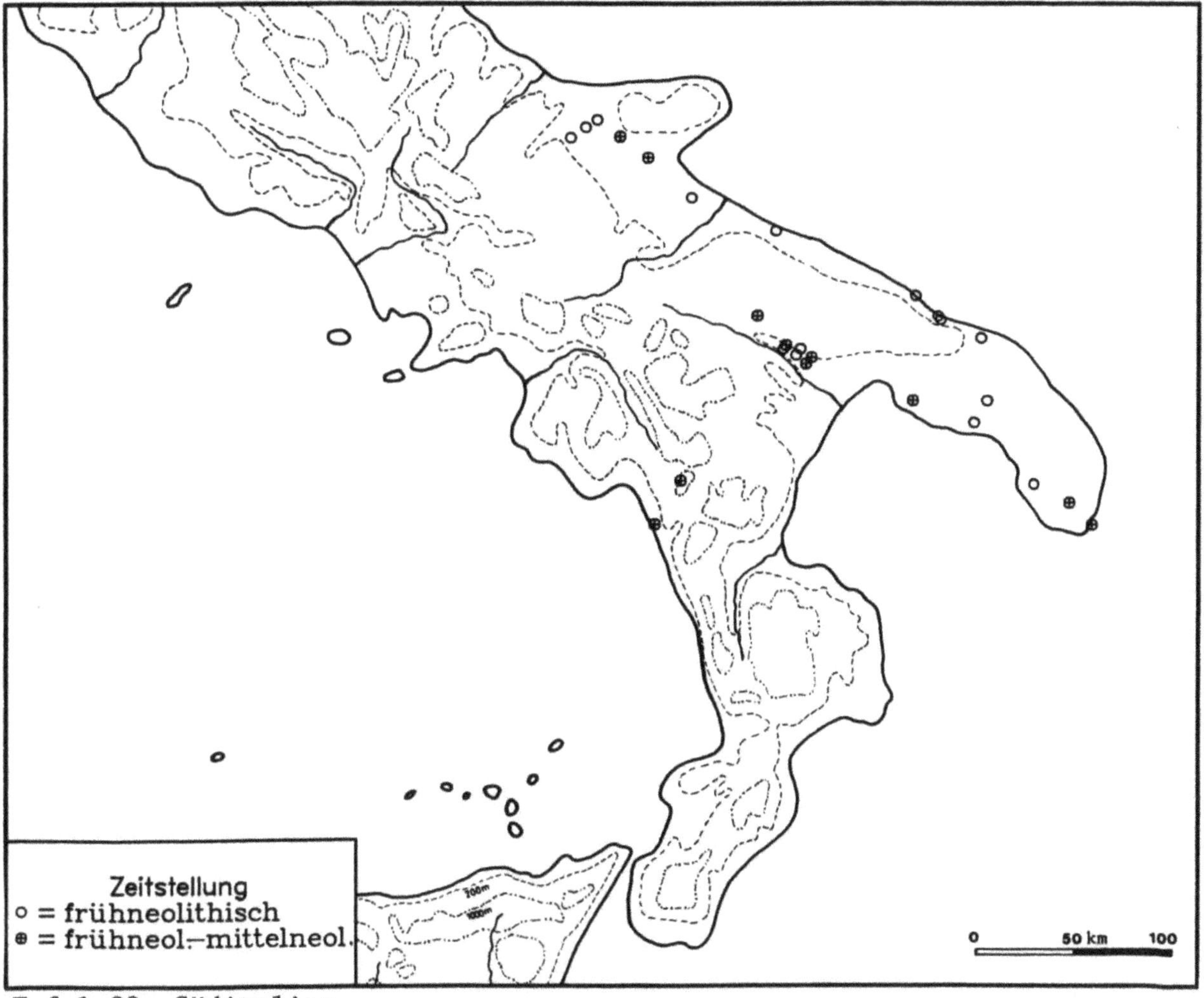

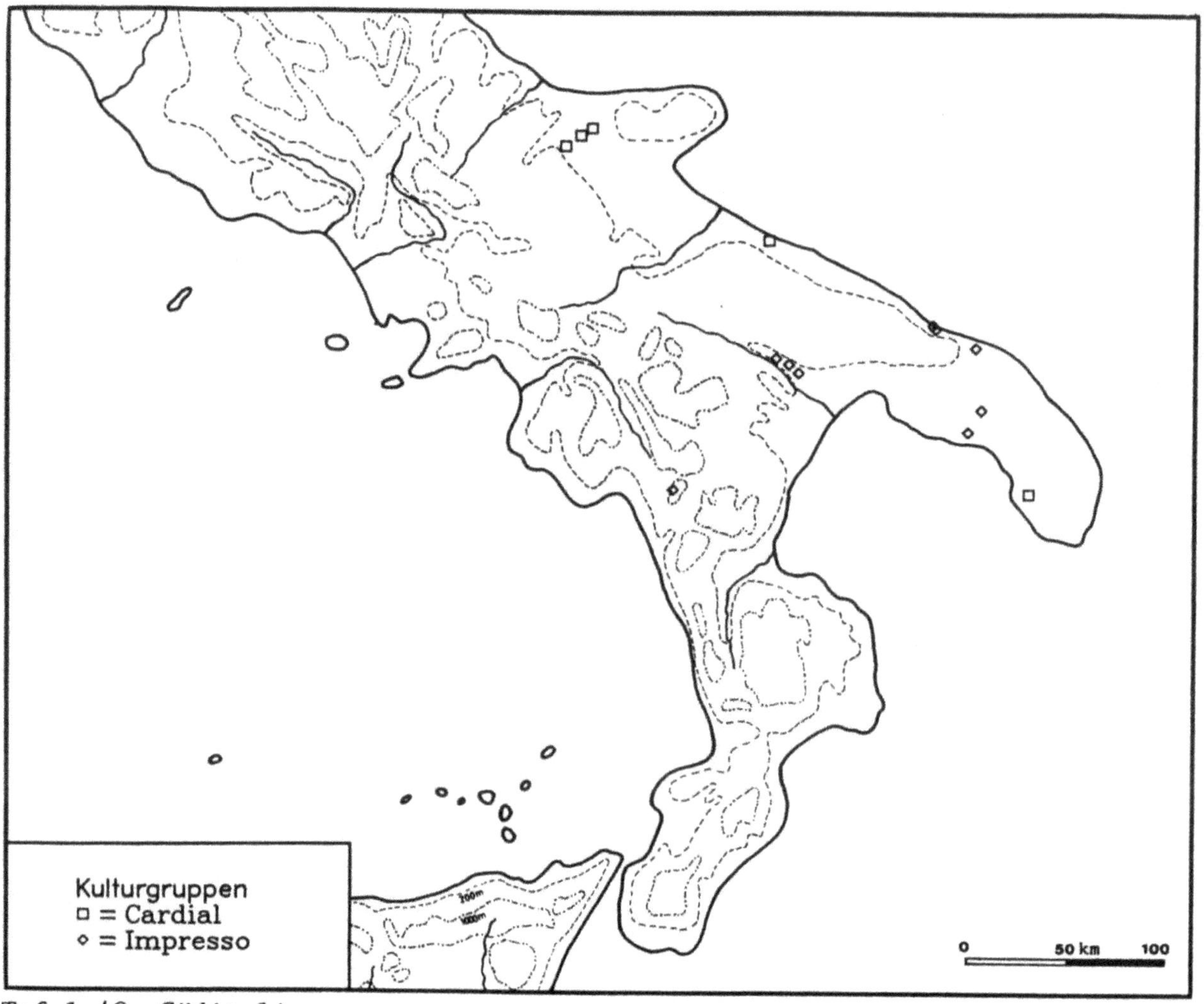

Kulturgruppen
□ = Cardial
◇ = Impresso
0 50 km 100

Tafel 40 Süditalien

Zeitstellung
□ = mittelneolithisch
⊞ = mittelneol.–jungneol.
0 50 km 100

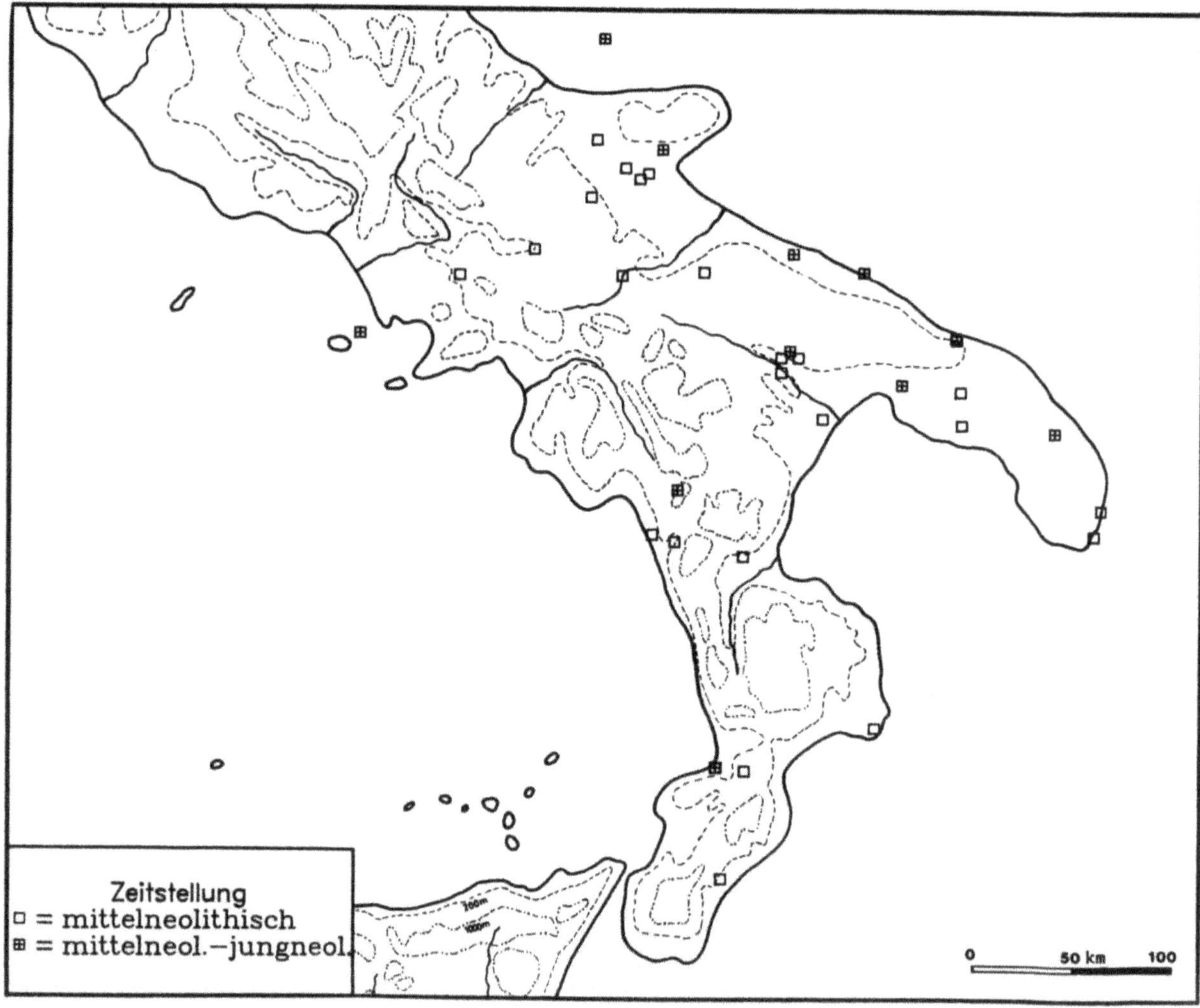

Tafel 41 Süditalien

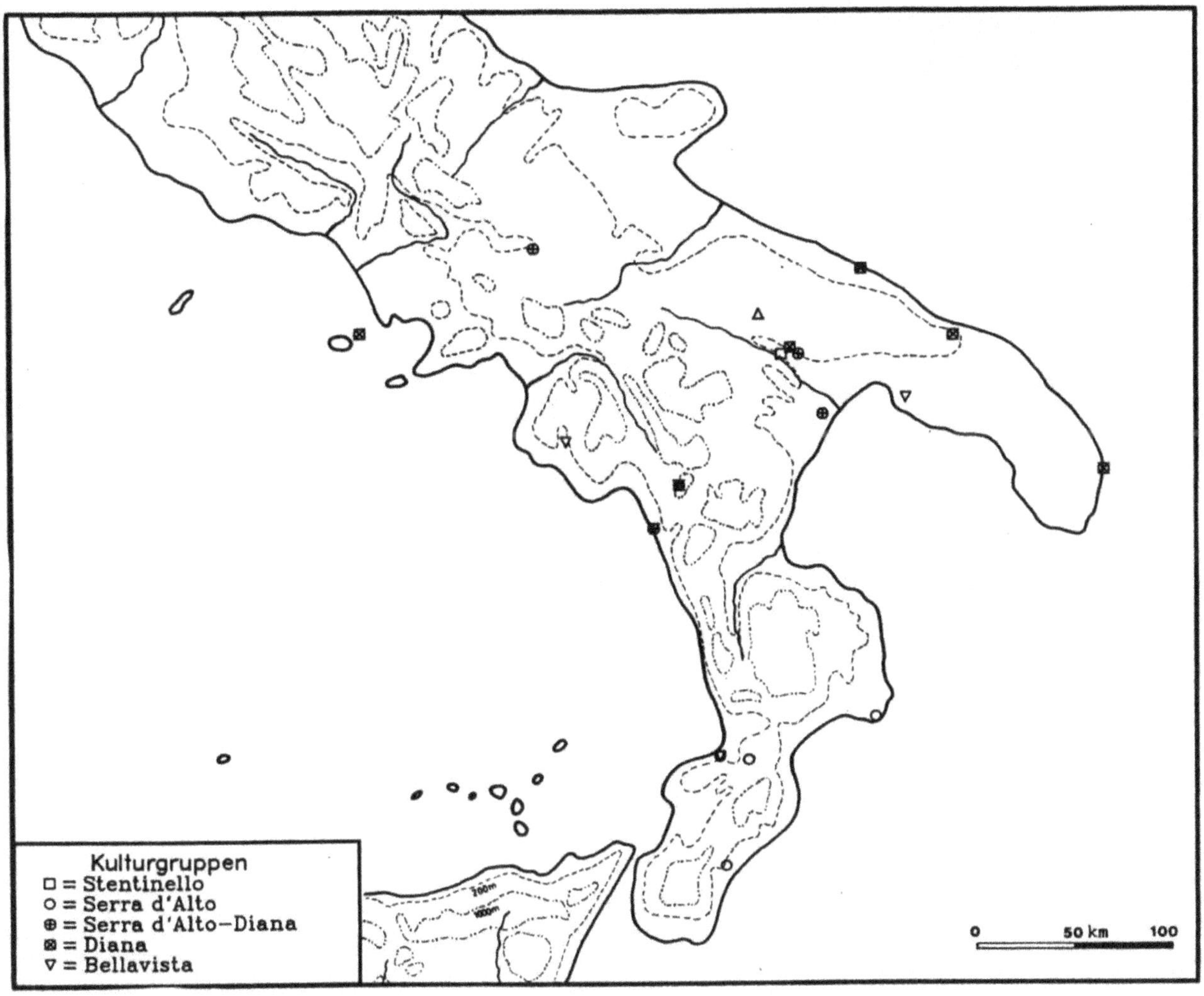

Kulturgruppen
□ = Stentinello
○ = Serra d'Alto
⊕ = Serra d'Alto-Diana
⊠ = Diana
▽ = Bellavista
0 50 km 100

Tafel 42 Süditalien

Zeitstellung
◇ = jungneolithisch
◆ = jungneol.-äneol.
0 50 km 100

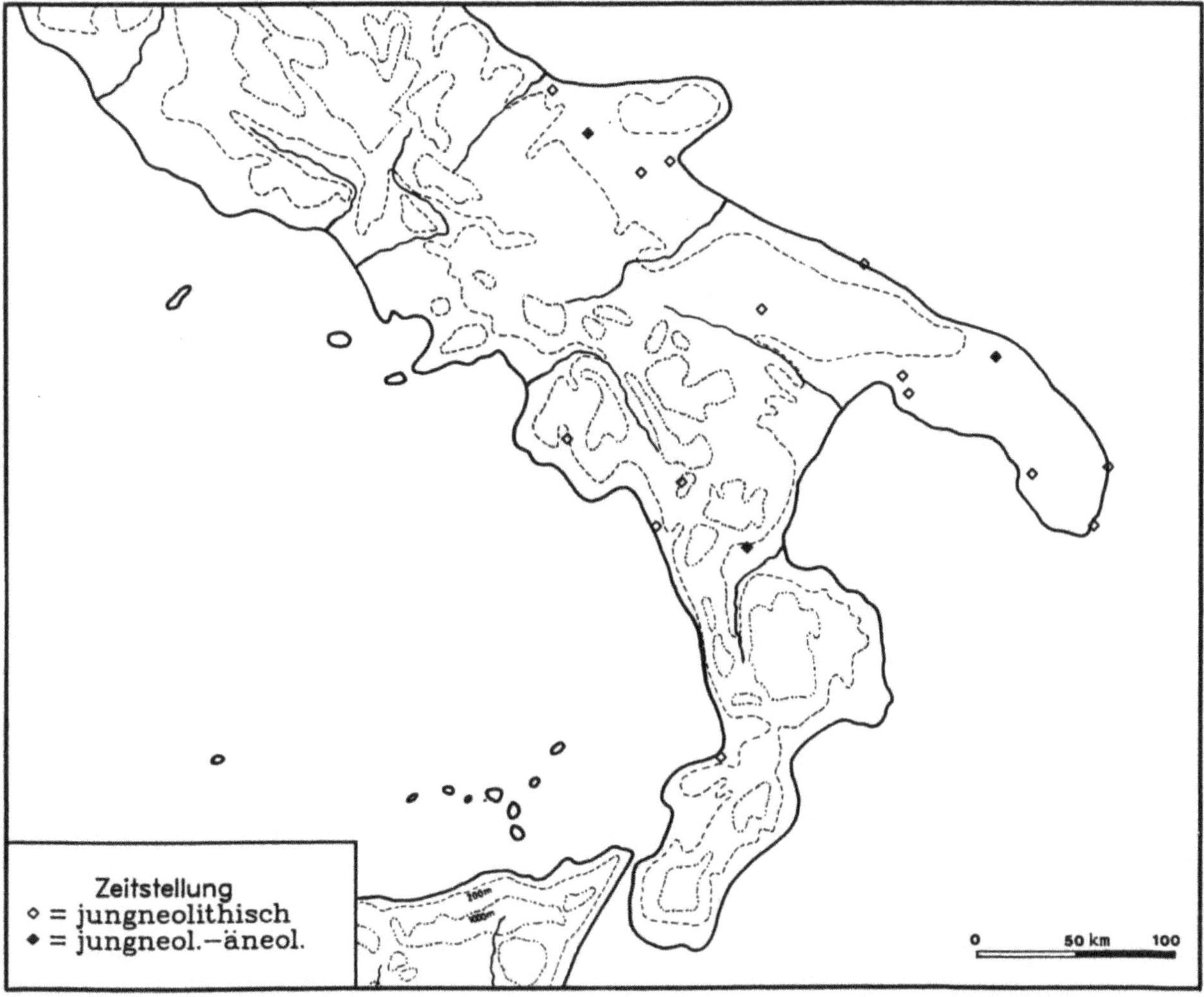

Tafel 43 Süditalien

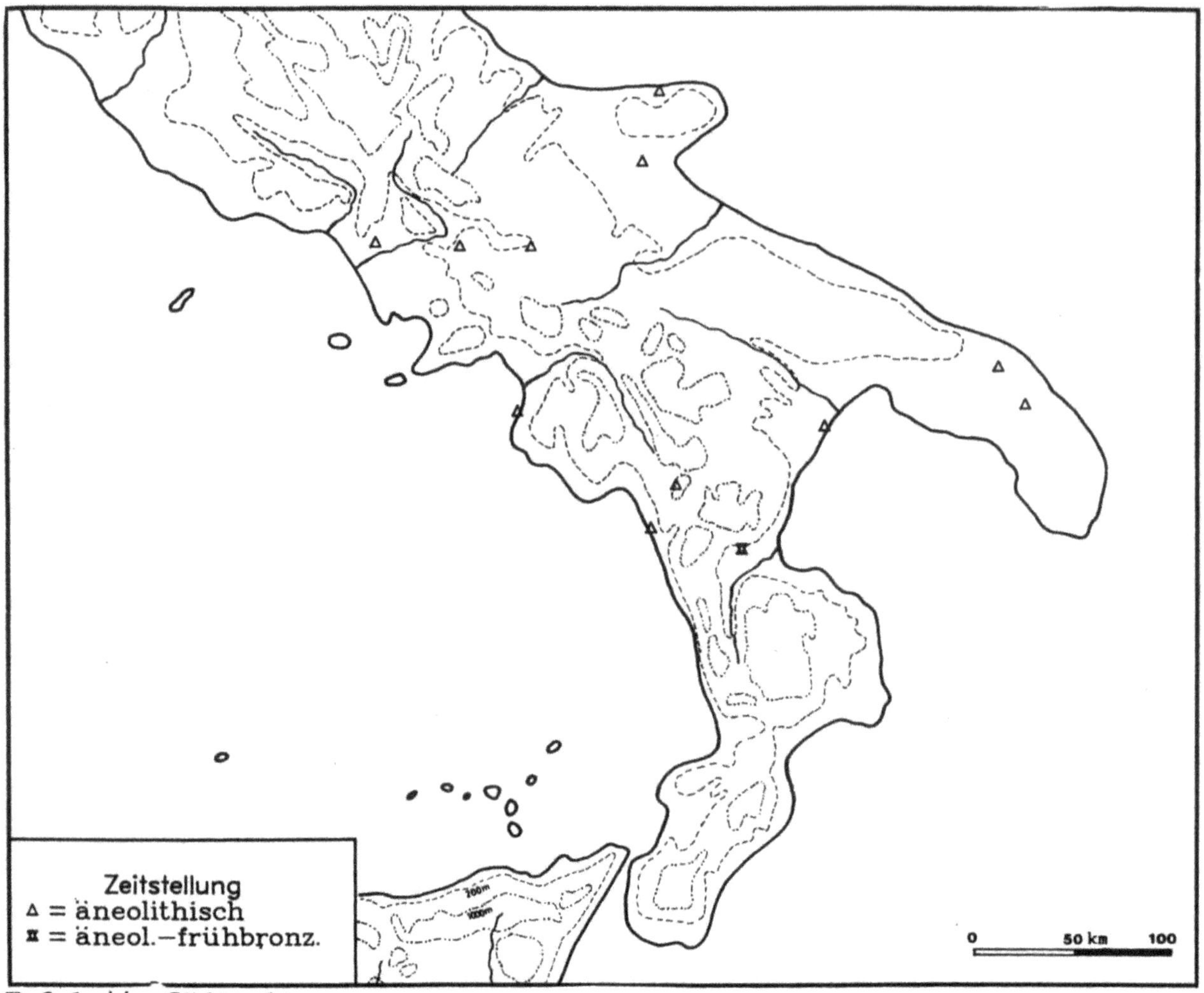

Zeitstellung
△ = äneolithisch
⧗ = äneol.–frühbronz.
0 50 km 100
Tafel 44 Süditalien

Zeitstellung
▽ = frühbronzezeitlich
⋇ = mittelbronzezeitlich
⊠ = mittelbronz.–jungbronz.
× = jungbronzezeitlich
0 50 km 100
Tafel 45 Süditalien

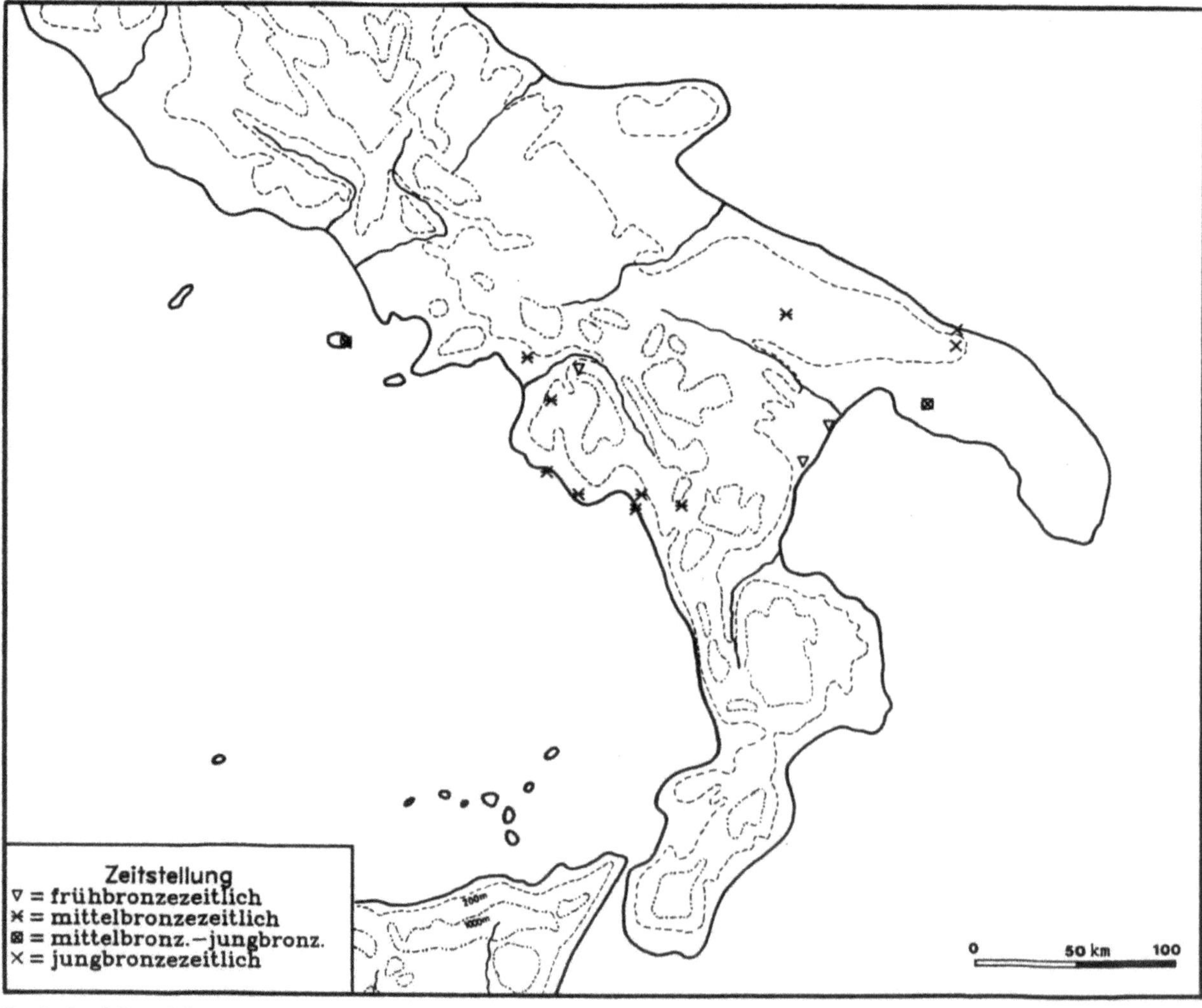

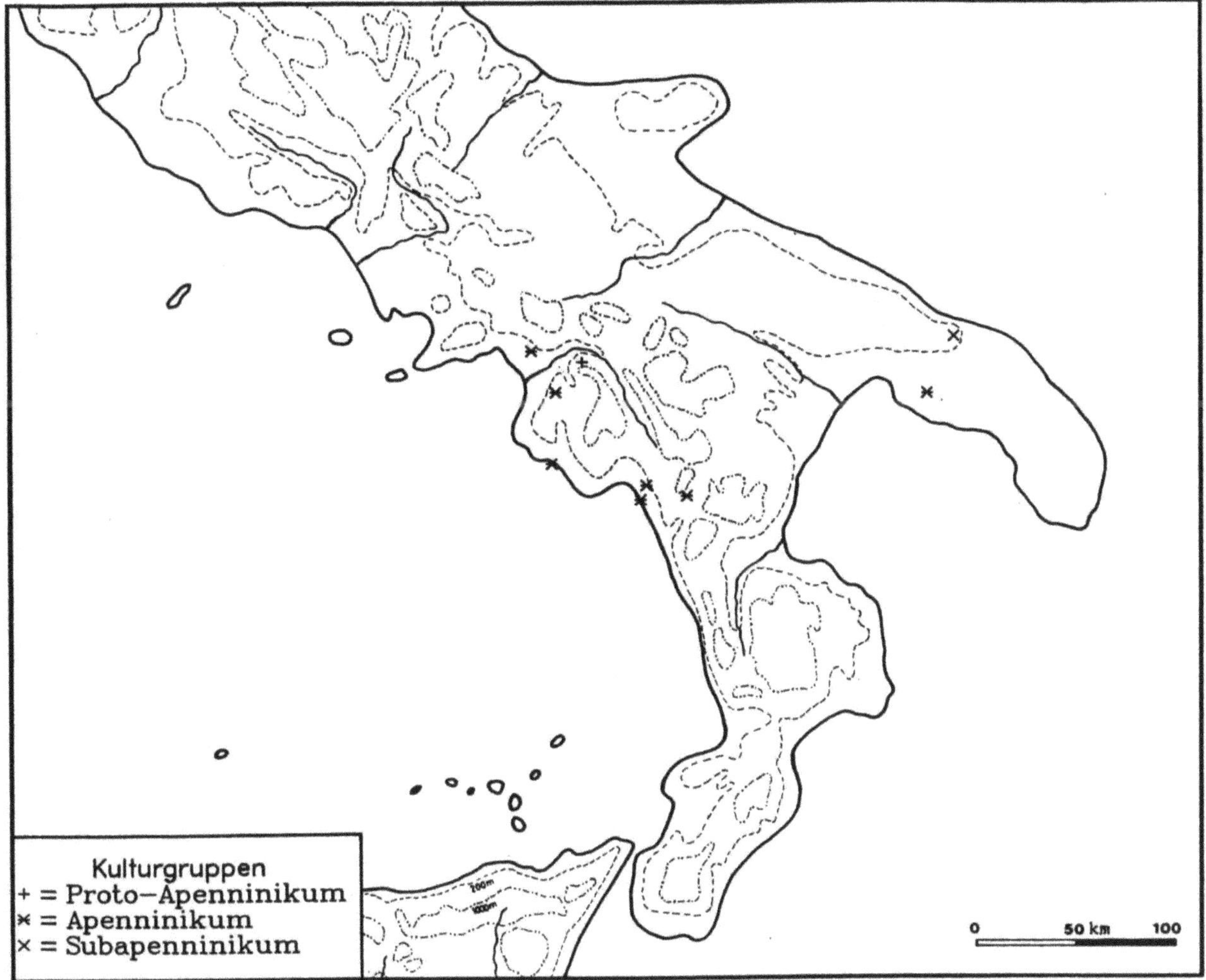

Tafel 46 Süditalien

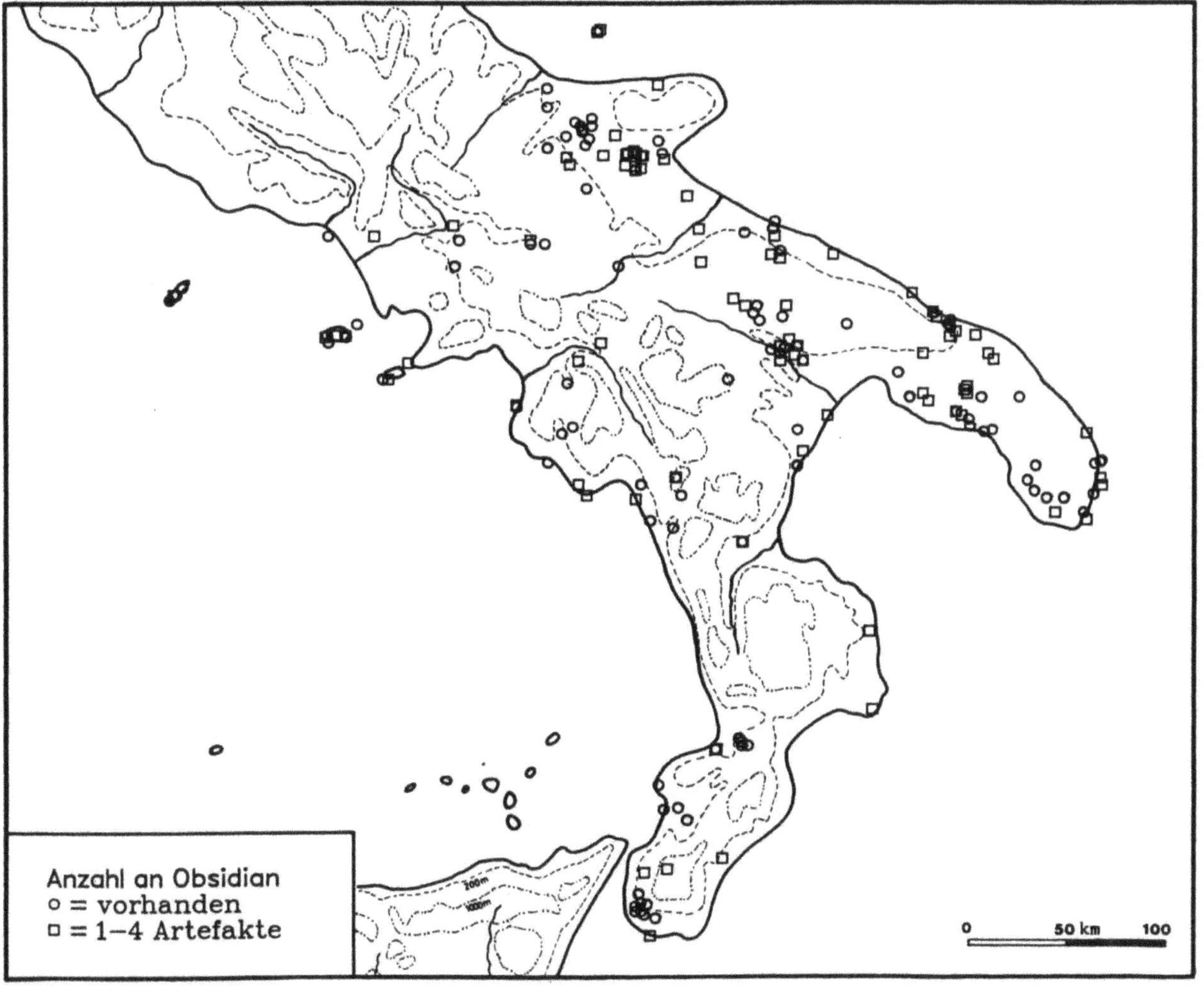

Tafel 47 Süditalien

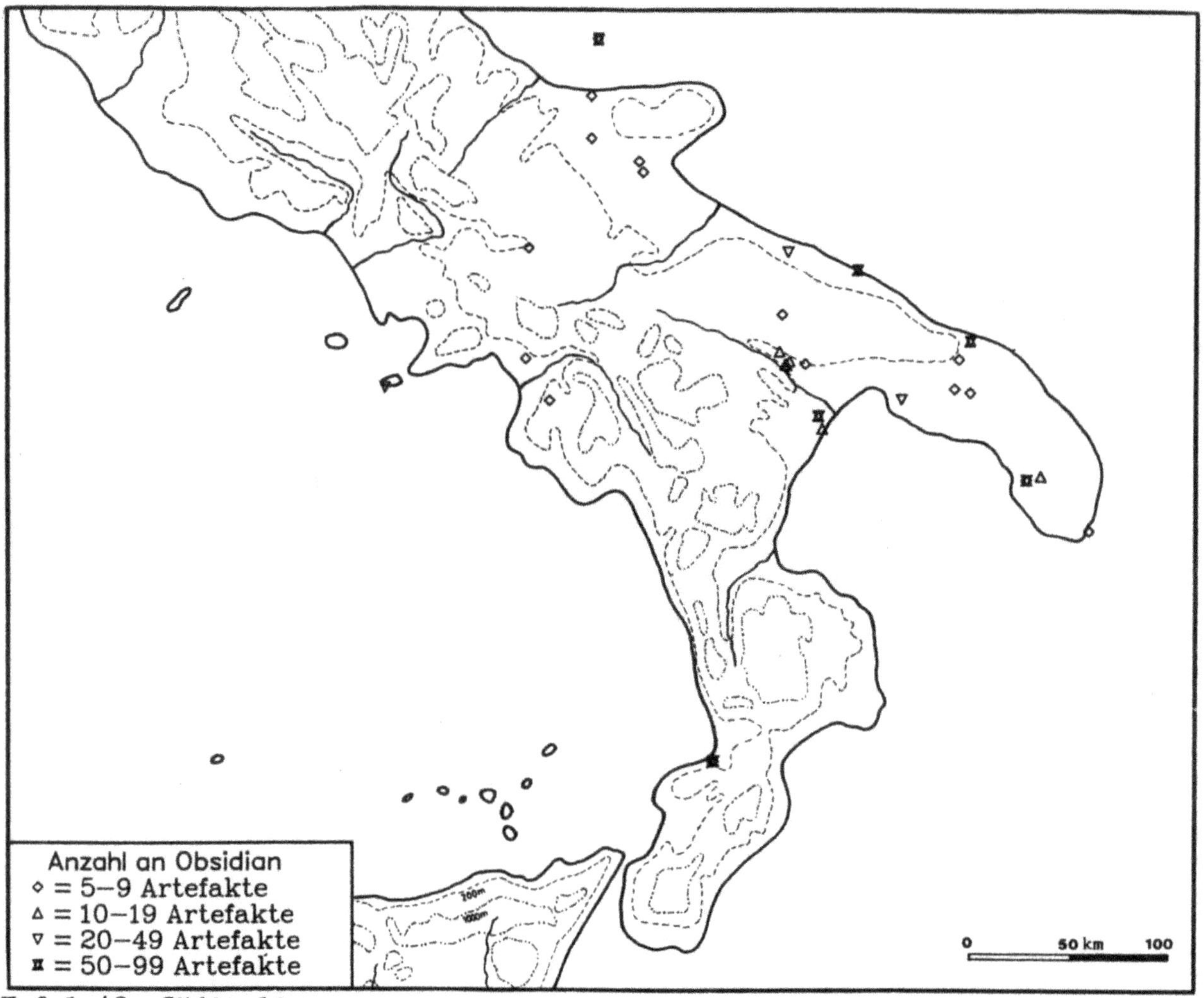

Anzahl an Obsidian
◇ = 5–9 Artefakte
△ = 10–19 Artefakte
▽ = 20–49 Artefakte
⌛ = 50–99 Artefakte

0 50 km 100

Tafel 48 Süditalien

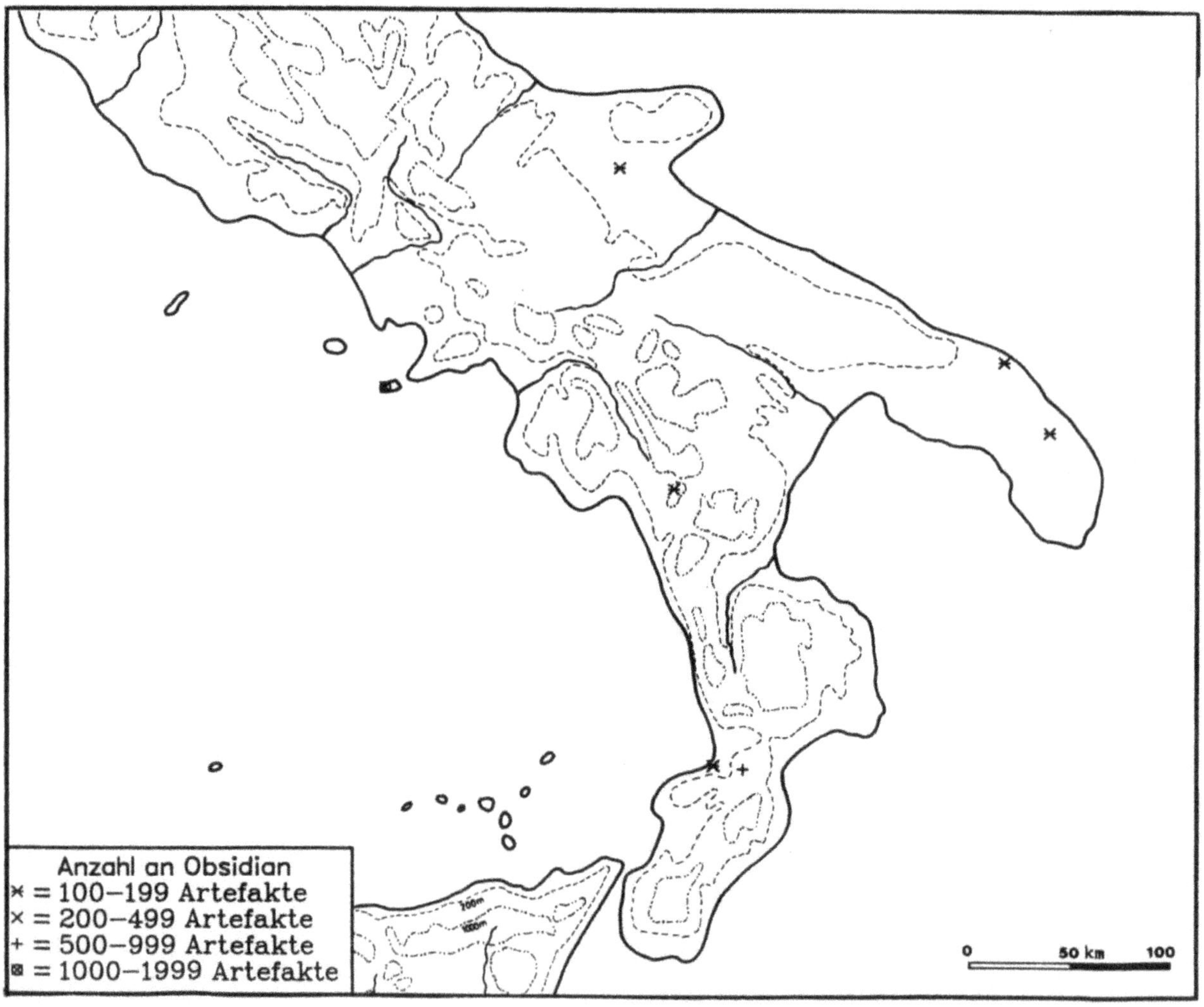

Anzahl an Obsidian
⋇ = 100–199 Artefakte
× = 200–499 Artefakte
+ = 500–999 Artefakte
⊠ = 1000–1999 Artefakte

0 50 km 100

Tafel 49 Süditalien

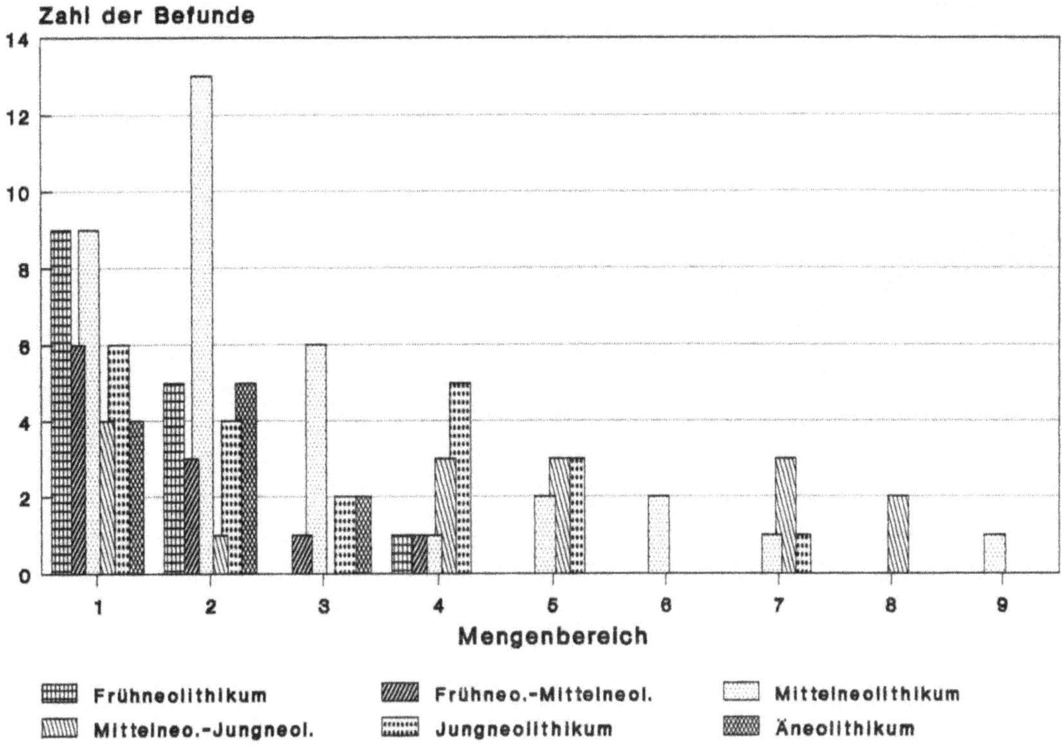

Tafel 50 Süditalien

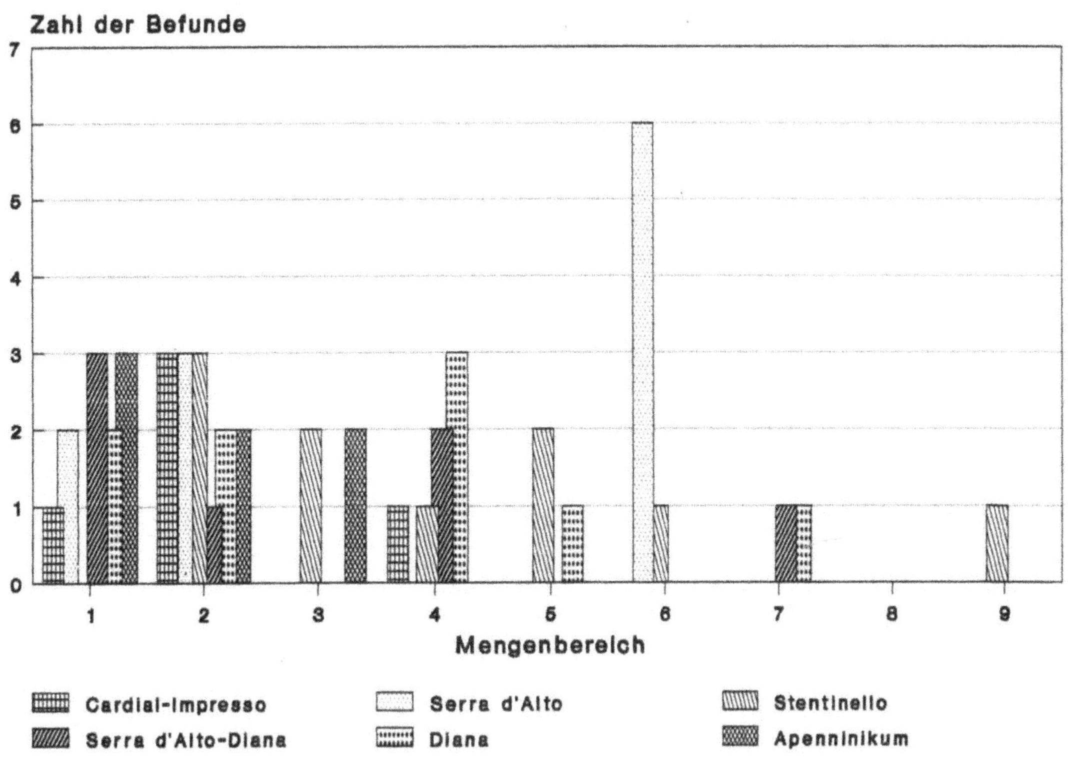

Tafel 51 Süditalien

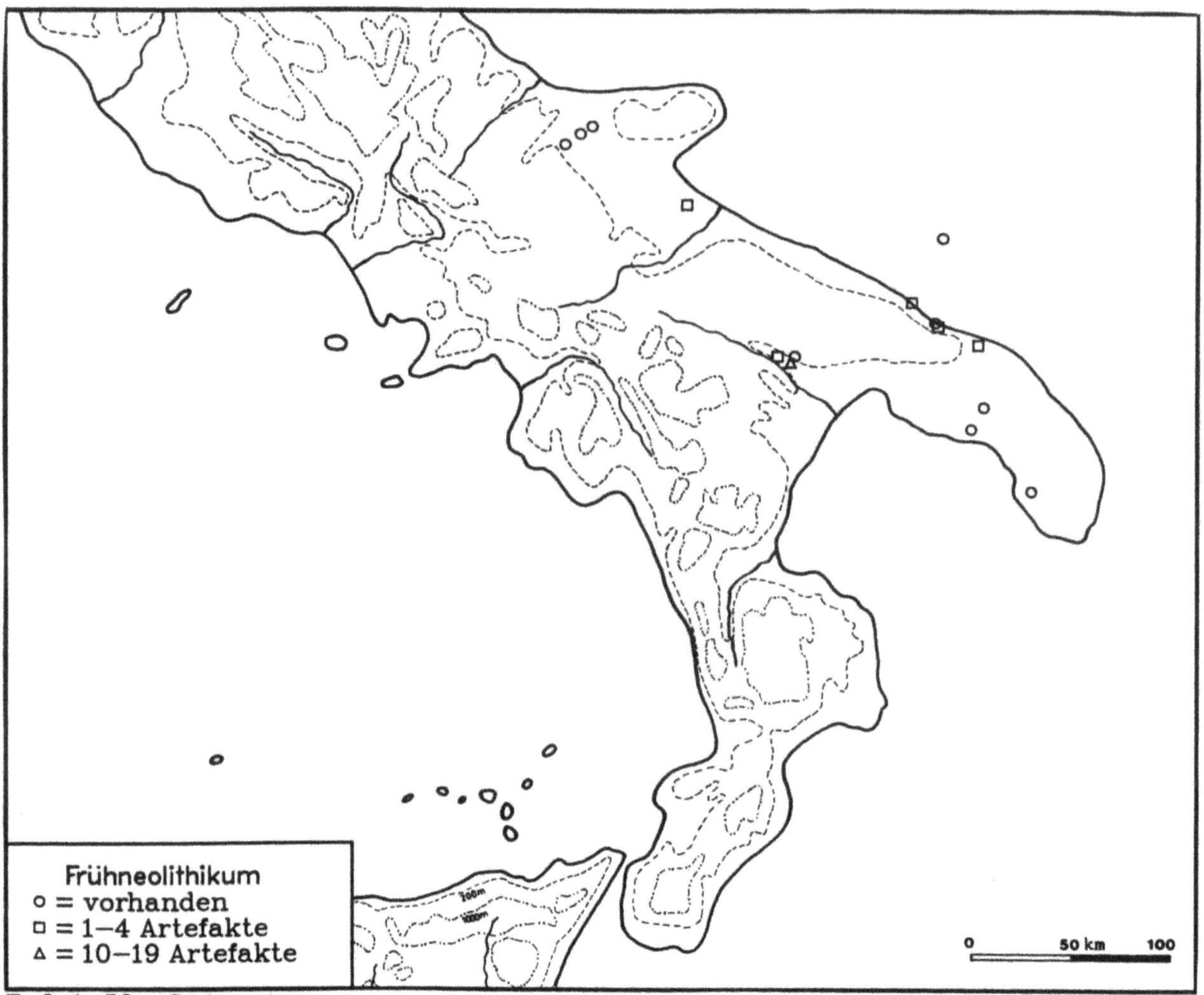

Tafel 52 Süditalien

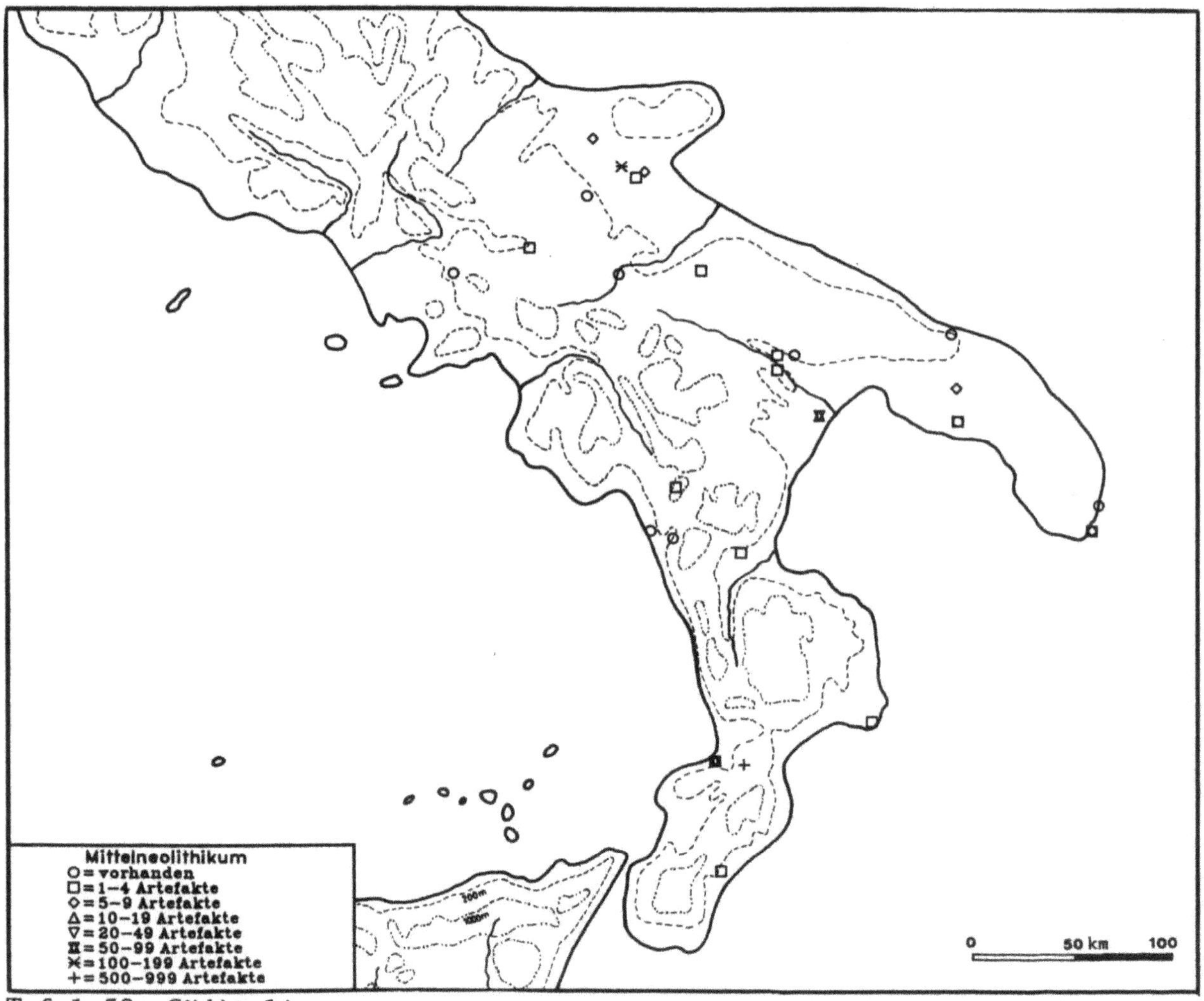

Tafel 53 Süditalien

Mittelneo.–Jungneol.
○ = vorhanden
□ = 1–4 Artefakte
△ = 10–19 Artefakte
▽ = 20–49 Artefakte
ж = 100–199 Artefakte
× = 200–499 Artefakte
200m
1000m
0
50 km
100

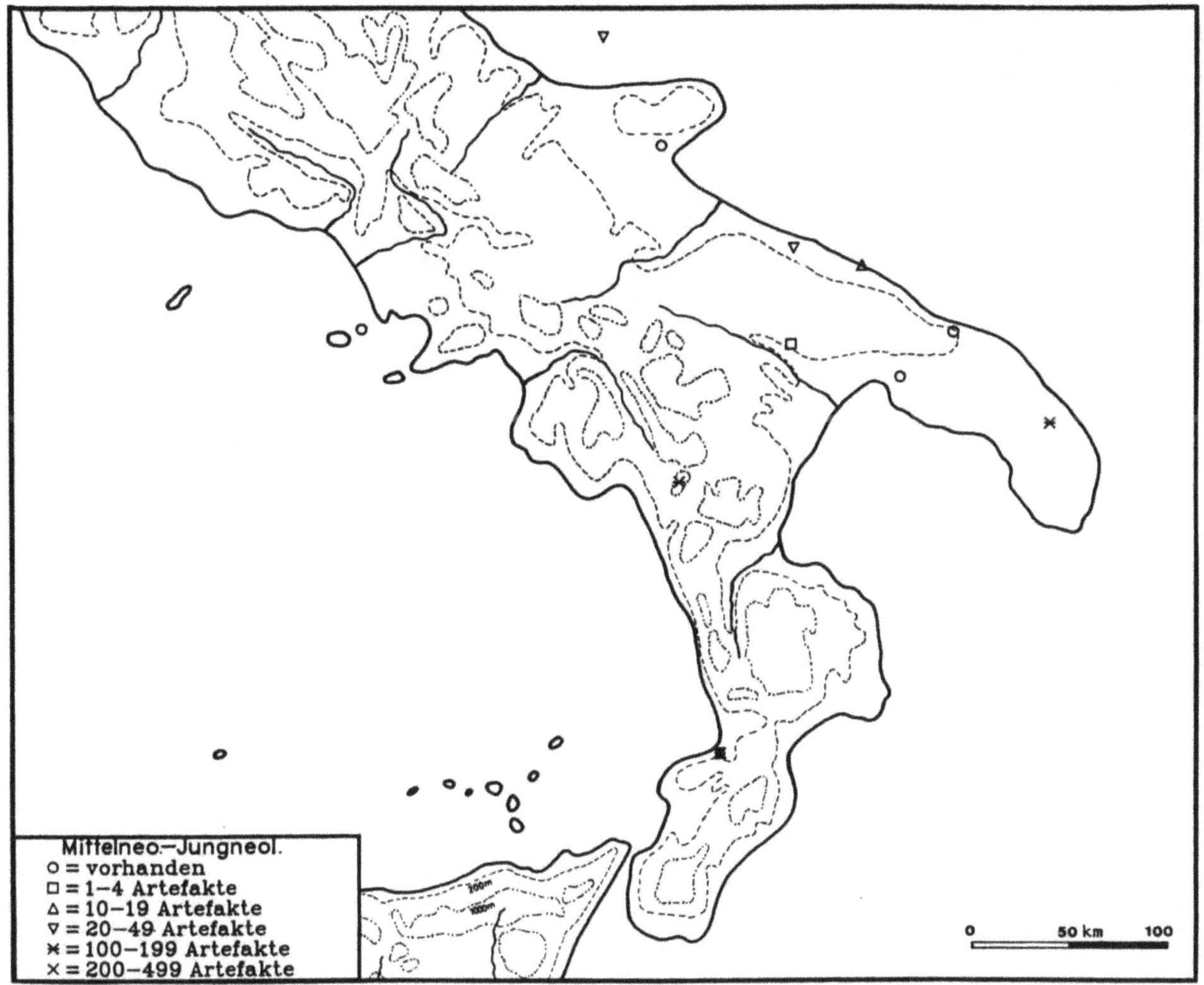

Tafel 54 Süditalien

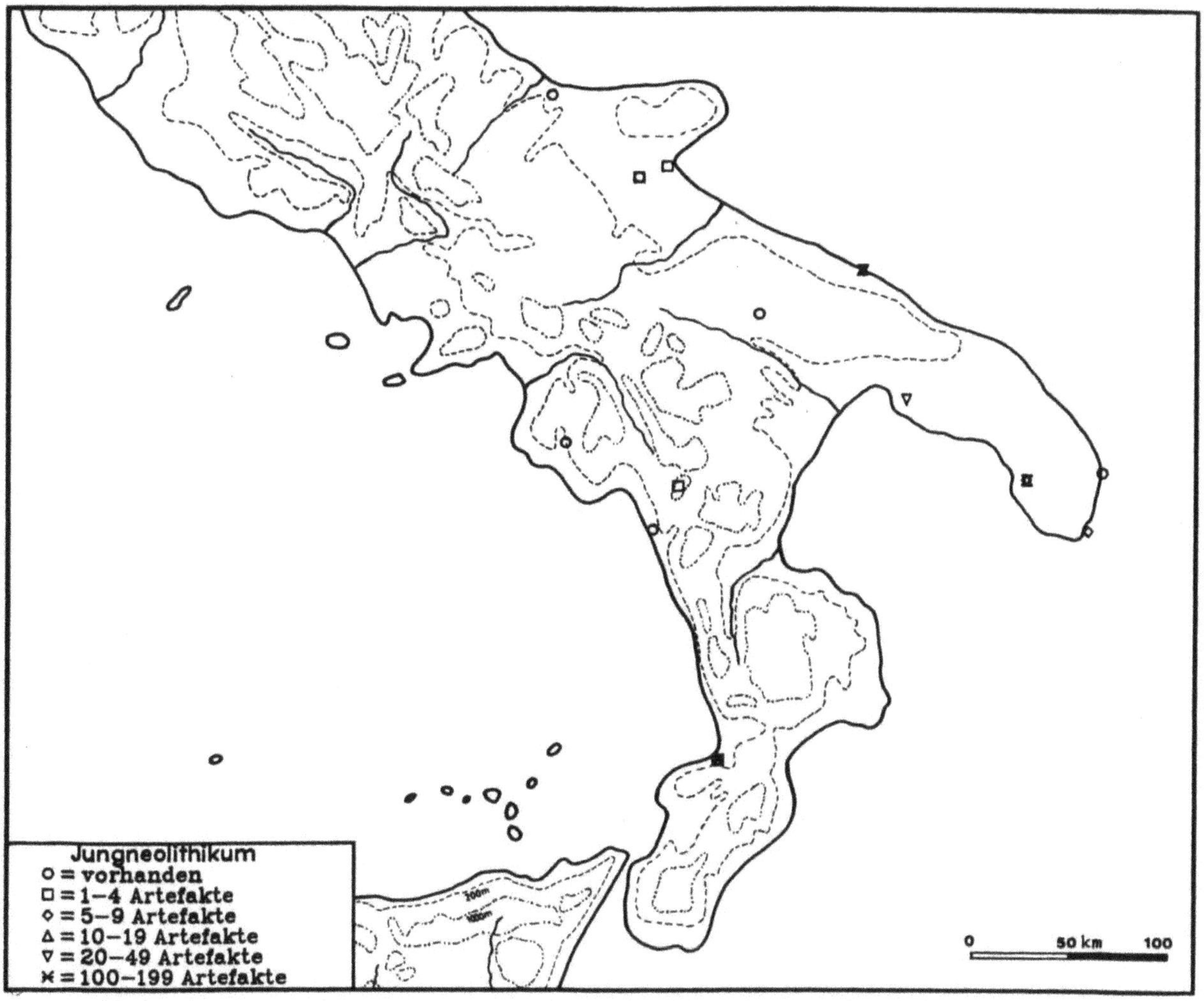

Jungneolithikum
○ = vorhanden
□ = 1–4 Artefakte
◇ = 5–9 Artefakte
△ = 10–19 Artefakte
▽ = 20–49 Artefakte
ж = 100–199 Artefakte
200m
1000m
0
50 km
100

Tafel 55 Süditalien

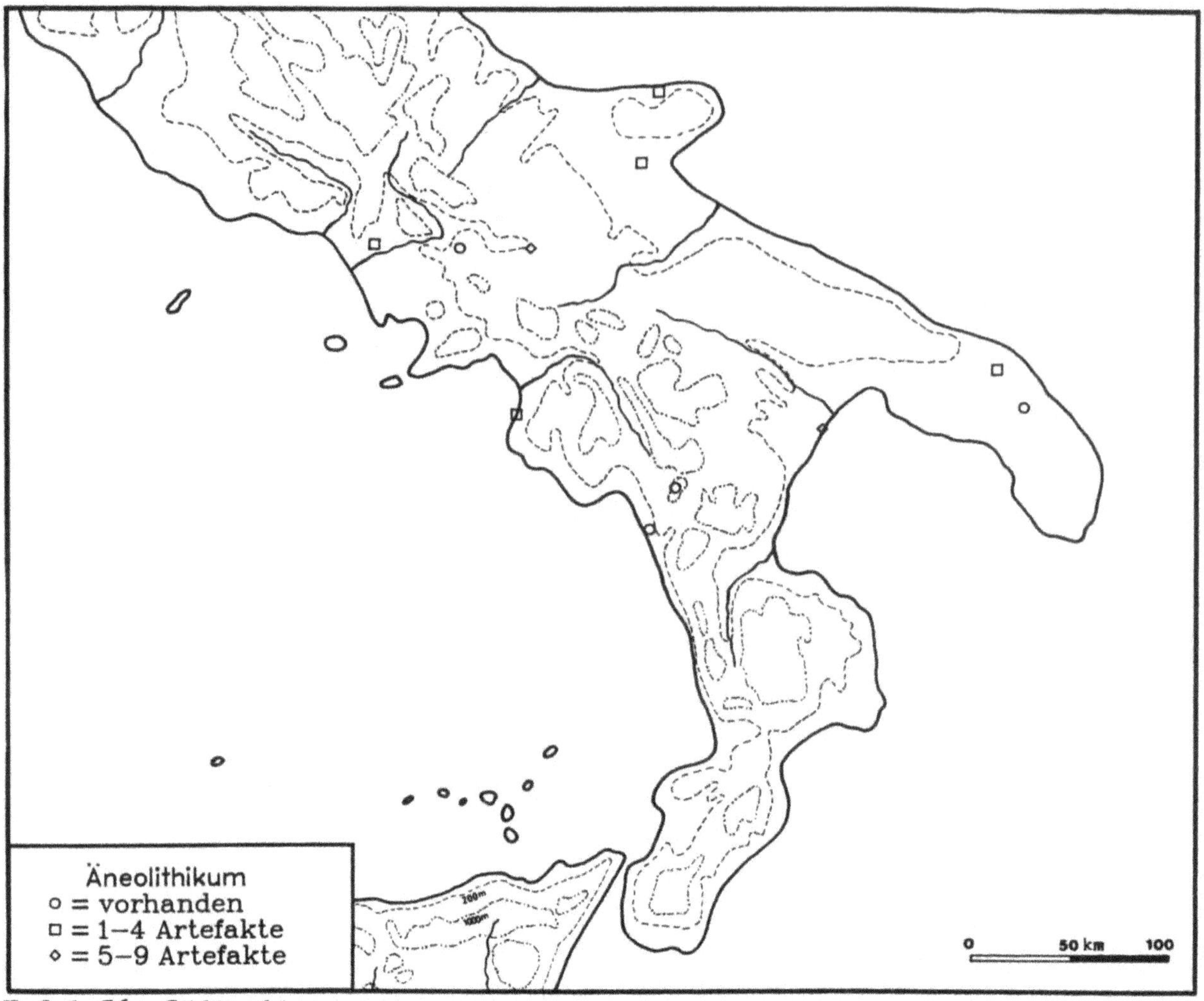

Tafel 56 Süditalien

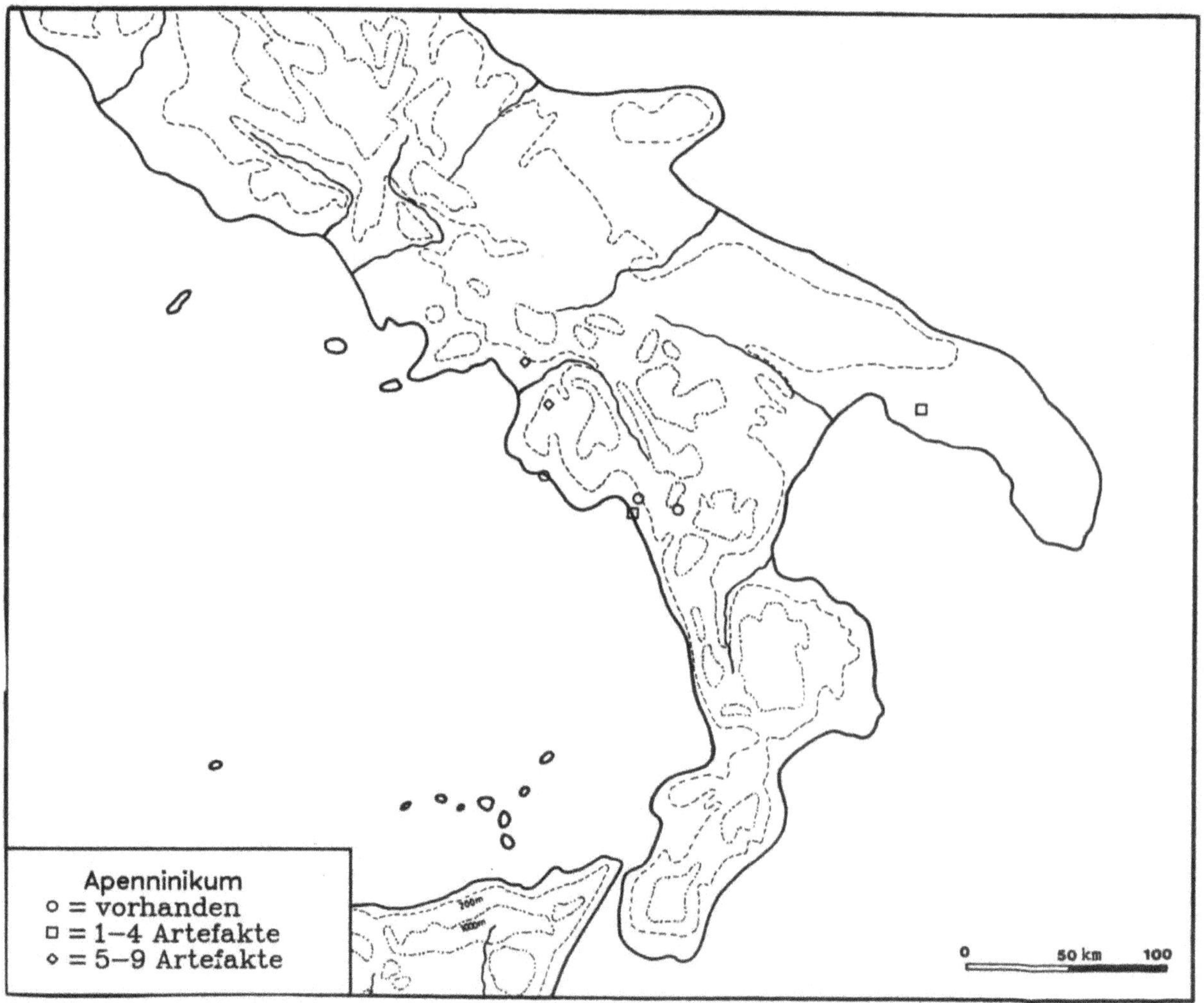

Tafel 57 Süditalien

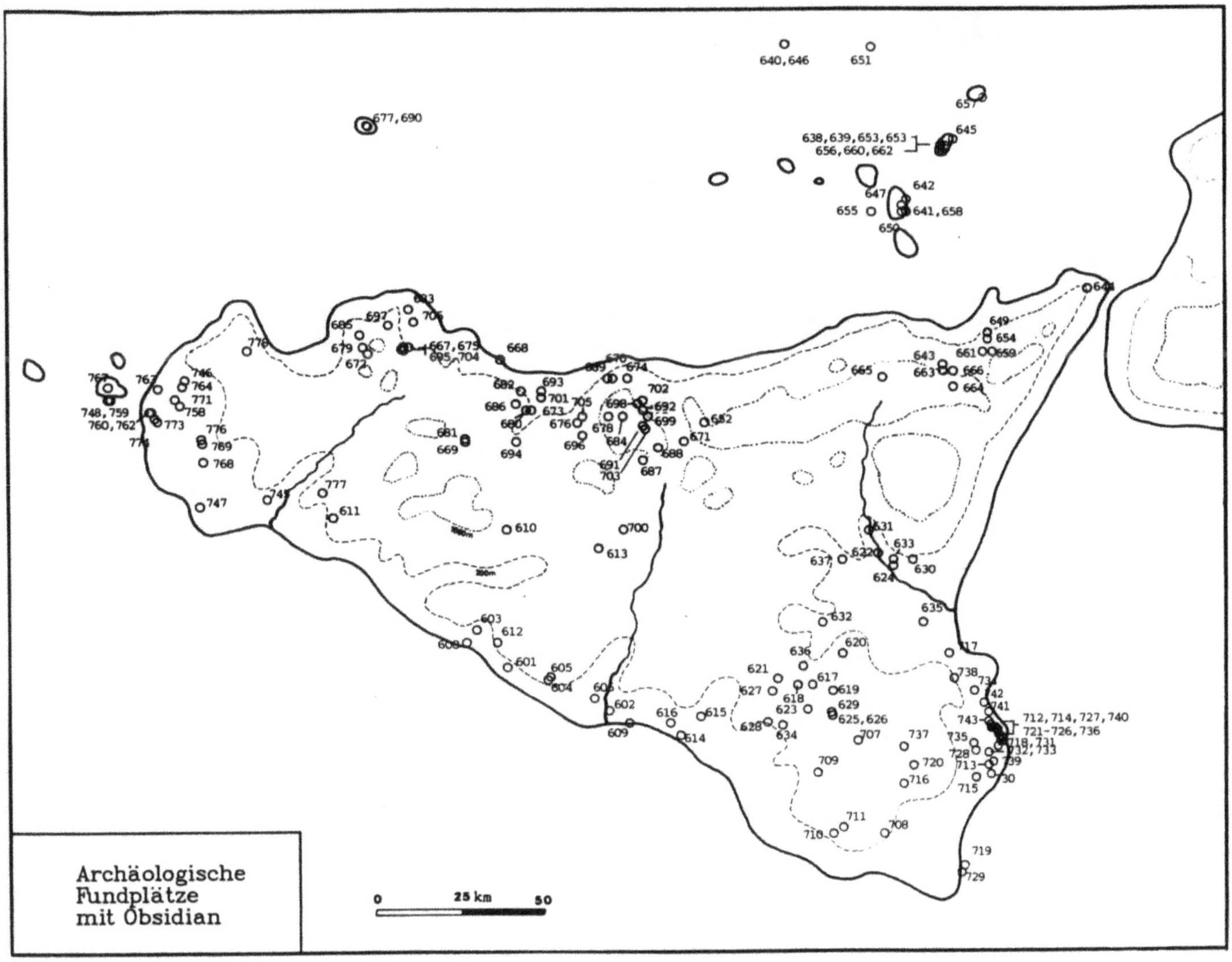

Archäologische
Fundplätze
mit Obsidian

0 25 km 50

Tafel 58 Sizilien

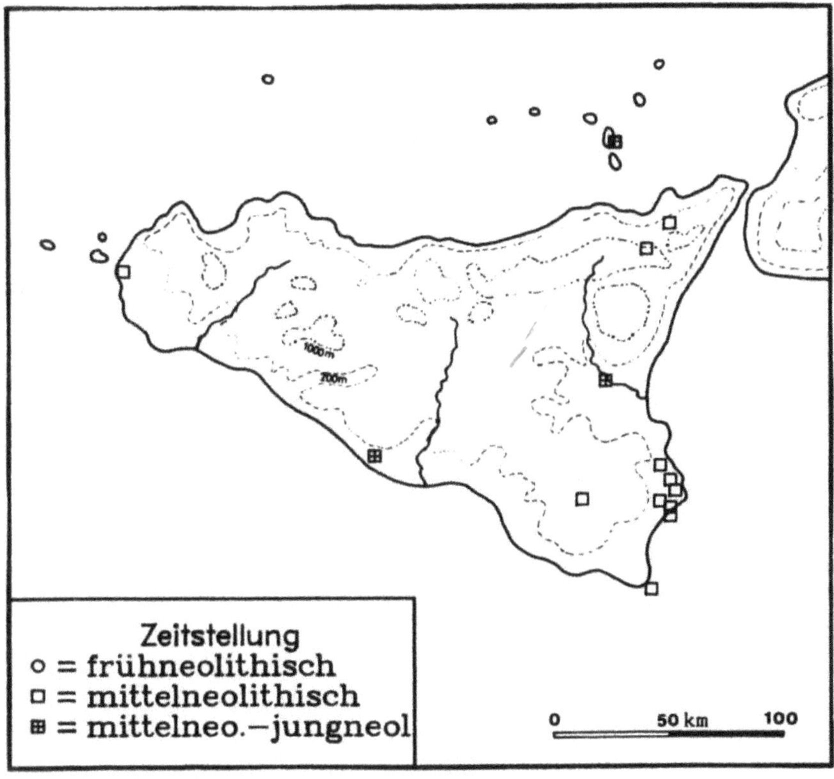

Tafel 59 Sizilien

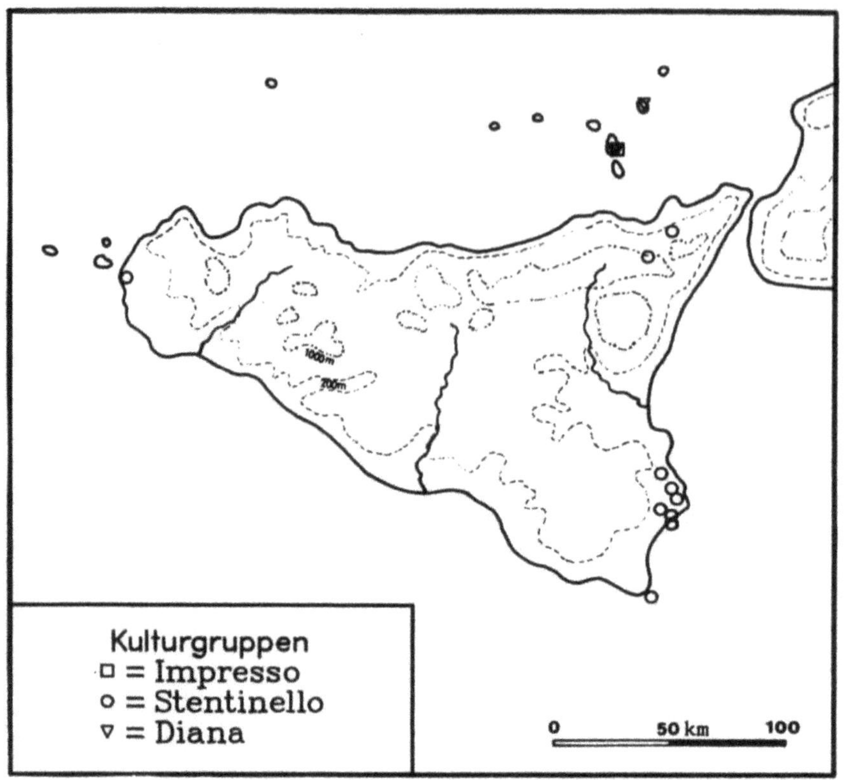

Tafel 60 Sizilien

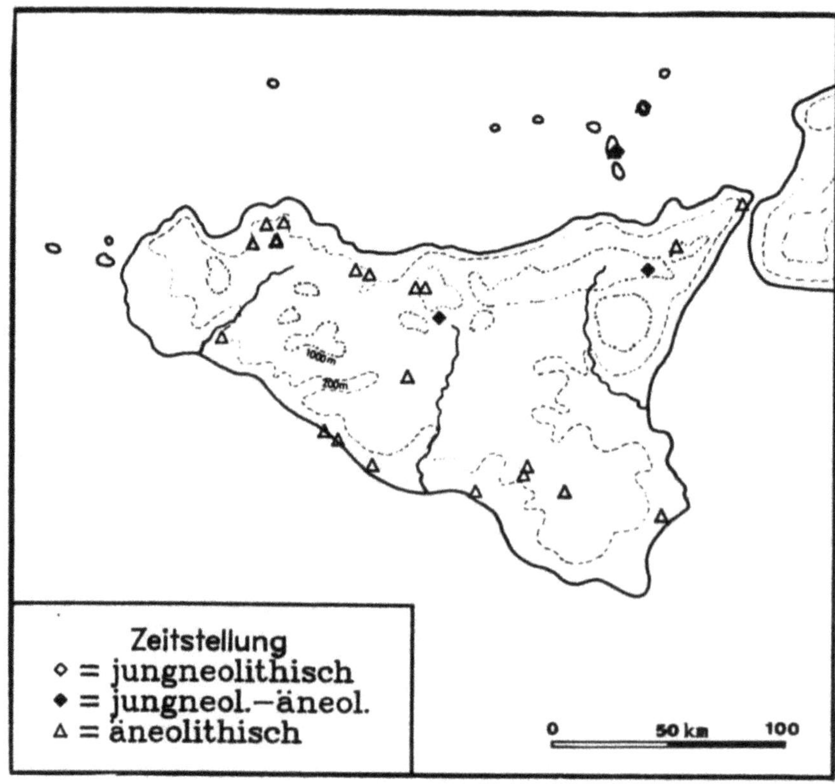

Tafel 61 Sizilien

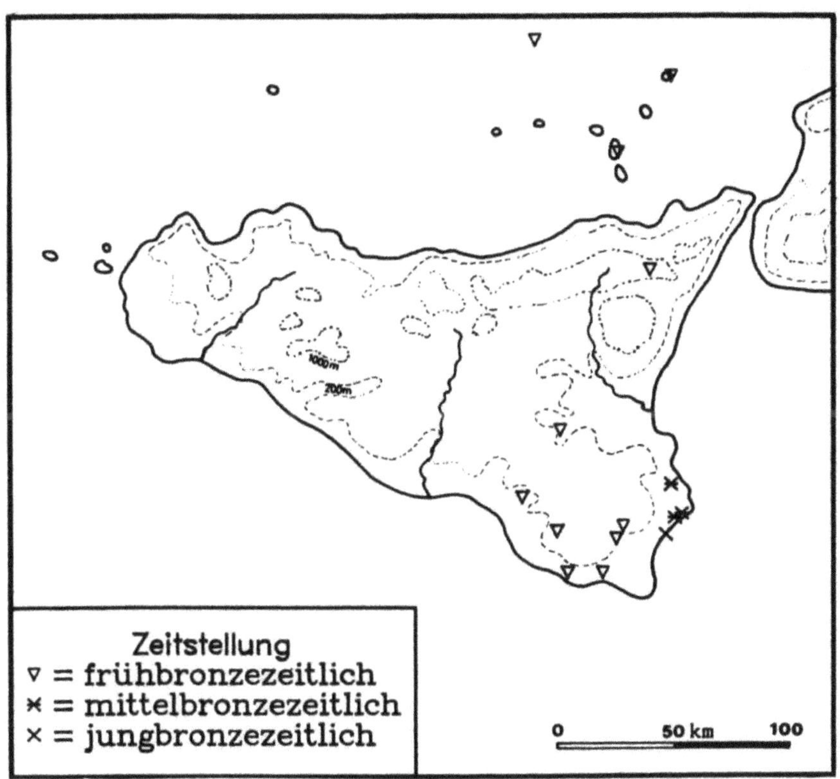

Tafel 62 Sizilien

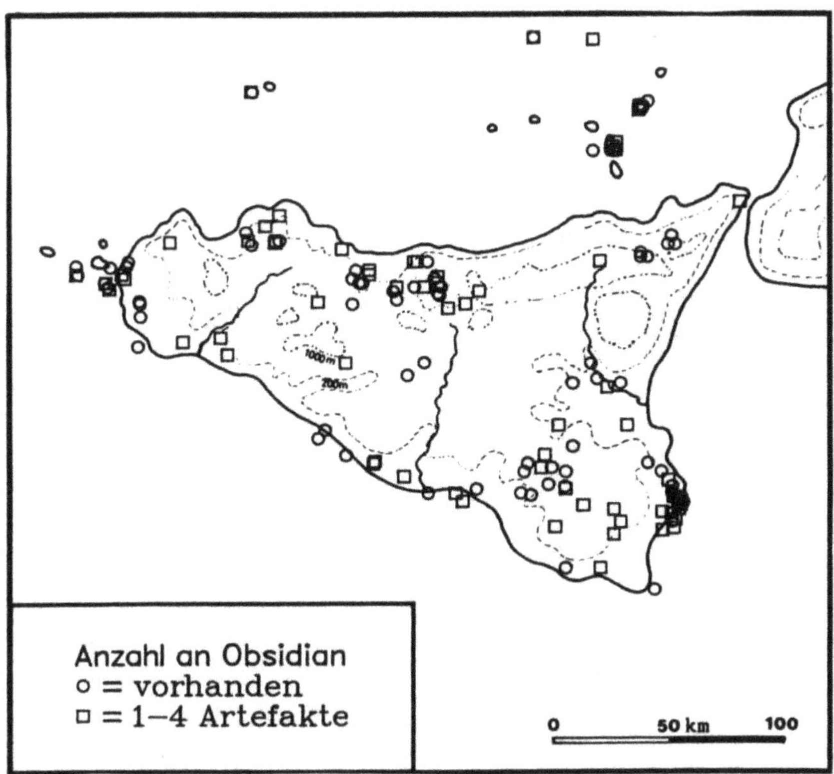

Tafel 63 Sizilien

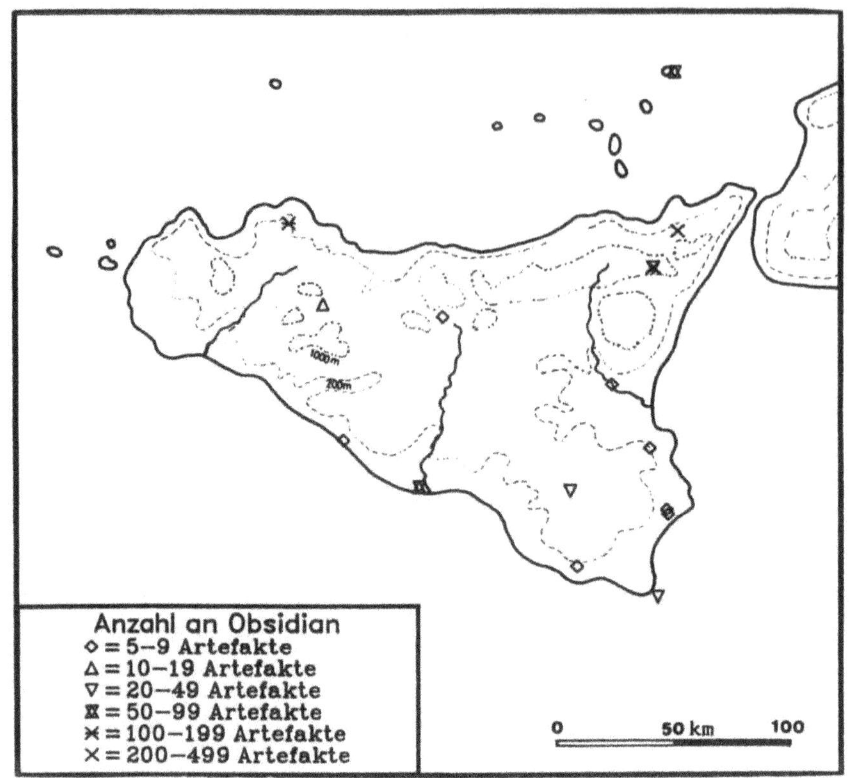

Tafel 64 Sizilien

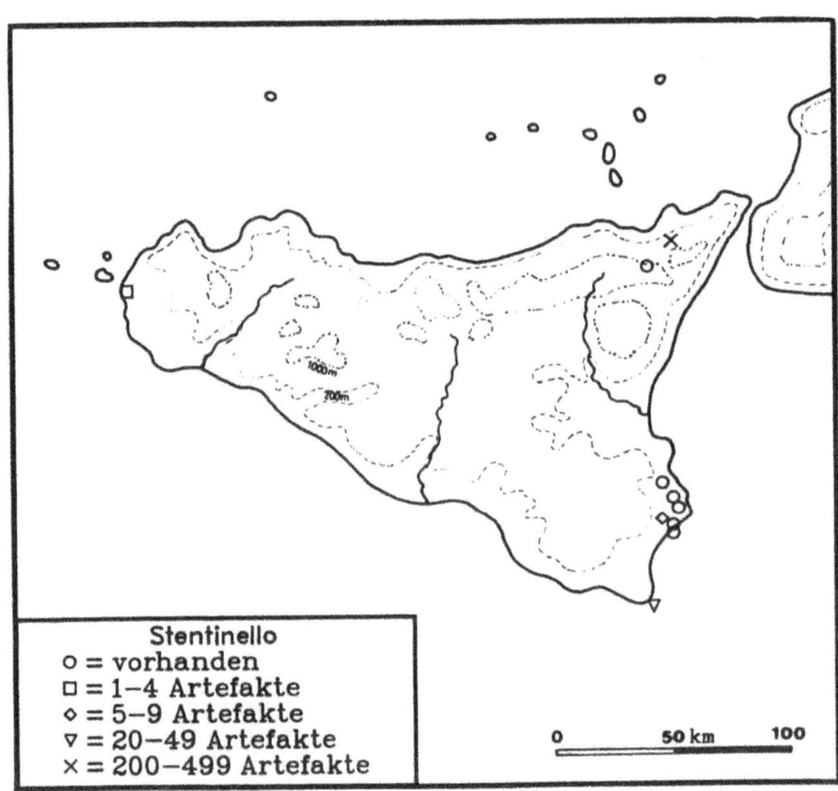

Tafel 65 Sizilien

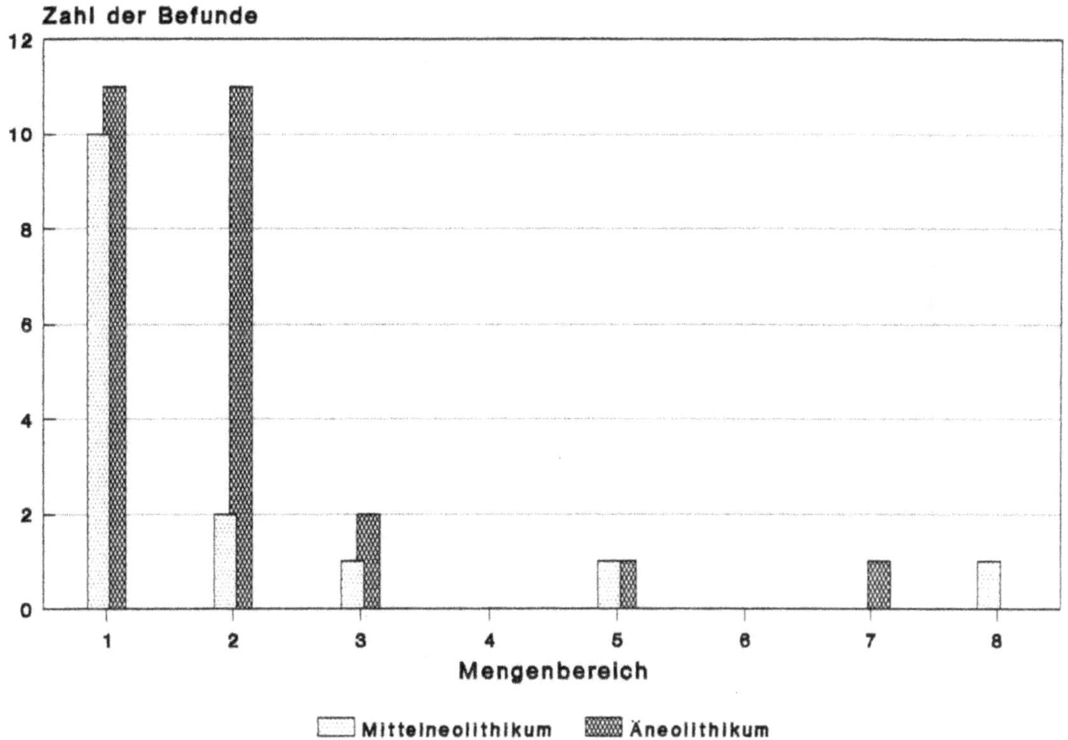

Tafel 66 Sizilien

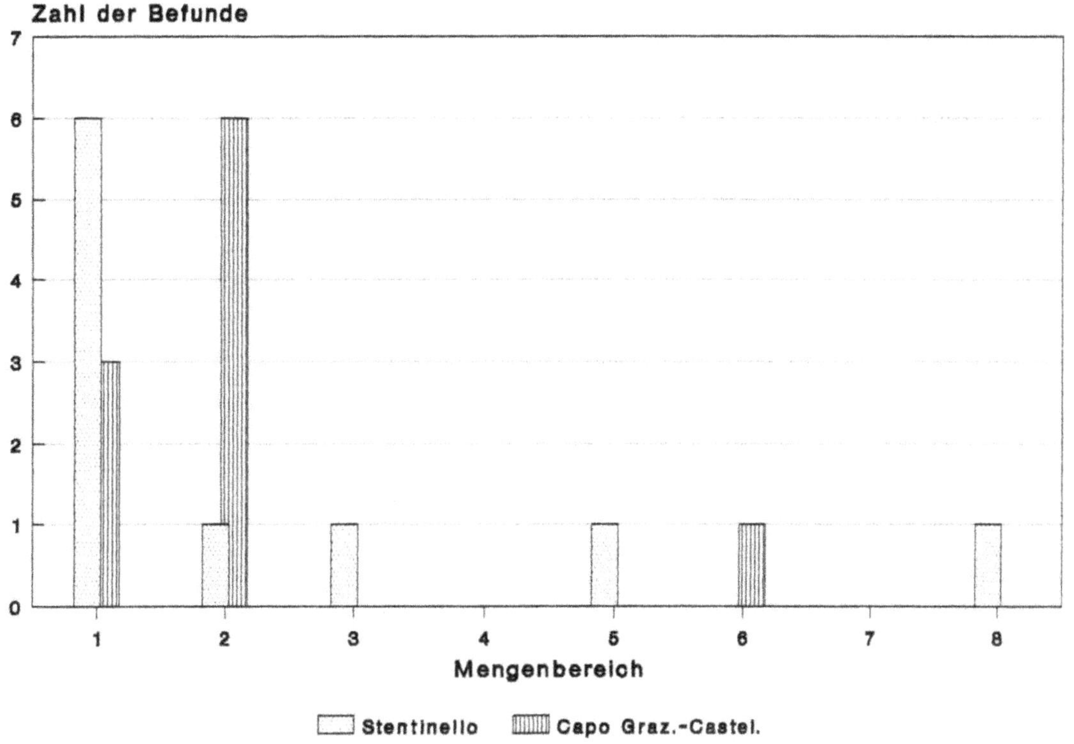

Tafel 67 Sizilien

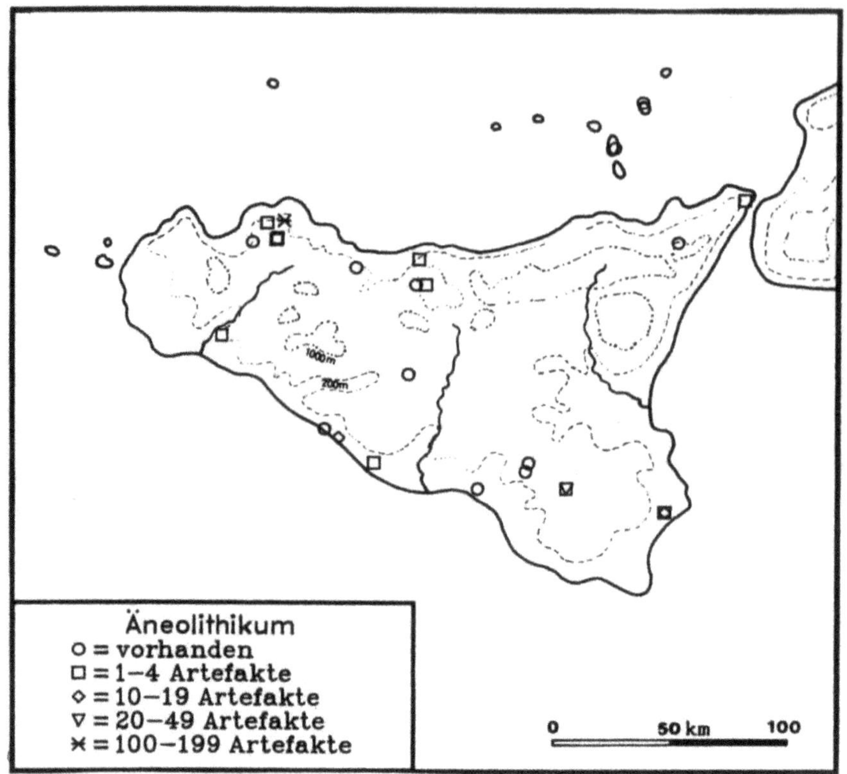

Tafel 68 Sizilien

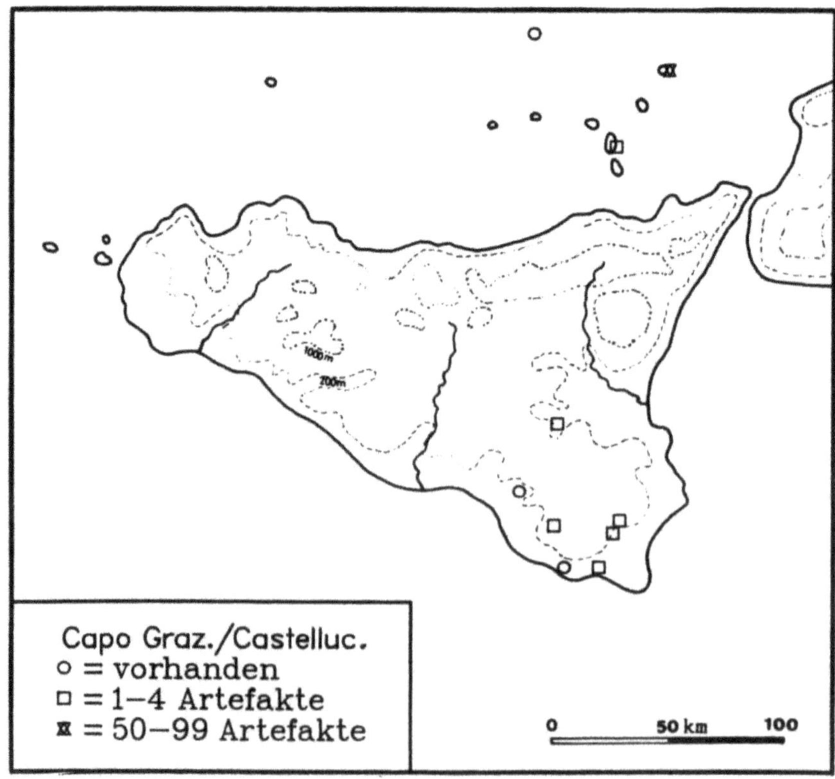

Tafel 69 Sizilien

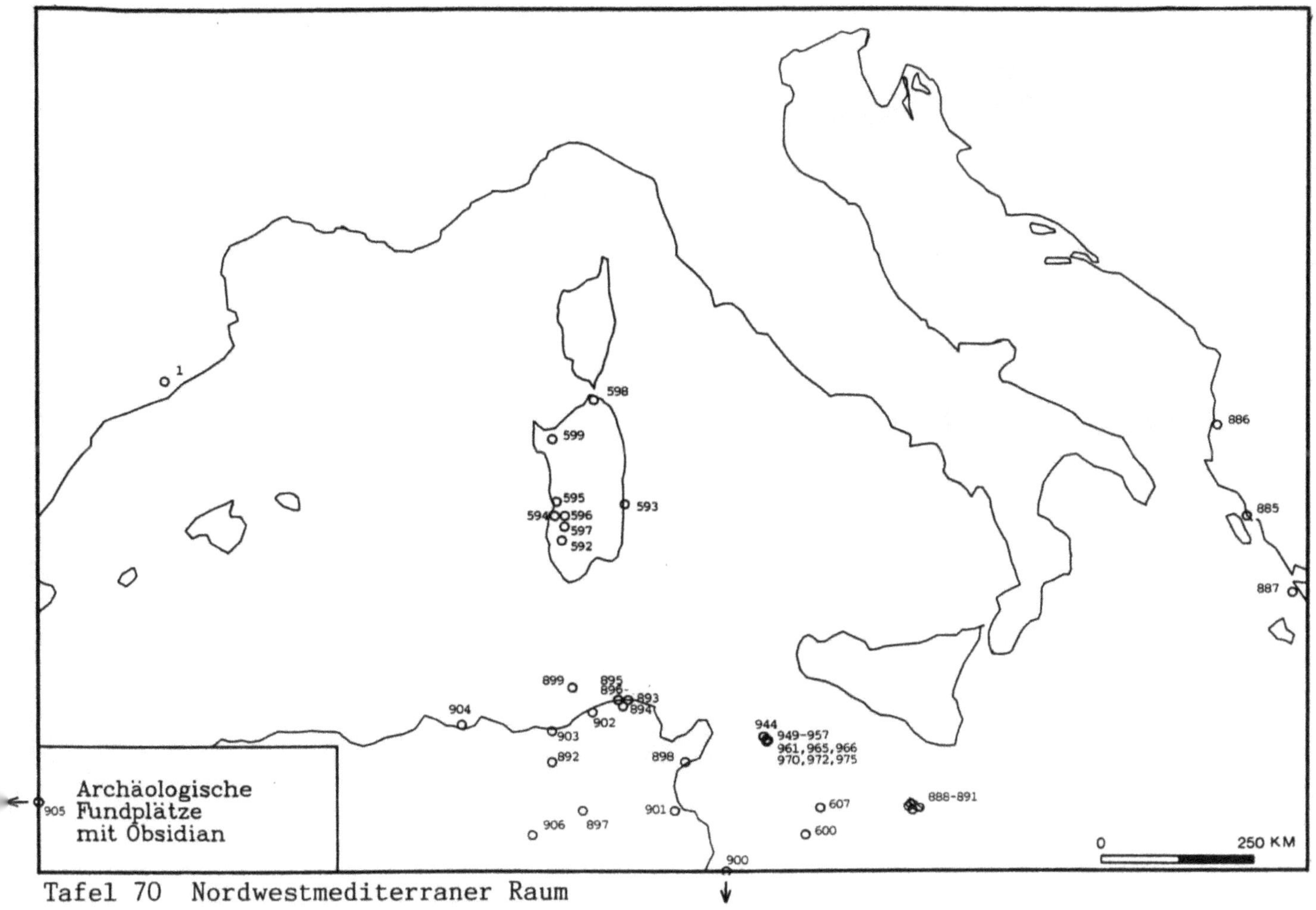

Tafel 70 Nordwestmediterraner Raum

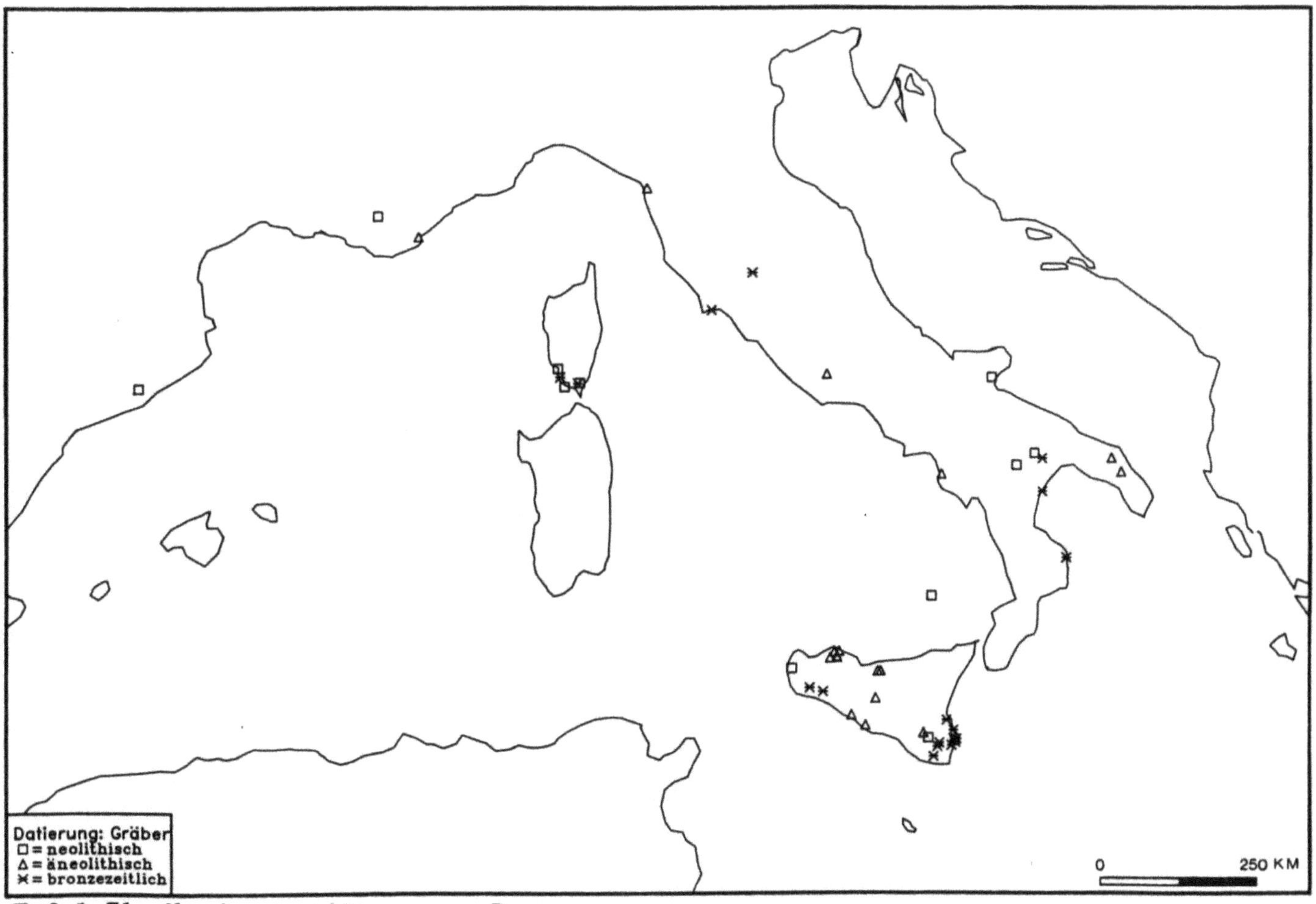

Tafel 71 Nordwestmediterraner Raum

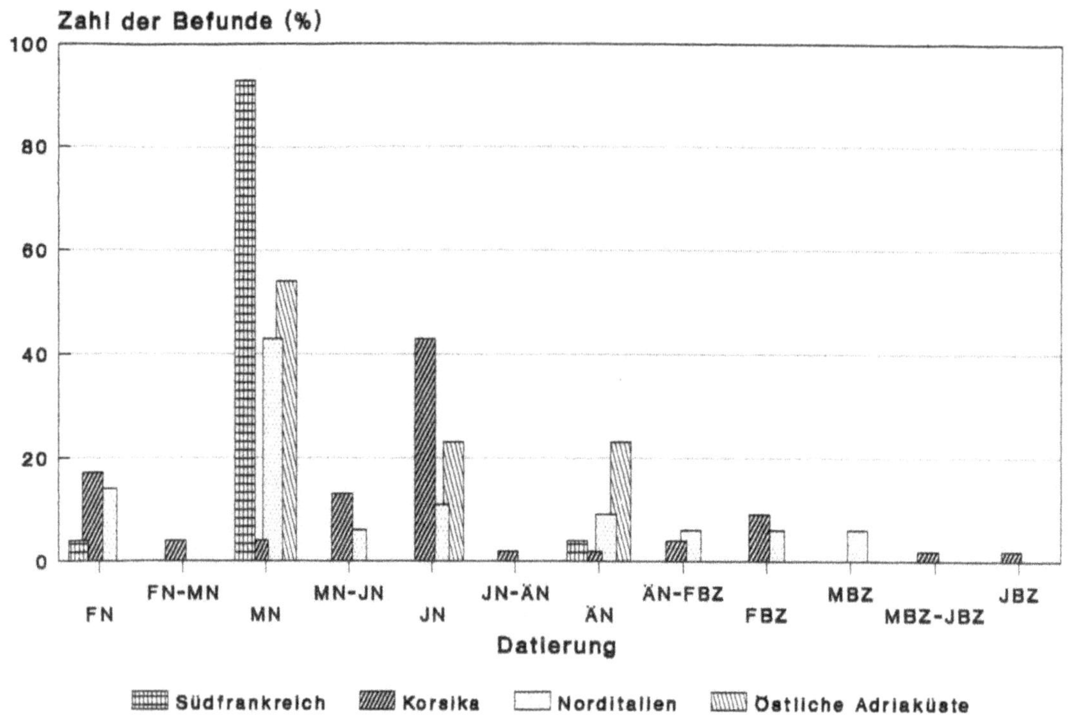

Tafel 72 Nordwestmediterraner Raum

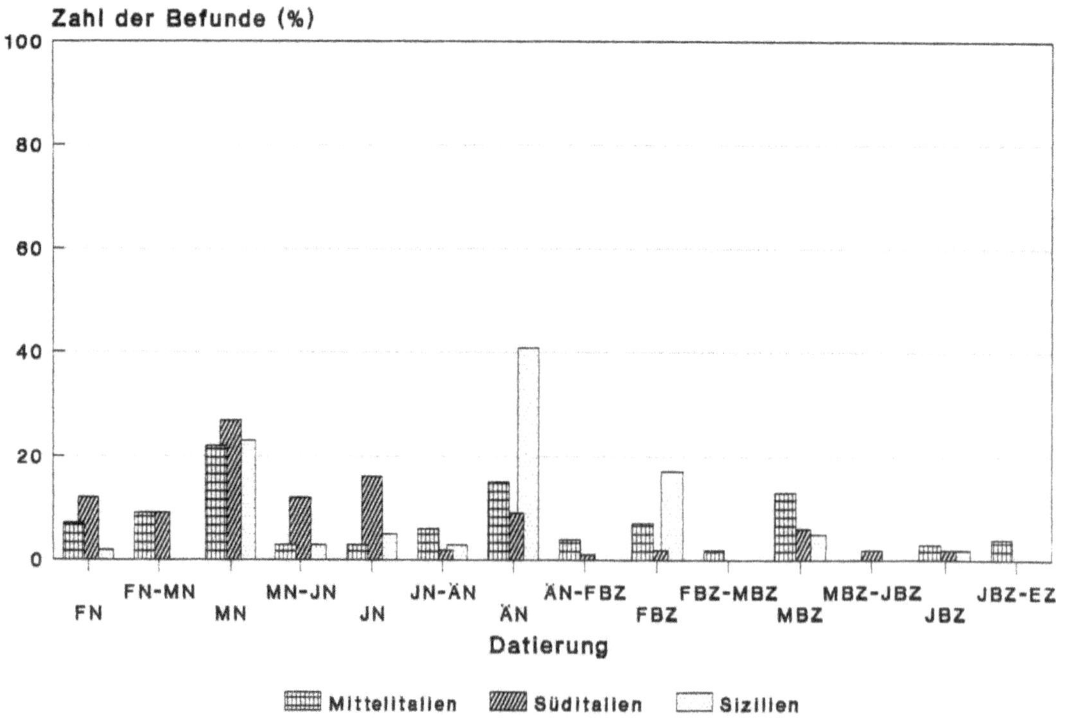

Tafel 73 Nordwestmediterraner Raum

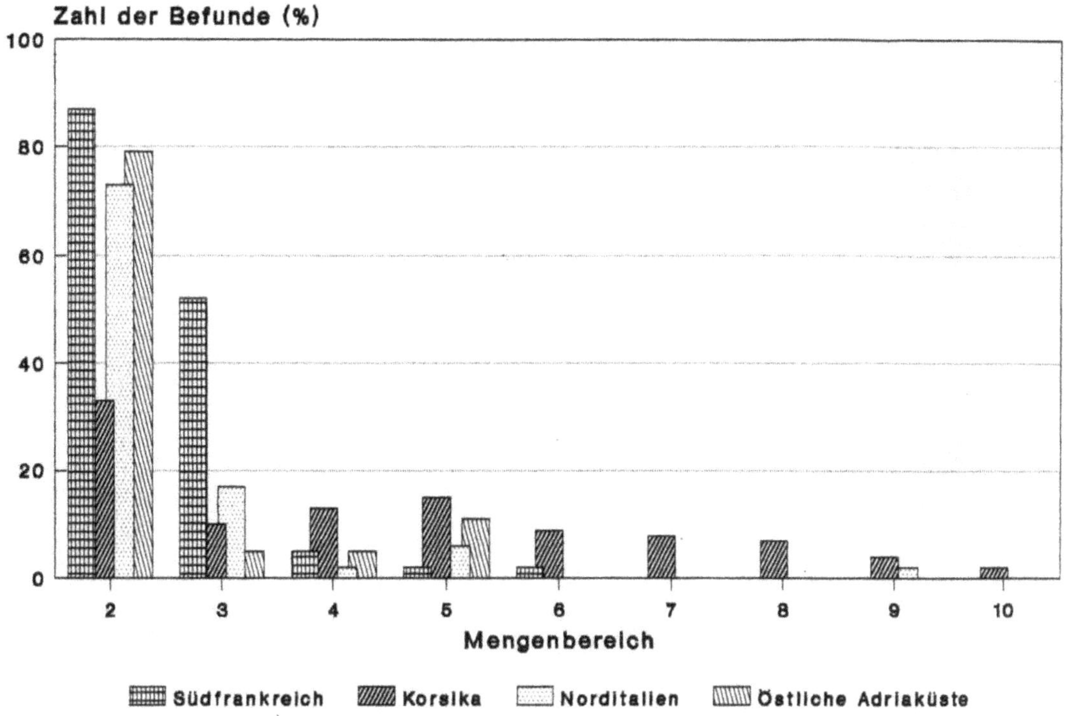

Tafel 74 Nordwestmediterraner Raum

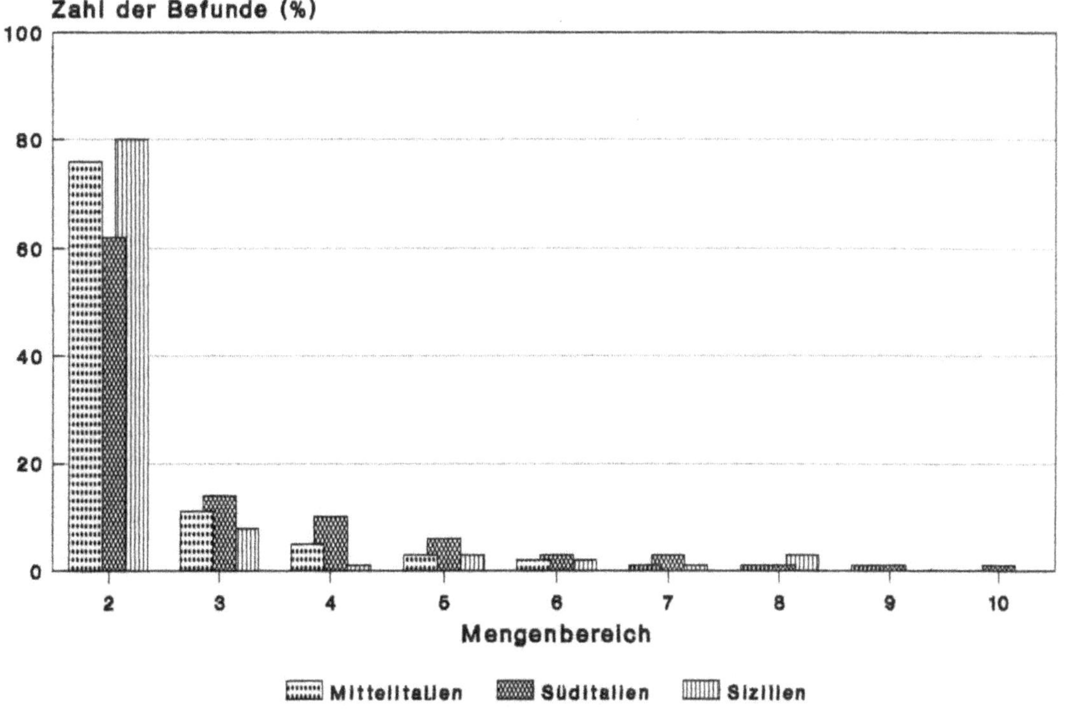

Tafel 75 Nordwestmediterraner Raum

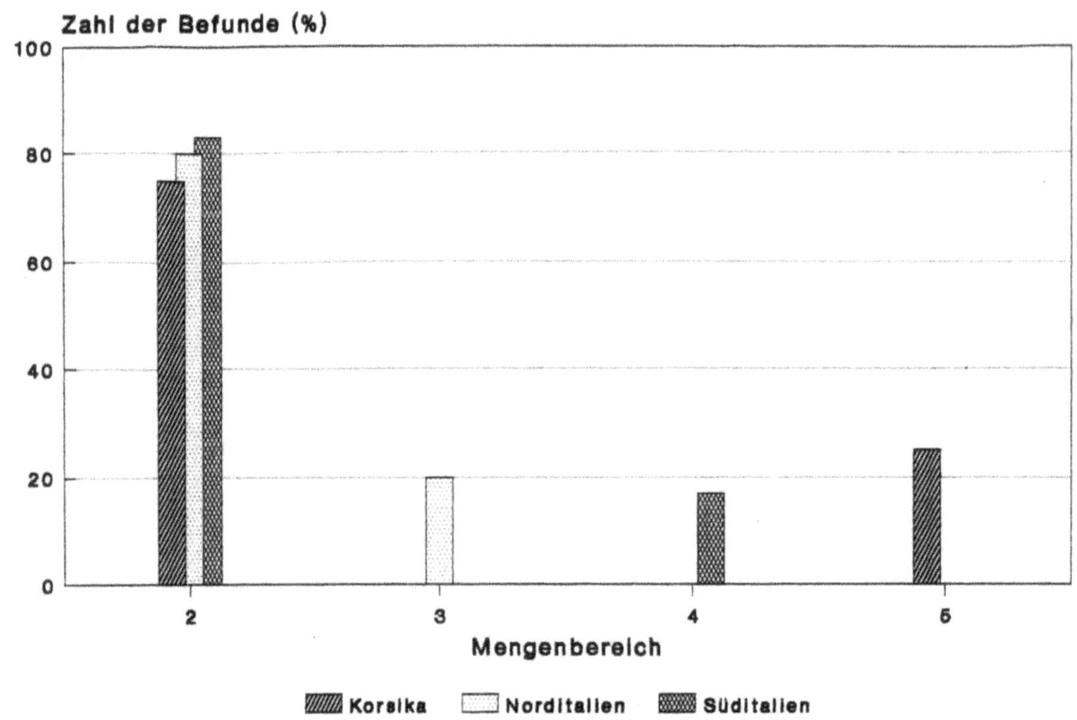

Tafel 76 Nordwestmediterraner Raum

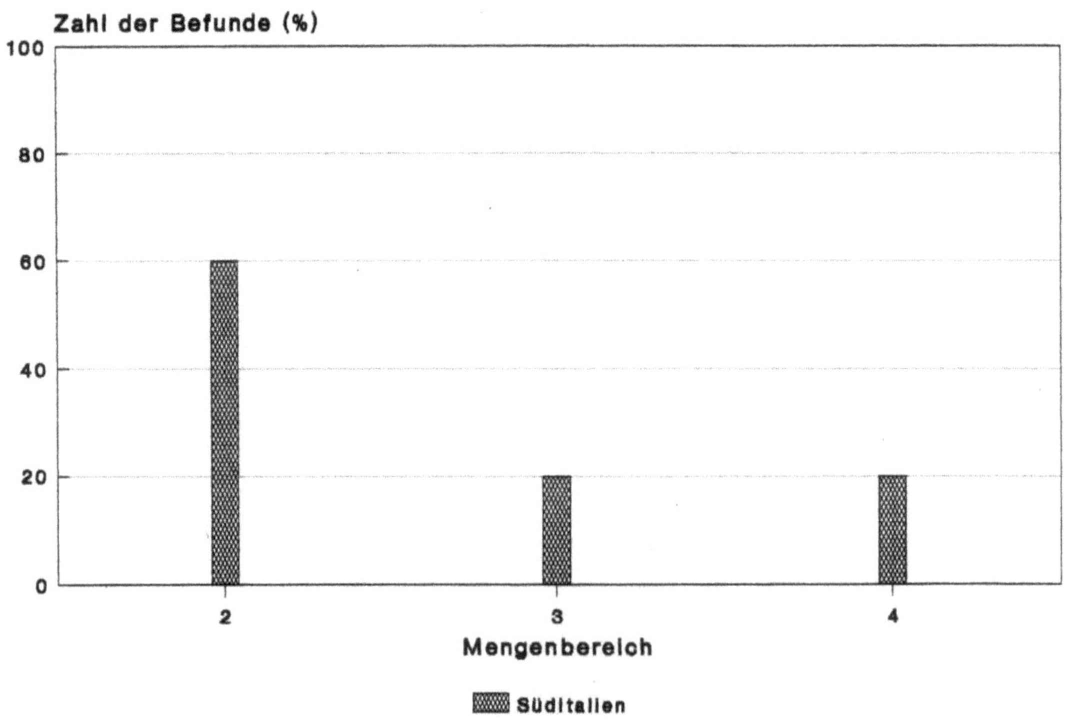

Tafel 77 Nordwestmediterraner Raum

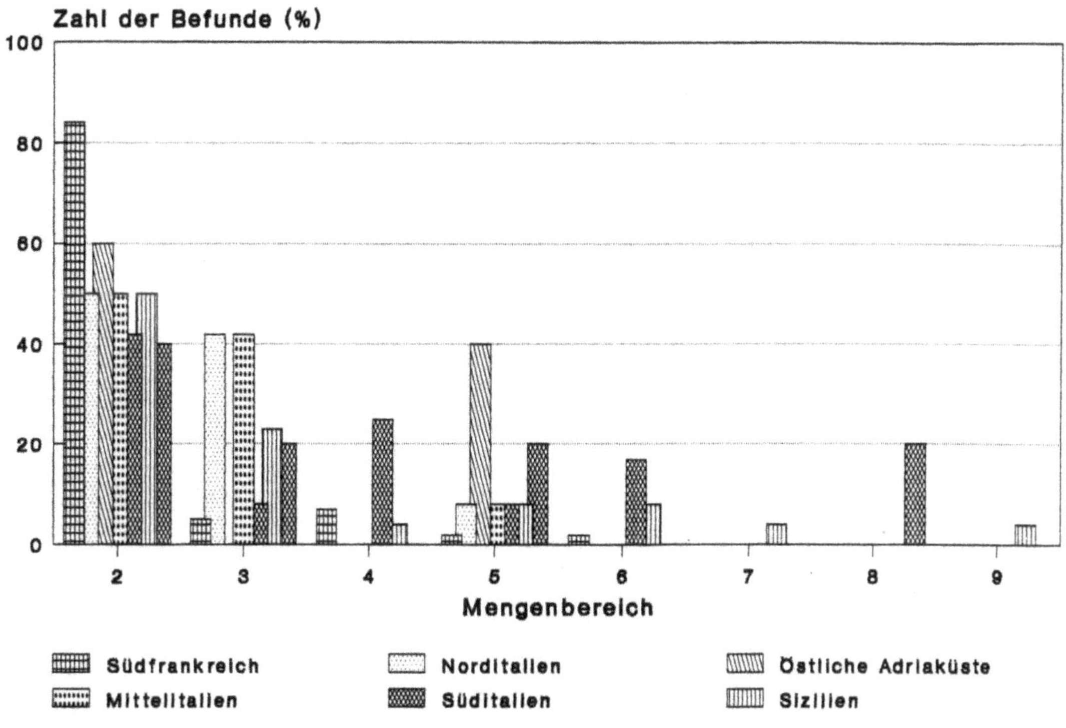

Tafel 78 Nordwestmediterraner Raum

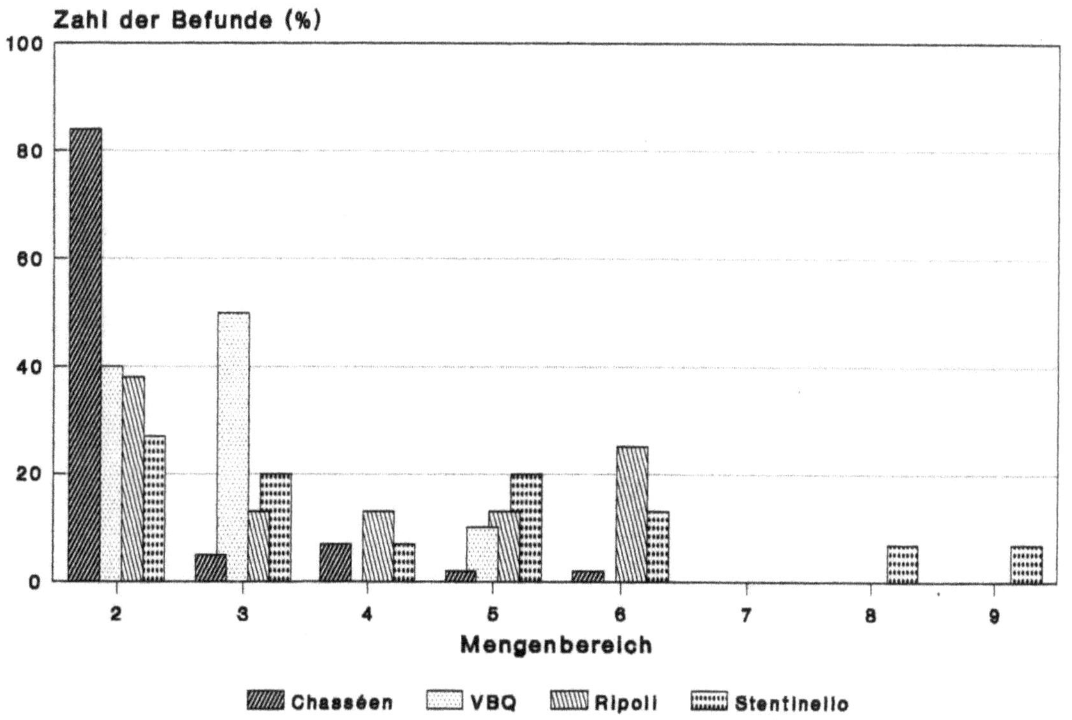

Tafel 79 Nordwestmediterraner Raum

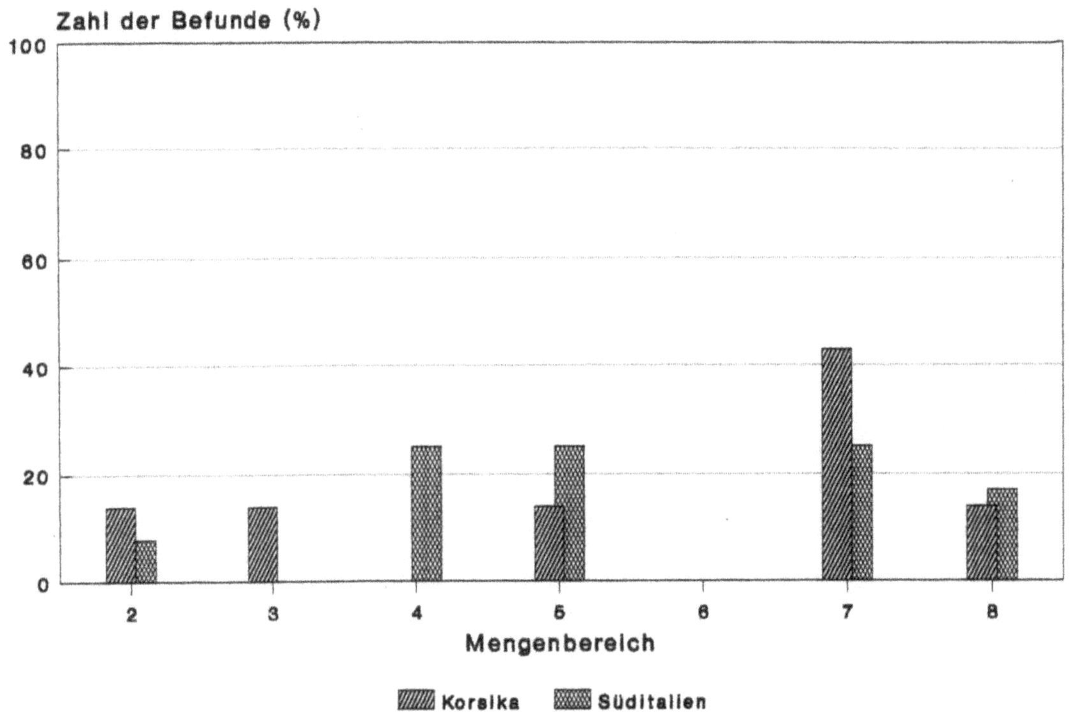

Tafel 80 Nordwestmediterraner Raum

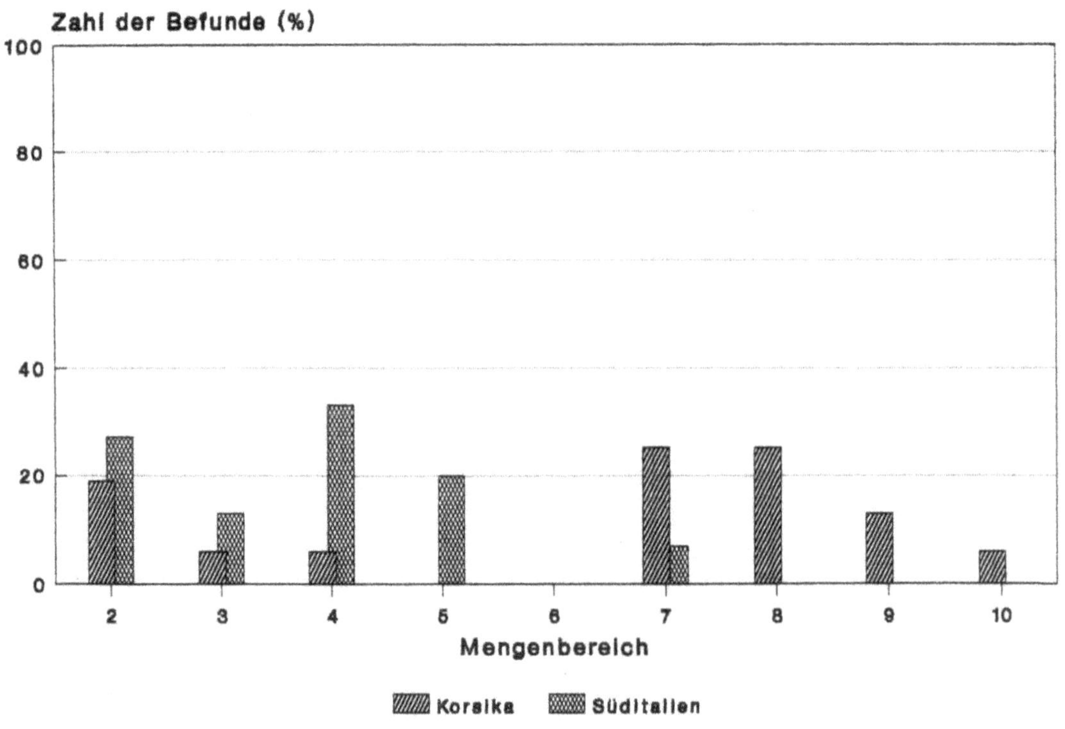

Tafel 81 Nordwestmediterraner Raum

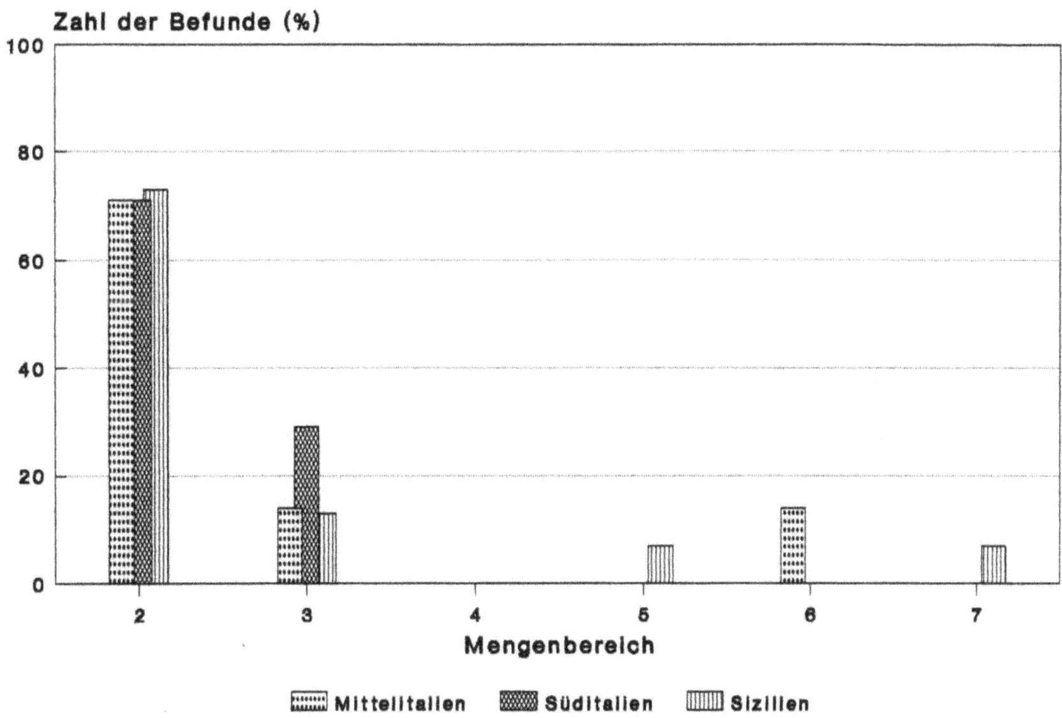

Tafel 82 Nordwestmediterraner Raum

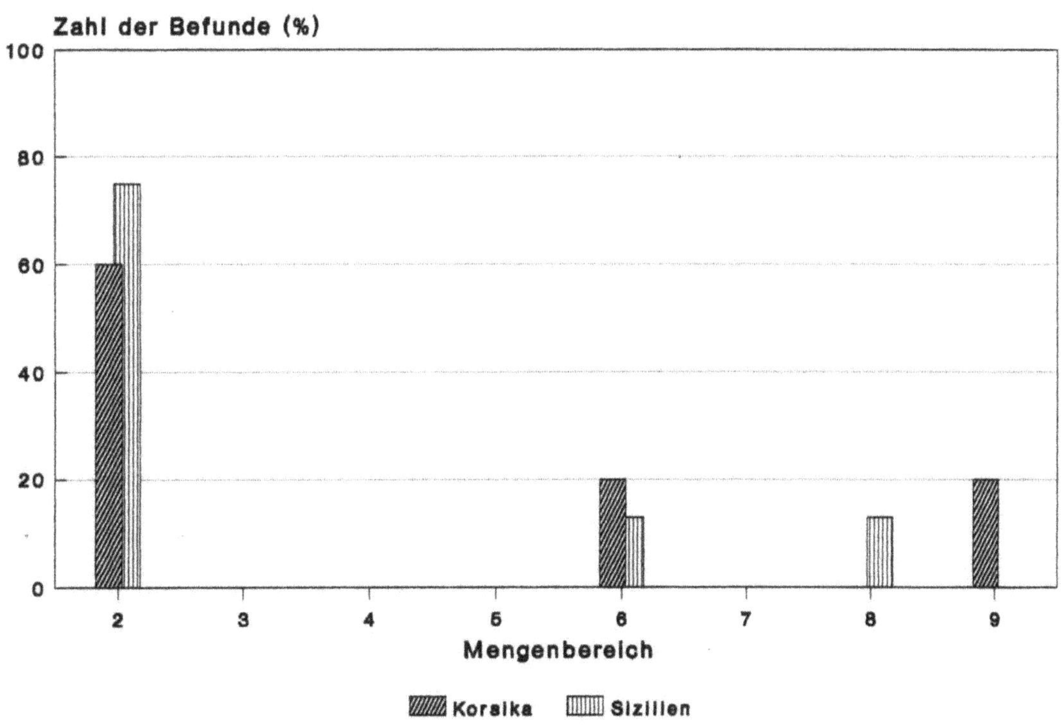

Tafel 83 Nordwestmediterraner Raum

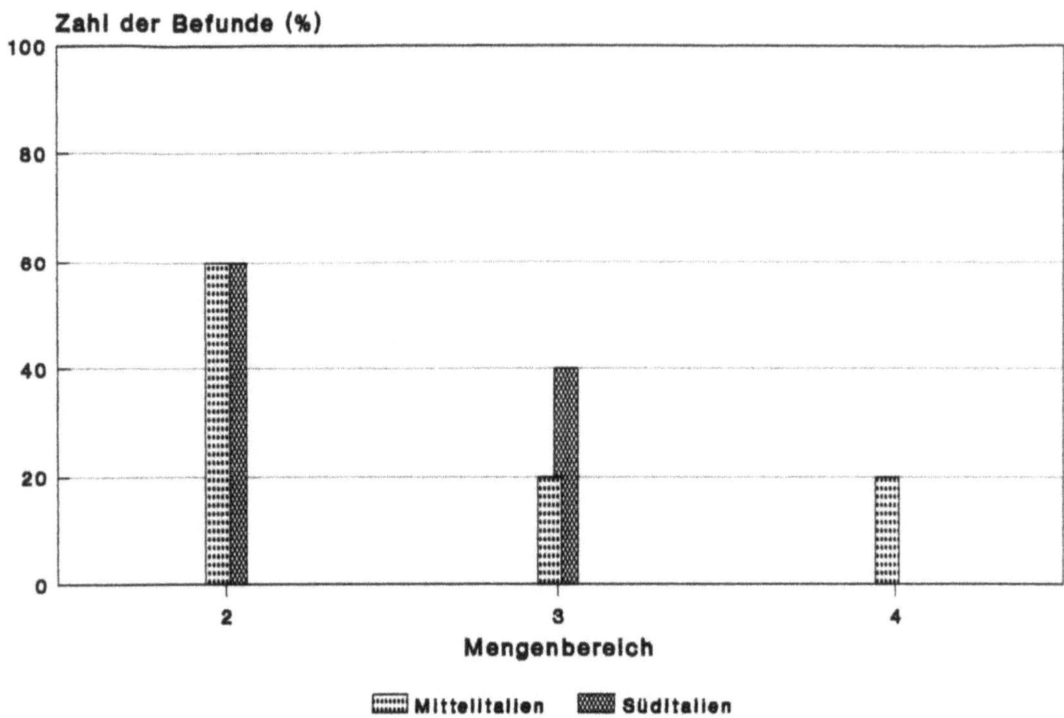

Tafel 84 Nordwestmediterraner Raum

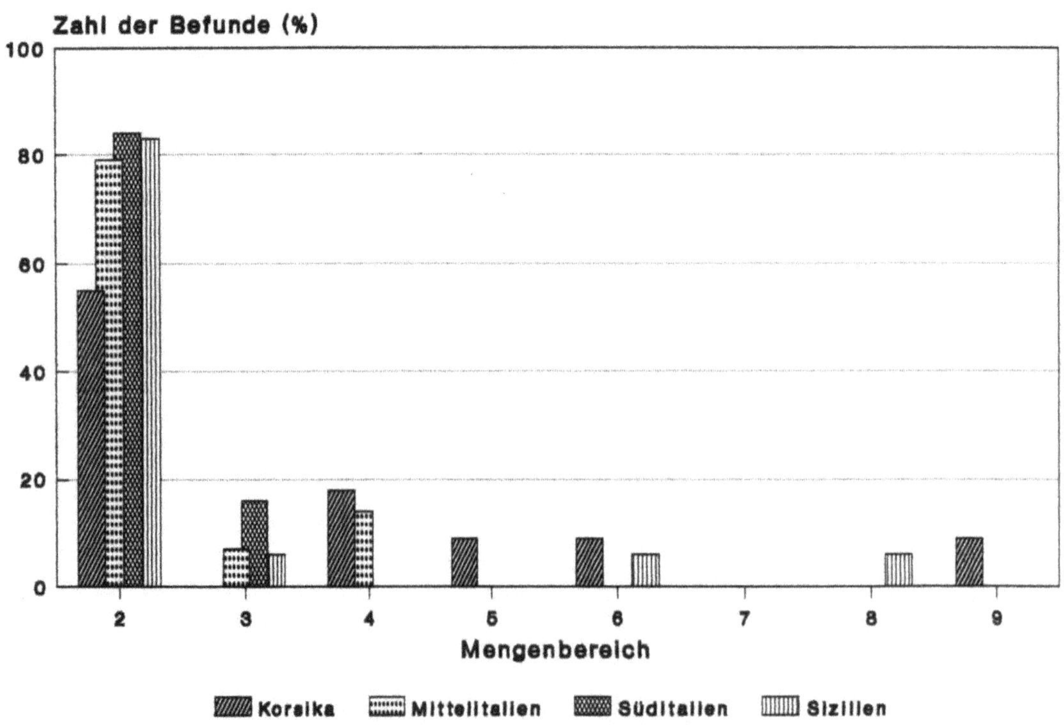

Tafel 85 Nordwestmediterraner Raum

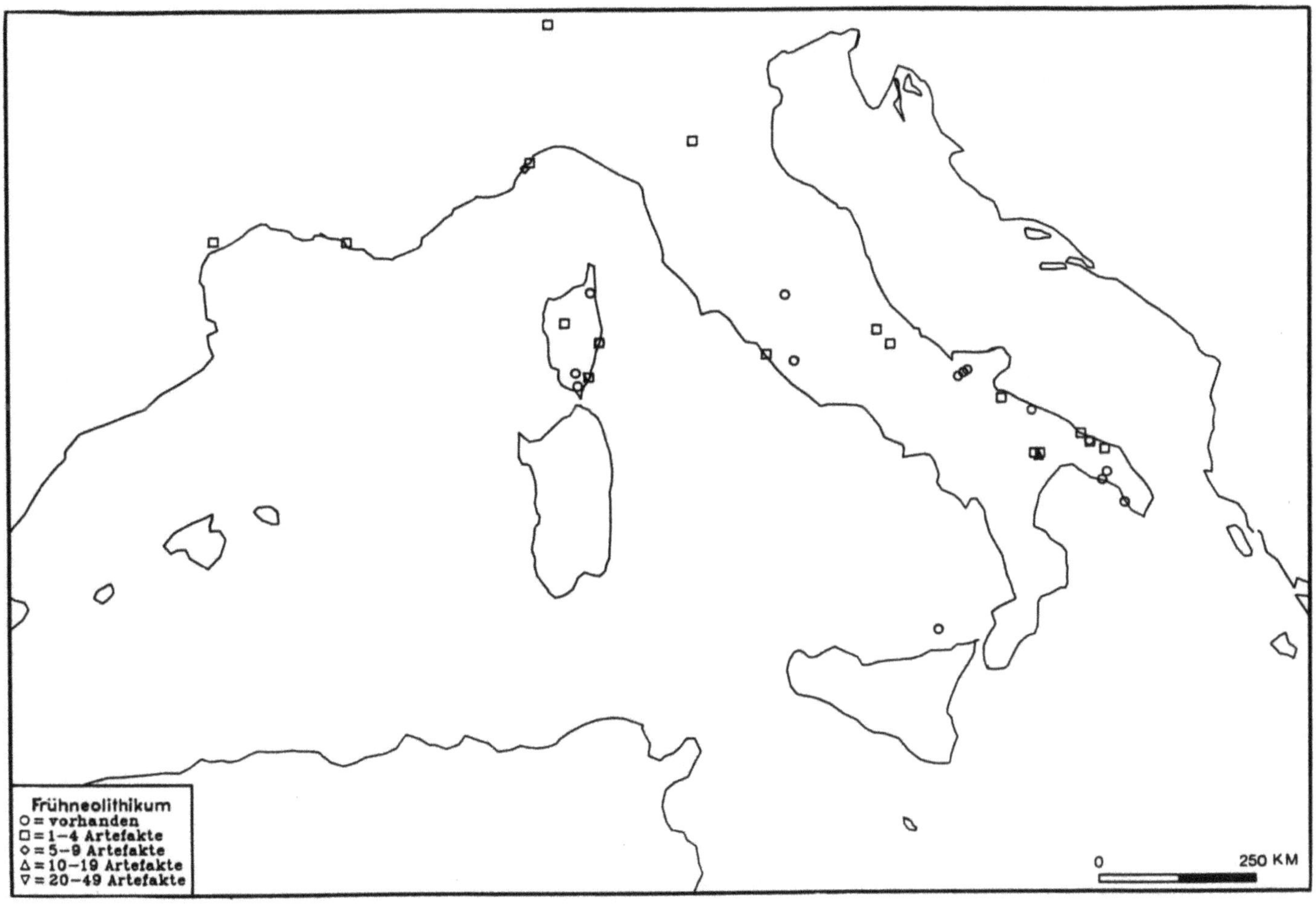

Frühneolithikum
○ = vorhanden
□ = 1–4 Artefakte
◇ = 5–9 Artefakte
△ = 10–19 Artefakte
▽ = 20–49 Artefakte
0
250 KM

Tafel 86 Nordwestmediterraner Raum

Obsidianverteilung im Frühneolithikum
Zahl der Befunde (%)
100
80
60
40
20
0
2
3
4
5
Mengenbereich
Korsika
Norditalien
Süditalien

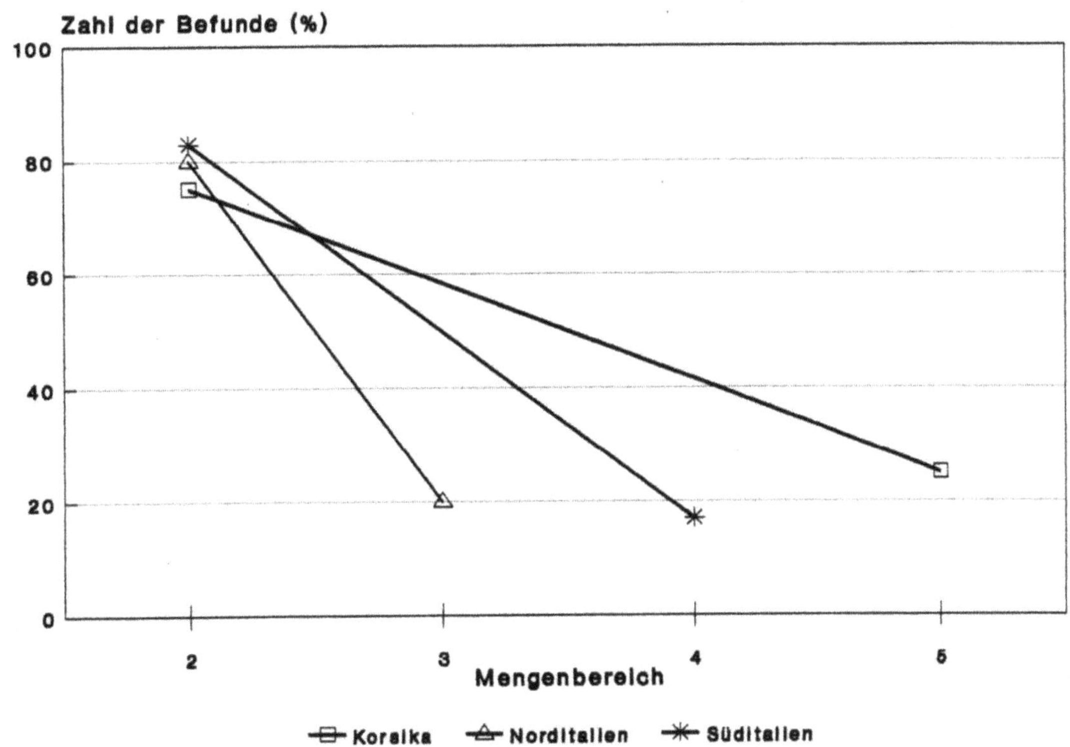

Tafel 87 Nordwestmediterraner Raum

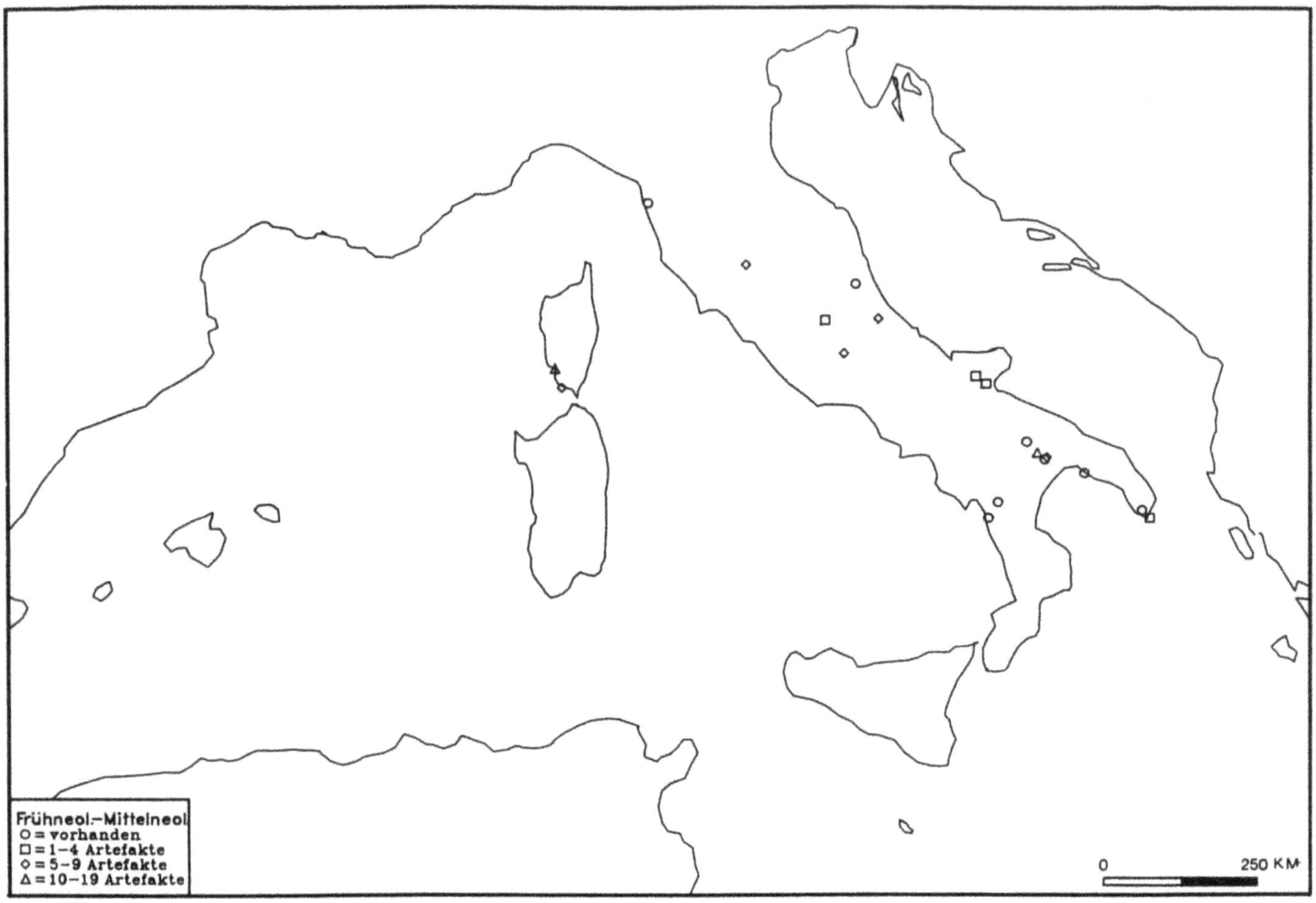

Frühneol.-Mittelneol.
○ = vorhanden
□ = 1-4 Artefakte
◇ = 5-9 Artefakte
△ = 10-19 Artefakte
0
250 KM
Tafel 88 Nordwestmediterraner Raum

Obsidianverteilung im
Früh-/Mittelneolithikum
Zahl der Befunde (%)
100
80
60
40
20
0
2
3
4
Mengenbereich
Mittelitalien
Süditalien
Tafel 89 Nordwestmediterraner Raum

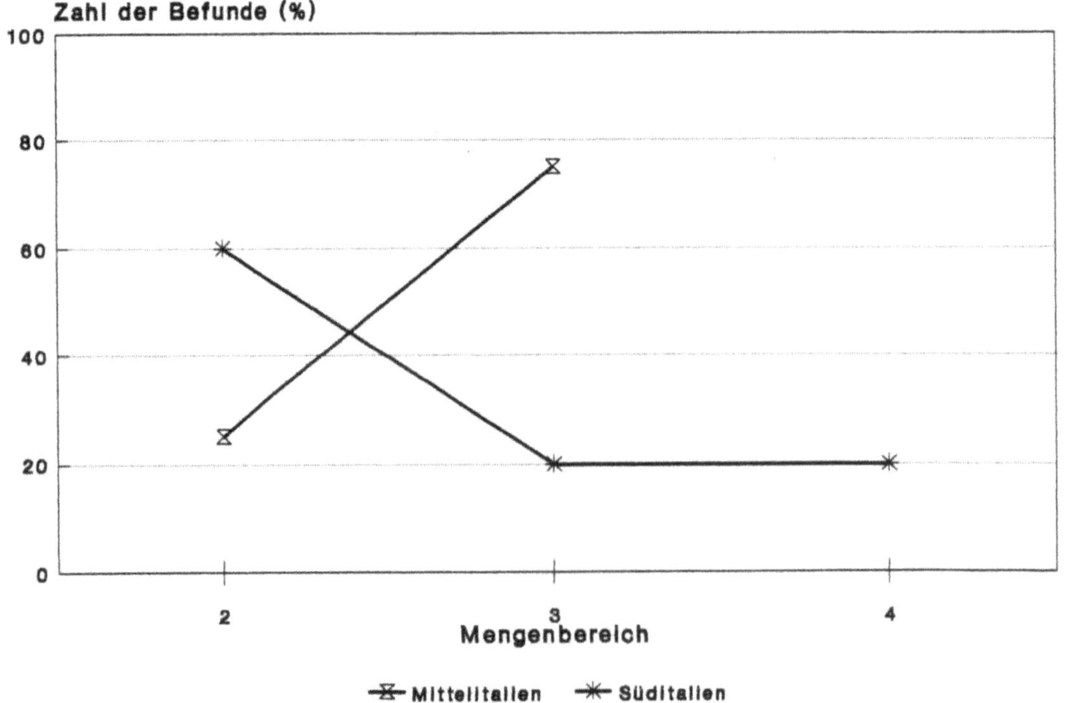

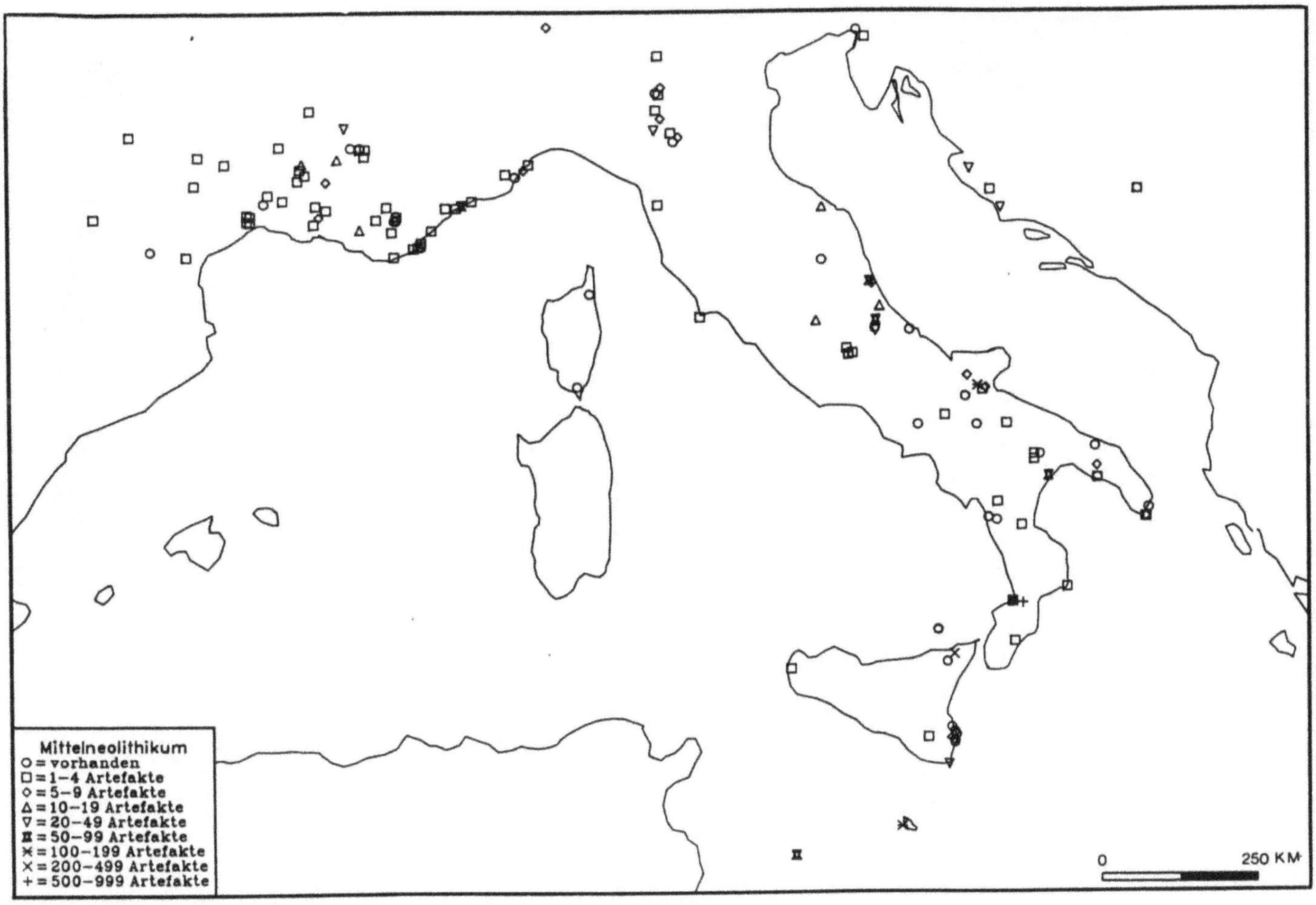

Mittelneolithikum
○ = vorhanden
□ = 1–4 Artefakte
◇ = 5–9 Artefakte
△ = 10–19 Artefakte
▽ = 20–49 Artefakte
⧗ = 50–99 Artefakte
✳ = 100–199 Artefakte
× = 200–499 Artefakte
+ = 500–999 Artefakte
0
250 KM

Tafel 90 Nordwestmediterraner Raum

Obsidianverteilung im Mittelneolithikum

Zahl der Befunde (%)
100
80
60
40
20
0
2
3
4
5
6
7
8
9
Mengenbereich
Südfrankreich
Norditalien
Östliche Adriaküste
Mittelitalien
Süditalien
Sizilien

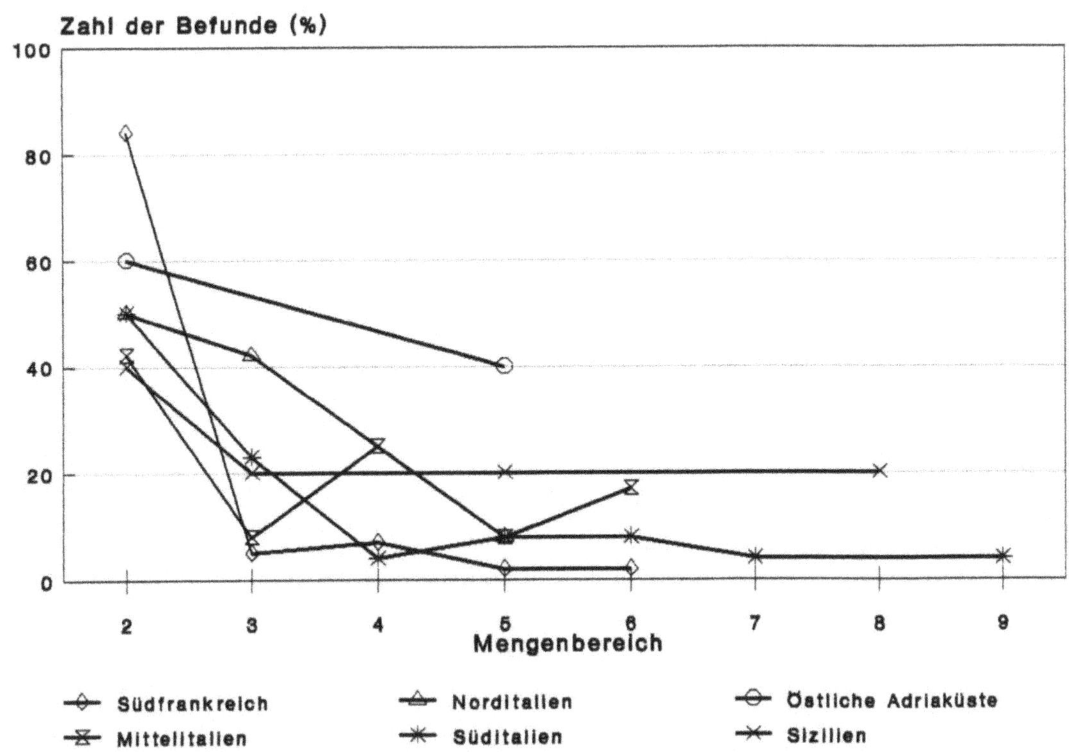

Tafel 91 Nordwestmediterraner Raum

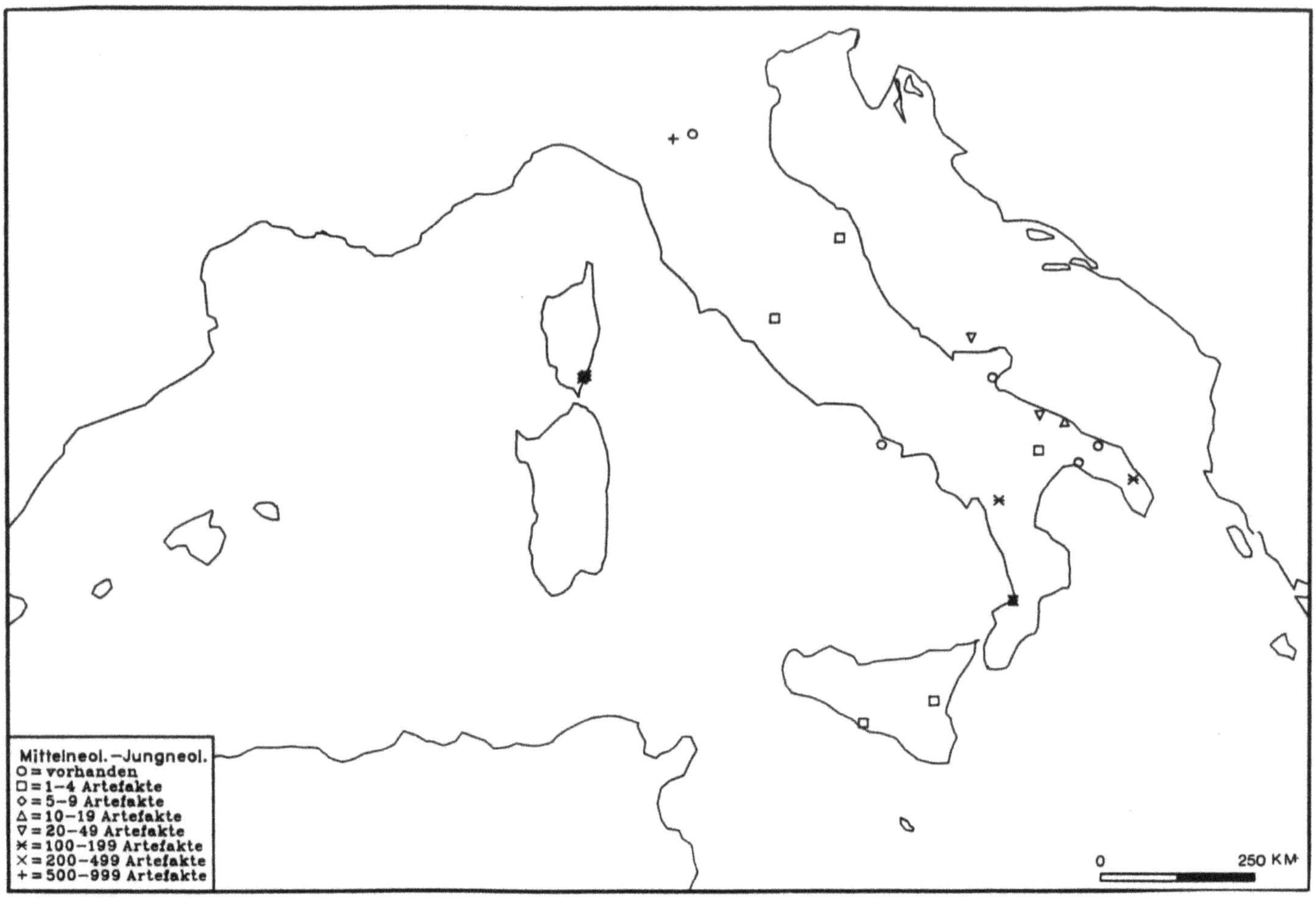

Mittelneol.-Jungneol.
O = vorhanden
□ = 1-4 Artefakte
◇ = 5-9 Artefakte
△ = 10-19 Artefakte
▽ = 20-49 Artefakte
⋇ = 100-199 Artefakte
× = 200-499 Artefakte
+ = 500-999 Artefakte
0
250 KM

Tafel 92 Nordwestmediterraner Raum

Obsidianverteilung im
Mittel-/Jungneolithikum
Zahl der Befunde (%)
100
80
60
40
20
0
2
3
4
5
6
7
8
Mengenbereich
Korsika
Süditalien

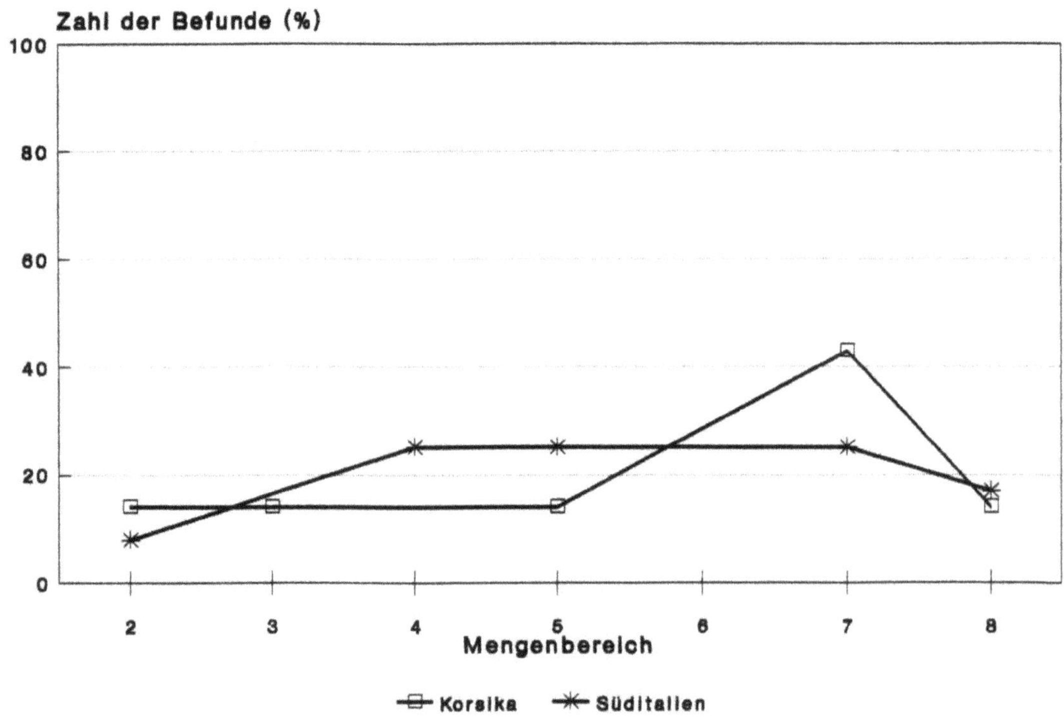

Tafel 93 Nordwestmediterraner Raum

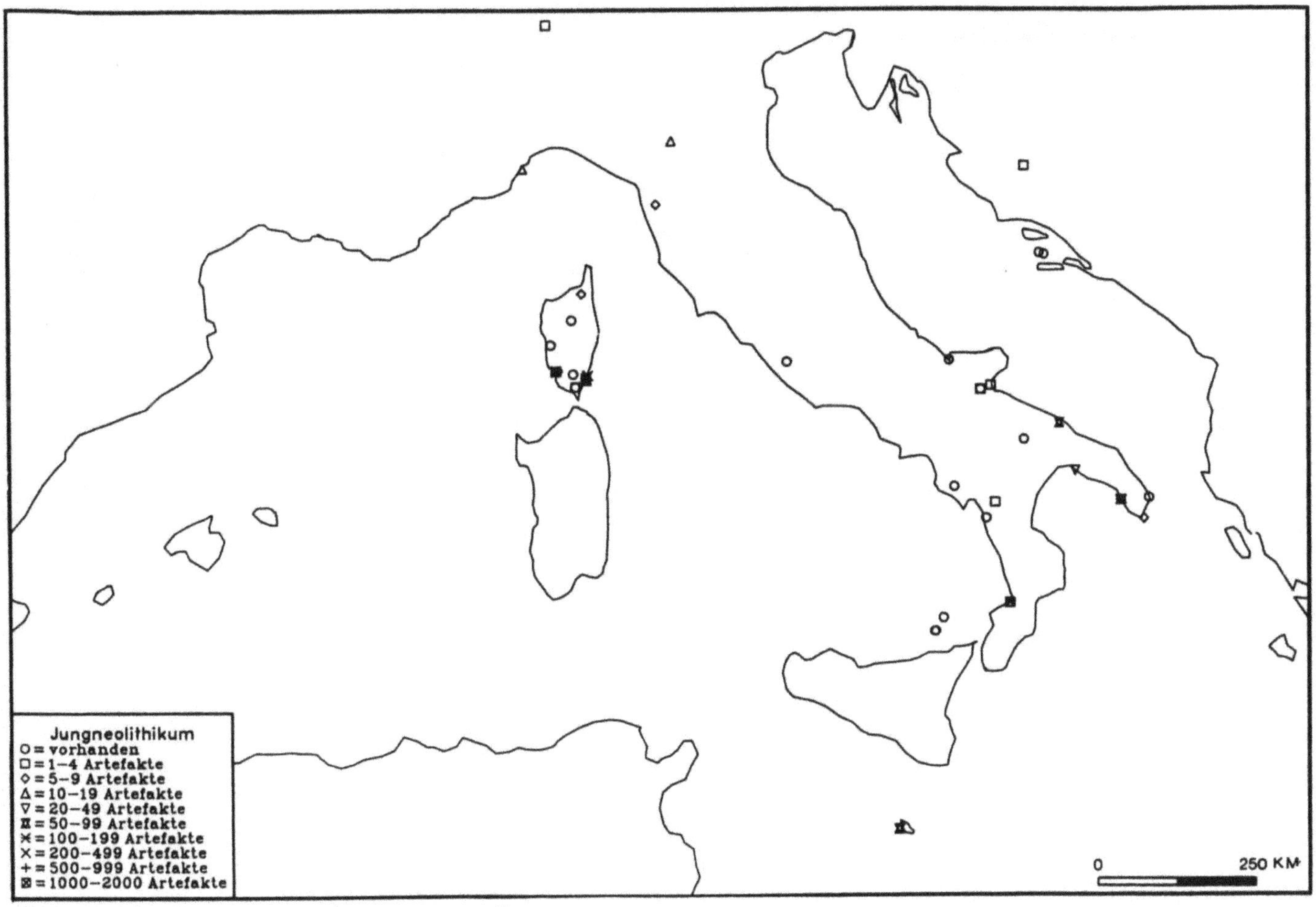

Jungneolithikum
○ = vorhanden
□ = 1–4 Artefakte
◇ = 5–9 Artefakte
△ = 10–19 Artefakte
▽ = 20–49 Artefakte
⌛ = 50–99 Artefakte
⋇ = 100–199 Artefakte
× = 200–499 Artefakte
+ = 500–999 Artefakte
⊠ = 1000–2000 Artefakte
0
250 KM

Tafel 94 Nordwestmediterraner Raum

Obsidianverteilung im Jungneolithikum
Zahl der Befunde (%)
100
80
60
40
20
0
2
3
4
5
6
7
8
9
10
Mengenbereich
Korsika
Süditalien

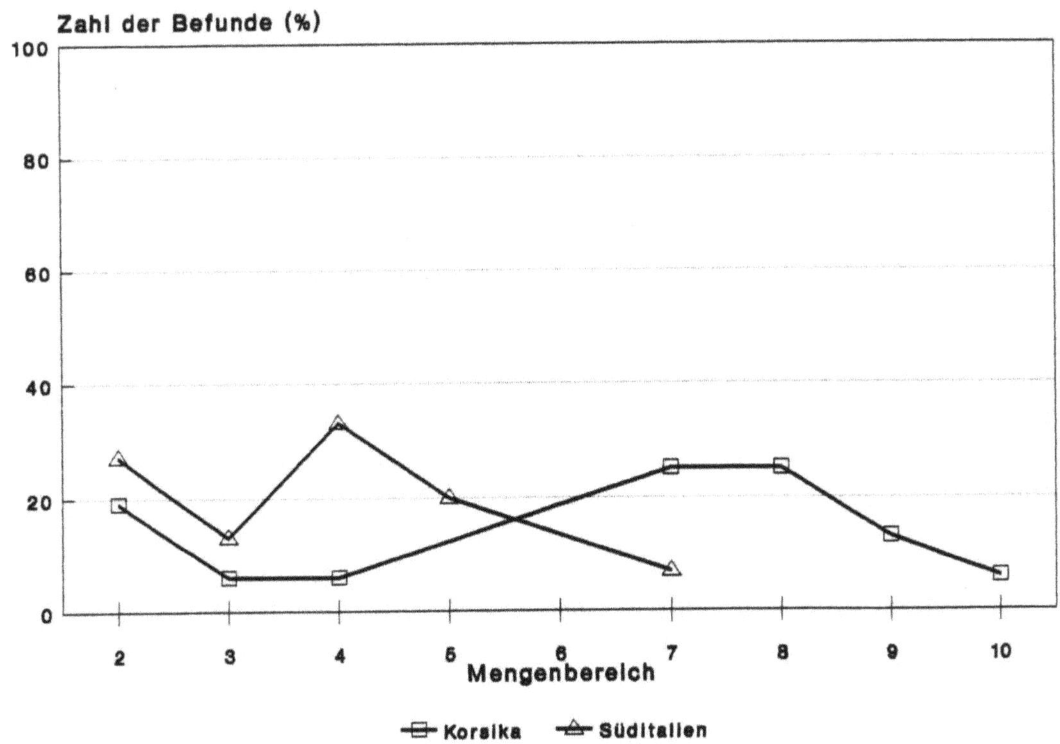

Tafel 95 Nordwestmediterraner Raum

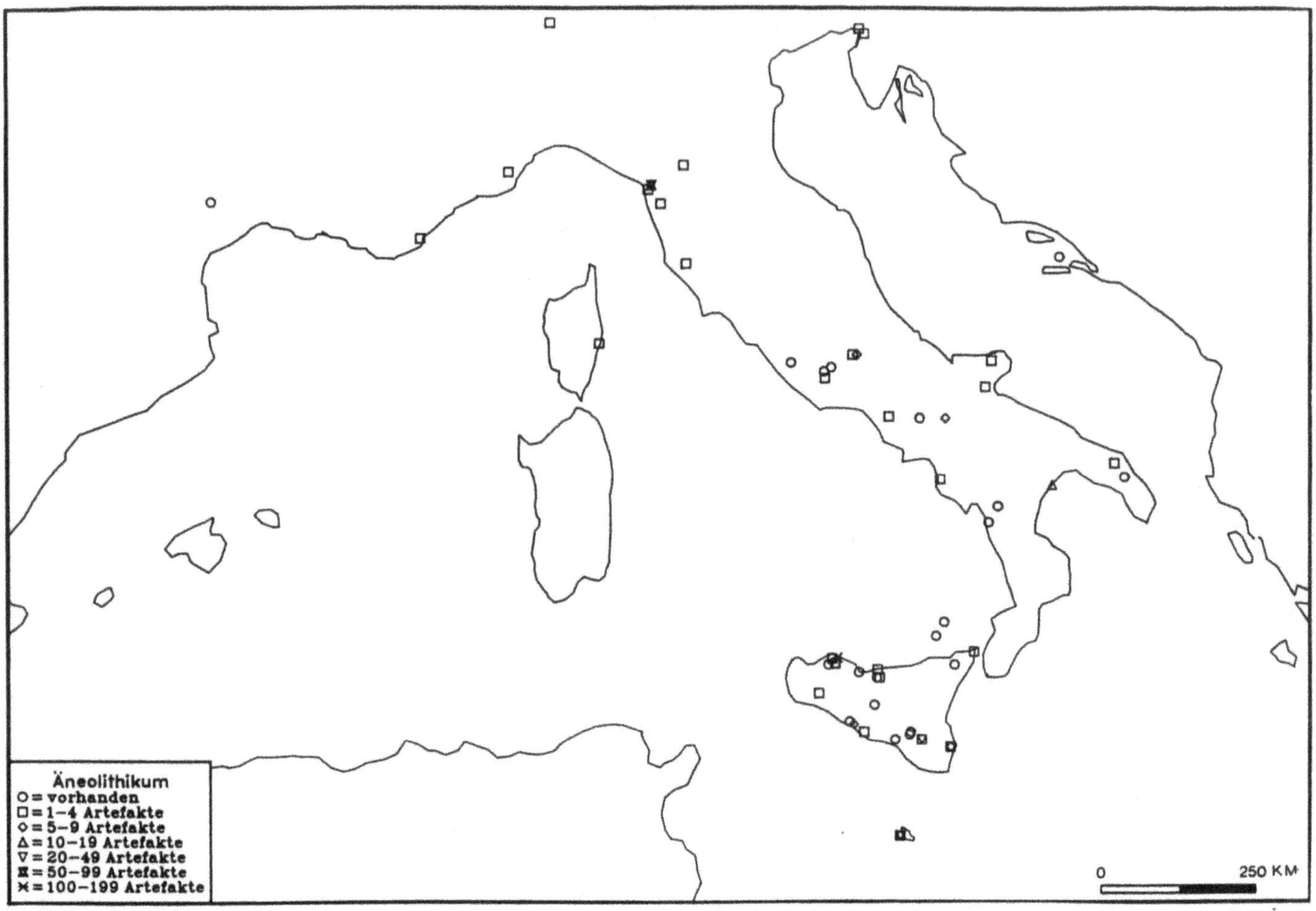

Tafel 96 Nordwestmediterraner Raum

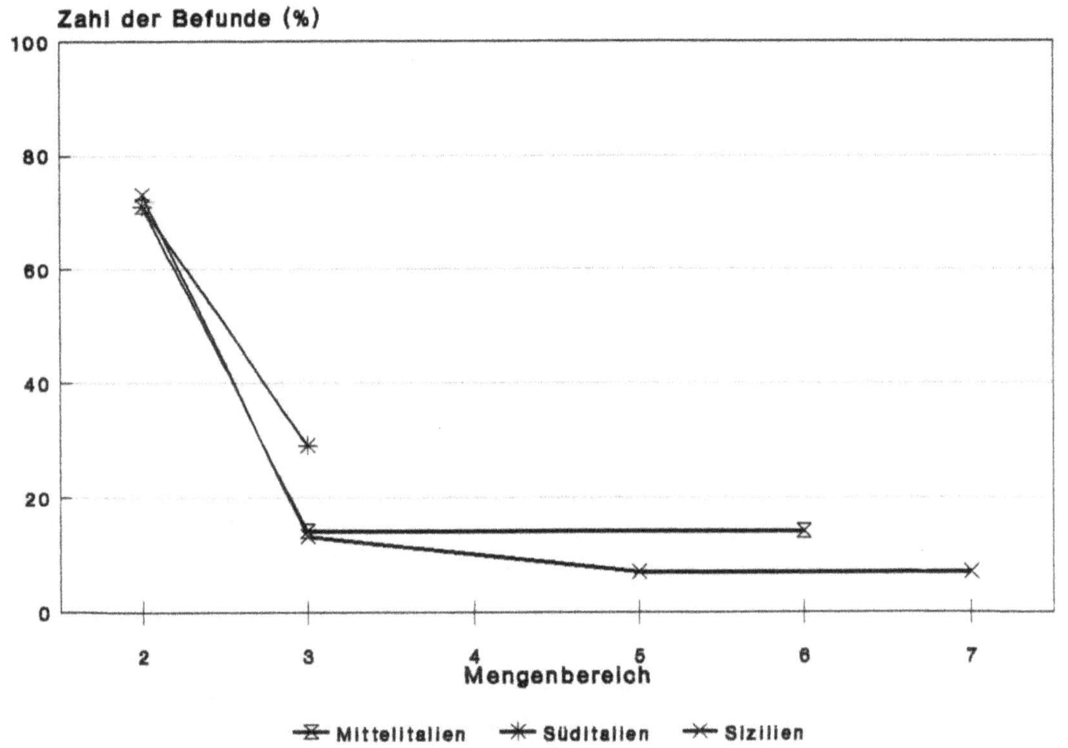

Tafel 97 Nordwestmediterraner Raum

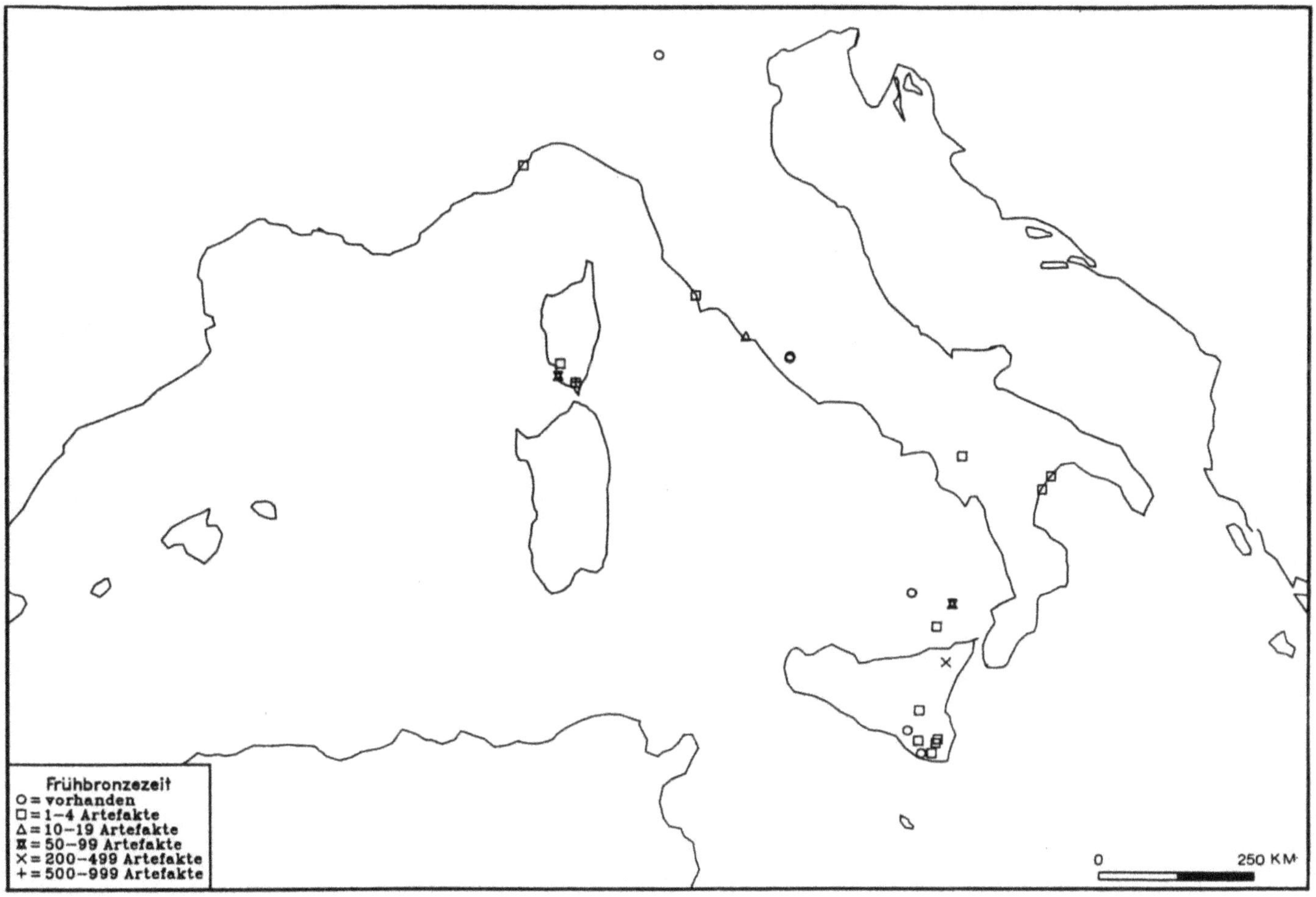

Frühbronzezeit
○ = vorhanden
□ = 1–4 Artefakte
Δ = 10–19 Artefakte
⧗ = 50–99 Artefakte
× = 200–499 Artefakte
+ = 500–999 Artefakte
0
250 KM

Tafel 98 Nordwestmediterraner Raum

Obsidianverteilung in der Frühbronzezeit
Zahl der Befunde (%)
100
80
60
40
20
0
2
3
4
5
6
7
8
9
Mengenbereich
Korsika
Sizilien

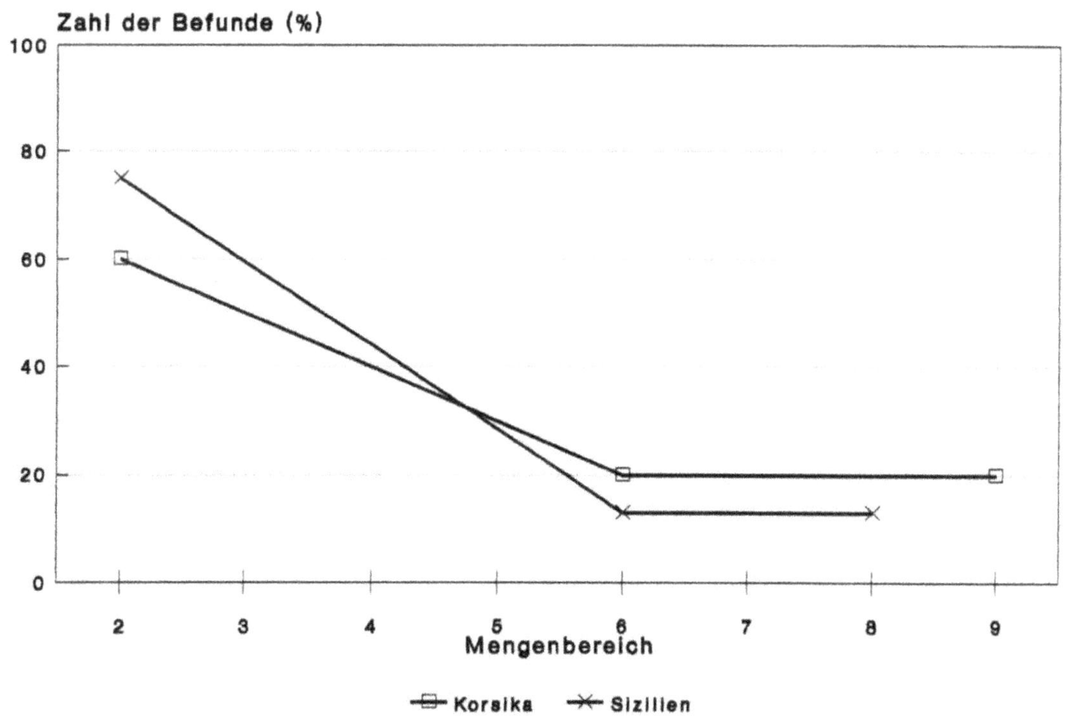

Tafel 99 Nordwestmediterraner Raum

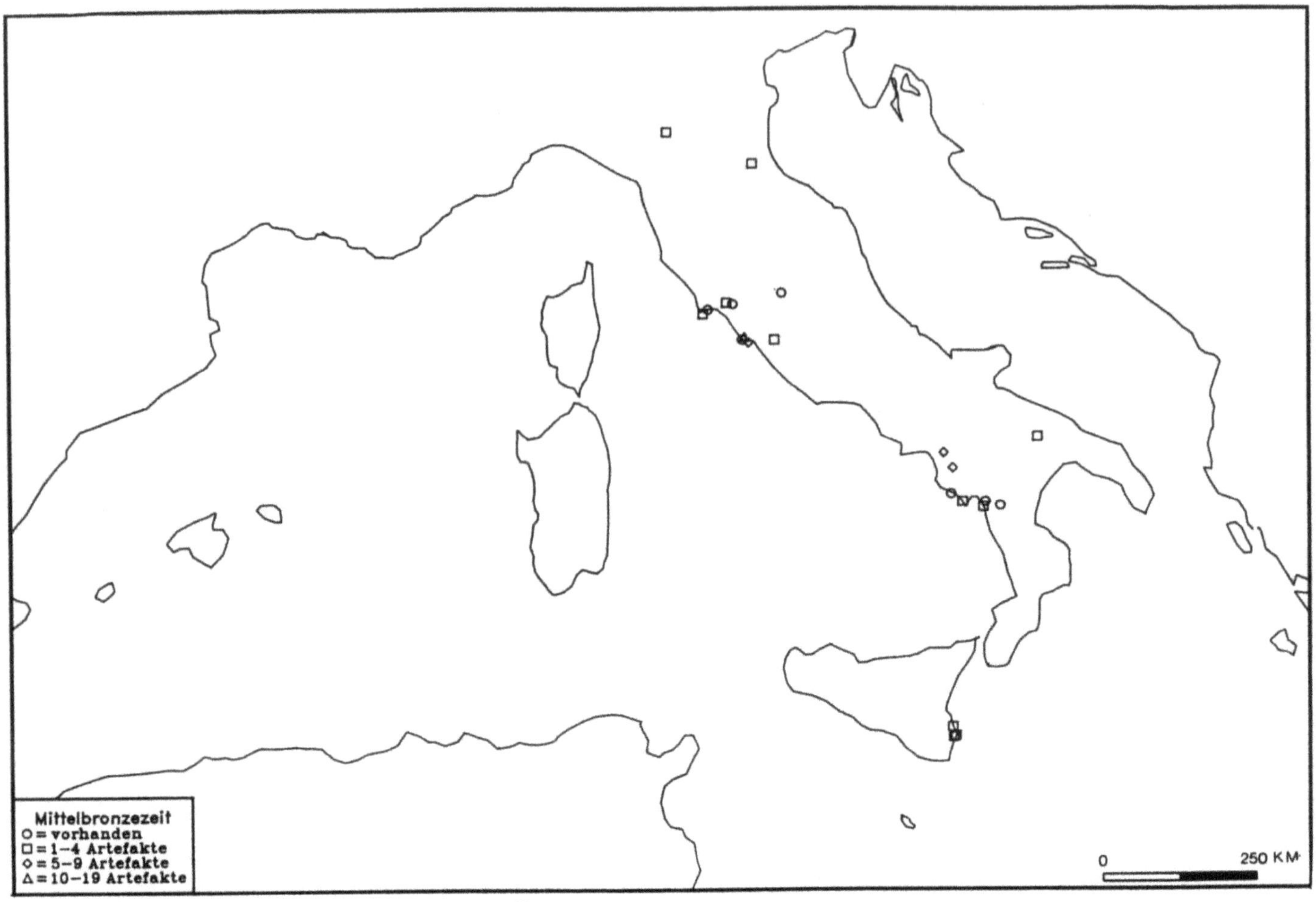

Mittelbronzezeit
○ = vorhanden
□ = 1–4 Artefakte
◇ = 5–9 Artefakte
△ = 10–19 Artefakte
0
250 KM

Tafel 100 Nordwestmediterraner Raum

Obsidianverteilung in der
Mittelbronzezeit
Zahl der Befunde (%)
100
80
60
40
20
0
2
3
4
Mengenbereich
Mittelitalien
Süditalien

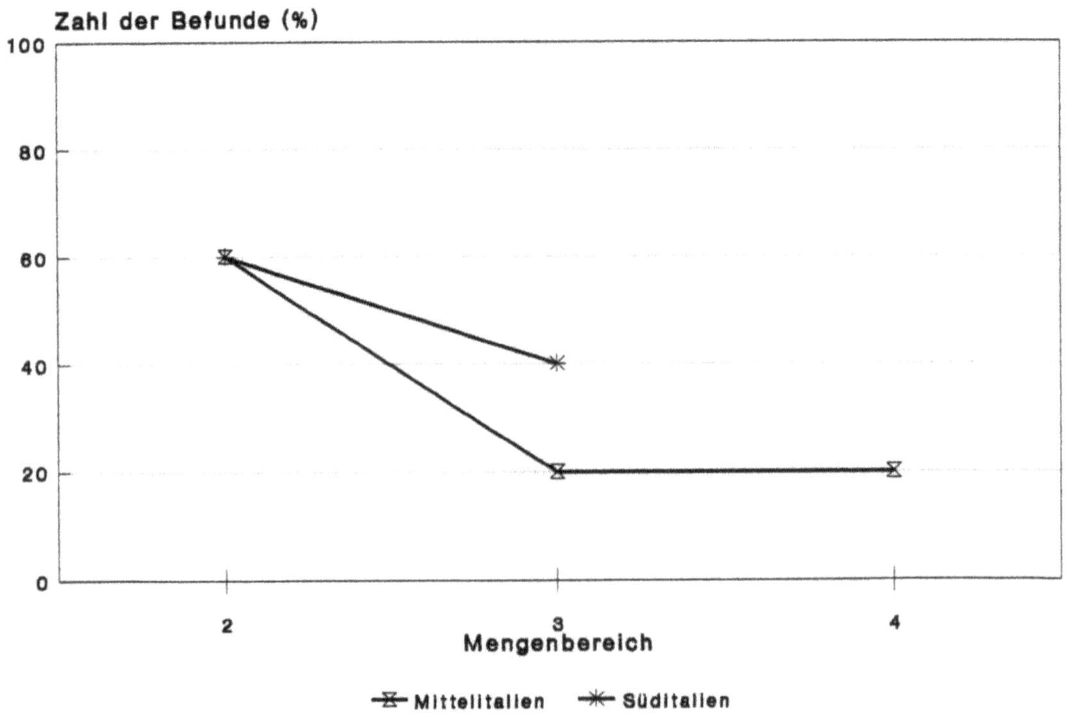

Tafel 101 Nordwestmediterraner Raum

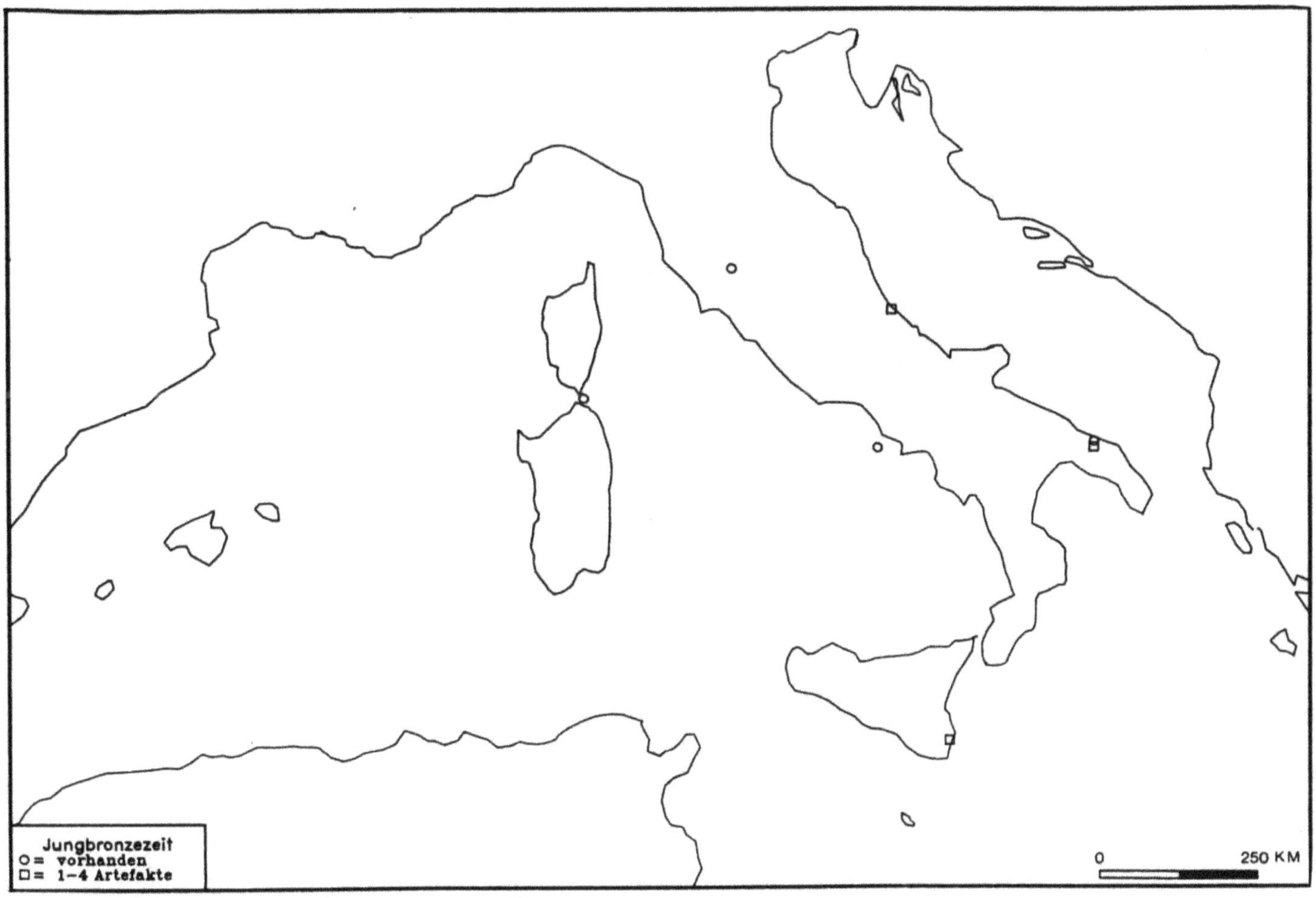

Jungbronzezeit
○ = vorhanden
□ = 1–4 Artefakte

0 250 KM

Tafel 102 Nordwestmediterraner Raum

Bronzezeit
○ = vorhanden
□ = 1–4 Artefakte
◇ = 5–9 Artefakte
△ = 10–19 Artefakte
⧗ = 50–99 Artefakte
× = 200–499 Artefakte
+ = 500–999 Artefakte

0 250 KM

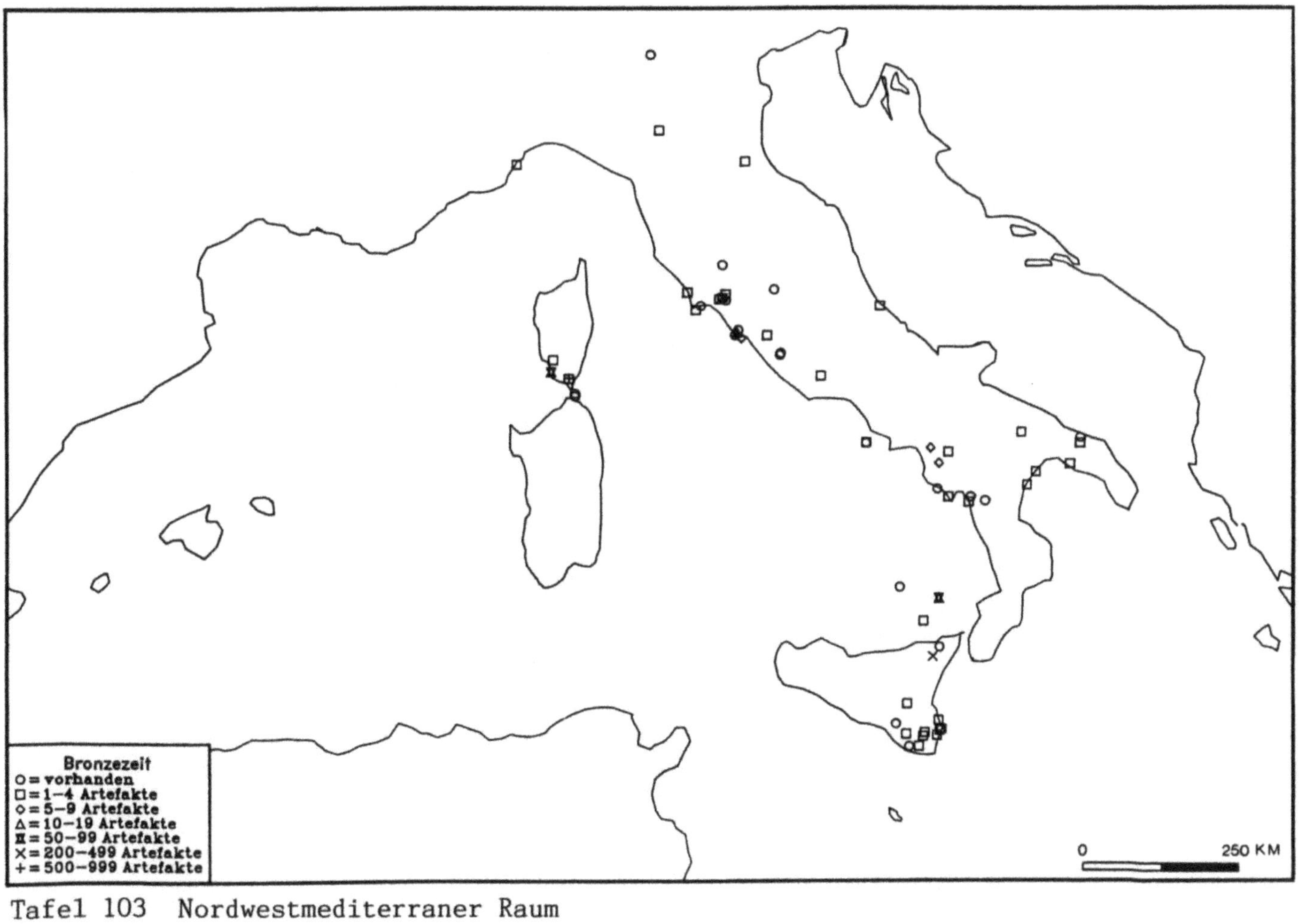

Tafel 103 Nordwestmediterraner Raum

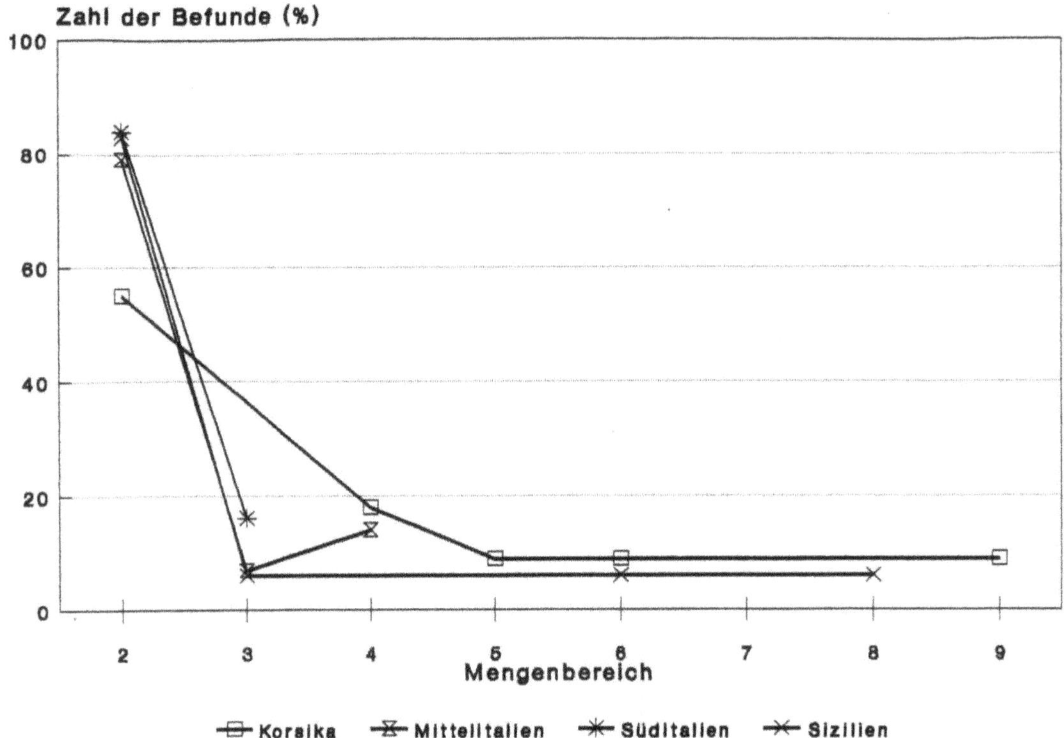

Tafel 104 Nordwestmediterraner Raum

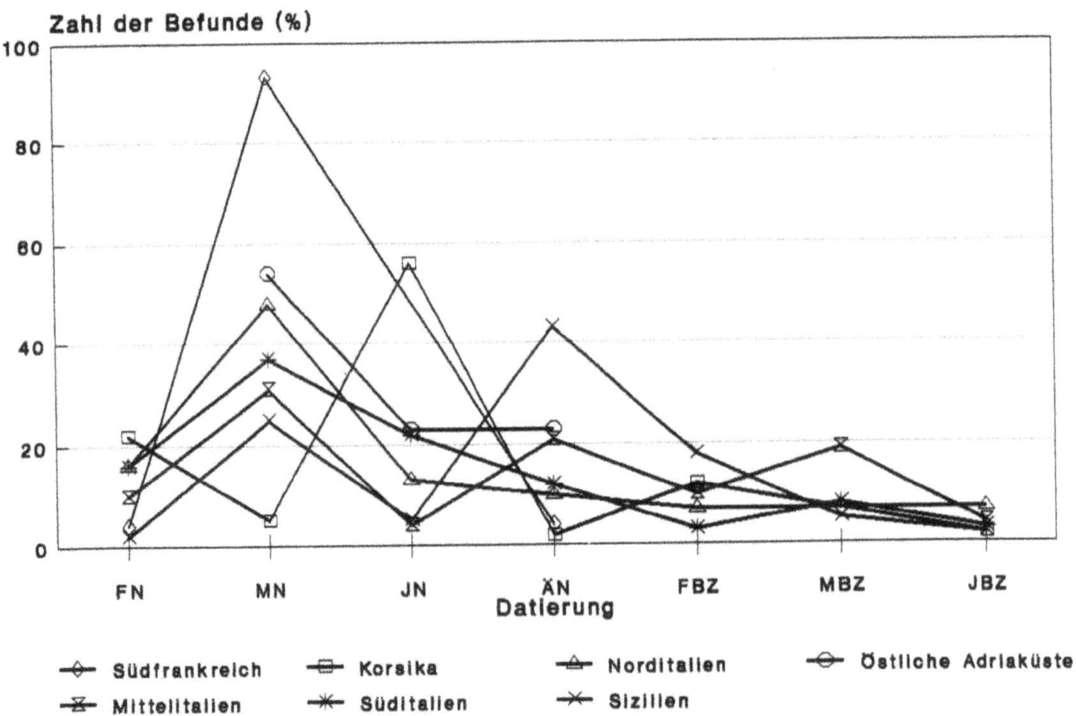

Tafel 105 Nordwestmediterraner Raum

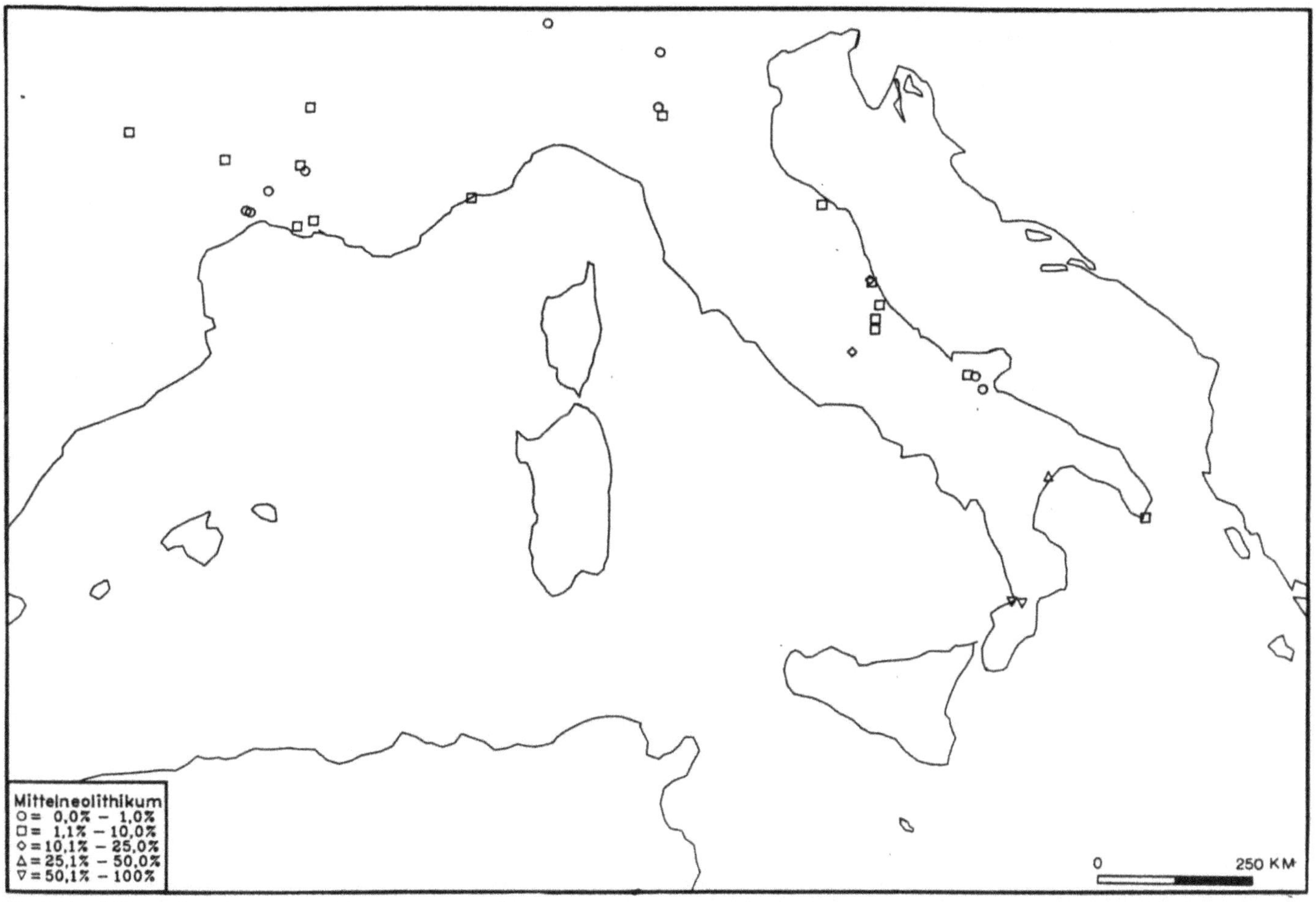

Mittelneolithikum
○ = 0,0% – 1,0%
□ = 1,1% – 10,0%
◇ = 10,1% – 25,0%
△ = 25,1% – 50,0%
▽ = 50,1% – 100%

0 250 KM

Tafel 106 Nordwestmediterraner Raum

Bronzezeit
□ = 1,1% – 10,0%
◇ = 10,1% – 25,0%
△ = 25,1% – 50,0%

0 250 KM

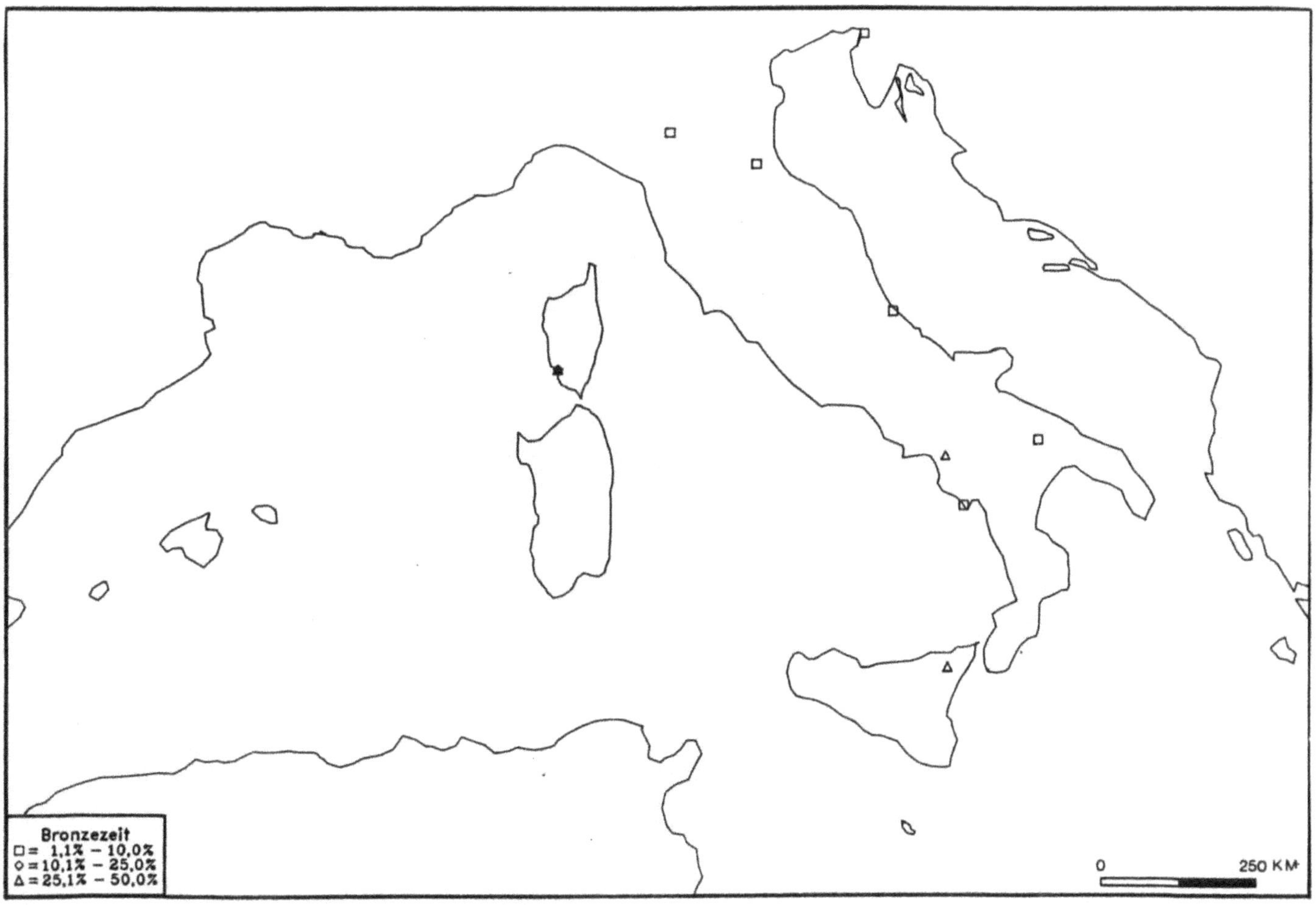

Tafel 107 Nordwestmediterraner Raum

Obsidianverteilung bei Kernsteinen
Zahl der Befunde
100
80
60
40
20
0
1
2
3
4
5
Mengenbereich

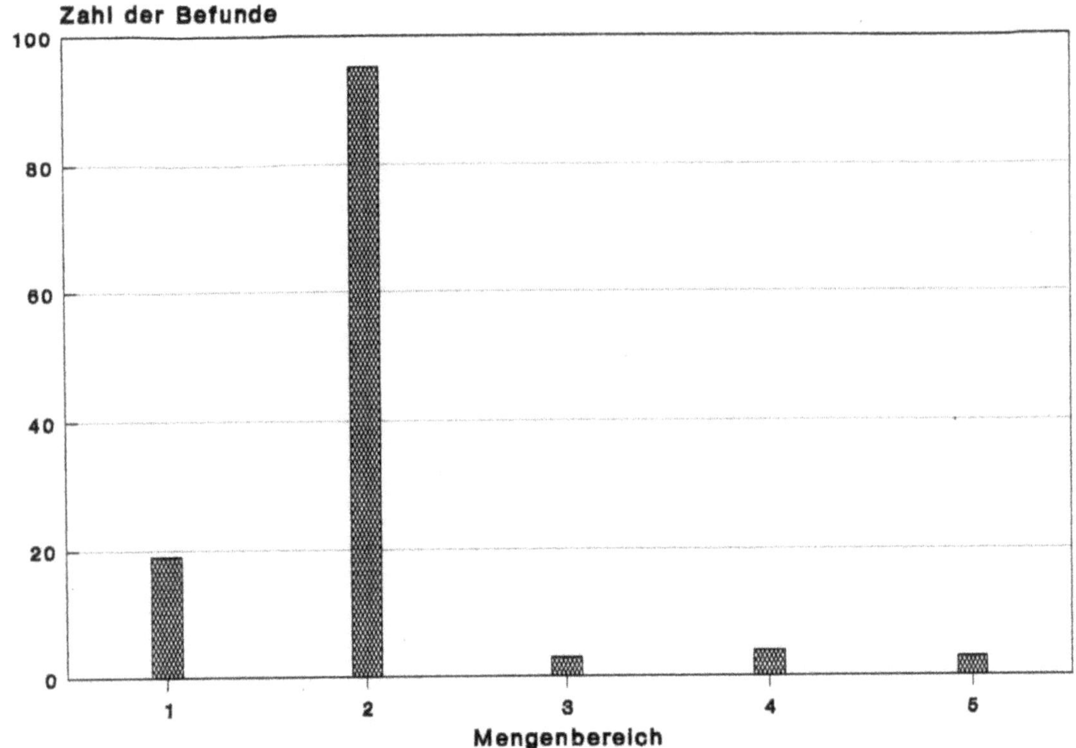

Tafel 108 Nordwestmediterraner Raum

Anzahl Kernsteine
○ = vorhanden
□ = 1–4 Artefakte
◇ = 5–9 Artefakte
△ = 10–19 Artefakte
▽ = 20–49 Artefakte
0
250 KM

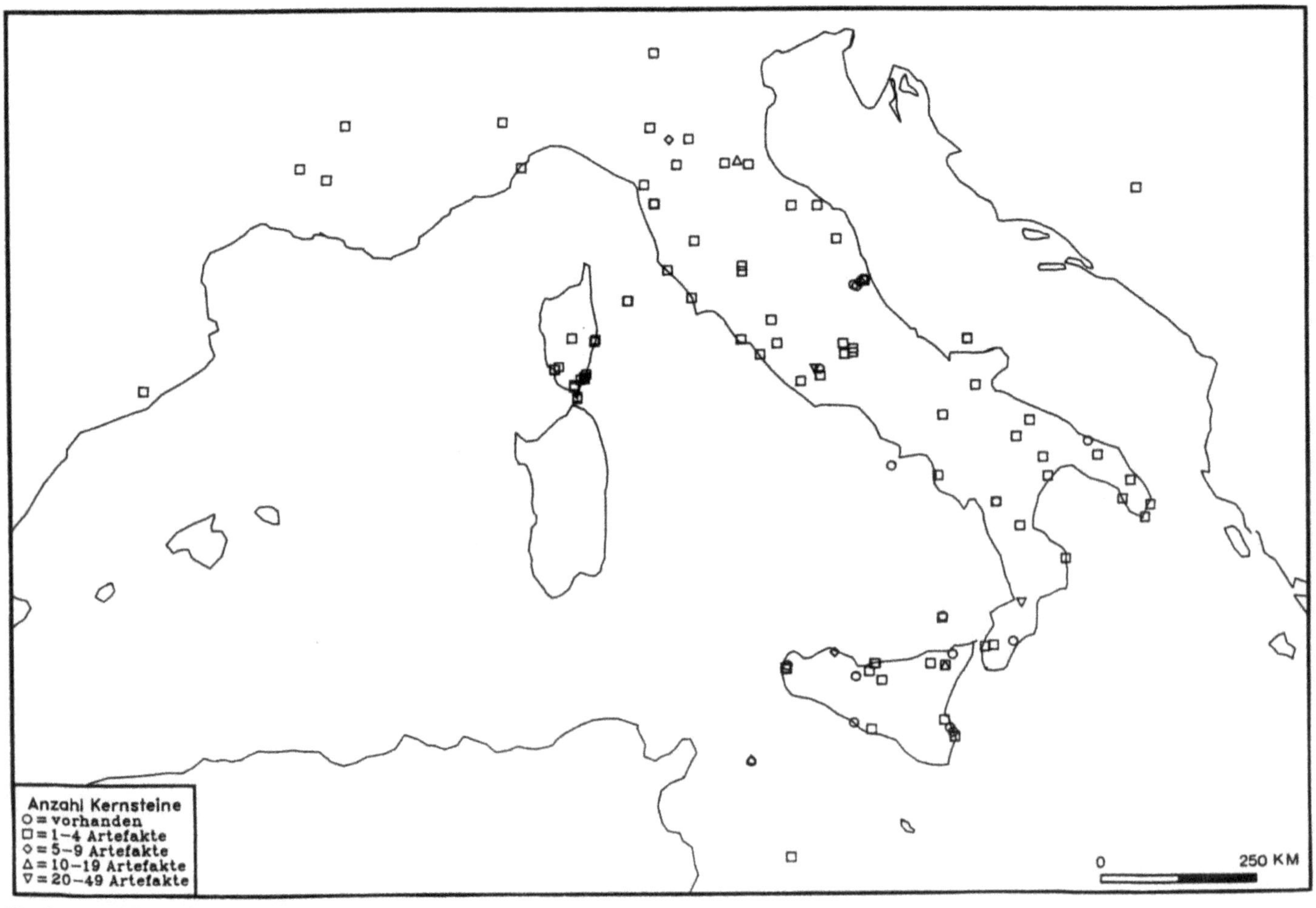

Tafel 109 Nordwestmediterraner Raum

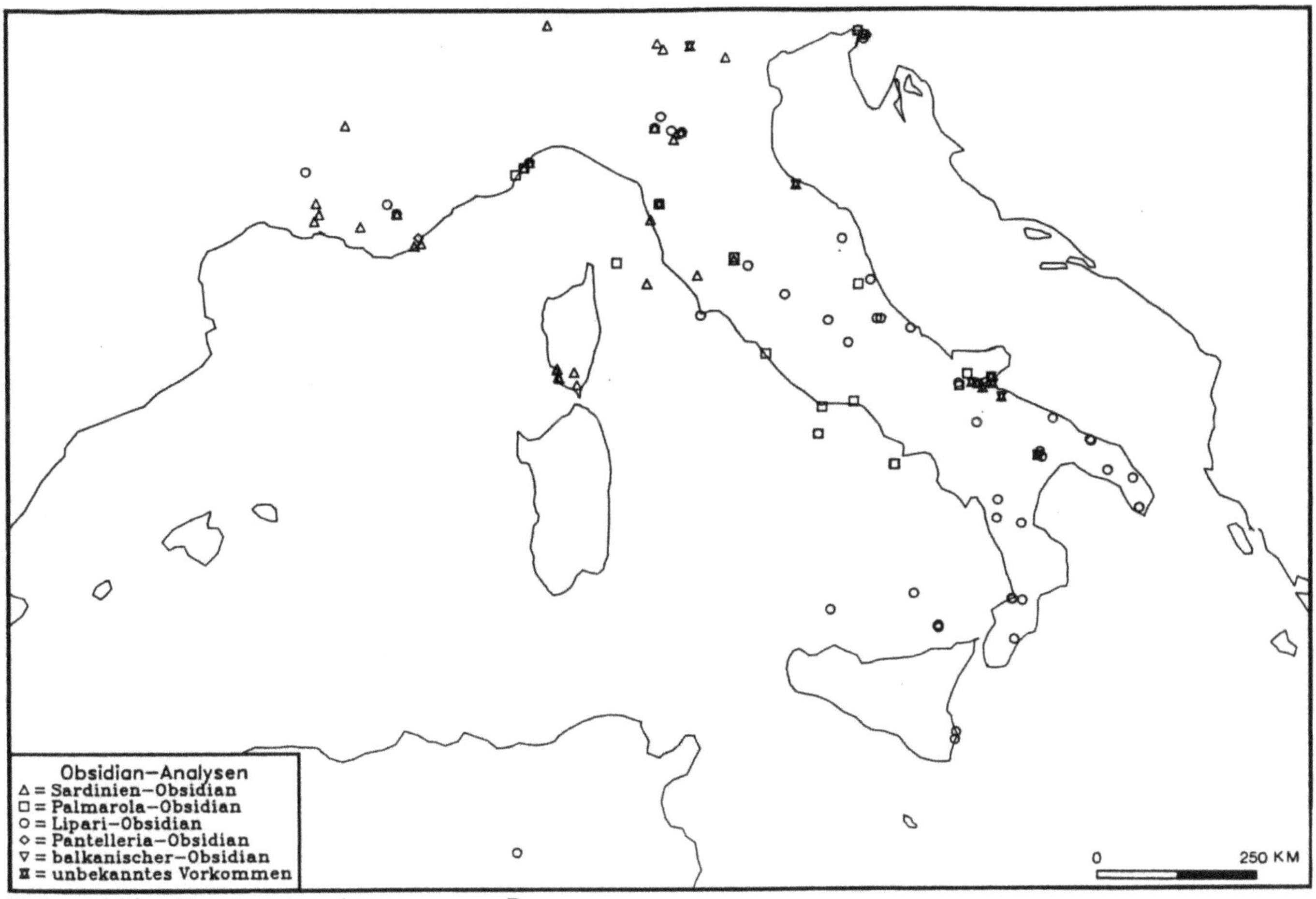

Obsidian-Analysen
△ = Sardinien-Obsidian
□ = Palmarola-Obsidian
○ = Lipari-Obsidian
◇ = Pantelleria-Obsidian
▽ = balkanischer-Obsidian
⧗ = unbekanntes Vorkommen

0 250 KM

Tafel 110 Nordwestmediterraner Raum

Frühneol. Obsidian
△ = Sardinien-Obsidian
□ = Palmarola-Obsidian
○ = Lipari-Obsidian
⧗ = unbekanntes Vorkommen

0 250 KM

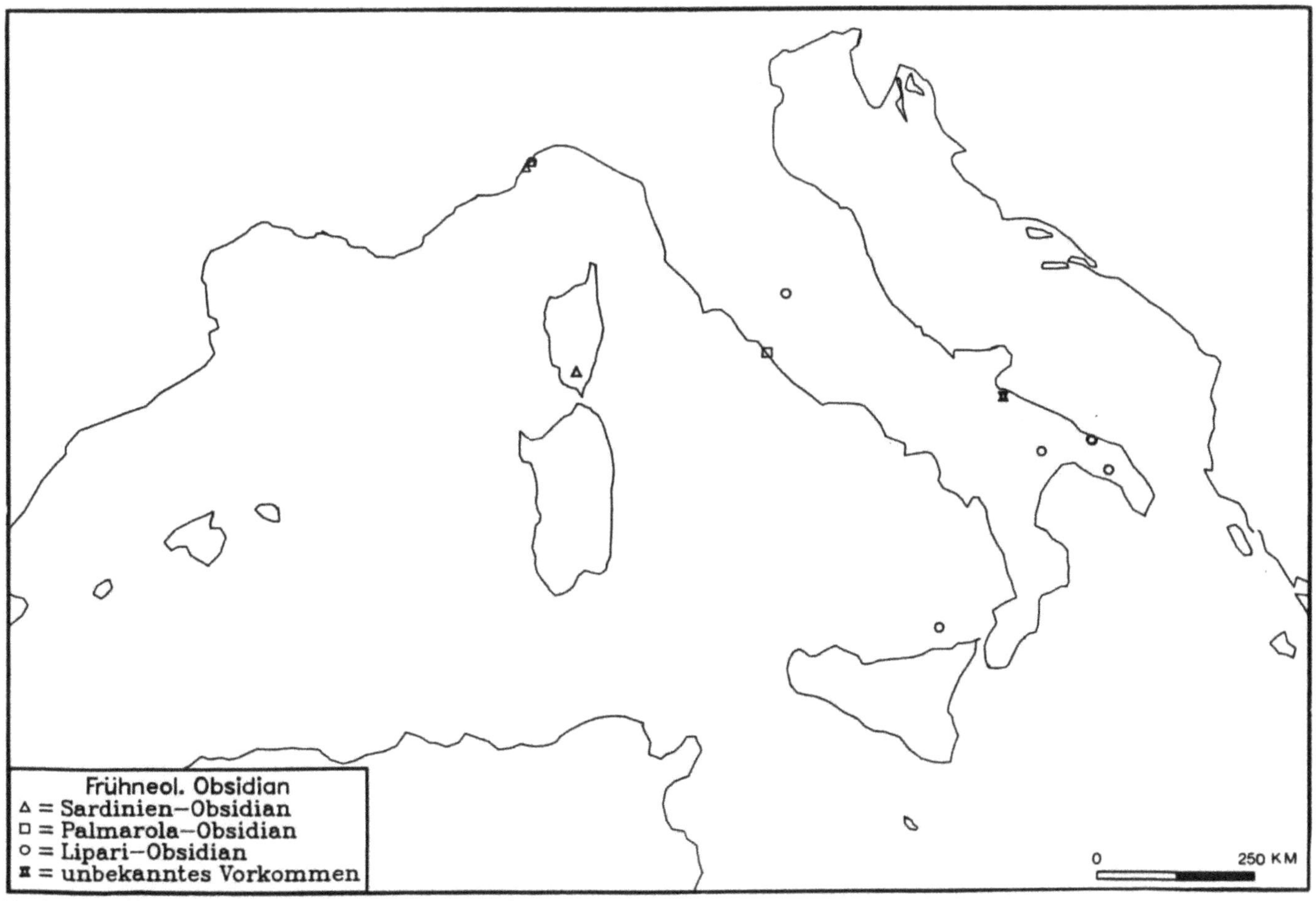

Tafel 111 Nordwestmediterraner Raum

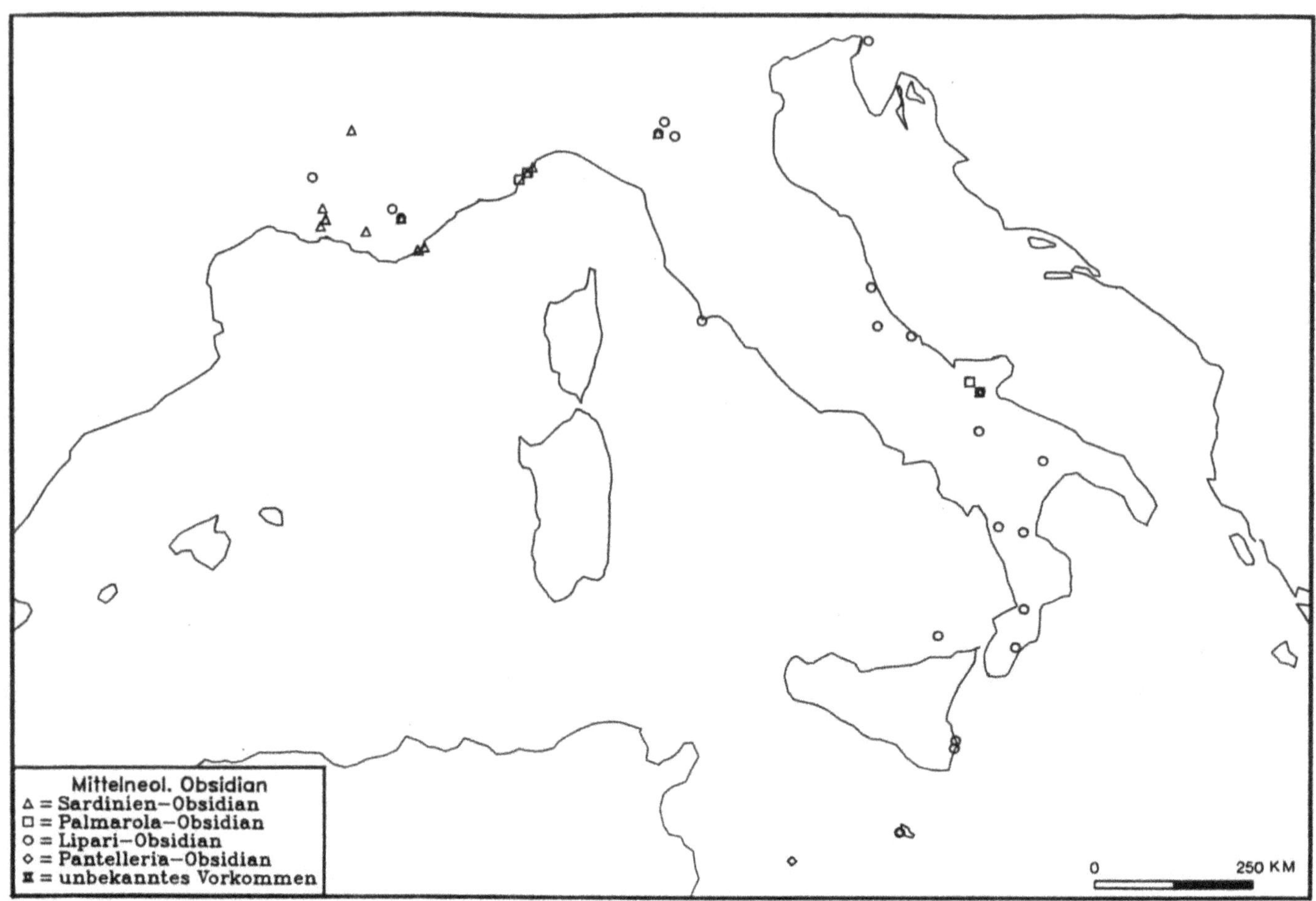

Tafel 112 Nordwestmediterraner Raum

www.ingramcontent.com/pod-product-compliance
Lightning Source LLC
LaVergne TN
LVHW070940230826
846093LV00015B/527

* 9 7 8 0 8 6 0 5 4 7 4 4 0 *